Peter Berg / Grégory Garloff / Micha Heilmann

Betriebsratswahl 2026 – Handlungsanleitung

Peter Berg / Grégory Garloff /
Micha Heilmann

Betriebsratswahl 2026 – Handlungsanleitung

Grundwissen für Betriebsräte und Wahlvorstände

3., aktualisierte Auflage

Stand: Mai 2025

BUND
VERLAG

Bibliografische Informationen Der Deutschen Nationalbibliothek
Die Deutsche Nationalbibliothek verzeichnet diese Publikation in der Deutschen Nationalbibliografie; detaillierte bibliografische Daten sind im Internet unter *http://dnb.d-nb.de* abrufbar.

3., aktualisierte Auflage 2025

Umschlag: Institut für Gebrauchsgrafik, Frankfurt am Main
Satz: Dörlemann Satz, Lemförde
Druck: CPI books GmbH, Birkstraße 10, 25917 Leck

ISBN 978-3-7663-7507-0

kontakt@bund-verlag.de
www.bund-verlag.de

Vorwort

Die zur Betriebsratswahl 2026 erscheinenden Wahlunterlagen unterstützen Betriebsräte, Wahlvorstände und deren Berater:innen in gewohnter Weise als verlässlicher und verständlicher Wegweiser durch die mitunter schwer zu durchschauenden Wahlvorschriften des Betriebsverfassungsgesetzes und der Wahlordnung. Die Neuauflage berücksichtigt die Änderungen des Wahlrechts durch das **Betriebsrätemodernisierungsgesetz vom 14. 06. 2021**[1] und durch die Wahlordnung zum Betriebsverfassungsgesetz vom 8. Oktober 2021.[2] Die Neuauflage ist damit auf dem neuesten Stand.

Das Gesamtpaket der Wahlunterlagen »Betriebsratswahl 2026« besteht aus den folgenden Bestandteilen:

- Die vorliegende **Handlungsanleitung Betriebsratswahl 2026, 3. Auflage**, erläutert den gesamten Ablauf der Betriebsratswahl von ihrer Einleitung bis zur Konstituierung des neu gewählten Betriebsrats. Der Aufbau der Erläuterungen folgt dem Ablauf der einzelnen Schritte des Wahlverfahrens und verknüpft diese durch entsprechende Verweise mit der **Wahlsoftware**: durch Hinweise auf die in elektronischer Fassung vorliegenden **Formulare, Aushänge und Mustertexte** und auf die einzelnen **Berechnungsmodule**. Die Handlungsanleitung enthält **praktische Hinweise zur Durchführung der Betriebsratswahl** sowie eine **Darstellung ihrer rechtlichen Grundlagen**. Die neuere Rechtsprechung zur Betriebsratswahl ist bis Ende März 2025 verarbeitet.
- Die leistungsstarke **Wahlsoftware** ermöglicht ein einfaches Durchführen der Betriebsratswahl. Zu den Details siehe die Nutzungshinweise auf Seite 7.

---

1 Gesetz zur Förderung der Betriebsratswahlen und der Betriebsratsarbeit in einer digitalen Arbeitswelt vom 14. 06. 2021, BGBl. I, S. 1762.

2 Verordnung zur Änderung der Wahlordnung, der Wahlordnung Seeschifffahrt und der Verordnung zur Durchführung der Betriebsratswahlen bei den Postunternehmen vom 8. 10. 2021, BGBl. I, S. 4640.

Die Wahlsoftware ist übersichtlich strukturiert und intuitiv zu bedienen. Sie nimmt dem Wahlvorstand Arbeit ab und hilft, Fehler bei der Anwendung der Wahlvorschriften zu vermeiden.

Die Software bietet folgende Funktionen:

- Berechnung der **Größe des Betriebsrats**, der Anzahl der Sitze für das **Minderheitengeschlecht** und der Anzahl der **Stützunterschriften** für die Wahlvorschläge.
- Berechnung von **Wahlkalendern** für das normale und das vereinfachte Wahlverfahren mit ausführlichen Erläuterungen der einzelnen Wahlschritte und Verknüpfung mit den Formularen, Aushängen, Mustertexten und den jeweils einschlägigen gesetzlichen Bestimmungen.
- **Erfassung der Wahlvorschläge** und der **Daten der Wahlbewerber:innen** und Import dieser Daten in das Modul zur Berechnung der Stimmauszählung und Sitzverteilung im Betriebsrat.
- Berechnung der **Stimmauszählung** und **Sitzverteilung** im Betriebsrat.
- **Import** der für das Wahlverfahren **erfassten und berechneten Daten** in die Formulare, Aushänge und Musterschreiben.
- Eine **Sammlung aller erforderlichen Formulare** und **Aushänge**, die der Wahlvorstand für die Einleitung und Durchführung einer Betriebsratswahl benötigt – und zwar sowohl für eine Wahl nach dem »normalen« als auch nach dem »vereinfachten« Wahlverfahren. Die zahlreichen **Mustertexte** für die Formulare, Aushänge und den Schriftverkehr erleichtern die Arbeit des Wahlvorstands. In der Handlungsanleitung werden die Verweise auf die Formulare, Aushänge und Mustertexte den einzelnen Schritten des Wahlverfahrens zugeordnet.
- Einschlägige **Gesetzestexte** in Auszügen und **arbeitsgerichtliche Leitentscheidungen** zur Betriebsratswahl im Volltext.

Anregungen und Kritik sind den Verfassern und dem Verlag jederzeit willkommen.

Düsseldorf/Hamburg/Berlin, Mai 2025
Peter Berg, Dr. Grégory Garloff, Micha Heilmann

Hinweise zur Wahlsoftware[1]

Die Software »Betriebsratswahl 2026« des Bund-Verlags steht als Online-Version zur Verfügung.
Für die Nutzung der Software gehen Sie bitte wie folgt vor:
Gehen Sie im Internet auf die Seite *www.bund-online.de/code.* Sie müssen sich einmalig registrieren. Geben Sie dazu bitte Ihren Registrierungscode ein, den Sie auf der Trägerkarte finden. Geben Sie dann Ihre Daten inkl. Adresse ein und vergeben sich bitte selbständig ein Passwort.
Wenn Sie bereits registriert sind, melden Sie sich bitte mit Benutzername und Passwort an.
Wenn Sie die Wahlsoftware benutzen, können Sie sich immer über die Seite *www.bund-online.de* anmelden.

Wichtige Informationen

Für die Nutzung der Software ist die Bestätigung des Auftragsdaten-Verarbeitungsvertrags notwendig.
Die Seite mit der Bestätigung öffnet sich automatisch nach dem ersten Aufruf der Software. Dort müssen Sie die Auftragsdaten-Vereinbarung durch das Setzen eines Häkchens bestätigen.
Sie finden eine ausgedruckte Version des Vertrags als Beilage in der Broschüre.
Alle Daten, die Sie für die Berechnungen in der Software eingeben, werden verschlüsselt auf einem Server des Bund-Verlags gespeichert.
Sie haben jederzeit die Möglichkeit, durch Knopfdruck alle Daten zu löschen.
Spätestens am 30.9.2029 werden alle Daten durch den Bund-Verlag gelöscht, daher speichern Sie alle relevanten Daten und Ergebnisse auf

1 Dieser Abschnitt ist nur von Bedeutung für die Käufer des Produkts »Betriebsratswahl 2026 – Normales und vereinfachtes Wahlverfahren, Software mit Wahlunterlagen und Handlungsanleitung«.

Ihrem Laufwerk ab bzw. drucken das für die Akten des neu gewählten Betriebsrats aus.

Inhaltsverzeichnis

Vorwort 5
Hinweise zur Wahlsoftware 7
Abkürzungsverzeichnis 15

I. Wann finden Betriebsratswahlen statt? 19

II. In welchen Betrieben kann ein Betriebsrat gewählt werden? 21
1. Betrieb 21
2. Gemeinsamer Betrieb 24
3. Betriebsteile, Kleinstbetriebe 27
a) Räumlich weite Entfernung 27
b) Eigenständiger Betriebsteil 28
c) Wenn Voraussetzungen nicht erfüllt: Einfacher Betriebsteil 29
d) Wenn Voraussetzungen erfüllt: Wahlmöglichkeit 30
4. Abweichende Regelungen durch Tarifvertrag oder Betriebsvereinbarung 32
5. Abstimmung über unternehmenseinheitlichen Betriebsrat, § 3 Abs. 3 BetrVG 33
6. Verfahren zur Klärung von Betriebsstrukturen 34

III. Was unterscheidet das normale vom vereinfachten Wahlverfahren? 36
1. Die verschiedenen Wahlverfahren des Betriebsverfassungsgesetzes 36
2. Die Unterschiede zwischen dem normalen und dem vereinfachten Wahlverfahren 37

IV. Wer kann zur Durchführung der Betriebsratswahl die Initiative ergreifen – Wer ist für die Durchführung der Betriebsratswahl zuständig? 38
1. Bestellung des Wahlvorstands in einem Betrieb mit Betriebsrat 38
   a) Regelfall: Bestellung des Wahlvorstands durch den amtierenden Betriebsrat 38
   b) Sonderfall: Bestellung des Wahlvorstands durch den Gesamtbetriebsrat, den Konzernbetriebsrat oder durch das Arbeitsgericht 41
2. Bestellung oder Wahl des Wahlvorstands in einem Betrieb ohne Betriebsrat 43
   a) Bestellung des Wahlvorstands durch den Gesamt- oder Konzernbetriebsrat 44
   b) Wahl des Wahlvorstands auf einer Betriebsversammlung 45
   c) Bestellung des Wahlvorstands durch das Arbeitsgericht 50
   d) Sonderkündigungsschutz für Wahlinitiator:innen 51

V. Wie setzt sich der Wahlvorstand zusammen? 52

VI. Welche Aufgaben und Rechte haben der Wahlvorstand und seine Mitglieder? Wie sind die Mitglieder des Wahlvorstands geschützt? 55
1. Die Aufgaben und Rechte des Wahlvorstands und seiner Mitglieder 55
2. Der Schutz der Mitglieder des Wahlvorstands 60
3. Datenschutz und Wahlvorstand 60

VII. Welche Aufgaben hat der Wahlvorstand zur Einleitung und Vorbereitung des Wahlverfahrens? 66
1. Fristen und Schriftform 66
2. Unterrichtung ausländischer Arbeitnehmer:innen, Unterrichtung Sehbehinderter, Übersetzungen, Sprachausgabe 74
3. Aufstellung der Wählerliste 77
   a) Aktives und passives Wahlrecht einzelner Arbeitnehmergruppen 80
   b) Keine Arbeitnehmer:innen im Sinne des Betriebsverfassungsgesetzes 90

c) Leitende Angestellte 91
d) Bekanntmachung der Wählerliste 93
e) Zuordnungsverfahren nach § 18a BetrVG – Leitende Angestellte 95
4. Größe des Betriebsrats 97
5. Sitze für das Minderheitengeschlecht 102
6. Erlass des Wahlausschreibens 105
a) Aushang und / oder elektronische Bekanntmachung des Wahlausschreibens 109
b) Frist zum Erlass des Wahlausschreibens 112
c) Änderungen des Wahlausschreibens, Berichtigungen, Neuerlass 113
7. Entgegennahme und Prüfung von Wahlvorschlägen 114
a) Kandidatur auf mehreren Wahlvorschlägen – Verhältniswahl 120
b) Doppelunterstützung von Wahlvorschlägen 121
c) Einschalten der Listenvertreter:innen 122
d) Kennwort von Wahlvorschlägen 124
8. Nachfrist zum Einreichen von Wahlvorschlägen 124
9. Bekanntmachung der Wahlvorschläge 125
10. Einspruch gegen die Wählerliste 126

VIII. Welche Aufgaben hat der Wahlvorstand zur Vorbereitung und Überwachung der Stimmabgabe und Feststellung des Wahlergebnisses? 128
1. Vorbereitung der Stimmabgabe und Auszählung 128
a) Anfertigung von Stimmzetteln 128
b) Wahlurnen/Wahlkabinen 130
2. Vorbereitungen für die schriftliche Stimmabgabe 130
a) In welchen Fällen ist eine Briefwahl durchzuführen? 131
b) Zusendung auf Verlangen 131
c) Zusendung »von Amts wegen« 132
d) Was gehört zu den Briefwahlunterlagen? 135
e) Wann sind die Unterlagen zu versenden? 136
3. Berichtigung der Wählerliste 137
4. Die Stimmabgabe 138
a) Die persönliche Stimmabgabe 138
b) Die Stimmabgabe per Briefwahl 140
c) Auszählung der abgegebenen Stimmen 143

5. Feststellung des Wahlergebnisses 146
a) Mehrheitswahl (Personenwahl) 146
b) Verhältniswahl (Listenwahl) 149

IX. Welche Aufgaben hat der Wahlvorstand nach dem Feststellen des Wahlergebnisses? 154
1. Wahlniederschrift, Information der Gewählten 154
2. Konstituierende Sitzung des neuen Betriebsrats 156
3. Amtszeit des neu gewählten Betriebsrats 158

X. Welche Besonderheiten gelten beim vereinfachten Wahlverfahren? 160
1. Die Wahl des Betriebsrats im zweistufigen Verfahren 162
a) Die Einladung zur ersten Wahlversammlung zur Wahl des Wahlvorstands. 163
b) Die Informations- und Mitwirkungspflichten des Arbeitgebers 166
c) Die Durchführung der ersten Wahlversammlung 168
d) Die Wahl des Wahlvorstands in der ersten Wahlversammlung. 170
e) Die Aufgaben des Wahlvorstands in der ersten Wahlversammlung. 172
f) Die Aufstellung der Wählerliste. 173
g) Der Erlass des Wahlausschreibens 176
h) Die Einreichung und Prüfung von Wahlvorschlägen.. 179
i) Die Wahl des Betriebsrats in der zweiten Wahlversammlung. 182
j) Die nachträgliche schriftliche Stimmabgabe 185
2. Die Wahl des Betriebsrats im einstufigen Verfahren 188

XI. Die Abwehr von Behinderungen der Betriebsratswahl 194
1. Gründliche Vorbereitung der Wahl – Seminare 194
2. Keine Abstimmung über die Frage, ob überhaupt ein Betriebsrat gewählt werden soll. 194
3. Schutz der Wahlinitiatior:innen 195
4. Vorbereitung der Einladung zur Wahl des Wahlvorstandes bei erstmaliger Wahl eines Betriebsrates 195
5. Unterlagen werden nicht, unvollständig oder zu langsam zur Verfügung gestellt 196
6. Räume für die Betriebs- oder Wahlversammlung. 197
7. Streit um den Betrieb 197

XII. Welche Kosten der Betriebsratswahl hat der Arbeitgeber zu tragen und wie ist die Betriebsratswahl gegen Behinderungen geschützt? 199
1. Schutz der Betriebsratswahl 199
2. Kosten der Betriebsratswahl 204

XIII. Durchführung der Betriebsratswahl unter den Bedingungen einer Pandemie 208
Vorbemerkungen 208
1. Bestellung des Wahlvorstandes durch den Betriebsrat, Gesamtbetriebsrat oder Konzernbetriebsrat 210
2. Wahl eines Wahlvorstandes in einer Betriebsversammlung im normalen oder in einer Wahlversammlung im vereinfachten Wahlverfahren 210
3. Arbeitsgerichtliche Bestellung des Wahlvorstandes als Alternative zu einer Wahl des Wahlvorstandes 212
4. Sitzung des Wahlvorstandes als Video- oder Telefonkonferenz und Beschlussfassung in einer Video- oder Telefonkonferenz? 214
5. Betriebsadresse und Erreichbarkeit des Wahlvorstandes 215
6. Aushang des Wahlausschreibens und anderer Bekanntmachungen des Wahlvorstandes, Möglichkeit der Einsichtnahme in die Wählerliste 216
7. Einreichen von Wahlvorschlägen und Sammeln von Stützunterschriften 217
8. Bekanntmachung der Vorschlagslisten und Zuteilung der Ordnungsnummern 219
9. Persönliche Stimmabgabe oder Briefwahl 219
10. Öffentliche Stimmauszählung 221
11. Verschiebung des Wahltags/Abbruch der Wahl und Neueinleitung später 222

XIV. Anhang 225
1. Kurzübersicht zum Wahlablauf – Normales Wahlverfahren 225
2. Kurzübersicht zum Wahlablauf – Vereinfachtes Wahlverfahren – einstufig 226
3. Kurzübersicht zum Wahlablauf – Vereinfachtes Wahlverfahren – zweistufig 228

4. Checkliste und Ablaufplan zur Durchführung der Wahlversammlung zur Wahl des Wahlvorstandes – zweistufiges vereinfachtes Wahlverfahren 230
5. Wahlvorschriften aus dem Betriebsverfassungsgesetz 232
6. Erste Verordnung zur Durchführung des Betriebsverfassungsgesetzes 246
7. Vorschriften des Sonderkündigungsschutzes für Mitglieder des Wahlvorstandes, Wahlbewerber:innen und Wahlinitiator:innen 271
8. Auftragsdatenverarbeitung 272
9. Die Verantwortung von Wahlvorstand und Arbeitgeber bei Beschaffung und Einsatz der Wahlsoftware aus dem Bund-Verlag 283

Stichwortverzeichnis 285

Abkürzungsverzeichnis

a. A.	anderer Ansicht
a. a. O.	am angegebenen Ort
Abs.	Absatz
Abt.	Abteilung
AG	Aktiengesellschaft
AiB	Zeitschrift »Arbeitsrecht im Betrieb«
AktG	Aktiengesetz
AP	Arbeitsrechtliche Praxis (Nachschlagewerk)
ArbG	Arbeitsgericht
ArbGG	Arbeitsgerichtsgesetz
ArbPlSchG	Arbeitsplatzschutzgesetz
ATG	Altersteilzeitgesetz
AÜG	Arbeitnehmerüberlassungsgesetz
AuR	Zeitschrift »Arbeit und Recht«
Az.	Aktenzeichen
BAG	Bundesarbeitsgericht
BayObLG	Bayerisches Oberstes Landesgericht
BB	Zeitschrift »Betriebs-Berater«
BBiG	Berufsbildungsgesetz
BEEG	Bundeselterngeld- und Elternzeitgesetz
BetrVG	Betriebsverfassungsgesetz
BGB	Bürgerliches Gesetzbuch
BGH	Bundesgerichtshof
BPersVG	Bundespersonalvertretungsgesetz
BSHG	Bundessozialhilfegesetz
BT-Drucks.	Drucksache des Deutschen Bundestages
BVerfG	Bundesverfassungsgericht
BVerfGE	Entscheidungssammlung des Bundesverfassungsgerichts
BVerwG	Bundesverwaltungsgericht
bzw.	beziehungsweise
CGB	Christlicher Gewerkschaftsbund Deutschland

Däubler	Däubler, Arbeitsrecht in Zeiten der Corona-Krise, Rechte und Pflichten im Ausnahmezustand, 2020, zit. Däubler
DB	Zeitschrift »Der Betrieb«
DGB	Deutscher Gewerkschaftsbund
d. h.	das heißt
DKW	Däubler/Klebe/Wedde (Hrsg.), Kommentar Betriebsverfassungsgesetz, 19. Auflage (2024); zit.: DKW-Bearbeiter Däubler/Klebe/Wedde (Hrsg.), Kommentar Betriebsverfassungsgesetz, Betriebsratswissen online, 19. Auflage (Stand August 2024), zit.: DKW-Bearbeiter, Betriebsratswissen online
DRK	Deutsches Rotes Kreuz
DS-GVO	Datenschutzgrundverordnung der EU
EÜG	Eignungsübungsgesetz
EU	Europäische Union
e. V.	eingetragener Verein
evtl.	eventuell
EzA	Entscheidungssammlung zum Arbeitsrecht
f.	folgende
ff.	fortfolgende
Fitting	Engels/Schmidt/Trebinger/Linsenmaier, Kommentar, Betriebsverfassungsgesetz, 32. Auflage (2024), zit: Fitting
Fn.	Fußnote
GBR	Gesamtbetriebsrat
gem.	gemäß
GG	Grundgesetz
ggf.	gegebenenfalls
GmbH	Gesellschaft mit beschränkter Haftung
GKH	Gewerkschaft für Kunststoffgewerbe und Holzverarbeitung
HAG	Heimarbeitergesetz
Helm/Bundschuh/Wulff	Helm/Bundschuh/Wulff (Hrsg.), Arbeitsrechtliche Beratungspraxis in Krisenzeiten, Aktuelle Fragestellungen in der Pandemie, zit.: Bearbeiter in Helm/Bundschuh/Wulff
HGB	Handelsgesetzbuch
h. M.	herrschende Meinung
IG	Industriegewerkschaft
IT	Informationstechnik
IuK	Information und Kommunikation
i. V. m.	in Verbindung mit

Kapovaz	kapazitätsorientierte variable Arbeitszeit
KBR	Konzernbetriebsrat
KG	Kommanditgesellschaft
KSchG	Kündigungsschutzgesetz
LAG	Landesarbeitsgericht
LAGE	Entscheidungssammlung der Landesarbeitsgerichte
LG	Landesgericht
m. w. N.	mit weiteren Nachweisen
NAG	Neue Assekuranz Gewerkschaft e. V.
n. F.	neue Fassung
NGG	Gewerkschaft Nahrung-Genuss-Gaststätten
n. rk.	nicht rechtskräftig
Nr.	Nummer
Nrn.	Nummern
NZA	»Neue Zeitschrift für Arbeits- und Sozialrecht«
NZA-RR	Neue Zeitschrift für Arbeitsrecht – Rechtsprechungs-Report
OHG	Offene Handelsgesellschaft
o. g.	oben genannte(n)
OVG	Oberverwaltungsgericht
PC	Personal Computer
PersR	Zeitschrift »Der Personalrat«
PostPersRG	Postpersonalrechtsgesetz
PStG	Personenstandgesetz
Rn.	Randnummer
RVO	Reichsversicherungsordnung
S.	Seite
s.	siehe
SGB	Sozialgesetzbuch
SGB II	Zweites Buch Sozialgesetzbuch – Grundsicherung für Arbeitssuchende
SGB IV	Viertes Buch Sozialgesetzbuch – Gemeinsame Vorschriften für die Sozialversicherung
SGB IX	Neuntes Buch Sozialgesetzbuch – Rehabilitation und Teilhabe behinderter Menschen
s. o.	siehe oben
sog.	so genannt(e)
SprAuG	Sprecherausschussgesetz
str.	strittig
s. u.	siehe unten
u. a.	und andere; unter anderem

UFO	Unabhängige Flugbegleiter Organisation
UmwG	Umwandlungsgesetz
Urt.	Urteil
usw.	und so weiter
u. U.	unter Umständen
ver.di	Vereinte Dienstleistungsgewerkschaft
vgl.	vergleiche
WahlO	Wahlordnung Betriebsverfassungsgesetz 1952
WO	Wahlordnung Betriebsverfassungsgesetz 1972
z. B.	zum Beispiel

I. Wann finden Betriebsratswahlen statt?

Der Zeitpunkt der Betriebsratswahlen ist in § 13 BetrVG festgelegt. Gem. § 13 Abs. 1 Satz 1 BetrVG finden die regelmäßigen Betriebsratswahlen alle vier Jahre in der Zeit vom 1. März bis zum 31. Mai statt. Die nächsten regelmäßigen Betriebsratswahlen sind daher im Zeitraum vom 1. 3. 2026 bis zum 31. 5. 2026 durchzuführen (die übernächsten regelmäßigen Betriebsratswahlen im Zeitraum vom 1. 3. 2030 bis zum 31. 5. 2030 usw.). Die regelmäßige Amtszeit des Betriebsrats beträgt vier Jahre und endet spätestens am 31. Mai des Jahres, in dem gem. § 13 Abs. 1 Satz 1 BetrVG die regelmäßigen Betriebsratswahlen durchzuführen sind (§ 21 Satz 1, 3 BetrVG). Aus diesem Grund ist es zur Vermeidung einer betriebsratslosen Zeit erforderlich, dass bei den nächsten regelmäßigen Betriebsratswahlen im Jahr 2026 die Wahl vor dem 31. 5. 2026 durchgeführt wird. 1

Unter bestimmten Voraussetzungen ist der **Betriebsrat außerhalb des Zeitraums vom 1. März bis zum 31. Mai zu wählen** (§ 13 Abs. 2 BetrVG), nämlich wenn 1a

- mit Ablauf von 24 Monaten, vom Tage der Wahl an gerechnet, die Zahl der regelmäßig beschäftigten Arbeitnehmer:innen um die Hälfte, mindestens aber um fünfzig, gestiegen oder gesunken ist (Nr. 1),
- die Gesamtzahl der Betriebsratsmitglieder nach Eintreten sämtlicher Ersatzmitglieder unter die vorgeschriebene Zahl der Betriebsratsmitglieder gesunken ist (Nr. 2),
- der Betriebsrat mit der Mehrheit seiner Mitglieder seinen Rücktritt beschlossen hat (Nr. 3),
- die Betriebsratswahl mit Erfolg angefochten worden ist (Nr. 4),
- der Betriebsrat durch eine gerichtliche Entscheidung aufgelöst ist (Nr. 5) oder
- im Betrieb ein Betriebsrat nicht besteht (Nr. 6).

Ist der Betriebsrat gem. § 13 Abs. 2 Nr. 1 – 3 BetrVG außerhalb des Zeitraums für die regelmäßigen Betriebsratswahlen zu wählen, endet die Amtszeit des Betriebsrats mit der Bekanntgabe des Wahlergebnisses des neu gewählten Betriebsrats (§ 21 Satz 4 BetrVG). Bis zu diesem Zeit- 1b punkt bleibt der Betriebsrat mit allen Rechten und Pflichten handlungsfähig und führt die Geschäfte weiter (§ 22 BetrVG), längstens allerdings bis zum Zeitpunkt des Endes seiner regulären vierjährigen Amtszeit (31.5.2026, 31.5.2030 usw.). Vor dem Ende der regulären vierjährigen Amtszeit des Betriebsrats ist also auch in diesen Fällen zur Vermeidung einer betriebsratslosen Zeit die Betriebsratswahl durchzuführen. **Hat außerhalb des für die regelmäßigen Betriebsratswahlen festgelegten Zeitraums eine Betriebsratswahl stattgefunden**, so ist der Betriebsrat in dem auf die Wahl folgenden nächsten Zeitraum der regelmäßigen Betriebsratswahlen neu zu wählen (§ 13 Abs. 3 Satz 1 BetrVG). In diesem Fall endet die (kürzere) Amtszeit des Betriebsrats spätestens am 31.05. des nächsten regulären Wahljahres (§ 21 Satz 3 BetrVG). Hat die Amtszeit des Betriebsrats zu Beginn des für die regelmäßigen Betriebsratswahlen festgelegten Zeitraums noch nicht ein Jahr betragen, so ist der Betriebsrat in dem übernächsten Zeitraum der regelmäßigen Betriebsratswahlen neu zu wählen. Seine (längere) Amtszeit endet spätestens am 31.05. des übernächsten regulären Wahljahres (§ 21 Satz 4 BetrVG), s. dazu auch die Beispiele bei Rn. 46f.

1c In einem **betriebsratslosen Betrieb** kann die Wahl eines Betriebsrats jederzeit durchgeführt werden (§ 13 Abs. 2 Nr. 6 BetrVG).

1d Nach § 13 Abs. 2 Nr. 3 BetrVG hat der amtierende Betriebsrat die Möglichkeit, eine vorzeitige Neuwahl herbeizuführen, indem er den Rücktritt des Betriebsrats beschließt. Das kann z.B. sinnvoll sein, wenn Beginn und Ende der Amtszeit (z.B. wegen Ungenauigkeiten bei der letzten Wahl) nicht mehr exakt bestimmt werden können. Der zurückgetretene Betriebsrat bleibt bis zur Wahl des neuen Betriebsrats im Amt und führt solange die Geschäfte weiter (§ 22 BetrVG).

Der Rücktritt erfordert einen klaren und eindeutigen Beschluss mit der Mehrheit der Stimmen der Betriebsratsmitglieder (absolute Stimmenmehrheit). Der Beschluss, einen Wahlvorstand einzusetzen, reicht für sich genommen nicht aus, um einen sicheren Rücktrittswillen anzunehmen[2]. Andere Wege des Rücktritts, z.B. »die kollektive Amtsniederlegung« aller Betriebsratsmitglieder (und Ersatzmitglieder) sind risikobehaftet und können zu Problemen führen, daher sollte dieser Schritt vorher sorgfältig rechtlich geprüft werden.

2 LAG Niedersachsen 30.4.2024 – 10 TaBVGa 28/24.

II. In welchen Betrieben kann ein Betriebsrat gewählt werden?

1. Betrieb

Ein Betriebsrat kann in jedem Betrieb gewählt werden, in dem mindestens fünf ständige wahlberechtigte Arbeitnehmer:innen beschäftigt sind. Von den fünf Arbeitnehmer:innen müssen mindestens drei wählbar ein (§ 1 Abs. 1 BetrVG). 2

Aber was ist ein Betrieb? Sind die Produktion und die Verwaltung einer Bäckereikette, die auf einem Betriebsgrundstück liegen, ein Betrieb oder sind es zwei Betriebe? Bilden die Einzelhandelsfilialen mit dem Zentrallager des Unternehmens einen Betrieb? Die Klärung dieser Fragen ist für den Wahlvorstand und den späteren Betriebsrat von großer Bedeutung. Der Betriebsrat vertritt nur die Arbeitnehmer:innen des Betriebs, für den er gewählt wurde, und nur die Arbeitnehmer:innen dieses Betriebs können ihn wählen. Das Betriebsverfassungsgesetz selbst definiert nicht, was ein Betrieb ist. Nach der Rechtsprechung des Bundesarbeitsgerichts ist ein Betrieb 2a

»... eine organisatorische Einheit, innerhalb derer der Arbeitgeber zusammen mit den vom ihm beschäftigten Arbeitnehmern bestimmte arbeitstechnische Zwecke fortgesetzt verfolgt. Dazu müssen die in der Betriebsstätte vorhandenen materiellen und immateriellen Betriebsmittel zusammengefasst, geordnet und gezielt eingesetzt und die menschliche Arbeitskraft von einem einheitlichen Leitungsapparat gesteuert werden.«[3]

Entscheidend fragt die Rechtsprechung danach, wo der »einheitliche Leitungsapparat«, der die typischen mitbestimmungspflichtigen Entscheidungen (Einstellungen, Kündigungen, Versetzungen usw.) trifft, sitzt. Der Betriebsrat soll im Prinzip da gewählt werden, wo die **Betriebsleitung** die mitbestimmungspflichtigen Entscheidungen fällt. Der Betriebsrat soll mit 3

3 BAG 17.5.2017 – 7 ABR 21/15.

seinen Mitbestimmungsrechten die Alleinentscheidungskompetenz des Arbeitgebers begrenzen können.

4 Allerdings muss die **einheitliche Leitung** des Betriebs nicht alle Dinge allein entscheiden dürfen. In größeren Unternehmen gibt es für viele Bereiche einheitliche, verbindliche Arbeitsanweisungen oder Richtlinien und Budgetvorgaben. In einem großen Unternehmen oder gar Konzern hat jede Betriebsleitung immer auch die Vorgaben der Unternehmensleitung oder der Konzernleitung zu beachten. Notwendig ist vielmehr ein Maß an **Kernkompetenzen** für die mitbestimmungspflichtigen Entscheidungen. Wenn z. B. die Betriebsleiterin einer Restaurantkette entscheiden darf, wen von mehreren Bewerbern sie einstellt, spricht dies für ihre Leitungsfunktion. Daran ändert nichts, dass sie im Hinblick auf das Entgelt Vorgaben der Zentrale und ein Budget zu beachten hat. Es ist daher **nicht** erforderlich, dass sie **leitende Angestellte** ist.[4]

5 Unter **arbeitstechnischen Zwecken** werden die inhaltlichen Aufgaben des Betriebs (Produktion, Lager, Verwaltung, Marketing, IT-Support usw.) verstanden. Ein Betrieb kann auch mehrere arbeitstechnische Zwecke verfolgen. Ob z. B. Produktion und Verwaltung eines Unternehmens, die auf einem Betriebsgelände liegen, ein Betrieb sind, hängt weniger von den unterschiedlichen arbeitstechnischen Zwecken ab, sondern vielmehr von der Frage, ob es eine einheitliche Leitung gibt.

Werden die Filialen der Bäckereikette von der Zentrale aus gesteuert, d. h., werden dort die mitbestimmungspflichtigen Entscheidungen getroffen, sind die Zentrale und die Filialen ein Betrieb. Gibt es jedoch eine eigene Leitung für alle Filialen und trifft diese die Entscheidungen für die Filiale – unabhängig von der Zentrale – handelt es sich um zwei Betriebe.[5]

Voraussetzung für einen Betrieb ist es nicht, dass die Arbeitnehmer:innen räumlich zusammenarbeiten. Auch wenn alle Arbeitnehmer:innen eines Betriebs im Home Office oder mobil arbeiten, gehören sie zu einem Betrieb, wenn ihre Arbeit von einem einheitlichen Leitungsapparat gesteuert wird.

Umgekehrt kann trotz eigener einheitlicher Leitung die Betriebseigenschaft fehlen, wenn nur ein ganz untergeordneter Zweck verfolgt wird (Bsp.: eine gastronomische Einrichtung »rundet das Angebot ab« eines Eissportzentrums, Naherholungsgebiets und Gesundheitsparks).[6]

---

4 Hessisches LAG 9. 12. 2024 – 16 TaBV 93/24.

5 Vgl. Hessisches LAG 18. 11. 2024 – 16 TaBV 51/24.

6 BAG 24. 4. 2024 – 4 AZR 195/23.

Praktische Schwierigkeiten bestehen in der sog. Plattformökonomie, also dort, wo die Arbeitseinsätze der Beschäftigten durch einen Algorithmus oder eine KI beeinflusst werden. 5a

Die betrieblichen Leitungsstrukturen können hier sehr unterschiedlich ausgestaltet sein. In der Organisationsstruktur von **Plattform**-Lieferdiensten gibt es in der Regel eine Zentrale, aus der heraus Funktionen der Personalwirtschaft (HR, Recruiting usw.) ausgeübt werden. Darüber hinaus lassen sich aber weitere organisatorische Bereiche abgrenzen, die in der eingesetzten App als Liefergebiete definiert sind. Innerhalb dieser Liefergebiete erhalten die Beschäftigten – nach bestimmten Kriterien algorithmisch zugewiesen – ihre Aufträge. Teilweise sind in Liefergebieten Hauptumschlagbasen (Hub[7]) eingerichtet, mit Büros und Sozialeinrichtungen, von denen aus Verwaltungs- und Backoffice-Tätigkeiten ausgeübt werden. Teilweise werden in den Liefergebieten ausschließlich Auslieferungsfahrer:innen beschäftigt.

Wie mit solchen algorithmisch gesteuerten Liefergebieten betriebsverfassungsrechtlich umzugehen ist, ist noch nicht abschließend entschieden. Fraglich ist etwa, ob der Einsatz von KI im Personalbereich oder die Verwendung einer Plattform im Geschäftsmodell des Arbeitgebers das Merkmal eines einheitlichen Leitungsapparats entbehrlich macht oder ob dies zu »konturlosen Einheiten« ohne verlässliche Anknüpfungsparameter führt.[8] Nach hier vertretener Auffassung erschwert die weite Entfernung zum Hauptbetrieb (Zentrale) die Betriebsratsarbeit in Plattformstrukturen derart, dass eine effektive Interessenvertretung ansonsten nicht gewährleistet wäre. Jedenfalls führt eine Verkennung des Betriebsbegriffs nicht zur Nichtigkeit, sondern allenfalls zur Anfechtbarkeit der Wahl.

Um feststellen zu können, wer die Leitungsmacht ausübt, kann und müssen sich der Betriebsrat bzw. die Wahlinitiator:innen vor Bestellung des Wahlvorstands oder der Wahlvorstand die notwendigen **Informationen** beschaffen. Dies sind z. B. Organigramme, aus denen sich ergibt, wer im Betrieb bzw. im Unternehmen für was zuständig und entscheidungsbefugt ist. Der Arbeitgeber ist verpflichtet, dem Wahlvorstand die notwendigen Informationen zu geben (§ 2 Abs. 2 WO). 6

7 Offengelassen, ob ein Hub Betrieb/eigenständiger Betriebsteil ist: LAG Hamburg 21.11.2024 – 3 TaBV 1/24 (anh. BAG – 7 ABR 40/24).

8 LAG Schleswig-Holstein 7.8.2024 – 6 TaBV 20/23 (anh. BAG – 7 ABR 26/24); LAG Niedersachsen 30.5.2024 – 5 TaBV 84/23 (anh. BAG – 7 ABR 23/24 und 7 ABR 4/25).

7 Die **Rechtsform** spielt für die Frage, was und wer zum Betrieb gehört, keine Rolle. Jeder Betrieb hat einen Rechtsträger (z. B. eine GmbH, eine OHG). Aber auch eine natürliche Person kann Rechtsträger eines Betriebs sein (z. B. der/die Bäckermeister:in, dem/der eine Bäckerei gehört). Der Betrieb ist vom Unternehmen abzugrenzen. Das Unternehmen ist der rechtliche Eigentümer des Betriebs. Ein Unternehmen (z. B. GmbH, AG, OHG usw.) kann mehrere Betriebe haben.

8 Die Frage, was zum Betrieb gehört, welche Betriebsteile dazuzählen oder nicht, ist in der Praxis zum Teil schwierig zu beantworten. Hier hat das Bundesarbeitsgericht entschieden, dass die **Verkennung des Betriebsbegriffs** (z. B. falsche Zuordnung von Filialen zu einem Betrieb) die Betriebsratswahl in der Regel nicht nichtig, sondern nur anfechtbar macht.[9]

9 Soll erstmals ein Betriebsrat gewählt werden, müssen die Initiator:innen der Betriebsratswahl versuchen, diese Fragen im Vorfeld der Einleitung der Wahl zu klären (siehe dazu Rn. 35, 55).

2. Gemeinsamer Betrieb

10 Auch mehrere Unternehmen können einen »gemeinsamen Betrieb« führen. § 1 Abs. 2 BetrVG legt hierzu fest:

»Ein gemeinsamer Betrieb mehrerer Unternehmen wird vermutet, wenn

1. *zur Verfolgung arbeitstechnischer Zwecke die Betriebsmittel sowie die Arbeitnehmer von den Unternehmen gemeinsam eingesetzt werden oder*
2. *die Spaltung eines Unternehmens zur Folge hat, dass von einem Betrieb ein oder mehrere Betriebsteile einem an der Spaltung beteiligten anderen Unternehmen zugeordnet werden, ohne dass sich dabei die Organisation des betroffenen Betriebs wesentlich ändert.«*

11 Beispiele für einen gemeinsamen Betrieb sind z. B. ein gemeinsames Rechenzentrum oder ein gemeinsames Lager. Die dort tätigen Arbeitnehmer:innen haben dann Arbeitsverträge mit verschiedenen Arbeitgebern, können aber, sofern die Voraussetzungen vorliegen, gemeinsam einen Betriebsrat wählen. Die **Betriebsmittel** werden dann im Sinne von Nr. 1

---

9 BAG 13.3.2013 – 7 ABR 70/11, auch dann, wenn im Zeitpunkt der Wahl bereits Streit über die Wirksamkeit einer abweichenden Vereinbarung iSv. § 3 BetrVG besteht, BAG 25.10.2023 – 7 ABR 25/22.

gemeinsam eingesetzt, wenn z. B. ein Fuhr- oder Maschinenpark von den beteiligten Unternehmen gemeinsam genutzt wird.
Das BAG fasst die Voraussetzungen wie folgt zusammen:

»... ist von einem gemeinsamen Betrieb mehrerer Unternehmen aber nur auszugehen, wenn die in einer Betriebsstätte vorhandenen materiellen und immateriellen Betriebsmittel für einen einheitlichen arbeitstechnischen Zweck zusammengefasst, geordnet und gezielt eingesetzt werden und der Einsatz der menschlichen Arbeitskraft von einem einheitlichen Leitungsapparat gesteuert wird. Dazu müssen sich die beteiligten Unternehmen zumindest stillschweigend zu einer ***gemeinsamen Führung*** *rechtlich verbunden haben. Diese einheitliche Leitung muss sich auf die wesentlichen Funktionen eines Arbeitgebers in sozialen und personellen Angelegenheiten erstrecken. Eine lediglich unternehmerische Zusammenarbeit genügt dagegen nicht. Vielmehr müssen die Funktionen des Arbeitgebers in den sozialen und personellen Angelegenheiten des Betriebsverfassungsgesetzes institutionell einheitlich für die beteiligten Unternehmen wahrgenommen werden.«*[10]

Liegen die Voraussetzungen für die Vermutungsregeln vor, können diese **12**
z. B. von den am Gemeinschaftsunternehmen beteiligten Unternehmen widerlegt werden. Sind Wahlvorstand und Arbeitgeber nicht einer Meinung, muss die Frage im Beschlussverfahren geklärt werden. Zur Klärung des Betriebsbegriffs außerhalb des Wahlverfahrens nach § 18 Abs. 2 BetrVG siehe Rn. 35.

Eine Vereinbarung, den Betrieb gemeinsam zu führen, liegt dem Be- **13**
triebsrat bzw. dem Wahlvorstand in der Praxis selten schriftlich vor. Gibt es keine ausdrückliche **schriftliche Leitungsvereinbarung** über die gemeinsame Führung des Betriebs, wird aus den tatsächlichen Umständen auf eine stillschweigend bzw. konkludent vereinbarte Leitungsvereinbarung geschlossen, den gemeinsamen Betrieb zu führen. Für eine solche Leitungsvereinbarung spricht, wenn es eine gemeinsame Personalabteilung für den Betrieb gibt, die die wesentlichen Entscheidungen in personellen und sozialen Angelegenheiten trifft.[11] Dass auch andere – unternehmerische – Funktionen einheitlich wahrgenommen werden, ist keine zwingende Voraussetzung für den gemeinsamen Betrieb im Sine von § 1 BetrVG.

---

10 BAG 27.6.2019 – 2 AZR 38/19.
11 BAG 11.2.2004 – 7 ABR 27/03.

14 Als wichtigstes Indiz für einen gemeinsamen Betrieb gilt der gemeinsam praktizierte arbeitgeberübergreifende Personaleinsatz, wenn dieser der Regelfall ist.[12]

15 Für eine **Leitungsvereinbarung** können sprechen:[13]

- Gemeinsame Geschäftsführung[14]
- Gemeinsame Personalabteilung
- Gemeinsame Urlaubsplanung und Krankheitsvertretung[15]
- Gemeinsame Führung der Personalakten[16]
- Gemeinsame Nutzung der Betriebsmittel (Räume, Maschinen usw.)

16 Ein Gewinnabführungs- und Beherrschungsvertrag allein rechtfertigt noch nicht die Annahme eines gemeinsamen Betriebs.[17] Entscheidend ist aber nicht ein einzelnes Kriterium, sondern die Gesamtbetrachtung.

Wenn sich die Beteiligung eines Arbeitgebers nur auf das Zurverfügungstellen seiner Arbeitnehmer:innen an einen anderen Arbeitgeber beschränkt, liegt kein gemeinsamer Betrieb, sondern regelmäßig Arbeitnehmerüberlassung vor. Für die rechtliche Einordnung kommt es auf die Verträge zwischen beiden Arbeitgebern an und wie diese praktisch gehandhabt werden (keine Umgehung des AÜG).[18]

17 Weiterhin wird ein gemeinsamer Betrieb vermutet, wenn ein bisher einheitlicher Betrieb bzw. dessen Betriebsteile durch die Spaltung des Rechtsträgers mehreren Unternehmen zugeordnet wurde, ohne dass sich die Organisation des Betriebs geändert hat. In diesem Fall bleibt der Betrieb als Einheit bestehen und in ihm ist der Betriebsrat zu wählen.

Die Vermutungsregeln des § 1 Abs. 2 BetrVG können aber jederzeit widerlegt werden, sodass dann kein gemeinsamer Betriebsrat mehr zu wählen ist.

Rechtssicherheit kann die Gewerkschaft über einen Strukturtarifvertrag nach § 3 Abs. 1 Nr. 1 BetrVG schaffen (vor der Wahl, nicht rückwirkend[19]).

---

12 BAG 23.11.2016 – 7 ABR 3/15.
13 Vgl. DKW-*Trümner*, § 1 Rn. 131.
14 BAG 11.2.2004 – 7 ABR 27/03.
15 LAG Rheinland-Pfalz 13.6.2019 – 2 TaBV 28/18; BAG 13.2.2013 – 7 ABR 36/11.
16 BAG 11.2.2004 – 7 ABR 27/03.
17 BAG 17.8.2005 – 7 ABR 62/04.
18 BAG 24.5.2022 – 9 AZR 337/21.
19 LAG München 20.2.2024 – 7 TaBV 27/23; LAG Baden-Württemberg 19.3.2024 – 15 TaBV 2/23.

3. Betriebsteile, Kleinstbetriebe

Kleinstbetriebe (§ 4 Abs. 2 BetrVG) und Betriebsteile werden im Regelfall dem Betrieb zugeordnet, zu dem sie gehören, d. h., in dessen Organisation sie eingegliedert sind. Für Betriebsteile gibt es von diesem Grundsatz zwei Ausnahmen: Betriebsteile sind als selbständige Betriebe anzusehen, wenn sie räumlich weit entfernt oder aber eigenständig sind (§ 4 Abs. 1 Satz 1 Nr. 1 und 2 BetrVG). Solche Betriebsteile werden »qualifizierte« Betriebsteile genannt. Hier kann ein eigener Betriebsrat gewählt werden. 18

»§ 4 Betriebsteile, Kleinstbetriebe
(1) Betriebsteile gelten als selbständige Betriebe, wenn sie die Voraussetzungen des § 1 Abs. 1 Satz 1 erfüllen und
1. räumlich weit vom Hauptbetrieb entfernt oder
2. durch Aufgabenbereich und Organisation eigenständig sind.
Die Arbeitnehmer eines Betriebsteils, in dem kein eigener Betriebsrat besteht, können mit Stimmenmehrheit formlos beschließen, an der Wahl des Betriebsrats im Hauptbetrieb teilzunehmen; § 3 Abs. 3 Satz 2 gilt entsprechend. Die Abstimmung kann auch vom Betriebsrat des Hauptbetriebs veranlasst werden. Der Beschluss ist dem Betriebsrat des Hauptbetriebs spätestens zehn Wochen vor Ablauf seiner Amtszeit mitzuteilen. Für den Widerruf des Beschlusses gelten die Sätze 2 bis 4 entsprechend.
(2) Betriebe, die die Voraussetzungen des § 1 Abs. 1 Satz 1 nicht erfüllen, sind dem Hauptbetrieb zuzuordnen.«

a) Räumlich weite Entfernung

Es gibt keine starre Entfernungsgrenze zur Beurteilung der Frage, wann ein Betriebsteil weit entfernt vom Hauptbetrieb liegt. **Hauptbetrieb** ist der Betrieb, in dem Leitungsfunktionen des Arbeitgebers für den Betriebsteil wahrgenommen werden.[20] Die räumlich weite Entfernung hat nicht dieselbe Bedeutung wie der für die Briefwahl in § 24 Abs. 3 WO verwendete identische Begriff.[21] Entscheidend kommt es darauf an, ob die Arbeitnehmer:innen des Betriebsteils den Betriebsrat gut erreichen können und umgekehrt, damit die **Vertretung durch den Betriebsrat sichergestellt** werden kann. Die Beschäftigten müssen die Möglichkeit haben, im Bedarfsfall zeitnah die einzelnen Betriebsratsmitglieder aufzu-

20 LAG Rheinland-Pfalz 20.4.2024 – 7 TaBV 2/23.
21 BAG 16.3.2022 – 7 ABR 29/20.

suchen, der BR muss sich ohne Schwierigkeiten über die Verhältnisse vor Ort informieren können und die BR-Mitglieder müssen (ggf. auch kurzfristig) an BR-Sitzungen im Hauptbetrieb teilnehmen können. Die Frage von technischen Kommunikationsmitteln (Telefon, E-Mail usw.) ist dabei nicht ausschlaggebend.[22] An dieser Bewertung ändert auch die Möglichkeit der Nutzung von Video- und Telefonkonferenzen für die Sitzungen des Betriebsrats (§ 30 Abs. 2 BetrVG) nichts.[23] Der Gesetzeswortlaut stellt für die Zuordnung zum Hauptbetrieb allein auf die räumliche Entfernung ab. Für die Frage der Erreichbarkeit kommt es auf die regelmäßigen Verkehrsverhältnisse an, nicht auf die besten oder schlechtesten. Die Fahrzeiten des öffentlichen Nahverkehrs sind dann maßgebend, wenn ein nicht unerheblicher Teil der Arbeitnehmer:innen hierauf angewiesen ist.[24]
Die Rechtsprechung hat in folgenden Fällen eine weite Entfernung angenommen:

- 11 Kilometer Entfernung zum Hauptbetrieb bei schlechten Verbindungen mit öffentlichen Verkehrsmitteln und Fahrzeit von je 20 Minuten mit PKW und 5 Minuten Fußweg (Gesamtzeit 50 Minuten),[25]
- 28 Kilometer bei Fahrzeit mit PKW 30 Minuten und 143 Minuten Hin- und Rückfahrt mit öffentlichen Verkehrsmitteln,[26]
- Fahrzeit von mehr als zwei Stunden für Hin- und Rückweg.[27]

Keine weite Entfernung lag in folgenden Fällen vor:

- Fahrzeit mit öffentlichen Verkehrsmitteln zwischen 71 und 84 Minuten für Entfernung von 23,2 Kilometern, Fahrzeit mit PKW zwischen 15 und 20 Minuten,[28]
- Entfernung von 22 Kilometern.[29]

b) Eigenständiger Betriebsteil

Um eigenständig im Sinne des § 4 Abs. 1 BetrVG zu sein, muss ein Betriebsteil sowohl bezogen auf seinen **Aufgabenbereich** als auch in seiner **Organisation** eigenständig sein.

22 BAG 17.5.2017 – 7 ABR 21/15.
23 LAG Rheinland-Pfalz 20.3.2024 – 7 TaBV 2/23.
24 BAG 17.5.2017 – 7 ABR 21/15.
25 BAG 17.5.2017 – 7 ABR 21/15.
26 LAG Schleswig-Holstein 20.1.2010 – 6 TaBV 39/09.
27 BAG 7.5.2008 – 7 ABR 15/07.
28 BAG 14.1.2014 – 7ABR 26/03.
29 BAG 17.2.1983 – 6 ABR 64/81.

Ein eigenständiger Aufgabenbereich ist insbesondere dann anzunehmen, wenn ein vom Hauptbetrieb abweichender **gesonderter arbeitstechnischer Zweck** verfolgt wird.[30]
Eine eigenständige Organisation setzt eine von der Betriebsleitung abgehobene eigene Leitung auf der Ebene des Betriebsteils voraus, die aber keine umfassenden Leitungsbefugnisse haben muss. Das Bundesarbeitsgericht definiert den eigenständigen Betriebsteil wie folgt:

»Ein Betriebsteil ist […]auf den Zweck des Hauptbetriebs ausgerichtet und in dessen Organisation eingegliedert, ihm gegenüber aber organisatorisch abgrenzbar und relativ verselbständigt. Für die Abgrenzung von Betrieb und Betriebsteil ist der ***Grad der Verselbständigung*** *entscheidend, der im Umfang der Leitungsmacht zum Ausdruck kommt. Erstreckt sich die in der organisatorischen Einheit ausgeübte Leitungsmacht auf alle wesentlichen Funktionen des Arbeitgebers in personellen und sozialen Angelegenheiten, handelt es sich um einen eigenständigen Betrieb iSv. § 1 BetrVG. Für das Vorliegen eines Betriebsteils iSv. § 4 Abs. 1 Satz 1 BetrVG genügt ein* ***Mindestmaß an organisatorischer Selbständigkeit*** *gegenüber dem Hauptbetrieb. Dazu reicht es aus, dass in der organisatorischen Einheit überhaupt eine den Einsatz der Arbeitnehmer bestimmende Leitung institutionalisiert ist, die* ***Weisungsrechte*** *des Arbeitgebers ausübt […]. Unter den Voraussetzungen des § 4 Abs. 1 BetrVG gilt ein Betriebsteil als eigenständiger Betrieb. Liegen die Voraussetzungen des § 4 Abs. 1 BetrVG nicht vor, gehört der Betriebsteil betriebsverfassungsrechtlich zum Hauptbetrieb.«*[31]

Voraussetzung für einen eigenen Betriebsrat ist, dass in den Betriebs- **19**
teilen nach § 4 Abs. 1 BetrVG mindestens fünf wahlberechtigte Arbeitnehmer:innen arbeiten, von denen drei wählbar sein müssen. Sonst liegt ein sog. Kleinstbetrieb vor.

c) Wenn Voraussetzungen nicht erfüllt: Einfacher Betriebsteil

Sind die oben genannten Voraussetzungen für einen qualifizierten Be- **20**
triebsteil (mehr als 5 wahlberechtigte Arbeitnehmer:innen; Leitung im Betriebsteil, die das Weisungsrecht ausübt; nur geringe arbeitstechnische Selbstständigkeit) gem. § 1 Abs. 1 BetrVG nicht erfüllt, handelt es sich nur um einen sog. »einfachen« Betriebsteil. In einem einfachen Betriebsteil

30 DKW-*Trümner* § 4 Rn. 63ff.
31 BAG 7.5.2008 – 7 ABR 15/07; BAG 28.4.2021 – 7 ABR 10/20; BAG 26.5.2021 – 7 ABR 17/20.

kann kein eigener Betriebsrat gewählt werden, er wird dem Hauptbetrieb zugeordnet.[32] Damit ist gewährleistet, dass auch Arbeitnehmer:innen, die keinen eigenen Betriebsrat in ihrem Betriebsteil wählen können, an einer Wahl teilnehmen können und so vertreten werden.

d) Wenn Voraussetzungen erfüllt: Wahlmöglichkeit

21 In einem qualifizierten Betriebsteil kann ein eigener Betriebsrat gewählt werden, da die Voraussetzungen des § 1 Abs. 1 BetrVG erfüllt sind. Die Belegschaft kann aber darauf verzichten, eine eigene Wahl zu organisieren. Insgesamt hat die Belegschaft drei Optionen:

1. Sie kann theoretisch auf die Wahl eines eigenen Betriebsrats verzichten. Dies allerdings widerspräche § 1 BetrVG, nachdem Betriebsräte zu wählen sind.
2. Sie kann einen eigenen Betriebsrat wählen.
3. Oder die Belegschaft kann formlos beschließen, an der Betriebsratswahl des Hauptbetriebs teilzunehmen (Zuordnungsbeschluss). Dies ist aber nur dann zulässig, wenn für den Betriebsteil kein Betriebsrat (mehr) besteht.

22 Die **Abstimmung** über die **Teilnahme** an der **Betriebsratswahl des Hauptbetriebs** kann **formlos** erfolgen, d.h. der Zuordnungsbeschluss muss nicht in einer Versammlung erfolgen. Sie muss auch nicht geheim sein. Der Beschluss kann auch in einem schriftlichen Umlaufverfahren oder in einer gemeinsamen Frühstückspause gefasst werden.[33] Allerdings müssen alle Arbeitnehmer:innen (nicht alle Wahlberechtigten, s. § 4 Abs. 1 S. 2 BetrVG) rechtzeitig von der Abstimmung in Kenntnis gesetzt werden. Die Abstimmung muss mindestens zehn Wochen vor Ablauf der Amtszeit des Betriebsrats des Hauptbetriebs erfolgen. Spätestens zu diesem Zeitpunkt muss der Betriebsrat des Hauptbetriebs den Wahlvorstand bestellt haben (§ 16 Abs. 1 BetrVG). An einen solchen Beschluss ist der Wahlvorstand des Hauptbetriebs gebunden, ebenso wie der dortige Betriebsrat. Es gibt kein Einspruchs- oder Schlichtungsverfahren, wenn der Betriebsrat und/oder die Arbeitnehmer:innen des Hauptbetriebs die Beteiligung der Belegschaft des Nebenbetriebs nicht wollen. Eine **Abstimmung** über eine Teilnahme an der **Betriebsratswahl des Hauptbetriebs** trotz bestehenden Betriebsrats ist unzulässig.[34]

---

32 BAG 7.5.2008 – 7 ABR 15/07; BAG 21.6.2023 – 7 ABR 19/22.

33 LAG Düsseldorf 13.1.2016 – 12 TaBV 67/14.

34 DKW-*Trümner*, § 4 Rn. 107; Fitting, § 4 Rn. 28.

Der Betriebsrat des Hauptbetriebs kann die Abstimmung einleiten. Dazu bedarf es eines **ordnungsgemäßen Betriebsratsbeschlusses.**[35] Tut er dies, hat er das Recht, den Betriebsteil aufzusuchen und mit den dortigen Arbeitnehmer:innen über die Abstimmung zu beraten. Er kann die Abstimmung auch selbst vornehmen. 23

Auch eine im Betriebsteil vertretene Gewerkschaft kann die Abstimmung einleiten (§§ 4 Abs. 1i. V. m. 3 § Abs. 3 BetrVG). Der Arbeitgeber muss ihr zu diesem Zweck den Zutritt zum Betriebsteil gewähren und die für die Abstimmung notwendigen Informationen zur Verfügung stellen (welche Arbeitnehmer:innen arbeiten in dem Betriebsteil usw.). 24

Abstimmungsberechtigt sind alle Arbeitnehmer:innen des Betriebsteils. Es kommt nicht darauf an, ob sie wahlberechtigt sind.[36] 25

Der **Beschluss** kann **formlos** erfolgen, er kann auch im Umlaufverfahren erfolgen. Es soll auch ausreichen, wenn bei einem wöchentlichen Frühstück alle Arbeitnehmer:innen des Betriebsteils der Teilnahme an der Betriebsratswahl des Hauptbetriebs mündlich zustimmen.[37] Die Abstimmung muss nicht in einer Betriebsversammlung stattfinden[38] und muss auch nicht geheim erfolgen.[39] Allerdings muss das Ergebnis dokumentiert werden. Es muss auch festgestellt werden, wie viele Arbeitnehmer:innen in dem Betriebsteil arbeiten. Sonst lässt sich die »Stimmenmehrheit«, d. h. die erforderliche absolute Mehrheit der Stimmen, nicht ermitteln. 26

Hat die Belegschaft des Betriebsteils die Teilnahme an der Betriebsratswahl des Hauptbetriebs beschlossen, **gilt** dieser Beschluss, **bis** er **widerrufen** wird. Es muss also nicht vor jeder Betriebsratswahl ein erneuter Zuordnungsbeschluss erfolgen bzw. herbeigeführt werden.[40] 27

---

35 LAG Schleswig-Holstein 17.12.2013 – 1 TABV 35/12; LAG München 20.9.2024 – 7 TaBV 62/23 (Rücksendung von Formblättern durch die Belegschaft heilt nicht fehlerhaften Beschluss, anh. BAG – 7 ABR 39/24).

36 DKW-*Trümner*, § 4 Rn. 112; Fitting, § 4 Rn. 30.

37 LAG Düsseldorf 13.1.2016 – 12 TaBV 67/14.

38 LAG Schleswig-Holstein 17.12.2013 – 1 TaBV 35/12.

39 LAG Düsseldorf 13.1.2016 – 12 TaBV 67/14; DKW-Trümner, § 4 Rn. 120.

40 BAG 24.3.2021 – 7 ABR 16/20.

4. Abweichende Regelungen durch Tarifvertrag oder Betriebsvereinbarung

28 § 3 BetrVG sieht vor, dass durch Tarifvertrag vom Gesetz abweichende Betriebsratsstrukturen vereinbart werden können. So kann durch Tarifvertrag die

- Bildung eines **unternehmenseinheitlichen Betriebsrats** oder
- die **Zusammenfassung von Betrieben** zu einer neuen betriebsverfassungsrechtlichen Einheit geregelt werden, in der dann der Betriebsrat gewählt wird.

Auch ist die Bildung von **Spartenbetriebsräten** möglich. Darüber hinaus können auch **andere Arbeitnehmervertretungsstrukturen** geschaffen werden. Dies sind z. B. Regionalbetriebsräte in Unternehmen mit entsprechenden Filialstrukturen.

29 Nach § 3 Abs. 5 BetrVG gelten die aufgrund eines Tarifvertrags oder einer Betriebsvereinbarung nach § 3 Abs. 1 Nr. 1 bis 3 BetrVG geschaffenen »betriebsverfassungsrechtlichen Organisationseinheiten« als Betriebe im Sinne des Gesetzes. In ihnen ist dann der Betriebsrat zu wählen. Die entsprechenden Regelungen müssen aber vor der Wahl vereinbart werden, nicht rückwirkend.[41] Auch die Verkennung des Betriebsbegriffs mit der Folge der Unwirksamkeit der durchgeführten Betriebsratswahl wird nicht durch ein rückwirkendes Inkrafttreten eines Tarifvertrags nach § 3 Abs. 1 Nr. 1 BetrVG geheilt.[42]

30 Gilt im Unternehmen kein Tarifvertrag (z. B. ein Einkommenstarifvertrag, ein Manteltarifvertrag usw.) und gibt es keine tarifliche Regelung, einen unternehmenseinheitlichen Betriebsrat zu bilden (z. B. zur Schaffung von Spartenbetriebsräten [§ 3 Abs. 1 Nr. 1a und Nr. 2 BetrVG]), kann dies auch in einer **Betriebsvereinbarung** vereinbart werden. Andere Arbeitnehmervertretungsstrukturen nach § 3 Abs. 1 Nr. 3 BetrVG können nur durch Tarifvertrag geschaffen werden; Betriebsvereinbarungen sind nicht zulässig (§ 3 Abs. 2 BetrVG).

Die so gebildeten betriebsverfassungsrechtlichen Organisationseinheiten gelten als Betrieb im Sinne des Gesetzes (§ 3 Abs. 5 BetrVG). In ihnen ist der Betriebsrat nach den Vorschriften des Gesetzes und der Wahlordnung zu wählen. Der Wahlvorstand ist daran **gebunden**. Anders ist es nur, wenn der Arbeitgeber durch organisatorische Veränderungen die zugrundeliegenden Betriebe zusammenlegt, spaltet oder zerschlägt (Wegfall

---

41 LAG München 20. 2. 2024 – 7 TaBV 27/23; LAG Baden-Württemberg 19. 3. 2024 – 15 TaBV 2/23.

42 LAG München 20. 2. 2024 – 7 TaBV 27/23 (anh. BAG – 7 ABR 17/24).

des sog. Substrats)[43]. Solange die Wirksamkeit einer Regelung nach § 3 BetrVG gerichtlich im Streit steht, ist die Wahl nicht nichtig, sondern nur anfechtbar.[44]

Die Vorschriften des § 3 BetrVG sind zwingend. So kann z. B. durch Tarifvertrag oder Betriebsvereinbarung nicht geregelt werden, dass die Betriebsratswahl nicht geheim, sondern offen stattfinden soll. Auch kann die Größe des Betriebsrats nicht erhöht werden.[45]

Die nach § 3 Abs. 1 Nrn. 4 und 5 BetrVG möglichen zusätzlichen betriebsverfassungsrechtlichen Gremien (Arbeitsgemeinschaften) oder die betriebsverfassungsrechtlichen Vertretungen, die die Zusammenarbeit zwischen Betriebsrat und Arbeitnehmer:innen erleichtern sollen, sind kein Gegenstand von Betriebsratswahlen. Für deren Bildung ist der Wahlvorstand nicht zuständig.

5. Abstimmung über unternehmenseinheitlichen Betriebsrat, § 3 Abs. 3 BetrVG

Besteht in einem Unternehmen kein Betriebsrat und wurde kein Tarif- 31
vertrag zur Bildung eines unternehmenseinheitlichen Betriebsrats geschlossen, können die Arbeitnehmer:innen des Unternehmens dies mit Stimmenmehrheit beschließen. Die Abstimmung kann von mindestens drei wahlberechtigten Arbeitnehmer:innen des Unternehmens oder von einer dort vertretenen Gewerkschaft eingeleitet werden. Die Arbeitnehmer:innen, die die Abstimmung veranlassen, haben keinen Kündigungsschutz. Die Abstimmung ist nicht, wie Tarifverträge oder Betriebsvereinbarungen, an die Voraussetzung (§ 3 Abs. 1 Nr. 1 – 3 BetrVG) gebundenen, dass die Bildung eines unternehmenseinheitlichen Betriebsrates der sachgerechten Wahrnehmung der Interessen der Arbeitnehmer:innen bzw. der Aufgaben des Betriebsrats dient. Anders als die Tarifvertragsparteien ist die Belegschaft als Gesamtheit zur Prüfung dieser Voraussetzungen auch nicht in der Lage.[46]

Regelungen, wie die Abstimmung zu erfolgen hat, enthält das Gesetz 32
nicht. In jedem Fall ist der Arbeitgeber verpflichtet, den Initiator:innen

43 BAG 21.6.2023 – 7 ABR 19/22.

44 BAG 25.10.2023 – 7 ABR 25/22.

45 LAG Nürnberg 2.9.2022 – 8 TaBV 15/22; LAG Nürnberg 29.11.2022 – 1 TaBV 22/22.

46 BAG 24.3.2021 – 7 ABR 16/20.

der Abstimmung (drei wahlberechtigte Arbeitnehmer:innen oder eine im Unternehmen vertretene Gewerkschaft) die notwendigen Informationen zu geben (alle Arbeitnehmer:innen des Unternehmens, Anschriften aller Betriebe und Betriebsteile usw.).

33 Die Abstimmung über die Wahl eines unternehmenseinheitlichen Betriebsrats erfordert die absolute Mehrheit (= Mehrheit bezogen auf alle Arbeitnehmer:innen des Unternehmens).[47] Die Abstimmung wirkt, solange die betrieblichen Strukturen gleich bleiben, dauerhaft.[48] Die Abstimmung muss nicht vor jeder regelmäßigen Betriebsratswahl wiederholt werden.

34 Die Abstimmung und das Abstimmungsergebnis müssen dokumentiert werden. Haben die Arbeitnehmer:innen beschlossen, einen unternehmenseinheitlichen Betriebsrat zu wählen, muss der Wahlvorstand hierfür auf einer unternehmensweiten Betriebsversammlung (§ 17 Abs. 1 BetrVG analog)[49] gewählt werden. Der Aufwand hierfür ist nicht unerheblich. Die Kosten hierfür allerdings hat der Arbeitgeber zu tragen (vgl. Rn. 460ff.).

6. Verfahren zur Klärung von Betriebsstrukturen

35 Nach § 18 Abs. 2 BetrVG kann unabhängig von einer Betriebsratswahl ein arbeitsgerichtliches Beschlussverfahren eingeleitet werden mit dem Ziel zu klären, was und wer zu einem Betrieb zählt bzw. was eine »betriebsratsfähige Organisationseinheit« ist. Das Verfahren kann sich auch auf einzelne Teile beziehen.[50] Antragsberechtigt sind der Arbeitgeber, jeder beteiligte Betriebsrat (auch der Gesamt- oder Konzernbetriebsrat),[51] ein beteiligter Wahlvorstand oder eine im Betrieb vertretene Gewerkschaft.[52] Die Schwerbehindertenvertretung ist nicht antragsberechtigt.[53]

---

47 DKW-*Trümner*, § 3 Rn. 182; Fitting, § 3 Rn. 95; ArbG Darmstadt 6.8.2008 – 1 BV 5/08; a. A. (d. h. nur die relative Mehrheit) ArbG Dresden 19.6.2008 – 5 BV 25/08; für einfache Mehrheit der an der Abstimmung Teilnehmenden LAG Düsseldorf 16.10.2008 – 11 TaBV 105/08.

48 BAG 24.3.2021 – 7 ABR 16/20.

49 DKW-*Trümner*, § 3 Rn. 181; Fitting, § 3 Rn. 98.

50 LAG Niedersachsen 30.5.2024 – 5 TaBV 84/23 (anh. BAG – 7 ABR 23/24 und 7 ABR 4/25.

51 BAG 22.6.2005 – 7 ABR 57/04.

52 Die Gewerkschaft ist aber nur Beteiligte, wenn sie einen Antrag stellt, LAG Baden-Württemberg 16.8.2023 – 10 TaBV 2/23, im Anschluss an die Rechtsprechung zu § 19 Abs. 2 BetrVG, vgl. BAG 19.9.1985 – 6 ABR 4/85.

53 BAG 18.1.2012 – 7 ABR 72/10.

Ein anhängiges Verfahren nach § 18 Abs. 2 BetrVG hindert nicht die Einleitung der Wahl eines Wahlvorstands.[54] Das Ergebnis ist grundsätzlich erst für die nächste Wahl maßgebend. Der auf fehlerhafter Grundlage gewählte Betriebsrat bleibt, solange seine Wahl nicht wirksam angefochten worden ist, im Amt.[55]

54 LAG Berlin-Brandenburg 22. 2. 2023 – 4 TaBVGa 1301/22.
55 Hessisches LAG 5. 2. 2024 – 5 TaBVGa 15/24.

III. Was unterscheidet das normale vom vereinfachten Wahlverfahren?

1. Die verschiedenen Wahlverfahren des Betriebsverfassungsgesetzes

36 Das Betriebsverfassungsgesetz sieht **drei verschiedene Wahlverfahren** für die Wahl des Betriebsrats vor:

1. das normale Wahlverfahren,
2. das zweistufige vereinfachte Wahlverfahren und
3. das einstufige vereinfachte Wahlverfahren.

37 Das **normale Wahlverfahren** gilt für alle Betriebe mit in der Regel **mehr als 100 Arbeitnehmer:innen** (s. aber auch Rn. 39).

38 Das vom normalen Wahlverfahren zu unterscheidende **vereinfachte** (einstufige und zweistufige) **Wahlverfahren** hat den Zweck, erfolgreiche Betriebsratswahlen in Betrieben mit einer geringen Zahl von Arbeitnehmer:innen zu erleichtern. Die vergleichsweise geringe Verbreitung von Betriebsräten in Kleinbetrieben wird u. a. darauf zurückgeführt, dass das für die größeren Betriebe geltende normale Wahlverfahren wegen seiner komplizierten Regelungen, dem mit ihm verbundenen Zeitaufwand und seiner Fehleranfälligkeit eine hohe Hürde für erfolgreiche Betriebsratswahlen in kleinen Betrieben darstellt. Darüber hinaus wird dadurch nicht zuletzt auch die Behinderung oder Unterbindung einer Betriebsratswahl durch den Arbeitgeber begünstigt.

39 Das **vereinfachte Wahlverfahren** (siehe dazu im Einzelnen Rn. 332ff.) kommt gem. § 14a Abs. 1, 3 BetrVG für alle Betriebe zwingend zur Anwendung, denen lediglich **fünf bis 100 wahlberechtigte** (siehe dazu Rn. 117ff.) **Arbeitnehmer:innen** angehören (Kleinbetriebe im Sinne des § 14a BetrVG). Davon gibt es eine Ausnahme: Für Betriebe mit **101 bis 200 wahlberechtigten** (siehe dazu Rn. 117ff.) **Arbeitnehmer:innen**

kann die **Anwendung** des (einstufigen) **vereinfachten Wahlverfahrens** zwischen dem Arbeitgeber und dem Wahlvorstand **vereinbart** werden (§ 14a Abs. 5 BetrVG, § 37 WO; vgl. dazu Rn. 334ff.).

Beim vereinfachten Wahlverfahren unterscheidet das BetrVG zwischen dem **zweistufigen** und dem **einstufigen Verfahren**: 40

- Das **zweistufige Verfahren** kommt **in betriebsratslosen Kleinbetrieben** zur Anwendung, in denen ein Wahlvorstand durch den Gesamtbetriebsrat, den Konzernbetriebsrat oder durch das Arbeitsgericht nicht bestellt wurde (§ 14a Abs. 1, 2 BetrVG) und der Wahlvorstand deshalb auf einer Wahlversammlung gewählt werden muss (§ 14a Abs. 1 Satz 2 BetrVG).
- Das **einstufige Verfahren** gilt für diejenigen **Kleinbetriebe, in denen ein Wahlvorstand** aufgrund seiner Bestellung (durch den Betriebsrat, den Gesamtbetriebsrat, den Konzernbetriebsrat oder durch das Arbeitsgericht) bereits **vorhanden ist**.

2. Die Unterschiede zwischen dem normalen und dem vereinfachten Wahlverfahren

Zwischen dem normalen und dem vereinfachten Wahlverfahren gibt es vor allem folgende Unterschiede: 41

Normales Wahlverfahren	Vereinfachtes Wahlverfahren
Dauer mindestens 10 Wochen	Dauer 3 – 4 Wochen (kürzere Fristen für die Einleitung und Vorbereitung der Wahl)
Einreichen der Wahlvorschläge nur schriftlich möglich	Einreichen der Wahlvorschläge im zweistufigen vereinfachten Wahlverfahren auch mündlich möglich
Listen- bzw. Verhältniswahl oder Personen- bzw. Mehrheitswahl	Personen- bzw. Mehrheitswahl
Wahl durch Stimmabgabe im Wahllokal	Wahl durch Stimmabgabe auf einer Wahlversammlung

IV. Wer kann zur Durchführung der Betriebsratswahl die Initiative ergreifen – Wer ist für die Durchführung der Betriebsratswahl zuständig?

42 Die Zuständigkeit bzw. die Befugnis, eine Betriebsratswahl in die Wege zu leiten, richtet sich danach, ob in einem Betrieb bereits ein Betriebsrat existiert oder ob in einem betriebsratslosen Betrieb ein Betriebsrat zu wählen ist.

43 Für die Einleitung und Durchführung der Betriebsratswahl ist gem. § 18 Abs. 1 BetrVG der **Wahlvorstand** zuständig. Um eine Betriebsratswahl in die Wege zu leiten, muss daher als **erster Schritt** ein Wahlvorstand bestellt oder gewählt werden.

1. Bestellung des Wahlvorstands in einem Betrieb mit Betriebsrat

a) Regelfall: Bestellung des Wahlvorstands durch den amtierenden Betriebsrat

44 Besteht in einem Betrieb bereits ein Betriebsrat, ist dieser im **normalen Wahlverfahren** verpflichtet, **spätestens zehn Wochen** vor Ablauf seiner Amtszeit einen aus mindestens drei wahlberechtigten Arbeitnehmer:innen bestehenden Wahlvorstand zu bestellen (§ 16 Abs. 1 BetrVG).

ON LINE

Siehe dazu

- Mustertext für die Einladung zur Sitzung des Betriebsrats zur Beschlussfassung über die Bestellung des Wahlvorstands (Wahlunterlage 1 – Normales Wahlverfahren)
- Mustertext für das Beschlussprotokoll des Betriebsrats über die Bestellung des Wahlvorstands (Wahlunterlage 2 – Normales Wahlverfahren)

- Mustertext für die Benachrichtigung der Mitglieder des Wahlvorstands über ihre Bestellung (Wahlunterlage 3 – Normales Wahlverfahren)
- Mustertext für die Information des Arbeitgebers über die Bestellung des Wahlvorstands durch den Betriebsrat (Wahlunterlage 4 – Normales Wahlverfahren)
- Mustertext für die Information der Gewerkschaft über die Bestellung des Wahlvorstands durch den Betriebsrat (Wahlunterlage 5 – Normales Wahlverfahren)

Die **Berechnung der Frist** richtet sich gem. § 41 WO nach §§ 186 bis 193 BGB (vgl. dazu die Erläuterungen in Rn. 87ff.). Da § 16 Abs. 1 Satz 1 BetrVG den Tag des Ablaufs der Amtszeit des Betriebsrats als fristauslösendes Ereignis (§ 187 Abs. 1 BGB) festlegt, ist die Bestellungsfrist »rückwärts« zu berechnen. Dabei wird der Tag des Ablaufs der Amtszeit des Betriebsrats nicht mitgerechnet (§ 187 Abs. 1 BGB) und die 10-Wochen-Frist endet mit dem Ablauf des letzten Tages der Frist (§ 188 Abs. 1 BGB). Endet die Amtszeit des Betriebsrats am Mittwoch, den 20. 5. 2026, läuft die Frist von mindestens zehn Wochen am Mittwoch, den 11. 3. 2026, 00:00 Uhr, ab. Der Betriebsrat hat somit spätestens am Dienstag, den 10. 3. 2026, 24:00 Uhr (Ablauf des Tages) per Beschluss in einer Betriebsratssitzung den Wahlvorstand einzusetzen. **45**

Dazu folgende weitere **Beispiele**: **46**

Beispiel 1:
Hat die Amtszeit des im Jahr 2022 gewählten Betriebsrats am 6.5.2022 begonnen, endet sie mit Ablauf des 5.5.2026, einem Dienstag. Von diesem Zeitpunkt an zurückgerechnet muss der Betriebsrat spätestens zehn Wochen vor diesem Datum den Wahlvorstand einsetzen (also spätestens am Montag, den 23.2.2026, 24.00 Uhr). Um betriebsratslose Zeiten zu vermeiden, sollte der Betriebsrat den Wahlvorstand früher bestellen, d.h. zwölf bis 14 Wochen vor dem Ablauf seiner Amtszeit (also z.B. bereits am Montag, den 26.1.2026).

Beispiel 2:
Hat die Amtszeit mit der Bekanntgabe des Wahlergebnisses begonnen (§ 21 Satz 2 BetrVG), endet sie vier Jahre später an dem Tag, der seiner Benennung nach dem Tag der Bekanntgabe des Wahlergebnisses entspricht (§ 188 Abs. 2 i.V.m. § 187 Abs. 1 BGB). Ist z.B. das Wahlergebnis am 6.5.2022 bekanntgemacht worden, endet die Amtszeit mit Ablauf des 6.5.2026.

Beispiel 3:
Muss der Betriebsrat außerhalb des regelmäßigen Wahlzeitraums gewählt werden, beginnt seine Amtszeit mit der Bekanntgabe des Wahlergebnisses (§ 21 BetrVG). Die Wahl ist erforderlich, wenn genau 24 Monate, vom Tag der Wahl des Betriebsrats an gerechnet (also zur »Halbzeit« des Betriebsrats), die Zahl der regelmäßig beschäftigten Arbeitnehmer:innen um die Hälfte, mindestens aber um 50, gestiegen oder gesunken ist (§ 13 Abs. 2 Nr. 1 BetrVG). (Beispiel: Tag der Wahl: 12. April 2022, Belegschaftsstärke: 200; Tag der »Halbzeit«: 12. April 2024; Belegschaftsstärke: 100. Es muss also neu gewählt werden). Gleiches gilt, wenn der Betriebsrat neu gewählt werden musste, weil die Zahl seiner Mitglieder unter die gesetzlich vorgeschriebene Mindestmitgliederzahl gesunken ist (§ 13 Abs. 2 Nr. 2 BetrVG). (Beispiel: 5-er Gremium mit 3 Ersatzmitgliedern, es scheiden ein reguläres BR-Mitglied und alle 3 Ersatzmitglieder aus dem Betrieb aus. Der BR hat nur noch 4 Mitglieder. Es muss also neu gewählt werden).

Sofern außerhalb der regelmäßigen Betriebsratswahlen ein Betriebsrat gewählt wird, kann sich seine Amtszeit verlängern oder verkürzen. Betrug seine Amtszeit zu Beginn des Regelwahlzeitraums (1.3.2026, 1.3.2030 usw.) noch nicht ein Jahr, ist er erst bei den übernächsten regelmäßigen Betriebsratswahlen neu zu wählen.

47 **Beispiel 4:**
Die Amtszeit des Betriebsrats begann am 15.10.2025. Er muss erst 2030 neu gewählt werden, da er am 1.3.2026 noch kein Jahr im Amt war. Begann die Amtszeit jedoch am 11.1.2025, muss der Betriebsrat 2026 neu gewählt werden, da er am 1.3.2026 länger als ein Jahr im Amt ist.

48 Sofern Betriebsräte auf der Basis eines Tarifvertrags oder einer Betriebsvereinbarung nach § 3 Abs. 1 bis 3 BetrVG (Zusammenfassung von Betrieben, unternehmenseinheitlicher oder Spartenbetriebsrat, andere Arbeitnehmervertretungsstrukturen) gebildet sind, kann sich eine abweichende Amtszeit ergeben. § 3 Abs. 4 Satz 2 BetrVG sieht vor, dass solche Tarifverträge oder Betriebsvereinbarungen erstmals bei der nächsten regelmäßigen Wahl anzuwenden sind. Es kann jedoch ein abweichender Wahlzeitpunkt durch Tarifvertrag oder Betriebsvereinbarung festgelegt werden. In diesem Fall endet die Amtszeit der bestehenden Betriebsräte mit Bekanntgabe des Wahlergebnisses der Neuwahl.

49 Im **vereinfachten einstufigen Wahlverfahren** beträgt die Frist zur Bestellung des Wahlvorstands durch den Betriebsrat **vier Wochen** (§§ 16 Abs. 1 Satz 1; 17a Nr. 1 BetrVG, siehe Rn. 430ff.).

Siehe dazu

- Mustertext für die Einladung zur Sitzung des Betriebsrats zur Beschlussfassung über die Bestellung des Wahlvorstands (Wahlunterlage 1 – Vereinfachtes Wahlverfahren – einstufig)
- Mustertext für das Beschlussprotokoll des Betriebsrats über die Bestellung des Wahlvorstands (Wahlunterlage 2 – Vereinfachtes Wahlverfahren – einstufig)
- Mustertext für die Benachrichtigung der Mitglieder des Wahlvorstands über ihre Bestellung (Wahlunterlage 3 – Vereinfachtes Wahlverfahren – einstufig)
- Mustertext für die Information des Arbeitgebers über die Bestellung des Wahlvorstands durch den Betriebsrat (Wahlunterlage 4 – Vereinfachtes Wahlverfahren – einstufig)
- Mustertext für die Information der Gewerkschaft über die Bestellung des Wahlvorstands durch den Betriebsrat (Wahlunterlage 5 – Vereinfachtes Wahlverfahren – einstufig)

b) Sonderfall: Bestellung des Wahlvorstands durch den Gesamtbetriebsrat, den Konzernbetriebsrat oder durch das Arbeitsgericht

Besteht **acht Wochen vor Ablauf der Amtszeit** des Betriebsrats **im normalen Wahlverfahren** noch kein Wahlvorstand, ist auch ein **Gesamtbetriebsrat**, oder falls ein solcher nicht besteht, ein **Konzernbetriebsrat** berechtigt, den Wahlvorstand zu bestellen (§ 16 Abs. 3 BetrVG). Das Gesetz enthält zwar eine »Kann«-Bestimmung, doch sollte ein Gesamt- bzw. Konzernbetriebsrat seine Befugnis zur Bestellung des Wahlvorstands – anstelle des zur Bestellung verpflichteten, aber untätigen, Betriebsrats – stets wahrnehmen, um die Kontinuität der Arbeit des Betriebsrats zu sichern und eine betriebsratslose Zeit zu verhindern. Durch eine entsprechende Initiative des Gesamt- bzw. Konzernbetriebsrats erübrigt sich auch die zeitlich und organisatorisch aufwendigere Bestellung des Wahlvorstands gem. § 16 Abs. 2 BetrVG durch das Arbeitsgericht (vgl. auch Rn. 52). 50

Siehe dazu

- Mustertext für die Einladung zur Sitzung des Gesamt- oder Konzernbetriebsrats zur Beschlussfassung über die Bestellung des Wahlvorstands (Wahlunterlage 1 – Normales Wahlverfahren)
- Mustertext für das Beschlussprotokoll des Gesamt- oder Konzernbetriebsrats über die Bestellung des Wahlvorstands (Wahlunterlage 2 – Normales Wahlverfahren)

- Mustertext für die Benachrichtigung der Mitglieder des Wahlvorstands über ihre Bestellung (Wahlunterlage 3 – Normales Wahlverfahren)
- Mustertext für die Information des Arbeitgebers über die Bestellung des Wahlvorstands durch den Gesamt- oder Konzernbetriebsrat (Wahlunterlage 4 – Normales Wahlverfahren)
- Mustertext für die Information der Gewerkschaft über die Bestellung des Wahlvorstands durch den Gesamt- oder Konzernbetriebsrat (Wahlunterlage 5 – Normales Wahlverfahren)

51 Im **vereinfachten einstufigen Wahlverfahren** (vgl. dazu Rn. 430ff.) hat der Gesamt- oder Konzernbetriebsrat die Bestellung vorzunehmen, wenn **drei Wochen vor Ablauf der Amtszeit** des Betriebsrats noch kein Wahlvorstand besteht (§§ 17a Nr. 1, 16 Abs. 3 Satz 1 BetrVG).

ON LINE

Siehe dazu
- Mustertext für die Einladung zur Sitzung des Gesamt- oder Konzernbetriebsrats zur Beschlussfassung über die Bestellung des Wahlvorstands (Wahlunterlage 1 – Vereinfachtes Wahlverfahren – einstufig)
- Mustertext für das Beschlussprotokoll des Gesamt- oder Konzernbetriebsrats über die Bestellung des Wahlvorstands (Wahlunterlage 2 – Vereinfachtes Wahlverfahren – einstufig)
- Mustertext für die Benachrichtigung der Mitglieder des Wahlvorstands über ihre Bestellung (Wahlunterlage 3 – Vereinfachtes Wahlverfahren – einstufig)
- Mustertext für die Information des Arbeitgebers über die Bestellung des Wahlvorstands durch den Gesamt- oder Konzernbetriebsrats (Wahlunterlage 4 – Vereinfachtes Wahlverfahren – einstufig)
- Mustertext für die Information der Gewerkschaft über die Bestellung des Wahlvorstands durch den Gesamt- oder Konzernbetriebsrat (Wahlunterlage 5 – Vereinfachtes Wahlverfahren – einstufig)

52 Besteht **acht Wochen vor Ablauf der Amtszeit** des Betriebsrats **im normalen Wahlverfahren** noch kein Wahlvorstand, können auch **drei wahlberechtigte Arbeitnehmer:innen** oder eine im Betrieb vertretene **Gewerkschaft** beim **Arbeitsgericht** beantragen, dass der Wahlvorstand durch das Arbeitsgericht bestellt wird (§ 16 Abs. 2 BetrVG). Existiert ein Gesamt- oder Konzernbetriebsrat empfiehlt es sich allerdings, dass sich die Antragsberechtigten vor der Einleitung eines arbeitsgerichtlichen Beschlussverfahrens zur Bestellung des Wahlvorstands an den Gesamt- oder Konzernbetriebsrat wenden und ihn auffordern, einen Wahlvorstand zu bestellen. Der Gesamtbetriebsrat oder der Konzernbetriebsrat verfügen

über eine größere Sachnähe, außerdem kann über diesen Weg der Bestellung des Wahlvorstands die Betriebsratswahl schneller in die Wege geleitet werden.[56]

Im **vereinfachten einstufigen Wahlverfahren** (vgl. dazu Rn. 430ff.) kann das Arbeitsgericht zur Bestellung des Wahlvorstands von den Antragsberechtigten angerufen werden, wenn **drei Wochen vor Ablauf der Amtszeit** des Betriebsrats noch kein Wahlvorstand besteht (§ 17a Nr. 1 BetrVG). 53

Wird von diesen beiden Möglichkeiten, anstelle des untätigen Betriebsrats den Wahlvorstand zu bestellen, parallel Gebrauch gemacht, gilt das **Prioritätsprinzip**: Solange noch keine rechtskräftige Entscheidung des Arbeitsgerichts zur Bestellung des Wahlvorstands vorliegt, kann der Gesamt- bzw. der Konzernbetriebsrat noch tätig werden. Ebenso kann der zunächst untätige Betriebsrat die Bestellung noch nachholen, solange weder ein wirksamer Beschluss des Gesamt- bzw. des Konzernbetriebsrats gefasst wurde noch eine rechtskräftige Entscheidung des Arbeitsgerichts zur Bestellung des Wahlvorstands vorliegt.[57] 54

2. Bestellung oder Wahl des Wahlvorstands in einem Betrieb ohne Betriebsrat

Besteht im Betrieb kein Betriebsrat, muss die Bestellung bzw. Wahl des Wahlvorstands auf andere Weise erfolgen. In Frage kommt die Bestellung durch den Gesamt- oder Konzernbetriebsrat (s. Rn. 56ff.), die Wahl auf einer Betriebsversammlung (s. Rn. 59ff.) oder die Bestellung durch das Arbeitsgericht (s. Rn. 63f.). Ein Wahlvorstand zur Wahl eines Betriebsrats kann nur für einen betriebsratsfähigen Betrieb gem. § 1 BetrVG (bzw. einer betriebsratsfähigen Organisationseinheit) bestellt oder gewählt werden (s. dazu Rn. 2ff.). Ist zur Klärung der Frage, ob eine betriebsratsfähige Organisationseinheit vorliegt, ein arbeitsgerichtliches Beschlussverfahren gem. § 18 Abs. 2 BetrVG anhängig (s. dazu Rn. 35), hindert das nicht die Bestellung oder die Einleitung der Wahl eines Wahlvorstands für diese Organisationseinheit.[58] 55

---

56 Siehe dazu auch DKW-*Homburg*, § 16 Rn. 32.
57 DKW-*Homburg*, § 16 Rn. 33; Fitting, § 16 Rn. 76ff.
58 LAG Berlin-Brandenburg 22.2.2023 – 4 TaBVGa 1301/22.

a) Bestellung des Wahlvorstands durch den Gesamt- oder Konzernbetriebsrat

56 Sofern ein **Gesamtbetriebsrat** besteht, hat dieser den Wahlvorstand zu bestellen (§ 17 Abs. 1 BetrVG). Gibt es im Unternehmen keinen Gesamtbetriebsrat, muss ein evtl. bestehender **Konzernbetriebsrat** den Wahlvorstand bestellen (§ 17 Abs. 1 BetrVG). Es gehört nach hier vertretener Auffassung zu den Pflichten des Gesamt- bzw. des Konzernbetriebsrats, Wahlvorstände für betriebsratslose Betriebe im Unternehmen bzw. Konzern zu bestellen (streitig).[59]

Die Bestellungspflicht ergibt sich zu einem aus dem von § 16 Abs. 3 Satz 1 BetrVG (»kann«-Bestimmung) abweichenden Wortlaut des § 17 Abs. 1 Satz 1 BetrVG (»... so bestellt der Gesamtbetriebsrat ...«) und zum anderen daraus, dass das Betriebsverfassungsgesetz die Bildung von Betriebsräten in allen betriebsratsfähigen Betrieben vorsieht (vgl. § 1 Abs. 1 BetrVG) und die Bestellungsbefugnis des Gesamt- bzw. Konzernbetriebsrat nach dem Willen des Gesetzgebers die Wahl von Betriebsräten fördern soll. Die Verpflichtung des Gesamt- bzw. des Konzernbetriebsrats zur Bestellung des Wahlvorstands besteht unabhängig davon, aus welchen Gründen eine Betriebsratswahl unterblieben ist.

57 Der Arbeitgeber ist verpflichtet, dem Gesamtbetriebsrat bzw. dem Konzernbetriebsrat bei Bedarf Auskunft über die betriebsratslosen Betriebe im Unternehmen bzw. Konzern zu erteilen.[60]

58 Der Gesamtbetriebsrat bzw. der Konzernbetriebsrat können nur wahlberechtigte Arbeitnehmer:innen des Betriebs, in dem gewählt werden soll, zu Wahlvorstandsmitgliedern bestellen.[61] Der Gesamt- bzw. der Konzernbetriebsrat hat das Recht, **den Betrieb**, für den er einen Wahlvorstand bestellen will, **zu betreten** und am Arbeitsplatz **Kontakt zu den Arbeitnehmer:innen** aufzunehmen.[62] Auch kann er verlangen, dass ihm die Kontaktaufnahme über die dienstlichen Telefonanschlüsse[63] oder über E-Mail-Adressen der Arbeitnehmer:innen ermöglicht wird. Anders kann er nicht über die Betriebsratswahl informieren und geeignete Kandidat:innen für den Wahlvorstand finden. Nach Ansicht des BAG[64] soll

59 So wohl auch DKW-Homburg, § 17 Rn. 1; a. A. LAG Nürnberg 5.1.2007 – 1 TaBV 14/16; Fitting, § 17 Rn. 10 (mit weiteren Nachweisen zur Befürwortung der Bestellungspflicht in der Kommentarliteratur).

60 LAG Nürnberg 25.1.2007 a. a. O.; Fitting, § 17 Rn. 9.

61 Fitting, § 17 Rn. 7.

62 LAG Baden-Württemberg 30.4.2008 – 2 TaBV 7/07; Fitting, § 17 Rn. 8.

63 LAG Baden-Württemberg 30.4.2008, a. a. O.

64 BAG 16.11.2011 – 7 ABR 28/10.

der Gesamt- bzw. der Konzernbetriebsrat aber nicht berechtigt sein, eine Informationsveranstaltung zur Betriebsratswahl für die Arbeitnehmer:innen in dem betriebsratslosen Betrieb mit dem Charakter einer Belegschaftsversammlung durchzuführen. Sollte der Arbeitgeber die Durchführung einer derartigen Informationsveranstaltung im Betrieb und/oder während der Arbeitszeit untersagen, kann der Gesamt- bzw. Konzernbetriebsrat eine derartige Informationsveranstaltung allerdings jederzeit außerhalb des Betriebs und/oder der Arbeitszeit durchführen.

Siehe dazu
- die in den Rn. 50 aufgeführten Mustertexte für die Bestellung des Wahlvorstands durch den Gesamt- oder Konzernbetriebsrat

ON LINE

b) Wahl des Wahlvorstands auf einer Betriebsversammlung

Besteht weder ein Gesamt- noch ein Konzernbetriebsrat bzw. unterlassen es diese, den Wahlvorstand zu bestellen, wird der Wahlvorstand im **normalen Wahlverfahren** durch eine **Betriebsversammlung** nach § 17 Abs. 2 BetrVG gewählt. Da der Wahlvorstand in einer Betriebsversammlung des Betriebs, für den der Betriebsrat zu wählen ist, **einheitlich von allen Arbeitnehmern** des Betriebs zu wählen ist, ist für die Wahl des Betriebsrats eines gemeinsamen Betriebs mehrerer Unternehmen (§ 1 Abs. 2 BetrVG; vgl. Rn. 10ff.) oder eines unternehmenseinheitlichen Betriebsrats (§ 3 Abs. 1 Nr. 1 BetrVG; vgl. Rn. 31ff.) eine **gemeinsame Betriebsversammlung** aller Arbeitnehmer:innen der beteiligten Betriebe bzw. Unternehmen durchzuführen.[65] Wegen der Unverzichtbarkeit eines einheitlichen Wahlvorgangs ist es nicht zulässig, in einem **vollschichtig arbeitenden Betrieb** anstelle einer einheitlichen Betriebsversammlung mehrere Teilversammlungen durchzuführen.[66] Im **vereinfachten zweistufigen Wahlverfahren** (s. dazu näher Rn. 339ff.) gilt grundsätzlich das gleiche: Der Wahlvorstand wird auf der (ersten) Wahlversammlung gewählt (§ 14a Abs. 1 Satz 2 BetrVG, § 17a Nr. 3 BetrVG i. V. m. § 17 Abs. 2 BetrVG). 59

Zu dieser Betriebsversammlung können (mindestens) **drei wahlberechtigte Arbeitnehmer:innen** des Betriebs oder eine im Betrieb vertrete- 59a

---

65 Im Ergebnis übereinstimmend LAG Bremen 20.3.87 – 2 TaBV 8/87; LAG Hamburg 3.3.1987 – 3 TaBV 1/87.

66 LAG Schleswig-Holstein 17.7.24 – 3 TaBV 2/24; Fitting, § 17 Rn. 20a; DKW-Homburg, § 17 Rn. 9; Homburg/Fay, AiB 12, 451, 453f.; a. A. LAG Sachsen-Anhalt 29.6.11 – 5 TaBVGa 1/11.

ne **Gewerkschaft** einladen. In der Regel sollte die Einladung durch die Gewerkschaft erfolgen, um zu vermeiden, dass Arbeitgeber einladende Arbeitnehmer:innen unter Druck setzen oder versuchen, ihnen zu kündigen. Allerdings ist zu beachten, dass die als Wahlinitiator:innen aktiven Arbeitnehmer:innen (durch Einladung zur Versammlung zur Wahl des Wahlvorstandes bzw. Vorbereitungshandlungen für eine Betriebsratswahl) durch Vorschriften des Sonderkündigungsschutzes in gewissem Umfang vor Kündigungen ihres Arbeitsverhältnisses aus Anlass ihrer Aktivitäten geschützt sind (s. dazu Rn. 458f.). Es kann daher in bestimmten Fällen vorzugswürdiger sein, dass die Einladung zur Betriebsversammlung zur Sicherung des Sonderkündigungsschutzes durch wahlberechtigte Arbeitnehmer:innen erfolgt, und dass im Fall die Einladung zur Betriebsversammlung durch die Gewerkschaft für die an Vorbereitungshandlungen zur Durchführung der Betriebsratswahl beteiligten Arbeitnehmer:innen rechtzeitig die Voraussetzungen für deren Sonderkündigungsschutz geschaffen werden (vgl. dazu Rn. 458a).

59b Die Wahlvorschriften des BetrVG und der WO sollen dazu dienen, die Wahl des Betriebsrats zu erleichtern. Da die Wahl des Wahlvorstandes auf einer Betriebsversammlung eine bloße Vorbereitungshandlung zur Wahl eines Betriebsrats darstellt, ist mit Blick auf die Einhaltung der einschlägigen Verfahrensvorschriften für die Wahl des Wahlvorstandes ein »übertriebener Formalismus« fehl am Platz, solange nicht gegen die Grundprinzipien einer demokratischen Wahl verstoßen wird.[67] So müssen die zur Einladung Berechtigten die erforderlichen Vorkehrungen dafür treffen, dass die **Einladung für alle Arbeitnehmer:innen des Betriebs zugänglich** ist.[68] Eine bestimmte **Form und Frist** ist für die Einladung **gesetzlich nicht vorgesehen** (s. aber die Einladungsfrist gem. § 14a Abs. 1 Satz 2 BetrVG i. V. m. § 17a Nr. 3 BetrVG und § 28 Abs. 1 WO für die Einladung zur [ersten] **Wahlversammlung im vereinfachten zweistufigen Wahlverfahren**, siehe Rn. 347ff.). Die Arbeitnehmer:innen müssen durch die Einladung von **Zweck, Ort** und **Zeit** der Betriebsversammlung **Kenntnis erlangen** und an ihr teilnehmen können. Das kann durch **Aushänge** an dafür geeigneten Stellen im Betrieb oder durch **Rundschreiben oder Informationsblätter** geschehen. Mangels entsprechender Formvorschriften muss die Einladung nicht mit Unterschriften der Einladenden

67 BAG 31.7.2014 – 2 AZR 505/13, Rn. 22; LAG Schleswig-Holstein 17.7.2024 – 3 TaBV 2/24.

68 BAG 19.11.2003 – 7 ABR 24/03; LAG Schleswig-Holstein 17.7.2024, a.a.O.; LAG Hamm 13.4.2012 – 10 TaBV 109/11.

versehen sein.[69] Die Einladung kann auch mittels einer im Betrieb vorhandenen und für die Arbeitnehmer:innen zugänglichen **Informations- und Kommunikationstechnik, etwa per E-Mail erfolgen, wenn sichergestellt ist,** dass die Einladung auf diesem Weg alle Arbeitnehmer:innen erreicht.[70] Die Einladung kann in deutscher Sprache und ggfs. in der für den Betrieb maßgeblichen Sprache verfasst werden.[71] Eine Anfertigung in einfacher deutscher Sprache oder die Übersetzung in weitere Sprachen ist rechtlich nicht erforderlich.[72] Muss der Tagungsort einer Betriebsversammlung, zu der per Aushang ordnungsgemäß eingeladen wurde, mangels Nutzbarkeit des Versammlungsraums (z. B. aus Gründen des Infektions- oder Arbeitsschutzes, wegen seiner anderweitigen Verwendung, Verweigerung der Nutzung durch den Arbeitgeber) kurzfristig auf den unmittelbar vor dem Versammlungsraum liegenden Parkplatz oder Betriebshof verlegt werden, ist es ausreichend, wenn diese Verlegung in einem Betrieb mit 80 Beschäftigten mündlich bzw. durch Mundpropaganda bekannt gemacht wird (auch Rn. 478).[73] Gibt es im Betrieb regelmäßig **auswärts beschäftigte Arbeitnehmer:innen**, ist der **Arbeitgeber verpflichtet**, diesen die Einladung auf seine Kosten unverzüglich zukommen zu lassen.[74] Der Arbeitgeber ist allerdings nicht verpflichtet, den Wahlinitiator:innen oder der im Betrieb vertretenen Gewerkschaft die privaten Postanschriften zum Zweck der Einladung zur Betriebsversammlung oder die gem. § 2 Abs. 2 WO dem Wahlvorstand zur Erstellung der Wählerliste zustehenden Informationen zur Verfügung zu stellen.[75] Eine bestimmte **Einladungsfrist** ist nicht einzuhalten (anders im vereinfachten Wahlverfahren, s. Rn. 347). Der Zeitpunkt der Bekanntgabe der Einladung muss allerdings unter Berücksichtigung der konkreten betrieblichen Verhältnisse gewährleisten, dass alle Arbeitnehmer:innen von der Einladung Kenntnis nehmen können. In einem Betrieb mit einer Betriebsstätte und einer täglichen persönlichen Regelarbeitszeit aller Arbeitnehmer:innen ist die Einhaltung einer Einladungsfrist von einer Woche in der Regel ausreichend.[76] War die Einladung nicht rechtzeitig für

69 Fitting, § 17 Rn. 17.
70 BAG 19.11.2003 – 7 ABR 24/03.
71 LAG Schleswig-Holstein 17.7.2024, a. a. O.; LAG Düsseldorf 12.10.2018 – 6 TaBVGa 7/18.
72 LAG Schleswig-Holstein 17.7.2024, a. a. O.
73 ArbG Weiden 18.12.2020 – 3 BVGa 2/20.
74 BAG 26.2.1992 – 7 ABR 37/92; LAG Hamburg 16.6.1992 – 2 TaBV 10/9.
75 ArbG Berlin 26.8.2022 – 41 BVGa 7430/22.
76 LAG Hamm 13.4.2012 – 10 TaBV 109/11.

alle Arbeitnehmer:innen zugänglich, kann dies zur **Unwirksamkeit der Wahl** des Wahlvorstands führen.[77]

Siehe dazu
- Mustertext für die Einladung zur Betriebsversammlung zur Wahl des Wahlvorstands (Wahlunterlage 6 – Normales Wahlverfahren)
- Mustertext für die Benachrichtigung des Arbeitgebers über die Durchführung einer Betriebsversammlung zur Wahl des Wahlvorstands (Wahlunterlage 7 – Normales Wahlverfahren)

60 An der Betriebsversammlung nach § 17 BetrVG haben **alle im Betrieb beschäftigten Arbeitnehmer:innen**, auch die nicht wahlberechtigten, ein **Teilnahmerecht**. Das gilt auch für ein Mitglied des **Gesamtbetriebsrats** unter der Voraussetzung, dass eine Einladung von drei wahlberechtigten Arbeitnehmern vorliegt.[78] Die in § 5 Abs. 2, 3 BetrVG genannten Personen, vor allem **Leitende Angestellte**, sind von der Teilnahme ausgeschlossen. Ob der **Arbeitgeber** ein Teilnahmerecht hat, ist umstritten. Wegen der Möglichkeit der Beeinflussung der Wahl des Wahlvorstands und der Meinungsbildung auf der Betriebsversammlung (vor allem in Richtung des Verzichts der Arbeitnehmer:innen auf die Wahl eines Betriebsrats) sprechen die besseren Gründe gegen ein Teilnahmerecht des Arbeitgebers.[79]

61 In der Betriebsversammlung wird von der **Mehrheit der anwesenden Arbeitnehmer:innen** (vgl. § 17 Abs. 2 Satz 1 Halbsatz 1 BetrVG) ein **Wahlvorstand gewählt**, die Mehrheit der abgegebenen Stimmen ist nicht ausreichend.[80] Sind beispielsweise 120 Arbeitnehmer:innen anwesend, sind für die Wahl jedes Wahlvorstandsmitglieds mindestens 61 Stimmen erforderlich. Werden entsprechende Mehrheiten im ersten Wahlgang nicht erreicht, können weitere Wahlgänge durchgeführt werden (zu den Voraussetzungen der gerichtlichen Bestellung des Wahlvorstands gem. § 17 Abs. 4 BetrVG, wenn dessen Wahl durch die Betriebsversammlung nicht erfolgt, s. Rn. 63).

Eine förmliche, etwa **geheime Wahl** bzw. die **Verwendung von Stimmzetteln**, ist **nicht erforderlich**. Die Wahl kann auch durch Handaufheben erfolgen, wenn nach dem Verlauf der Abstimmung zweifelsfrei feststeht,

---

77 Zur Rechtsprechung und den weiteren Einzelheiten siehe DKW-*Homburg*, § 17 Rn. 5; Fitting, § 17 Rn. 17ff.

78 ArbG Frankfurt am Main 31.10.1996 – 18 TaBV 73/96.

79 DKW-*Homburg*, § 17 Rn. 8; a.A. Fitting, § 17 Rn. 26, jeweils m.w.N.

80 BAG 31.7.2014, a.a.O.

wer mit der erforderlichen Mehrheit gewählt wurde.[81] Die Versammlungsleitung muss daher die **Zahl der anwesenden Arbeitnehmer:innen** und der **abgegebenen Stimmen genau dokumentieren**. Es empfiehlt sich, **Wahlhelfer:innen** entsprechend an den Türen zu postieren, um in den Raum aus- und eintretende Wahlberechtigte während des Abstimmungsvorgangs zu erfassen. Das gilt insbesondere, wenn der Arbeitgeber (oder von ihm Beauftragte) die Versammlung auf diese Art zu stören versucht. Eine **Verletzung der Dokumentationspflicht** kann zur **Unwirksamkeit der Wahl** führen, wenn nicht nachgewiesen werden kann, dass die Mitglieder des Wahlvorstands mit der erforderlichen Mehrheit gewählt wurden.[82] Es kommt hierbei auf die Wahlberechtigung nicht an, d. h., auch Arbeitnehmer:innen unter 16 Jahren können den Wahlvorstand wählen. Nicht wahlberechtigt bei der Wahl des Wahlvorstands sind leitende Angestellte und die in § 5 Abs. 2 BetrVG genannten Personen. Eine Mindestanzahl von teilnehmenden Arbeitnehmer:innen ist für die Betriebsversammlung nicht vorgeschrieben. Der Wahlvorstand kann auch von einer **Minderheit der Arbeitnehmer:innen eines Betriebs** gewählt werden. Für die Wirksamkeit der Wahl des Wahlvorstands kommt es rechtlich nicht darauf an, wie viele der im Betrieb beschäftigten (oder auf der Betriebsversammlung anwesenden) Arbeitnehmer:innen die Wahl eines Wahlvorstands und eines Betriebsrats befürworten. Denn der Zweck der Betriebsversammlung gem. § 17 Abs. 2 BetrVG besteht – unabhängig von der Anzahl der teilnehmenden Arbeitnehmer:innen – in der Wahl eines Wahlvorstands, um eine Betriebsratswahl einzuleiten. Deshalb muss eine – in der Regel auf Initiative des Arbeitgebers – von Teilnehmer:innen der Betriebsversammlung beantragte Abstimmung darüber, ob im Betrieb ein Betriebsrat gewählt werden soll, von der Versammlungsleitung nicht zugelassen bzw. durchgeführt werden. Sollte es dennoch dazu kommen, dass sich eine Mehrheit der Teilnehmer:innen der Betriebsversammlung gegen die Wahl eines Wahlvorstands und Betriebsrats ausspricht und nicht an der Wahl des Wahlvorstands teilnimmt, sind diese Teilnehmer:innen bei der Feststellung der an der Betriebsversammlung teilnehmenden Arbeitnehmer:innen nicht zu berücksichtigen. In diesem Fall reicht es nach hier vertretener Auffassung aus, wenn der Wahlvorstand mit der Mehrheit der an der Wahl teilnehmenden Arbeitnehmer:innen gewählt wird.

---

81 DKW-Homburg, § 17 Rn. 12, Fitting, § 17 Rn. 27, jeweils m. w. N.
82 BAG 31. 7. 2014, a. a. O.; LAG München 16. 6. 2008 – 11 TaBV 50/08.

62 Im **vereinfachten zweistufigen Wahlverfahren** wird der Wahlvorstand auf der (ersten) **Wahlversammlung** gewählt (§ 14a Abs. 1 Satz 2 BetrVG, § 17a Nr. 3 BetrVG i. V. m. § 17 Abs. 2 BetrVG, vgl. Rn. 369 ff.).

Siehe dazu

- Mustertext für die Einladung zur Wahlversammlung zur Wahl des Wahlvorstands (Wahlunterlage 10 – Vereinfachtes Wahlverfahren – zweistufig)
- Mustertext für ein Schreiben an den Arbeitgeber zur Vorbereitung der Wahl des Wahlvorstands auf der Wahlversammlung (Wahlunterlage 11 – Vereinfachtes Wahlverfahren – zweistufig)
- die Checkliste und den Ablaufplan zur Durchführung der Wahlversammlung zur Wahl des Wahlvorstands (Wahlunterlage 12 – Vereinfachtes Wahlverfahren – zweistufig)

c) Bestellung des Wahlvorstands durch das Arbeitsgericht

63 Findet eine Betriebsversammlung trotz Einladung nicht statt oder wählt die Betriebsversammlung keinen Wahlvorstand, kann der Wahlvorstand vom **Arbeitsgericht** bestellt werden (§ 17 Abs. 4 BetrVG). Die Bestellung des Wahlvorstandes durch das Arbeitsgericht setzt voraus, dass der Bestellung ein **einmaliger gescheiterter Versuch der Wahl des Wahlvorstandes durch eine Betriebsversammlung** vorausgegangen ist.[83] Dabei kommt es nicht darauf an, aus welchen Gründen der Versuch gescheitert ist.[84] In der Regel ist es allerdings erforderlich, dass **zumindest eine ordnungsgemäße Einladung** gemäß § 17 Abs. 3 BetrVG (vgl. dazu Rn. 59b) durch drei wahlberechtigte Arbeitnehmer:innen oder eine im Betrieb vertretene Gewerkschaft erfolgt ist.[85] Antragsteller für die arbeitsgerichtliche Bestellung können (mindestens) **drei wahlberechtigte Arbeitnehmer:innen** oder eine **im Betrieb vertretene Gewerkschaft** sein. Die Antragsteller können in dem Antrag Vorschläge für die Zusammensetzung des Wahlvorstands machen. Das Arbeitsgericht kann für Betriebe, die mehr als 20 wahlberechtigte Arbeitnehmer:innen haben, auch nicht betriebsangehörige Personen in den Wahlvorstand berufen, die Mitglieder einer im Betrieb vertretenen Gewerkschaft sind (§ 16 Abs. 2 Satz 3 BetrVG; z. B. einen/e Gewerkschaftssekretär:in oder einen Beschäftigten eines anderen Betriebs). Die Anwendung dieser Regelung ist sinnvoll, wenn betriebs-

---

83 BAG 20.2.2019, a. a. O.; LAG Schleswig-Holstein 17.7.2024 – 3 TaBV 2/24.

84 BAG 20.2.2019, a. a. O.; LAG Schleswig-Holstein 17.7.2024, a. a. O.

85 BAG 26.2.1992 – 7 ABR 39/91; näher dazu DKW-Homburg, § 17 Rn. 17; Fitting, § 17 Rn. 33.

angehörige Arbeitnehmer:innen aus Furcht vor Nachteilen nicht bereit sind, das Amt als Wahlvorstandsmitglied zu übernehmen oder ihnen die notwendige Erfahrung fehlt, um die Wahl ordnungsgemäß auszuführen.

Dies gilt auch für das **vereinfachte zweistufige Wahlverfahren**, wenn die **64**
(erste) Wahlversammlung zur Wahl des Wahlvorstands trotz Einladung nicht stattfindet oder auf dieser Wahlversammlung ein Wahlvorstand nicht gewählt wird (§ 17a Nr. 4 BetrVG, § 17 Abs. 4 BetrVG; vgl. dazu auch Rn. 377ff.).

d) Sonderkündigungsschutz für Wahlinitiator:innen

Für Arbeitnehmer:innen, die als Initiatoren:innen einer Wahl des Be- **64a**
triebsrats zur Wahl eines Wahlvorstands einladen (§§ 17 Abs. 3, 17a Nr. 3 Satz 2 BetrVG) oder dessen gerichtliche Bestellung beantragen (§§ 16 Abs. 2 Satz 1, 17 Abs. 4, 17a Nr. 4 BetrVG) und damit die Initiative zur Einleitung einer Betriebsratswahl ergreifen, sieht § 15 Abs. 3a KSchG einen Schutz vor ordentlichen Kündigungen vor. Der Kündigungsschutz gilt vom Zeitpunkt der Einladung bzw. der Antragstellung an bis zur Bekanntgabe des Wahlergebnisses und erstreckt sich auf die ersten sechs in der Einladung bzw. Antragstellung aufgeführten Arbeitnehmer:innen. Wird trotz der Initiative der Arbeitnehmer:innen ein Betriebsrat nicht gewählt, besteht der Kündigungsschutz vom Zeitpunkt der Einladung bzw. Antragstellung an für drei Monate (siehe dazu näher Rn. 458).

Für Arbeitnehmer:innen, die Vorbereitungshandlungen zur Wahl eines **64b**
Betriebsrats unternehmen (die z. B. Gespräche mit anderen Arbeitnehmer:innen führen, um gemeinsam zu einer Wahl- oder Betriebsversammlung eines Wahlvorstandes einzuladen oder sich bei ihrer Gewerkschaft über die Möglichkeiten einer Wahl informieren), sieht § 15 Abs. 3b KSchG einen Schutz vor personen- oder verhaltensbedingten Kündigungen vor (nicht vor betriebsbedingten Kündigungen), wenn sie eine **beglaubigte öffentliche Erklärung** abgegeben haben (z. B. bei einer Notarin oder einem Notar), dass sie die Absicht haben, einen Betriebsrat zu errichten bzw. die Wahl eines Betriebsrats einzuleiten (s. dazu näher Rn. 458a).

V. Wie setzt sich der Wahlvorstand zusammen?

65 Der Betriebsrat muss einen Wahlvorstand bestellen, der aus **mindestens drei wahlberechtigten (s. dazu Rn. 117ff.) Arbeitnehmer:innen** besteht. Eines der drei Mitglieder muss bei der Bestellung als **Vorsitzender** bestimmt werden (§ 16 Abs. 1 Satz 1 BetrVG). Unterlässt der Betriebsrat die Bestellung eines Vorsitzenden, hat der Wahlvorstand in seiner ersten Sitzung selbst einen Vorsitzenden zu wählen.

66 Die **Zahl der Wahlvorstandsmitglieder kann erhöht werden**, wenn dies zur ordnungsgemäßen Ausführung der Wahl erforderlich ist. Es muss aber immer eine ungerade Zahl von Wahlvorstandsmitgliedern bestellt werden (§ 16 Abs. 1 Satz 2, 3 BetrVG). Andernfalls könnte der Wahlvorstand keine Entscheidungen treffen.

67 Eine Erhöhung der Zahl der Wahlvorstandsmitglieder ist vor allem erforderlich, wenn es sich um große Betriebe oder um einen Betrieb mit zahlreichen ausgelagerten Betriebsteilen (z. B. Filialen) mit mehreren Wahllokalen handelt. Denn in jedem Wahllokal müssen immer zwei Wahlvorstandsmitglieder anwesend sein (§ 12 Abs. 2 WO). Hat der Betriebsrat Wahlhelfer:innen für die Stimmabgabe bestellt (§ 1 Abs. 2 WO), muss mindestens ein Wahlvorstandsmitglied anwesend sein. Allerdings ist ein 9-köpfiger Wahlvorstand in einem Betrieb mit 250 Arbeitnehmer:innen ohne Filialen nicht erforderlich.[86] Die Erhöhung der Zahl der Wahlvorstandsmitglieder kann durch den Betriebsrat auch noch zu einem späteren Zeitpunkt vorgenommen werden, wenn sich herausstellen sollte, dass die ursprünglich vorgesehene Zahl nicht ausreicht. Im **vereinfachten Wahlverfahren** muss der Wahlvorstand aus drei Mitgliedern bestehen. Eine Erhöhung der Mitgliederzahl ist nicht zulässig (§ 17a Nr. 2 BetrVG; siehe Rn. 369). Stellt sich nach einer gem. § 16 Abs. 1 Satz 2 BetrVG für das normale Wahlverfahren erforderlichen Wahl eines 5-köpfigen Wahlvorstandes nachträglich heraus, dass die Betriebsratswahl im vereinfach-

86 LAG Nürnberg 30. 3. 2006 – 6 TaBV 19/06.

ten Wahlverfahren durchzuführen ist, muss die Wahl des Wahlvorstands nicht wiederholt werden.

Für jedes Wahlvorstandsmitglied sollte für den Fall seiner Verhinderung ein **Ersatzmitglied** bestellt werden. Das ist zweckmäßig, da angesichts der Dauer der Betriebsratswahl immer einmal ein Wahlvorstandsmitglied verhindert sein kann. Ein Ersatzmitglied kann auch für mehrere Wahlvorstandsmitglieder bestellt werden.[87] Dies muss der Betriebsrat festlegen. 68

Jede im Betrieb vertretene **Gewerkschaft** kann einen Betriebsangehörigen als nicht stimmberechtigtes Mitglied in den Wahlvorstand entsenden, sofern nicht bereits ein Mitglied der Gewerkschaft stimmberechtigtes Wahlvorstandsmitglied ist (§ 16 Abs. 1 Satz 6 BetrVG). Eine Gewerkschaft ist dann im Betrieb vertreten, wenn ihr mindestens ein/e Arbeitnehmer:in als Mitglied angehört. Der Wahlvorstand ist verpflichtet, der Gewerkschaft Auskunft über die Mitglieder des Wahlvorstands zu geben. Nur so kann die Gewerkschaft prüfen, ob die Voraussetzungen für die Entsendung eines/einer betriebsangehörigen Beauftragten vorliegen. 69

Der/die **Gewerkschaftsbeauftragte** muss von der Gewerkschaft, die ihn entsenden will, bevollmächtigt sein. Dies muss auf Verlangen des Wahlvorstands durch eine entsprechende Vollmacht nachgewiesen werden. Die Bevollmächtigung hat der Wahlvorstand mit seinen stimmberechtigten Wahlvorstandsmitgliedern ebenso zu prüfen wie im Zweifelsfall die Frage, ob es sich bei der entsendenden Organisation um eine **tariffähige Gewerkschaft** im Sinne des § 2 BetrVG handelt.[88] Ist das nicht der Fall, hat der/die Beauftragte der Organisation kein Teilnahmerecht. Keine Gewerkschaften in diesem Sinne sind z. B. die Gewerkschaft für Kunststoffgewerbe und Holzverarbeitung[89] – GKH, die medsonet,[90] die Neue Assekuranz Gewerkschaft e. V.[91] – NAG und der DHV – Die Berufsgewerkschaft.[92] Als Gewerkschaft anerkannt ist dagegen z. B. die unabhängige Flugbegleiter Organisation[93] – UFO.[94] Der/die Gewerkschaftsbeauftragte kann zwar an den Sitzungen des Wahlvorstands teilnehmen, 70

87 DKW-*Homburg*, § 16 Rn. 16 m. w. N.

88 Zur Gewerkschaftseigenschaft vgl. DKW-*Berg*, § 2 Rn. 50ff.; Fitting, § 2 Rn. 33.

89 BAG 5.10.10 – 1 ABR 88/09, AiB 11, 411 mit Anmerkung Zimmer; LAG Hamm 23.9.2011 – 10 TaBV 14/11.

90 BAG 11.6.2013 – 1 ABR 33/12.

91 LAG Hessen 9.4.2015 – 9 TaBV 225/14; BAG 17.11.2015 – 1 ABN 39/1.

92 BAG 22.6.2021 – 1 ABR 28/20.; zu weiteren Organisationen, die keine Gewerkschaften sind: siehe DKW-*Berg*, § 2 Rn. 64 m. w. N.

93 BAG 14.12.2004 – 1 ABR 51/03.

94 Zu weiteren als Gewerkschaft anerkannten Verbänden siehe DKW-*Berg*, § 2 Rn. 65 m. w. N.

er ist jedoch nicht stimmberechtigt. Sein Auftrag erschöpft sich in einer »kontrollierenden Beobachtung«.

71 In Betrieben mit **männlichen und weiblichen Arbeitnehmern** sollen beide Geschlechter dem Wahlvorstand angehören (§ 16 Abs. 1 BetrVG). Damit soll auch bei der Zusammensetzung des Wahlvorstands der Gleichberechtigung der Geschlechter Rechnung getragen werden. Wenn dies auch nicht zwingend vorgeschrieben ist, sollten alle im Betrieb vertretenen Geschlechter dem Wahlvorstand angehören (zur zwischenzeitlich erfolgten rechtlichen Anerkennung von drei Geschlechtern – männlich, weiblich, divers – s. Rn. 188).

72 Jede/r **wahlberechtigte Arbeitnehmer:in** (zur Wahlberechtigung vgl. Rn. 117ff.) kann als Wahlvorstandsmitglied bestellt werden. Die/der Betreffende braucht nicht wählbar zu sein. Dem Wahlvorstand können auch **Mitglieder des noch amtierenden Betriebsrats**, der die Bestellung vorzunehmen hat, angehören. Ebenso ist es möglich, dass **Wahlbewerber:innen** für den zu wählenden Betriebsrat zugleich Wahlvorstandsmitglieder sind.[95]

---

95 BAG 12.10.1976 – 1 ABR 1/76.

VI. Welche Aufgaben und Rechte haben der Wahlvorstand und seine Mitglieder? Wie sind die Mitglieder des Wahlvorstands geschützt?

1. Die Aufgaben und Rechte des Wahlvorstands und seiner Mitglieder

Die Aufgaben des Wahlvorstands bestehen im Wesentlichen in der **Einleitung und Durchführung der Betriebsratswahl** sowie in der Feststellung und Bekanntmachung des Wahlergebnisses. Im Einzelnen sind diese Aufgaben in § 18 Abs. 1, 3 BetrVG und in der gem. § 126 BetrVG erlassenen Wahlordnung (WO, s. Anhang, Rn. 512) konkretisiert (s. dazu Rn. 86ff.). 73

Das **Amt des Wahlvorstands beginnt** mit seiner Bestellung oder Wahl, im Fall seiner gerichtlichen Bestellung mit dem Zeitpunkt der mündlichen Verkündung des Beschlusses seiner Bestellung.[96] Das Amt endet mit der Wahl des Wahlleiters in der konstituierenden Sitzung des neu gewählten Betriebsrats (vgl. § 29 Abs. 1 BetrVG und Rn. 326),[97] nach anderer Auffassung bereits zum Zeitpunkt der Einberufung der konstituierenden Sitzung des neu gewählten Betriebsrats.[98] 74

Eine vorzeitige **Abberufung** des Wahlvorstands oder einzelner seiner Mitglieder, etwa durch den noch amtierenden Betriebsrat, ist unzulässig. Im Fall von Pflichtverletzungen des Wahlvorstands ist lediglich seine arbeitsgerichtliche Ersetzung auf Antrag des Betriebsrats, von mindestens drei wahlberechtigten Arbeitnehmern oder einer im Betrieb vertretenen Gewerkschaft zulässig (§ 18 Abs. 1 Satz 2 BetrVG). 75

Es ist zulässig, dass einzelne oder alle Mitglieder des Wahlvorstands ihr **Amt niederlegen**. In diesem Fall rücken Ersatzmitglieder nach oder es müssen Wahlvorstandsmitglieder nachbestellt werden, falls Ersatzmit- 76

96 BAG 26.11.2009 – 2 AZR 185/05.
97 DKW-*Homburg*, § 16 Rn. 21.
98 BAG 14.11.1975 – 1 ABR 61/75; Fitting, § 16 Rn. 83.

glieder nicht (oder nicht in ausreichender Zahl) vorhanden sind. Im Fall der Wahl des Wahlvorstands auf einer Betriebsversammlung ist eine Nachwahl auf einer Betriebsversammlung erforderlich. Der Wahlvorstand kann nicht durch Beschluss seine Auflösung bzw. seinen kollektiven Rücktritt erklären.

77 Ist der **Wahlvorstand bestellt**, tritt er unverzüglich zu seiner **ersten Sitzung** zusammen, um mit den Vorbereitungen für die Wahl zu beginnen. Sollte es der Betriebsrat versäumt haben, eines der bestellten Wahlvorstandsmitglieder zum Wahlvorstandsvorsitzenden zu bestellen, kann der Wahlvorstand dies nachholen.[99] Dies gilt auch, wenn bei der Wahl des Wahlvorstands auf einer Betriebsversammlung die Wahl des Vorsitzenden unterblieben ist.

Siehe dazu
Mustertext für die Einladung zur ersten Sitzung des Wahlvorstands (Wahlunterlage 8 – Normales Wahlverfahren)
Mustertext für die Einladung zur ersten Sitzung des Wahlvorstands (Wahlunterlage 6 – Vereinfachtes Wahlverfahren – einstufig)

78 Die **Sitzungen und Beschlussfassungen** des Wahlvorstands finden grundsätzlich als **Präsenzsitzungen statt (§ 1 Abs. 3 Satz 2 WO).** Unter bestimmten Voraussetzungen kann nach den entsprechend ergänzten Vorschriften des § 1 Abs. 4, 5 WO die **Teilnahme an einer nicht öffentlichen Sitzung des Wahlvorstandes auch mittels Video- und Telefonkonferenz** erfolgen. Zunächst ist dafür erforderlich, dass der **Wahlvorstand den Beschluss fasst**, dass die Wahlvorstandsmitglieder auch mittels Video- und Telefonkonferenz an den Sitzungen des Wahlvorstandes teilnehmen können (§ 1 Abs. 4 Satz 1 WO). Ein derartiger **Beschluss** ist für die Teilnahme mittels Video- und Telefonkonferenz **ausreichend** (zur Unzulässigkeit der Teilnahme mittels Video- und Telefonkonferenz bei bestimmten Sitzungen des Wahlvorstandes s. Rn. 78c). In Abweichung von den entsprechenden Regelungen des BetrVG zu den Voraussetzungen der Teilnahme mittels Video- und Telefonkonferenz an Betriebsratssitzungen (vgl. § 30 Abs. 2, 3 BetrVG),[100] muss weder der Vorrang von Präsenzsitzungen beachtet und in einer Geschäftsordnung geregelt werden (zu einer Geschäftsordnung des Wahlvorstandes s. Rn. 81) noch besteht ein Widerspruchsrecht der Mitglieder des Wahlvorstandes.

99 Fitting, § 16 WO Rn. 33.
100 S. dazu *Wedde*, AiB 9/21, 21.

Dieser Beschluss sollte bereits **in der ersten Sitzung des Wahlvorstandes** gefasst werden. Wenn z. B. später eine Situation eintritt, dass bei einer sehr eilbedürftigen Angelegenheit die Durchführung einer Wahlvorstandssitzung mit gesicherter Beschlussfähigkeit in Präsenz kurzfristig nicht möglich ist, setzt die Teilnahme mittels Video- und Telefonkonferenz einen entsprechenden Beschluss des Wahlvorstandes voraus, der in einer vorhergehenden Präsenzsitzung des Wahlvorstandes gefasst wurde. Verfügen die Mitglieder des Wahlvorstandes nicht über die entsprechende, vom Betrieb zur Verfügung zu stellende Ausstattung für Video- und Telefonsitzungen (z. B. Laptop, Smartphone und Konferenzsoftware), muss diese beim Arbeitgeber angefordert werden. Dabei ist darauf zu achten, dass diese Ausstattung barrierefrei ist (vgl. Barrierefreie Informationstechnik Verordnung 2.0) 78b

Die Teilnahme mittels Video- und Telefonkonferenz ist **nur für nicht öffentliche Sitzungen des Wahlvorstands** zulässig (§ 1 Abs. 4 Satz 1 WO). Immer in Präsenz sind deshalb folgende öffentliche Sitzungen des Wahlvorstands durchzuführen: 78c

- Öffentliche Stimmauszählung (§§ 13 und 34 Abs. 3 WO) einschließlich Bearbeitung der Briefwahlunterlagen (§§ 26 Abs. 1 und 35 Abs. 3 WO),
- Erstellen der Wahlniederschrift nach § 16 WO.

Für folgende Sitzungen des Wahlvorstandes ist die Teilnahme mittels Video- und Telefonkonferenz **ausgeschlossen** (§ 1 Abs. 4 Satz 2 WO):

1. im Rahmen einer Wahlversammlung nach § 14a Abs. 1 Satz 2 BetrVG,
2. zur Prüfung von eingereichten Vorschlagslisten (§ 7 Abs. 2 Satz 2 WO)
3. zur Durchführung eines Losverfahrens (§ 10 Abs. 1 WO).

Bei der Teilnahme mittels Video- und Telefonkonferenz an einer Sitzung des Wahlvorstands muss sichergestellt werden, das **Dritte keine Kenntnis vom Inhalt der Sitzung** nehmen können. Die Sitzung darf auch **nicht aufgezeichnet** werden (§ 1 Abs. 4 Satz 3, 4 WO). Die Mitglieder des Wahlvorstands müssen sich daher an einem **nicht öffentlichen Ort** aufhalten und sicherstellen, dass nur teilnahmeberechtigte Personen anwesend sind. Funktionen der Konferenzsoftware zur Aufzeichnung der Sitzung oder andere Aufzeichnungsgeräte (z. B. zur Erstellung von Videoaufnahmen, Fotos oder Screenshots über den Inhalt der Sitzung) dürfen von den Teilnehmenden nicht genutzt werden. Schließlich haben die Teilnehmenden ihre **Teilnahme** gegenüber der/dem Wahlvorstandvorsitzenden in Textform, z. B. mittels E-Mail oder sonstiger Messenger- oder Chat-Funktionen, zu **bestätigen**. Diese Bestätigungen sind der **Niederschrift** gem. § 1 Abs. 3 Satz 3 WO (s. Rn. 80) beizufügen (§ 1 Abs. 4 Satz 5, 6 WO). 78d

§ 1 Abs. 5 WO legt ausdrücklich fest, dass eine **Teilnahme in Präsenz** auch dann **stets als erforderlich gilt**, wenn aufgrund eines entsprechenden Be- 78e

schlusses des Wahlvorstands (s. Rn. 78af.) die Möglichkeit zur Teilnahme mittels Video- und Telefonkonferenz besteht. Der Arbeitgeber kann deshalb vom Wahlvorstand bzw. dessen Mitgliedern nicht verlangen, dass er bzw. sie mittels Video- und Telefonkonferenz tagen, z. B. um Kosten zu sparen. Ob der Wahlvorstand das Mittel der Video- und Telefonkonferenz nutzt bzw. ob Mitglieder des Wahlvorstands von der Möglichkeit der Teilnahme mittels Video- und Telefonkonferenz Gebrauch machen, ist allein dessen bzw. deren Entscheidung. Der **Arbeitgeber** hat diesbezüglich **kein Mitspracherecht**. Die für Video- und Telefonkonferenzen erforderlichen organisatorischen und technischen Mittel und Schutzmaßnahmen (z. B. gesicherte Kommunikationsnetze) hat der Arbeitgeber dem Wahlvorstand zur Verfügung zu stellen.[101] Die dafür anfallenden Aufwendungen sind Teil der **Kosten der Wahl gem. § 20 BetrVG** (s. dazu Rn. 460ff.).
Die Sitzungen des Wahlvorstands finden grundsätzlich **während der Arbeitszeit** statt (zur Freistellung und Vergütung vgl. Rn. 467). Eine Beschlussfassung im Umlaufverfahren, beispielsweise durch telefonischen Rundruf, ist nicht zulässig. Der Wahlvorstand ist nur als Organ handlungsfähig. Für die Wirksamkeit von Beschlüssen ist die einfache Mehrheit erforderlich. An Beschlussfassungen nehmen nur die stimmberechtigten Mitglieder des Wahlvorstands teil (§ 1 Abs. 3 Satz 1 WO). Stimmenthaltungen gelten als Ablehnung. Die Sitzungen sind nicht öffentlich (vgl. aber § 13 WO und § 18 Abs. 3 Satz 1 BetrVG; danach haben die Stimmauszählung und die Feststellung des Wahlergebnisses öffentlich zu erfolgen).

79 Im **vereinfachten zweistufigen Wahlverfahren** sind aber die Sitzungen des Wahlvorstands insoweit öffentlich, als dieser auf der Wahlversammlung, auf der er gewählt wurde, die Wählerliste zu erstellen hat, Wahlvorschläge entgegennimmt und das Wahlausschreiben erlässt (vgl. ausführlich Rn. 378ff.).

80 Über jede Sitzung des Wahlvorstands ist eine **Niederschrift** anzufertigen, die von dem Vorsitzenden und einem weiteren stimmberechtigten Wahlvorstandsmitglied zu unterzeichnen ist. Sie hat mindestens den Wortlaut der gefassten Beschlüsse zu enthalten (§ 1 Abs. 3 Satz 2 und 3 WO).

81 Der Wahlvorstand kann sich eine **schriftliche Geschäftsordnung** geben (§ 1 Abs. 2 Satz 1 WO); eine Verpflichtung dazu besteht aber nicht. Eine Geschäftsordnung kann vor allem folgende Fragen regeln:

- Form der Einladung zu den Sitzungen;
- Teilnahme an Sitzungen mittels Video- und Telefonkonferenz gem. § 1 Abs. 4 WO (s. dazu Rn. 78ff.);

---

101 *Wedde*, a. a. O.

- Öffnungszeiten des Wahlvorstandbüros;
- Übertragung bestimmter laufender Geschäfte an stimmberechtigte Wahlvorstandsmitglieder, wie z. B. die Einsichtsgewährung in die Wählerliste und die Wahlordnung, Entgegennahme von Einsprüchen gegen die Richtigkeit der Wählerliste und Entgegennahme von Wahlvorschlägen mit gleichzeitiger Eingangsbestätigung gegenüber dem Listenvertreter.

Im **vereinfachten Wahlverfahren** ist es – angesichts der kurzen Fristen – nicht zweckmäßig, wenn sich der Wahlvorstand noch mit der Frage befasst, ob und wenn ja welche Geschäftsordnung er sich geben soll.

Der Wahlvorstand ist berechtigt, **Wahlhelfer:innen** zu seiner Unter- **82** stützung bei der Stimmabgabe und Stimmenzählung heranzuziehen (§ 1 Abs. 2 Satz 2 WO). Es empfiehlt sich, Arbeitnehmer:innen auszuwählen, die sich mit den Grundsätzen des Wahlverfahrens auskennen. Es muss sich um wahlberechtigte Arbeitnehmer:innen handeln. Die Entscheidung, welche Personen als Wahlhelfer:innen herangezogen werden sollen, trifft der Wahlvorstand. Dessen Entscheidung hat der Arbeitgeber zu akzeptieren. Auch die Anzahl der Wahlhelfer:innen steht im Ermessen des Wahlvorstands, muss sich aber im Rahmen des Erforderlichen halten.

Bei der Tätigkeit der Mitglieder des Wahlvorstands handelt es sich – wie **83** bei der Tätigkeit der Mitglieder des Betriebsrats – um die Wahrnehmung eines unentgeltlichen **Ehrenamts.**[102] Gemäß § 20 Abs. 3 BetrVG trägt die **Kosten der Betriebsratswahl** der **Arbeitgeber**. Dazu gehören nicht nur die **Sachkosten.** Nach dieser Vorschrift ist der Arbeitgeber auch verpflichtet, für die Zeiten der Arbeitsversäumnis, die durch die Tätigkeit als Wahlvorstandsmitglied entstehen, das **Arbeitsentgelt** fortzuzahlen und den Wahlvorstandsmitgliedern ihre erforderlichen Aufwendungen (z. B. Fahrt- und sonstige Reisekosten) zu ersetzen (zu den Einzelheiten vgl. Rn. 464ff.). Das gilt auch für die vom Wahlvorstand herangezogenen **Wahlhelfer:innen** (vgl. Rn. 82). Schließlich erfordert die Tätigkeit als Wahlvorstandsmitglied auch die Teilnahme an **Schulungsveranstaltungen** zur Unterweisung in die Aufgaben eines Wahlvorstandsmitglieds und in die rechtlichen Grundlagen der Betriebsratswahl. Der Arbeitgeber ist verpflichtet, die erforderlichen Schulungskosten zu tragen (vgl. dazu im Einzelnen Rn. 468ff.).

---

102 BAG 24.4.1995 – 7 AZR 874/94.

2. Der Schutz der Mitglieder des Wahlvorstands

84 Den Wahlvorstandsmitgliedern darf durch ihre Tätigkeit nicht nur beim Entgelt, sondern auch in sonstiger Hinsicht kein Nachteil entstehen. Für Wahlvorstandsmitglieder gilt deshalb in Ergänzung der generellen Vorschrift über den Wahlschutz (§ 20 BetrVG) ein umfassender **Sonderkündigungs- und Versetzungsschutz** gem. § 15 Abs. 3 KSchG, § 103 BetrVG. Dieser beginnt mit dem **Zeitpunkt ihrer Bestellung oder Wahl** auf einer Betriebsversammlung (bzw. Wahlversammlung im vereinfachten zweistufigen Wahlverfahren). Im Fall der **gerichtlichen Bestellung** beginnt der Sonderkündigungsschutz mit der (mündlichen) Verkündung des Beschlusses über die Bestellung. Der Sonderkündigungsschutz gem. § 103 BetrVG endet mit der Beendigung des Wahlvorstandsamts (vgl. dazu Rn. 451 ff.). Er wird aber ergänzt durch den **nachwirkenden Kündigungsschutz** gem. § 15 Abs. 3 Satz 2 KSchG, der für die Dauer von sechs Monaten nach Bekanntgabe des Wahlergebnisses der Betriebsratswahl gilt (zu den Einzelheiten vgl. Rn. 456).

85 Für die **Wahlhelfer:innen** kommt mangels Mitgliedschaft im Wahlvorstand der Sonderkündigungsschutz nicht zur Anwendung. Für sie gilt aber ein sich aus dem generellen **Behinderungs- und Benachteiligungsverbot** gem. § 20 BetrVG (vgl. dazu Rn. 446 ff.) ergebender **relativer Kündigungsschutz.**[103]

3. Datenschutz und Wahlvorstand

85a Die sich aus § 18 BetrVG und der WO ergebenden Handlungspflichten und Rechte des Wahlvorstands sind notwendigerweise mit der **Verarbeitung personenbezogener Daten** der dem Betrieb angehörenden Arbeitnehmer:innen verbunden. Dies gilt vor allem im Zusammenhang mit der Wahrnehmung der folgenden Aufgaben:

- Aufstellung und Bekanntmachung der Wählerliste im Betrieb (§ 2 WO),
- Versand der Briefwahlunterlagen an die Briefwähler:innen (§ 24 WO) und
- Bekanntmachung der gewählten Betriebsratsmitglieder § 18 Abs. 3 BetrVG, § 18 WO).

103 Fitting, § 1 WO Rn. 4.

Welche **Pflichten der Wahlvorstand** dabei **in datenschutzrechtlicher Hinsicht** hat, hängt auch von seiner Stellung im System des Datenschutzes ab. Zur datenschutzrechtlichen Stellung des Wahlvorstandes gibt es im Betriebsverfassungsgesetz und in der Wahlordnung keine ausdrückliche Regelung. Bei der Wahrnehmung seiner Aufgaben wird der Wahlvorstand, wie der Betriebsrat im Rahmen dessen Aufgabenwahrnehmung, nicht zum Verantwortlichen im Sinne des Art. 4 Nr. 7 DSGVO (vgl. § 79a Satz 2 BetrVG).[104] Der Wahlvorstand entscheidet nicht allein oder gemeinsam mit anderen über die Zwecke und Mittel der Verarbeitung von personenbezogenen Daten. Die Zwecke der von ihm durchgeführten Verarbeitung personenbezogener Daten der Arbeitnehmer:innen ergeben sich zwingend und abschließend aus den einschlägigen Vorschriften über die Aufgaben des Wahlvorstandes bei der Vorbereitung und Durchführung der Betriebsratswahl. Die vom Wahlvorstand dabei einzusetzenden Mittel der Datenverarbeitung sind ebenfalls durch Gesetz und Verordnung im Grundsatz vorgegeben. Es liegt in der – an die einschlägigen gesetzlichen Vorgaben gebundenen – Entscheidung des Arbeitgebers, dem Wahlvorstand die für die Vorbereitung und Durchführung der Betriebsratswahl erforderlichen Mittel in Gestalt von Informationen und Unterlagen, sachlicher Ausstattung, Informations- und Kommunikationstechnik, Büropersonal usw. zur Verfügung zu stellen. Auf dieser Grundlage nimmt der Wahlvorstand ihm gesetzlich zugewiesene und ehrenamtlich wahrzunehmende Aufgaben wahr und ist daher institutionell unselbständiger Teil des für die Einhaltung des Datenschutzes verantwortlichen Arbeitgebers. 85b

In Zusammenhang mit der **Verpflichtung des Arbeitgebers**, dem Wahlvorstand u. a. alle zur Wahrnehmung seiner Aufgaben erforderlichen Auskünfte, Informationen und Unterlagen zur Verfügung zu stellen, hat der Arbeitgeber als **Verantwortlicher gem. Art. 4 Nr. 7 DSGVO** bei der Übermittlung der personenbezogenen Daten gem. Art. 32 DSGVO durch geeignete technische und organisatorische Maßnahmen (TOM) sicherzustellen, dass Dritte keinen Zugriff auf diese Daten bekommen. Dies kann z. B. bei einer digitalen Übermittlung in Gestalt einer verschlüsselten Datei oder eines passwortgeschützten Datensticks geschehen. Außerdem muss der Arbeitgeber seiner Verpflichtung zur Dokumentation der Datenverarbeitung (Art. 30 DSGVO) und Information der Beschäftigten (Art. 13 DSGVO) nachkommen. 85c

Der **Wahlvorstand** hat bei der Verarbeitung personenbezogener Daten die **Vorschriften über den Datenschutz einzuhalten** (vgl. die für den 85d

104 Zum Betriebsrat s. DKW-Buschmann, § 79a Rn. 15f.; Fitting, a. a. O. Rn. 19.

Betriebsrat geltende Vorschrift des § 79a Satz 1 BetrVG).[105] So hat er insbesondere die übermittelten Daten gegen unbefugten Zugriff durch Dritte durch die Benutzung von Passwörtern zu schützen. Das gilt insbesondere für sensible Daten wie z. B. krankheitsbedingte Arbeitsunfähigkeit oder das Ruhen des Arbeitsverhältnisses. Der Arbeitgeber ist daher verpflichtet, dem Wahlvorstand abschließbare Räume oder zumindest Schränke zur Verfügung zu stellen, in den die Unterlagen der Betriebsratswahl sicher verwahrt werden können. Werden Daten elektronisch übermittelt, muss es dem Wahlvorstand möglich sein, die Daten auf Rechnern, auf die auch andere Arbeitnehmer:innen Zugriff haben, gegen deren Zugriff zu schützen. Der Schutz durch Passwörter ist dafür ausreichend.

85e Zu den ersten Aufgaben des Wahlvorstands – noch vor Erlass des Wahlausschreibens – gehört die **Aufstellung der Wählerliste** (vgl. dazu Rn. 108ff.). § 2 Abs. 2 WO verpflichtet den Arbeitgeber, dem Wahlvorstand alle für die Aufstellung der Wählerliste notwendigen Informationen zu erteilen und die erforderlichen Unterlagen auszuhändigen. Der **Arbeitgeber** darf die Erfüllung der gesetzlichen Informationsansprüche des Wahlvorstands – die Herausgabe der zur Erledigung der Wahlvorstandsaufgaben erforderlichen Unterlagen und Daten – **nicht unter Berufung auf datenschutzrechtliche Belange der Arbeitnehmer:innen verweigern.**[106] Die Weitergabe der für die Vorbereitung und Durchführung der Betriebsratswahl erforderlichen personenbezogener Daten der Arbeitnehmer:innen an den Wahlvorstand dient einem datenschutzrechtlich zulässigen Zweck im Sinne des § 26 Abs. 1, 3 BDSG.

85f Ein **Abdruck der Wählerliste** ist vom Wahlvorstand vom Tag, an dem das Wahlausschreiben erlassen wird, bis zum Abschluss der Wahl, **auszulegen** (§ 2 Abs. 4 WO, s. Rn. 158ff.). Aus Gründen des Persönlichkeitsschutzes sieht § 2 Abs. 4 WO ausdrücklich vor, dass das **Geburtsdatum** in der auszulegenden Wählerliste nicht enthalten sein soll. Ausnahmen sind dann zulässig, wenn wegen Namensgleichheit nur durch die Angabe des Geburtsdatums die Identität der aufgeführten Wahlberechtigten erkennbar ist. Die Übernahme der **Eintrittsdaten der Wahlberechtigten** in den auszulegenden Abdruck der Wählerliste ist unzulässig, da die aufzunehmenden Daten in § 2 Abs. 1 WO abschließend aufgeführt sind.

In Betrieben mit **Zugangsmöglichkeiten für Kunden** oder sonstige **nicht dem Betrieb angehörende Personen** darf die Wählerliste nur an einer Stelle (vgl. »geeignete Stelle« gemäß § 2 Abs. 4 WO) ausgelegt werden, der

105 DKW-Buschmann, § 79a Rn. 15f.; Fitting, § 79a Rn. 19.

106 Vgl. BAG 9.4.2019 – 1 ABR 51/17; BAG 7.5.2019 – 1 ABR 53/17 (zu Informationsansprüchen des Betriebsrats).

für diese Personen nicht zugänglich ist. Betriebsfremde Personen dürfen vom Inhalt der Wählerliste keine Kenntnis nehmen können.

Der Wahlvorstand kann die Bekanntmachung der Wählerliste (sowie des Wahlausschreibens, der gültigen Wahlvorschläge und gewählten Betriebsratsmitglieder) auch ausschließlich in elektronischer Form vornehmen (§ 2 Abs. 4 Satz 4 WO). Dies setzt voraus, dass alle Arbeitnehmer:innen von der Bekanntmachung Kenntnis erlangen und Änderungen der Bekanntmachung nur durch den Wahlvorstand erfolgen können (s. Rn. 158). Bekanntmachungen in elektronischer Form dürfen durch den Wahlvorstand ausschließlich mit betrieblichen Kommunikationsmitteln vorgenommen werden. **Bekanntmachungen im Internet** oder in **sozialen Medien**, wie etwa in **Facebook- oder WhatsApp-Gruppen**, sind insbesondere aus datenschutzrechtlichen Gründen unzulässig. Wenn der Wahlvorstand gemäß § 2 Abs. 4 Satz 3, 4 WO von der Möglichkeit der Bekanntmachung der Wählerliste in elektronischer Form Gebrauch machen will, ist der Arbeitgeber verpflichtet, dem Wahlvorstand die E-Mail-Adressen aller Arbeitnehmer:innen zur Verfügung zu stellen. 85g

Den Wahlberechtigten, von denen dem Wahlvorstand bekannt ist, dass sie entweder wegen der **Eigenart ihres Beschäftigungsverhältnisses** (§ 24 Abs. 2 Nr. 1 WO) im Zeitpunkt der Wahl oder aus anderen Gründen, z. B. wegen **Ruhens des Arbeitsverhältnisses** oder **krankheitsbedingter Arbeitsunfähigkeit**, (§ 24 Abs. 2 Nr. 2. WO) vom Erlass des Wahlausschreibens bis zum Zeitpunkt der Wahl voraussichtlich nicht im Betrieb anwesend sein werden (s. dazu Rn. 266ff.), hat der Wahlvorstand das **Wahlausschreiben** am Tag seines Erlasses ergänzend **postalisch oder elektronisch zu übermitteln** (§ 3 Abs. 4 Halbsatz 1 WO; s. Rn. 210) und später die Briefwahlunterlagen unaufgefordert zuzuschicken (s. Rn. 266ff.). Bei einigen dieser dem Wahlvorstand vom Arbeitgeber zu diesem Zweck zur Verfügung zustellenden Informationen, z. B. über die Langzeiterkrankung von Wahlberechtigten, handelt es sich um **besonders schützenswerte Gesundheitsdaten im Sinne von Art. 9 Abs. 1 DSGVO**. § 24 Abs. 2 Satz 2 WO begründet mit der Verpflichtung des Arbeitgebers, dem Wahlvorstand die für den Versand der Briefwahlunterlagen erforderlichen Informationen zur Verfügung zu stellen, die gesetzliche Grundlage für die datenschutzrechtliche Unbedenklichkeit der Übermittlung dieser Daten. Das gilt auch für die für den Versand der Briefwahlunterlagen gemäß § 24 Abs. 1, 2 und 3 WO vom Wahlvorstand benötigten **privaten Postanschriften** und die **E-Mail-Adressen aller Wahlberechtigten**. Der Arbeitgeber ist daher verpflichtet, dem Wahlvorstand zusammen mit den Informationen zur Aufstellung der Wählerliste zeitgleich die privaten Postanschriften und die E-Mail-Adressen 85h aller Wahlberechtigten zu übermitteln.[107] Unabhängig davon würde die Verweisung des Wahlvorstandes auf eine einzelfallbezogene Abfrage der Kontaktdaten der Arbeitnehmer:innen, die gemäß § 24 Abs. 1 WO die Briefwahlunterlagen verlangt haben, beim Arbeitgeber, hinsichtlich des Grundsatzes der geheimen Wahl in rechtlich bedenklicher Weise Rückschlüsse des Arbeitgebers auf das Interesse einzelner Arbeitnehmer:innen an einer Beteiligung an der Betriebsratswahl ermöglichen.[108]

85i Aus der strengen **Zweckbindung der Verarbeitung personenbezogenen Daten** (Art. 5 Abs. 1a DSGVO) folgt, dass der Wahlvorstand bzw. die einzelnen Wahlvorstandsmitglieder die vom Arbeitgeber übermittelten Daten nur für die gesetzlich vorgegebenen Zwecke zur Vorbereitung und Durchführung der Betriebsratswahl nutzen darf. Die **Weitergabe**, z. B. der **privaten Postanschriften** oder **betrieblichen E-Mail-Adressen** an Wahlbewerber:innen, Listenvertreter:innen oder Gewerkschaften, um ihnen etwa die Wahlwerbung zur Betriebsratswahl zu erleichtern, ist ebenso unzulässig wie z. B. der **Versand der Wählerliste** an die **private E-Mail-Adresse eines Wahlvorstandsmitglieds**, auch wenn dies in Ausübung des Amts als Wahlvorstandsmitglied zum Zweck der Bearbeitung der Wählerliste geschieht.[109]

85j Die **gewählten Betriebsratsmitglieder** hat der Wahlvorstand **im Betrieb durch Aushang bekanntzumachen**, sobald das Wahlergebnis feststeht (§ 18 Satz 1 WO; s. Rn. 323). Auch hat er die Namen der gewählten Betriebsratsmitglieder an **Arbeitgeber** und die im Betrieb vertretenen **Gewerkschaften** zu übermitteln (s. Rn. 324). Gewerkschaften benötigen die Namen der Betriebsratsmitglieder und Ersatzmitglieder, um ihren Aufgaben und ihrer Unterstützungsfunktion nach dem BetrVG (vgl. u. a. §§ 2, 31 BetrVG) nachkommen zu können. Daher dürfen die im Betrieb vertretenen Gewerkschaften die Daten der Betriebsratsmitglieder verarbeiten (vgl. § 18 Satz 2 WO).

85k **Nach Abschluss der Wahl** und Konstituierung des Betriebsrates hat der Wahlvorstand die **Wahlakten dem Betriebsrat vollständig zu übergeben**. Dieser hat sie mindestens bis zum Ende seiner Amtszeit aufzubewahren (§ 19 WO). Dies ist erforderlich, weil während der Amtszeit jederzeit die Nichtigkeit der Betriebsratswahl wegen Verstößen gegen Wahlgrundsätze gerichtlich geltend gemacht werden könnte. Nach Über-

107 Hessisches LAG 10. 8. 2020 – 16 TaBVGa 75/20; vgl. auch Begründung zur Wahlordnung in Bundesrats-Drucksache 666/21, S. 24 zu Nr. 18.

108 S. dazu BAG 27. 7. 2005 – 7 ABR 54/04 hinsichtlich der Kenntniserlangung von Stimmabgabevermerken auf der Wählerliste durch den Arbeitgeber.

109 ArbG Mannheim 1. 8. 2023 – 5 Ca 101/23.

gabe der Wahlakten an den Betriebsrat müssen die **Wahlvorstandsmitglieder und Wahlhelfer:innen die personenbezogen Daten,** die sie ggf. gespeichert haben, **löschen**.

VII. Welche Aufgaben hat der Wahlvorstand zur Einleitung und Vorbereitung des Wahlverfahrens?

86 Bevor der Wahlvorstand das Wahlausschreiben erlässt und aushängt, hat er folgende Fragen zu klären und folgende Vorbereitungen zu treffen:

- Bestimmung des Wahltermines
- Übersicht über die Sprachkenntnisse der ausländischen Arbeitnehmer:innen
- Aufstellung der Wählerliste
- evtl. Zuordnungsverfahren nach § 18a BetrVG, wenn im Betrieb zeitgleich ein Sprecherausschuss für leitende Angestellte gewählt wird oder ein solches Vertretungsorgan besteht
- Ermittlung der Anzahl der Betriebsratsmitglieder
- Ermittlung der Mindestzahl der Betriebsratssitze, die auf das Minderheitengeschlecht entfallen (§ 15 Abs. 2 BetrVG)
- technische Vorbereitungen für die eigentliche Wahl

Die notwendigen Informationen und Unterlagen hat der Wahlvorstand beim Arbeitgeber anzufordern. Dazu gehören Informationen über die Anzahl der Arbeitnehmer:innen, deren Alter und Geschlecht, die Dauer der Betriebszugehörigkeit, deren Privatadressen, unter Umständen deren Staatsangehörigkeit und Sprachkenntnisse. Ebenso muss der Wahlvorstand Informationen über die Anzahl der im Betrieb tätigen Leiharbeitnehmer:innen und deren (tatsächlicher bzw. geplanter) Überlassungsdauer anfordern.
Siehe dazu Wahlunterlage 9

1. Fristen und Schriftform

ONLINE

Siehe dazu

- Software-Modul »Wahlkalender« zur Berechnung der Fristen

Der Wahlvorstand muss eine Vielzahl von Fristen (u. a. Aushänge, Einspruchsfristen) beachten. Tut er dies nicht, kann die Wahl angefochten werden oder gar nichtig sein. Deshalb werden zunächst die Grundlagen der Fristberechnung dargestellt. 87

Nach § 41 WO sind für die Berechnung der Fristen in der Wahlordnung die Vorschriften zur Fristberechnung des Bürgerlichen Gesetzbuches (§§ 186 bis 193 BGB) maßgebend. § 41 Abs. 2 WO erlaubt dem Wahlvorstand das Ende bestimmter Fristen auf das Ende der Arbeitszeit der Mehrheit der Wähler:innen festzulegen. 88

Für den Beginn und das Ende einer Frist wird im BGB bestimmt: 89

§ 187 BGB – Fristbeginn

(1) Ist für den Anfang einer Frist ein Ereignis oder ein in den Lauf eines Tages fallender Zeitpunkt maßgebend, so wird bei der Berechnung der Frist der Tag nicht mitgerechnet, in welchen das Ereignis oder der Zeitpunkt fällt.

(2) Ist der Beginn eines Tages der für den Anfang einer Frist maßgebende Zeitpunkt, so wird dieser Tag bei der Berechnung der Frist mitgerechnet. Das Gleiche gilt von dem Tage der Geburt bei der Berechnung des Lebensalters.

§ 188 BGB – Fristende

(1) Eine nach Tagen bestimmte Frist endigt mit dem Ablauf des letzten Tages der Frist.

(2) Eine Frist, die nach Wochen, nach Monaten oder nach einem mehrere Monate umfassenden Zeitraum – Jahr, halbes Jahr, Vierteljahr – bestimmt ist, endigt im Falle des § 187 Abs. 1 mit dem Ablaufe desjenigen Tages der letzten Woche oder des letzten Monats, welcher durch seine Benennung oder seine Zahl dem Tage entspricht, in den das Ereignis oder der Zeitpunkt fällt, im Fall des § 187 Abs. 2 mit dem Ablaufe desjenigen Tages der letzten Woche oder des letzten Monats, welcher dem Tage vorhergeht, der durch seine Benennung oder seine Zahl dem Anfangstage der Frist entspricht.

§ 193 – Sonn- und Feiertage; Sonnabende

Ist an einem bestimmten Tag oder innerhalb einer Frist eine Willenserklärung abzugeben oder eine Leistung zu bewirken und fällt der bestimmte Tag oder letzte Tag der Frist auf einen Sonntag, einen am Erklärungs- oder Leistungsorte staatlich anerkannten allgemeinen Feiertag oder einen Sonnabend, so tritt an die Stelle eines solchen Tages der nächste Werktag.

90 **Beispiel:**
Einsprüche gegen die Wählerliste müssen vor Ablauf von zwei Wochen nach Erlass des Wahlausschreibens beim Wahlvorstand schriftlich eingelegt werden (§ 4 Abs. 1 WO). Wenn das Wahlausschreiben am Montag, den 30.3.2026 ausgehängt wurde, läuft die Frist zur Einlegung von Einsprüchen gegen die Wählerliste 14 Tage später, am Montag, den 13.4.2026 ab.

91 Dabei wird der Tag nicht mitgerechnet, auf den das Ereignis fällt, das die Frist auslöst; nicht mitgezählt wird in diesem Beispiel also der Tag des Aushangs des Wahlausschreibens.

92 Normalerweise enden Fristen nach der Berechnung des Bürgerlichen Gesetzbuches um 24.00 Uhr – § 188 Abs. 1 BGB. Montag, der 13.4.2026 z.B. läuft um 24.00 Uhr ab. Damit hätte im Beispiel ein/e Arbeitnehmer:in die Möglichkeit, bis 24.00 Uhr am 13.4.2026 einen Einspruch einzulegen.

93 § 41 Abs. 2 WO legt aber fest, dass der Wahlvorstand unter bestimmten Voraussetzungen das Ende der Frist abweichend von § 188 Abs. 1 BGB festlegen kann.

§ 41 WO
(1) Für die Berechnung der in dieser Verordnung festgelegten Fristen finden die §§ 186 bis 193 des Bürgerlichen Gesetzbuchs entsprechende Anwendung.
(2) Mit der Bestimmung des letzten Tages einer Frist nach Absatz 1 kann der Wahlvorstand eine Uhrzeit festlegen, bis zu der ihm Erklärungen nach § 4 Absatz 1, § 6 Absatz 1 und Absatz 7 Satz 2, § 8 Absatz 2, § 9 Absatz 1 Satz 1, § 30 Absatz 2 Satz 1 sowie § 36 Absatz 5 Satz 1 und 2 zugehen müssen. Diese Uhrzeit darf nicht vor dem Ende der Arbeitszeit der Mehrheit der Wählerinnen und Wähler an diesem Tag liegen.

Zu den Fristen, bei denen das Ende der Arbeitszeit der Mehrheit der Wähler:innen beachtet werden muss gehören:
- Einsprüche gegen die Wählerliste (§ 4 Abs. 1 WO)
- Frist zu Einreichung von Vorschlagslisten (§ 6 Abs. 1 WO),
- Erklärung einer/eines Arbeitnehmenden über die Aufrechterhaltung einer Kandidatur (§ 6 Abs. 7 Satz 2 WO);
- Nachfrist zur Behebung von heilbaren Mängeln von Vorschlagslisten (§ 8 Abs. 2 WO),
- Nachfrist zur Einreichung von Vorschlagslisten (§ 9 Abs. 1 Satz 1 WO);
- Frist für Einsprüche gegen die Wählerliste im vereinfachten zweistufigen Wahlverfahren (§ 30 Abs. 2 Satz 1 WO),
- Fristen zur Einreichung von Wahlvorschlägen im vereinfachten zweistufigen Wahlverfahren (§§ 35 Abs. 5 Satz 1 und 5 WO) zur

- Einreichung von Wahlvorschlägen,
- Erklärung einer/eines Arbeitnehmenden über die Aufrechterhaltung eine Kandidatur,
- Frist zu Behebung von heilbaren Mängeln von Vorschlagslisten, Nachfrist zur Einreichung von Vorschlagslisten;

Der Gesetzgeber hat damit die bisherige Rechtsprechung des BAG übernommen.[110]

94 Grund hierfür ist, dass von den Mitgliedern des Wahlvorstands nicht erwartet werden kann, nach Ende der allgemeinen betrieblichen Arbeitszeit bis Mitternacht im Betrieb zu bleiben. Dies gilt auch für die Frist zur Einreichung von Einsprüchen gegen die Richtigkeit der Wählerliste.[111] Wenn aber der Wahlvorstand im Wahlausschreiben keine Uhrzeit angibt, dann ist das Fristende 24.00 Uhr. Die Wahlberechtigten dürfen dann – so das BAG – davon ausgehen, dass der Wahlvorstand Vorkehrungen dafür getroffen hat, dass Wahlvorschläge oder Einsprüche gegen die Wählerliste, die bis 24.00 Uhr eingehen, auch zur Kenntnis genommen werden.[112] Der Tag, an dem die Frist endet, darf der Wahlvorstand aber nicht abweichend von der Wahlordnung festlegen.[113]

95 Der Wahlvorstand kann aber nicht – unabhängig vom Ende der Arbeitszeit des überwiegenden Anteils der wahlberechtigten Arbeitnehmer:innen – das Fristende für die Einreichung von Wahlvorschlägen z. B. auf 12.00 Uhr festlegen, wenn die Arbeitszeit der Mehrheit der Arbeitnehmer:innen erst um 15.00 Uhr endet.[114] Der Wahlvorstand muss daher eine Prognoseentscheidung treffen, wie viele der wahlberechtigten Arbeitnehmer:innen am jeweiligen Tag des Fristendes wann nicht mehr arbeiten. Dies ist in Betrieben mit festen Schichteinteilungen oder festen Arbeitszeiten (z. B. 8.00 bis 16.30 Uhr) ohne Problem feststellbar, wenn der Wahlvorstand die Schichtpläne kennt. In Betrieben mit Gleitzeitregelungen muss das Ende des Gleitzeitrahmens berücksichtigt werden. In Betrieben mit Vertrauensarbeitszeit mit lediglich einer Festlegung von täglichen Höchstarbeitszeiten ist eine sichere Prognoseentscheidung nicht möglich. Daher muss der Wahlvorstand dann das Ende der betrieblichen Arbeitszeit insgesamt als Fristende für die Einreichung benennen.

---

110 BAG 16.1.2018 – 7 ABR 11/16; vgl. Sächsisches LAG 21.3.2024 – 4 TaBV 22/22.
111 BAG 4.10.1977 – 1 ABR 37/77.
112 BAG 28.3.2021 – 7 ABR 10/20.
113 Sächsisches LAG 21.3.2024 – 4 TaBV 22/22.
114 Vgl. LAG Hessen 31.8.2006 – 9 TaBV 16/06.

> **Beispiel:**
> In einem Betrieb gibt es eine Gleitzeitregelung, nach der die Arbeitnehmende von 6.00 Uhr bis 20.00 Uhr ohne Kernzeit arbeiten können. Anfang und Ende bestimmen sie innerhalb des Rahmens selbst. Der Wahlvorstand kann in diesem Fall das Ende der Frist nur auf 20.00 Uhr festlegen. Es lässt nicht sicher vorhersagen, wann am Tag des Fristendes die Arbeitszeit Mehrheit der Wähler:innen enden wird. Reine Schätzungen darf der Wahlvorstand seiner Fristfestlegung nicht zugrunde legen.

Im Fall, dass alle wahlberechtigten Arbeitnehmer:innen eines Betriebes auf Grundlage einer Vertrauensarbeitszeit ohne tägliche Grenzen arbeiten, könnte der Wahlvorstand das Fristende nur auf 24.00 Uhr festlegen. Obwohl er den Abend weder im Betrieb verbringen will noch muss[115], muss der Wahlvorstand in diesem Fall bei Fristablauf im Betrieb sein, da er sonst nicht prüfen kann, ob z. B. die Wahlvorschläge am Tag des Fristendes vor Ablauf der Frist eingegangen sind.

96 Bestimmte Fristen werden nach **Arbeitstagen** berechnet. Wenn ein Wahlbewerber auf zwei Listen kandidiert, hat ihn der Wahlvorstand aufzufordern, binnen drei Arbeitstagen zu erklären, auf welcher Liste er seine Kandidatur aufrechterhält (§ 6 Abs. 7 WO). Der Arbeitstag ist in diesem Fall nicht zwingend identisch mit dem **Werktag** (= Montag bis Samstag). Soll ein Tag als Arbeitstag bei der Berechnung der Fristen der Wahlordnung gelten, muss an diesem Tag die überwiegende Mehrheit der Arbeitnehmer:innen arbeiten.[116] Wenn z. B. die Mehrheit der Arbeitnehmer:innen nur von Montag bis Freitag arbeitet und am Wochenende nur die Pförtner und einige Wachleute, sind Samstag und Sonntag in diesem Fall keine Arbeitstage und zählen bei der Berechnung nicht mit. Arbeiten am Samstag oder Sonntag, z. B. in der Gastronomie oder in kontinuierlichen Schichtbetrieben, die Mehrheit der Arbeitnehmer:innen, zählen diese Tage als Arbeitstag.

97 Wenn eine Wochenfrist an einem Sonnabend, Sonntag oder Feiertag endet, endet die Frist erst am darauffolgenden Montag bzw. bei Feiertagen am Tag danach (§ 193 BGB). Wenn z. B. die Frist normalerweise am Donnerstag, den 14. 5. 2026 enden würde, endet sie am Freitag, den 15. 5. 2026, da der 14. 5. 2026 Christi Himmelfahrt und damit gesetzlicher Feiertag ist.

---

115 BAG 16. 1. 2018 – 7 ABR 11/16.

116 Fitting, § 41 WO Rn. 2.

Wenn Fristen nach **Arbeitstagen** berechnet werden, zählen Sonnabende, Sonntage und Feiertage mit, sofern an diesen Tagen die überwiegende Mehrheit der Beschäftigten des Betriebs arbeitet.[117] 98

Um eine Frist in Lauf zu setzen, bei der es darauf ankommt, dass binnen einer bestimmten Frist eine Erklärung abzugeben ist (z. B. auf welcher Liste die Kandidatur aufrechterhalten wird), ist der **Zugang** für den Beginn der Berechnung maßgebend. Erreicht die Aufforderung des Wahlvorstands den/die Kandidat:in nicht, beginnt die Frist nicht zu laufen. 99

Eine Reihe von **Fristen** wird **rückwärts** – also von einem bestimmten Ereignis aus – berechnet, z. B. zehn Wochen vor Ablauf der Amtszeit muss der Betriebsrat den Wahlvorstand bestellen. 100

Da nach § 16 Abs. 1 Satz 1 BetrVG der Tag des Ablaufs der Amtszeit des Betriebsrats als fristauslösendes Ereignis (§ 187 Abs. 1 BGB) die Frist in Gang setzt, wird der Tag des **Ablaufs der Amtszeit** des Betriebsrats nicht mitgerechnet (§ 187 Abs. 1 BGB). Die 10-Wochen-Frist endet mit dem Ablauf des letzten Tages der Frist (§ 188 Abs. 1 BGB). 101

Beispiel: 102
Die Amtszeit des Betriebsrats endet am Mittwoch, den 13.5.2026. Die Frist zur Bestellung des Wahlvorstands (zehn Wochen vor Ablauf der Amtszeit) läuft am Mittwoch, den 4.3.2026 ab. Der Wahlvorstand muss also spätestens am Dienstag, den 3.3.2026 vom Betriebsrat bestellt werden, denn die Frist endet am Mittwoch um 0:00 Uhr.

Die Wahlordnung und das Betriebsverfassungsgesetz schreiben an vielen Stellen vor, dass etwas »schriftlich« zu erfolgen hat. Klassisch meint das: es muss, z. B. ein Antrag, eigenhändig auf Papier unterschrieben werden. In Zeiten von E-Mail und Internet bedeutet Schriftform oder schriftlich, aber nicht mehr zwingend die klassische Schriftform. Manchmal lässt es die Rechtsprechung zu, dass die Schriftform (§ 126 BGB) durch die sogenannte Textform (z. B. E-Mail; § 126b BGB) ersetzt wird. Sie entscheidet jeweils danach, welcher Zweck mit der Schriftform verfolgt wird. Darüber hinaus kann die Schriftform immer durch die qualifizierte elektronische Signatur (§ 126a BGB) gewahrt werden. Da es keine einheitliche Verfahrensweise gibt und Gesetzgeber bzw. Verordnungsgeber es versäumt haben dies zu klären, ist hier eine Übersicht in welchem Zusammenhang die Schriftform was bedeutet: 102a

117 Fitting, § 41 WO Rn 2.

Schriftlicher Einspruch gegen die Wählerliste (§§ 4 Abs. 1; 30, Abs. 2 WO).	Hier ist die klassische Schriftform notwendig.[118]
Schriftliche Zustimmung zur Aufnahme in die Vorschlagsliste/ den Wahlvorschlag: § 6 Abs. 3 S. 2 WO.	Hier ist die klassische Schriftform erforderlich.[119]
Stützunterschrift für einen Wahlvorschlag. Schriftlicher Einspruch gegen die Wählerliste (§§ 4 Abs. 1; 30, Abs. 2 WO).	Hier ist, damit die Echtheit geprüft werden kann, die klassische Schriftform erforderlich.[120]
Schriftliche Unterrichtung der Listenführer:in durch den Wahlvorstand über Ungültigkeit oder Mängel der Vorschlagsliste des Wahlvorschlages – § 7 Abs. 2 WO	Hier ist neben der klassischen Schriftform auch die Textform, also E-Mail oder Fax zulässig.[121]
Unterzeichneter Wahlvorschlag der im Betrieb vertretenen Gewerkschaft – § 14 Abs. 5 BetrVG.	Hier ist die klassische Schriftform erforderlich. E-Mail oder Fax reichen nicht. Der Wahlvorstand muss ebenso wie bei Wahlvorschlägen von Arbeitnehmer:innen die Echtheit der Unterschriften prüfen können.
Schriftliche Wahlvorschläge von Wahlberechtigten oder Gewerkschaften im vereinfachten Wahlverfahren vor der Wahlversammlung zur Wahl des Betriebsrates im vereinfachten zweistufigen Wahlverfahren § 33 Abs. 1 WO.	Hier ist, wie bei Wahlvorschlägen im normalen Wahlverfahren, die klassische Schriftform erforderlich. Nur, wenn Wahlvorschläge auf der Wahlversammlung zur Wahl des Betriebsrates gemacht werden, bedürfen sie nicht der Schriftform (§ 33 Abs. 1 S. 2 WO).
Schriftliche Benachrichtigung der gewählten Betriebsratsmitglieder – § 17 Abs. 1 WO.	Hier reicht eine E-Mail; klassische Schriftform ist nicht erforderlich.

118 Fitting § 4 WO Rn. 7; DKW-Homburg § 4 WO Rn. 8.

119 BAG 20. 10. 2021 – 7 ABR 36/20.

120 Fitting § 14 BetrVG Rn. 52; DKW-Homburg § 14 BetrVG Rn. 27; vgl. BAG 20. 10. 2021 – 7 ABR 36/20 zum Erfordernis der eigenhändigen Unterschrift für die Zustimmung zur Kandidatur.

121 Fitting § 17 WO Rn. 2.

Unterschriebene Erklärung über die persönliche Stimmabgabe bei der Briefwahl – §§ 24 Abs. 1; 25 Nr. 1, 36 Abs. 4 WO.	Die Erklärung muss unterschrieben werden, d. h. hier ist eine klassische, schriftliche Unterschrift notwendig. Die Übersendung des Freiumschlags mit dem Stimmzettel im Wahlumschlag und der persönlich unterschriebenen Erklärung ist elektronisch nicht möglich und nicht zulässig (§ 25 WO). Erklärung. Ausnahmen bestehen für Menschen, die infolge einer Behinderung nicht selbst unterschreiben können, §§ 12 Abs. 4, 25 WO.

Die qualifizierte elektronische Signatur nach § 126a BGB kann immer die klassische Schriftform ersetzen.[122] Voraussetzung für die Nutzung der qualifizierten elektronische Signatur ist aber, dass der Empfänger damit einverstanden ist, so jedenfalls die herrschende Meinung in der jur. Literatur.[123] Die Rechtsprechung hat die Frage noch nicht abschließend entschieden.[124] Dabei ist nicht jede digitale Signatur auch eine »qualifizierte«. Diese muss den Anforderungen nach der Definition in Art. 3 Nr. 12 der Verordnung (EU) Nr. 910/2014 (eIDAS-VO) entsprechen. Dies setzt aber voraus, dass der Wahlvorstand diese elektronische Signatur auch lesen/ bzw. prüfen kann und seinerseits über die entsprechenden Software-Programme und die notwendige Hardware verfügt. Ob dies der Fall ist, können die Wahlberechtigten bzw. Gewerkschaften nicht wissen. Daher sollte der Wahlvorstand im Wahlausschreiben klarstellen, ob er über diese Möglichkeit verfügt. Wenn nicht, können Wahlvorschläge, Einsprüche usw. nicht mittels elektronischer Signatur unterschrieben werden. Zwar müsste der Arbeitgeber hier die Kosten für diese Technik für den Wahlvorstand tragen (§ 20 Abs. 3 BetrVG), aber wenn es sich (noch) nicht um eine allgemein im Betrieb genutzte Technik handelt, lohnt ein Streit mit dem Arbeitgeber über die Kosten der Technik bzw., Software vor der Betriebsratswahl nicht, sondern verzögert diese nur. Sinnvoller ist es, wenn der neugewählte BR sich um diese Frage kümmert.

122 So wohl auch Fitting § 6 WO Rn. 10.
123 Grüneberg/Ellenberger, BGB, 83. Aufl., § 126a Rn. 6m. w. N.
124 BGH 27.11.2024 – VII ZR 159/23 Rn. 29f. m. w. N.

2. Unterrichtung ausländischer Arbeitnehmer:innen, Unterrichtung Sehbehinderter, Übersetzungen, Sprachausgabe

103 Ausländische Arbeitnehmer:innen, die der deutschen Sprache nicht mächtig sind, muss der Wahlvorstand vor Einleitung der Betriebsratswahl in geeigneter Form über Wahlverfahren, Aufstellung der Wähler- und Vorschlagslisten sowie über Wahlvorgang und Stimmabgabe unterrichten (§ 2 Abs. 5 WO). Die Vorschrift des § 2 Abs. 5 WO führt neben der Unterrichtung der ausländischen Arbeitnehmer:innen über Wahlvorgang und Stimmabgabe auch die Unterrichtung über das Wahlverfahren und die Aufstellung der Wählerliste und der Wahlvorschläge an. Dabei ist ein strenger Maßstab anzulegen. Im Zweifelsfall muss der Wahlvorstand davon ausgehen, dass die **Sprachkenntnisse** für die nicht unkomplizierte Betriebsratswahl nicht ausreichen. Das Verständnis der Wahlvorschriften erfordert in der Regel bessere Kenntnisse der deutschen Sprache als die tägliche Arbeit im Betrieb.[125] Wenn allerdings in einem Betrieb, in dem Arbeitnehmer:innen nicht nur Aushilfsarbeiten ausführen, die Kommunikation aller, auch der ausländischen Arbeitnehmer:innen, auf Deutsch stattfindet, alle Unterweisungen auf Deutsch erfolgen sowie die Kommunikation des Arbeitgebers auf Deutsch erfolgt, darf der Wahlvorstand von ausreichenden Deutschkenntnissen ausgehen.[126] Die Rechtsprechung der Landesarbeitsgerichte ist in dieser Frage nicht einheitlich.[127] Der Wahlvorstand sollte daher die Frage genau prüfen und auch Informationen über die Sprachkenntnisse ausländischer Arbeitnehmer:innen anfordern. Die Beachtung der Regelung des § 2 Abs. 5 WO ist umso wichtiger, als eine Nichtinformation die Anfechtung der Wahl begründen kann, wenn das Gericht zu der Auffassung kommt, die ausländischen Arbeitnehmer:innen hätten nicht die erforderlichen Kenntnisse gehabt, um sich an der Betriebsratswahl zu beteiligen.

104 Das BAG hat dazu festgestellt:

125 LAG Düsseldorf 12. 1. 2024 – 10 TaBV 51/23; LAG München 10. 1. 2019 – 4 TaBV 63/18; LAG Rheinland-Pfalz 22. 7. 2015 – 7 TaBV 7/15; LAG Niedersachsen 16. 6. 2008 – 9 TaBV 14/07; s. auch BAG 13. 10. 2004 – 7 ABR 5/04.

126 LAG Köln v. 17. 11. 2023 – 9 TaBV 26/23; LAG München 10. 1. 2019 – 4 TaBV 63/18.

127 S. Entscheidungen LAG Köln v. 17. 11. 2023 – 9 TaBV 26/23 einerseits und LAG Düsseldorf 12. 1. 2024 – 10 TaBV 51/23 andererseits.

»Bei der Beurteilung der Frage, ob die im Betrieb beschäftigten ausländischen Arbeitnehmer der deutschen Sprache iSv. § 2 Abs. 5 WO mächtig sind, ist im Hinblick auf den Zweck der Vorschrift, ausländischen Arbeitnehmern die wesentlichen Grundsätze über die durchzuführende Wahl zu vermitteln, um ihnen in gleicher Weise wie deutschen Arbeitnehmern die Wahrnehmung ihres aktiven und passiven Wahlrechts zu ermöglichen, nicht lediglich darauf abzustellen, ob sie sich bei der täglichen Arbeit hinreichend verständigen können. Entscheidend ist vielmehr, ob ihre Deutschkenntnisse ausreichen, um die zum Teil komplizierten Wahlvorschriften und den Inhalt eines Wahlausschreibens verstehen zu können. Im Zweifelsfall muss der Wahlvorstand von unzureichenden deutschen Sprachkenntnissen ausgehen (…). Das gilt jedenfalls dann, wenn im Betrieb eine größere Anzahl ausländischer Arbeitnehmer im gewerblichen Bereich mit einfachen Hilfsarbeiten beschäftigt ist. Diese Arbeitnehmer mögen zwar über die für die tägliche Arbeit erforderlichen Deutschkenntnisse verfügen. Das bedeutet aber nicht, dass diese Kenntnisse auch genügen, um sich die zu einer umfassenden Wahrnehmung der Rechte im Zusammenhang mit einer Betriebsratswahl nötigen Informationen selbst zu verschaffen. Denn zur Erledigung einfacher Hilfstätigkeiten im gewerblichen Bereich sind in der Regel nur geringe Deutschkenntnisse erforderlich.«[128]

In welcher Form der Wahlvorstand die ausländischen Arbeitnehmer:innen zu unterrichten hat, legt die Wahlordnung nicht fest. Der Wahlvorstand hat in dieser Hinsicht einen **Ermessensspielraum.**[129] Das Wahlausschreiben wird wegen seiner Bedeutung für die Wahl stets in die Sprachen der im Betrieb vertretenen ausländischen Arbeitnehmer:innen übersetzt werden, sofern die ausländischen Arbeitnehmer:innen nicht in der Lage sind, den deutschen Text des Wahlausschreibens zu verstehen.[130] Auch wesentliche Aushänge des Wahlvorstands (z. B. Setzen einer Nachfrist zur Einreichung von Wahlvorschlägen) müssen in die jeweiligen Sprachen übersetzt werden. Die Übersetzungen haben dabei in alle Sprachen derjenigen Arbeitnehmer:innen zu erfolgen, die nicht über hinreichende Deutschkenntnisse verfügen. Daher muss der Wahlvorstand vom Arbeitgeber auch Informationen über die Frage die Anzahl der ausländischen Mitarbeiter (Staatsangehörigkeit, den darauf stellt die WO ab) und deren Sprachkenntnisse anfordern. Die notwendigen Übersetzungen muss der 105

128 BAG 13.10.2004 – 7 ABR 5/04; so auch LAG Düsseldorf v. 12.1.2024 – 10 TaBV 51/23; LAG München10.1.2019 – 4 TaBV 63/18.
129 DKW-Homburg, § 2 WO Rn. 27; Fitting, § 2 WO Rn. 12.
130 BAG 13.10.2004 – 7 ABR 5/04.

Wahlvorstand bei vereidigten Übersetzern in Auftrag geben. Die Übersetzung durch Kollegen oder sonst vermeintlich Sprachkundige reicht nicht aus, um die komplizierten rechtlichen Bestimmungen korrekt zu übersetzen. Die notwendigen **Kosten** z. B. für die Übersetzung des Wahlausschreibens, hat der **Arbeitgeber** nach § 20 Abs. 3 BetrVG zu tragen. Bei den **DGB-Gewerkschaften** sind entsprechende **Übersetzungen** in einer Reihe von Sprachen ebenfalls erhältlich. Da die Anfertigung der Übersetzungen Zeit in Anspruch nimmt, muss der Wahlvorstand vor dem Erlass des Wahlausschreibens die Frage klären, in welche Sprachen er das Wahlausschreiben übersetzen lassen will. Nur dann ist er in der Lage, die notwendigen Übersetzungen des Wahlausschreibens zeitgleich mit dem Wahlausschreiben auszuhängen. Denjenigen Wahlberechtigten, für die der Wahlvorstand Briefwahl von Amts wegen zu beschließen hat (§ 24 Abs. 2 WO) und die der deutschen Sprache nicht hinreichend mächtig sind, muss der Wahlvorstand nicht nur das Wahlausschreiben per Post oder elektronisch, sondern auch die Übersetzung des Wahlausschreibens zuschicken (§ 3 Abs. 4 WO). Für die Frage der Übersetzungen kommt es nicht auf die Anzahl der Wahlberechtigten an. Auch für einen Wahlberechtigten sind Übersetzungen zu fertigen. Im vereinfachten Wahlverfahren müssen auf den Wahlversammlungen im Zweifelsfall ein Dolmetscher oder mehrere Dolmetscher hinzugezogen werden.

106 Empfehlenswert ist es weiterhin, zusätzlich zu den notwendigen Übersetzungen der einzelnen Bekanntmachungen und Unterlagen, ein Merkblatt in den Sprachen der im Betrieb beschäftigten ausländischen Arbeitnehmer:innen herauszubringen, das diese allgemein über das Wahlverfahren und ihre Rechte und Möglichkeiten aufklärt.

107 Der Wahlvorstand muss dafür sorgen, dass **Blinde** oder stark sehbehinderte Wahlberechtigte die Wahlunterlagen (Wahlausschreiben, Wählerliste, Wahlvorschläge, Wahlordnung) in geeigneter Weise zur Kenntnis nehmen können.[131] Dies muss nicht durch Erstellung der entsprechenden Unterlagen in Brailleschrift geschehen. Wenn im Betrieb die Wahlunterlagen in ein spezielles Laufwerk eingestellt werden können und von dort aus durch ein Sprachprogramm die Ausgabe erfolgt oder die Blinden bzw. stark sehbehinderten Wahlberechtigten sich die Dokumente in **Brailleschrift** ausdrucken lassen können, ist dies ausreichend.[132] Die Kosten für die Information der Blinden oder stark sehbehinderten trägt der Arbeitgeber (§ 20 Abs. 3 BetrVG). Auch diese Frage muss der Wahlvorstand vor Aushang des Wahlausschreibens klären.

---

131 LAG Hessen 24.9.2015 – 9 TaBV 12/15.
132 LAG Hessen 24.9.2015 – 9 TaBV 12/15.

3. Aufstellung der Wählerliste

In die Wählerliste hat der Wahlvorstand alle wahlberechtigten Arbeitnehmer:innen (§ 7 BetrVG) aufzunehmen. Die wahlberechtigten Arbeitnehmer:innen sind **getrennt nach Geschlechtern (männlich, weiblich, divers)** mit Familienname, Vorname und Geburtsdatum in alphabetischer Reihenfolge aufzunehmen (§ 2 Abs. 1 WO). Nach der geänderten Wahlordnung sind diejenige Arbeitnehmer:innen, die nicht passiv wahlberechtigt sind (Leiharbeitnehmer:innen und Arbeitnehmer:innen und Auszubildende vor Vollendung des 18 Lebensjahres), in der Wählerliste gesondert auszuweisen (§ 2 Abs. 1 WO). 108

Rechtlich können Personen dem weiblichen, dem männlichen Geschlecht oder dem Geschlecht divers oder aber mit keinem Eintrag in das Personenstandsregister eingetragen werden (§ 22 PStG; § 2 SBGG) Rechtlich gibt es drei Geschlechter: männlich, weiblich und divers.[133] Der Wahlvorstand muss nur die Geschlechter in die Wählerliste aufnehmen, die im Betrieb vorhanden und die ihm bekannt sind. Der Wahlvorstand kann bei der Zusammenstellung der Wählerliste von den Angaben, die ihm der Arbeitgeber für die Wählerliste übermittelt, ausgehen. Hat der Arbeitgeber Kenntnis über Personen mit dem Geschlecht divers, ist er verpflichtet, dies dem Wahlvorstand mitzuteilen.[134] Sie sind dann unter dem Punkt Geschlecht mit »divers« in die Wählerliste aufzunehmen. Es gibt für Personen mit dem Geschlecht divers keine Verpflichtung, dies dem Arbeitgeber oder dem Wahlvorstand offenzulegen. Wahlberechtigte haben, wenn sie in den Personalunterlagen des Arbeitgebers bisher einem nichtzutreffenden Geschlecht zugeordnet sind, die Möglichkeit, dies jederzeit durch einen Einspruch gegen die Wählerliste korrigieren zu lassen.

Der Arbeitgeber hat dem Wahlvorstand die **erforderlichen Informationen** zu geben und entsprechende Unterlagen zur Verfügung zu stellen (§ 2 Abs. 2 WO). Hierzu gehören im Hinblick auf die Wahlberechtigung von Leiharbeitnehmern (§ 7 Satz 2 BetrVG) konkrete Informationen darüber, welche Leiharbeitnehmer im Betrieb beschäftigt werden und deren voraussichtliche Beschäftigungsdauer. Im Hinblick auf eine eventuelle Briefwahl hat der Arbeitgeber dem Wahlvorstand auch die privaten Postadressen der Arbeitnehmer:innen des Betriebs zusammen mit den 109

133 Vgl. § 45b PStG (Es gibt rechtlich nur drei Geschlechter, dies sind diejenigen, die körperlich zu einem der drei Geschlechter zuzuordnen sind. Empfundene soziale Geschlechter haben rechtlich keine Relevanz, vgl. BGH 22.4.2020 – XII ZB 383/19, zur Frage empfundener Intersexualität; vgl. zum Grundsatz BVerfG 10.10.2017 – 1 BvR 2019/16).

134 Fitting, § 2 WO Rn. 6.

Informationen zur Wähler:innenliste mitzuteilen. Das ermöglicht dem Wahlvorstand eine zügige Durchführung der Wahl. Datenschutzgesichtspunkte stehen dem nicht entgegen, denn der Wahlvorstand benötigt die privaten Postadressen zur Durchführung seiner gesetzlichen Aufgaben.[135] Ebenso muss der Arbeitgeber alle erforderlichen Auskünfte erteilen, die der Wahlvorstand benötigt, um feststellen zu können, ob Arbeitnehmer:innen evtl. zur Gruppe der leitenden Angestellten nach § 5 Abs. 3 BetrVG gehören (§ 2 Abs. 3 WO). Dies umfasst z. B. Informationen zur Frage, ob Arbeitnehmer:innen zur selbstständigen Einstellung und Entlassung von Arbeitnehmern befugt sind bzw. welche Vorgaben sie dabei zu beachten haben. Ebenso muss der Arbeitgeber Informationen, über die er verfügt im Hinblick auf die Sprachkenntnisse und die Staatsangehörigkeit, dem Wahlvorstand übermitteln, damit der Wahlvorstand ggfls. Informationen in anderen Sprachen für die Wahlberechtigten erstellen kann.

Der Wahlvorstand sollte sich neben der auszulegenden Wählerliste eine »Arbeitsversion« der Wählerliste erstellen, in der alle für seine Arbeit notwendigen Angaben – von den Wahlberechtigten über die die Anforderungen von Briefwahlunterlagen bis hin zum Stimmabgabevermerk enthalten sind.

ON LINE

Siehe dazu

- Mustertext für die Anforderung von Unterlagen vom Arbeitgeber (Wahlunterlage 9 – Normales Wahlverfahren)
- Mustertext für die Anforderung von Unterlagen vom Arbeitgeber (Wahlunterlage 8 – Vereinfachtes Wahlverfahren – einstufig)
- Mustertext für die Anforderung von Unterlagen vom Arbeitgeber (Wahlunterlage 11 – Vereinfachtes Wahlverfahren zweistufig)
- Muster Arbeitsversion der Wählerliste

110 Erteilt der Arbeitgeber die Auskünfte nicht oder nicht vollständig bzw. stellt er die erforderlichen Unterlagen nicht zur Verfügung, kann der Wahlvorstand den Arbeitgeber zwingen, dies zu tun. Er kann beim Arbeitsgericht eine entsprechende **einstweilige Verfügung** beantragen.[136] Voraussetzung ist ein ordnungsgemäßer Beschluss des Wahlvorstands. Die Kosten für das Verfahren hat der Arbeitgeber zu tragen.

135 LAG Hessen 10. 8. 2020 – 16 TaBV 75/20.

136 LAG Berlin-Brandenburg 21. 4. 2023 – 26 TaBVGa 436/23; LAG Schleswig-Holstein 2. 4. 2014 – 3 TaBV 2/14.

Nur Arbeitnehmer:innen des Betriebs dürfen den Betriebsrat wählen. Daher ist die Frage, wer Arbeitnehmer:in des Betriebs ist, für den Wahlvorstand von entscheidender Bedeutung. Er darf nur Arbeitnehmer:innen des Betriebs auf die Wählerliste setzen; nur Wahlvorschläge mit wahlberechtigten Arbeitnehmer:innen als Kandidat:innen akzeptieren. Die Zahl der (wahlberechtigten) Arbeitnehmer:innen des Betriebs bestimmt auch die Größe des Betriebsrats nach § 9 BetrVG. 111

§ 5 Abs. 1 BetrVG legt fest: 112

(1) Arbeitnehmer (Arbeitnehmerinnen und Arbeitnehmer) im Sinne des Gesetzes sind Arbeiter und Angestellte einschließlich der zu ihrer Berufsausbildung Beschäftigten, unabhängig davon, ob sie im Betrieb, im Außendienst oder mit Telearbeit beschäftigt werden. Als Arbeitnehmer gelten auch die in Heimarbeit Beschäftigten, die in der Hauptsache für den Betrieb arbeiten. Als Arbeitnehmer gelten ferner Beamte (Beamtinnen und Beamte), Soldaten (Soldatinnen und Soldaten) sowie Arbeitnehmer des öffentlichen Dienstes einschließlich der zu ihrer Berufsausbildung Beschäftigten, die in Betrieben privatrechtlich organisierter Unternehmen tätig sind.

§ 611a BGB definiert was ein/e Arbeitnehmer:in ist. Er fasst im Wesentlichen die Kriterien der Rechtsprechung zum Arbeitnehmerbegriff zusammen. Nach der Rechtsprechung des Bundesarbeitsgerichts müssen Arbeitnehmer:innen im Sinne des § 5 BetrVG sowohl in einem Arbeitsverhältnis zum Arbeitgeber stehen als auch in den Betrieb eingegliedert sein **(Zwei-Komponenten-Lehre)**. Für die Fälle des **drittbezogenen** Personaleinsatzes, wie z. B. Leiharbeit oder die Zuweisung von Beamten in ein Unternehmen, hat das Bundesarbeitsgericht diese allerdings aufgegeben. Die gespaltene Arbeitgeberstellung erfordere differenzierende Lösungen.[137] 113

Das BAG definiert eine/n Arbeitnehmer:in wie folgt: 114

»Nach der ständigen Rechtsprechung des Bundesarbeitsgerichts geht das Betriebsverfassungsgesetz in § 5 Abs. 1 Satz 1 vom allgemeinen Arbeitnehmerbegriff aus, den es in § 5 Abs. 1 Satz 2 und Satz 3, Abs. 2 und Abs. 3 erweitert sowie einschränkt. Danach ist Arbeitnehmer, wer aufgrund eines privatrechtlichen Vertrags im Dienste eines anderen zur Leistung weisungsgebundener, fremdbestimmter Arbeit in persönlicher Abhängigkeit verpflichtet ist. Das Bestehen eines Arbeitsverhältnisses zwischen einem Arbeitnehmer und dem Inhaber eines Betriebs genügt allein allerdings nicht in jedem Fall, um

137 BAG 13.3.2013 – 7 ABR 69/11; BAG 5.12.2012 – 7 ABR 48/11.

die Beurteilung zu rechtfertigen, der Arbeitnehmer sei auch im betriebsverfassungsrechtlichen Sinn Arbeitnehmer ›des Betriebs‹. Erforderlich ist hierzu vielmehr die betriebsverfassungsrechtliche Zuordnung des Arbeitnehmers zu einem bestimmten Betrieb. Diese setzt regelmäßig voraus, dass der in die Betriebsorganisation des Arbeitgebers eingegliedert ist (…).«[138]

115 Die Frage, ob eine Person in den Betrieb eingegliedert ist, beantwortet das BAG[139] so:

»Die Frage der Eingliederung in eine fremde Arbeitsorganisation hängt dabei von der Eigenart der jeweiligen Tätigkeit ab (…) Eine Eingliederung in den Betrieb und dessen Organisation ist allerdings nicht schon dann anzunehmen, wenn Personen im Betrieb des Auftraggebers tätig werden und ihre Dienstleistung oder das von ihnen zu erstellende Werk nach Art, Umfang, Güte, Zeit und Ort in den betrieblichen Arbeitsprozess eingeplant oder detailliert beschrieben ist (…) Es genügen auch weder die enge räumliche Zusammenarbeit von Arbeitnehmern im Betrieb noch die Einweisung und Koordination des Fremdfirmeneinsatzes durch Beschäftigte des Betriebsinhabers oder der Umstand, dass die betreffende Tätigkeit bislang von Arbeitnehmern des Beschäftigungsbetriebs ausgeführt wurde und zu bestimmten Zeiten weiterhin durchgeführt wird (…)«

Dabei kann ein/e Arbeitnehmer:in auch in zwei oder mehr Betrieben eingegliedert sein und dort jeweils das Wahlrecht ausüben.[140]

116 Das Bundesarbeitsgericht stellt damit auf den Einzelfall ab. Für den Wahlvorstand kommt es darauf an, anhand der Umstände im Betrieb die Entscheidung zu treffen. Der neue § 611a BGB gibt im Wesentlichen nur die bisherige Rechtsprechung des Bundesarbeitsgerichts wieder. Praktikable und in der Praxis sicher anwendbare Kriterien gibt es damit weder nach der Rechtsprechung noch nach dem neuen § 611a BGB.

a) Aktives und passives Wahlrecht einzelner Arbeitnehmergruppen

117 Die folgende Aufstellung von einzelnen Beschäftigtengruppen beantwortet jeweils die Frage, ob die Einzelnen wählbar und wahlberechtigt sind und für die Berechnung der Betriebsratsgröße mitzählen. In jedem

138 BAG 24.8.2016 – 7 ABR 2/15.
139 BAG 8.11.2016 – 1 ABR 57/14.
140 BAG 22.5.2025 – 7 ABR 28/24, zit. nach Pressemeldung BAG 22/25.

Fall setzt das **aktive Wahlrecht** nach dem Gesetz voraus, dass die Wahlberechtigten das 16. Lebensjahr am Tag der Betriebsratswahl vollendet haben (§ 7 Satz 1 BetrVG). Zur Rechtmäßigkeit dieser Altersgrenze siehe Rn. 130.

Für das **passive Wahlrecht** ist in jedem Fall Voraussetzung, dass die Kan- 118
didat:innen zusätzlich mindestens sechs Monate dem Betrieb angehören und das 18. Lebensjahr vollendet haben (§ 8 Abs. 1 Satz 1 BetrVG). Auf die Betriebszugehörigkeit werden Zeiten angerechnet, in denen unmittelbar vorher in einem anderen Betrieb desselben Unternehmens oder Konzerns (§ 18 Abs. 1 AktG) gearbeitet wurde. Ausbildungszeiten im Betrieb zählen mit. Zu ihrer Berufsausbildung Beschäftigte sind Arbeitnehmer:innen im Sinne des BetrVG (§ 5 BetrVG).

Beispiel: 119
Eine Auszubildende hat nach 3-jähriger Ausbildung am 30.1. ausgelernt. Im März will sie zum Betriebsrat kandidieren. Sie gehört dem Betrieb länger als sechs Monate an, da die gesamte Ausbildungszeit mitgezählt wird. Sie kann daher kandidieren.

Begründen Leiharbeitnehmer:innen unmittelbar nach dem Ende ihres 120
Einsatzes im Entleiherbetrieb mit diesem ein Arbeitsverhältnis, zählt der Einsatz als Leiharbeitnehmer:in im Betrieb mit zur Betriebszugehörigkeit nach § 8 BetrVG.[141,142] Für die Berechnung ist darauf abzustellen, ob der/die Wahlbewerber:in die 6-monatige Betriebszugehörigkeit am Tag der Betriebsratswahl erreicht hat.[143]

Beispiel: 121
Ein Leiharbeitnehmer:innen wurde an den Betrieb der X-AG in Dortmund für drei Monate vom 1.11.2025 bis zum 31.1.2026 verliehen. Die X-AG stellt ihn nach diesen drei Monaten ab 1.2.2026 ein. Am 15.5.2026 soll der Betriebsrat gewählt werden. Die ehemalige Leiharbeitnehmer:in könnte in den Betriebsrat gewählt werden. Seine Betriebszugehörigkeit hat am 1.11.2025 begonnen. Zum Zeitpunkt der Betriebsratswahl wäre er sechseinhalb Monate Betriebsangehöriger.

141 BAG 10.10.2012 – 7 ABR 53/11.
142 Fitting, § 8 Rn. 38.
143 BAG 10.10.2012 – 7 ABR 53/11.

122 In keinem Fall kann als Betriebsrat gewählt werden, wer aufgrund eines **Strafgerichturteils** die Fähigkeit verloren hat, öffentliche Ämter zu bekleiden (§ 8 Abs. 1 Satz 3 BetrVG).

123 Folgende Arbeitnehmergruppen sind nach der Rechtsprechung Arbeitnehmer:innen des Betriebs und daher **wahlberechtigt**. Sie sind **wählbar, wenn** die zusätzlichen Voraussetzungen gem. § 8 BetrVG (sechs Monate Betriebszugehörigkeit) vorliegen.

124 **unbesetzt**

Altersteilzeit/Arbeitszeitkonten

125 Bei Arbeitnehmern, die Altersteilzeit im **Blockmodell** (§ 2 Abs. 2 Nr. 1 Nr. 1 ATG) haben, ist zwischen Arbeits- und Freistellungsphase zu unterscheiden. In der Arbeitsphase sind die Altersteilzeitler wahlberechtigt und wählbar. In der Freistellungsphase hingegen sind sie nach der Rechtsprechung des Bundesarbeitsgerichts weder wählbar noch wahlberechtigt. Das Bundesarbeitsgericht[144] begründet dies mit der Feststellung, dass die Arbeitnehmer:innen in der Freistellungsphase keine Angehörigen des Betriebs mehr seien, da feststeht, dass sie nicht in den Betrieb zurückkehren. Dies sei bei Arbeitnehmern, die z. B. Elternzeit in Anspruch nehmen, anders. Auch das passive Wahlrecht hat das Bundesarbeitsgericht für Arbeitnehmer:innen in der Freistellungsphase verneint.[145] Gleiches gilt auch für unwiderrufliche Freistellungen im Rahmen von **Arbeitszeitkonten** mit Wertguthabenvereinbarung nach § 7b SGB IV, wenn Arbeitnehmer:innen für einen bestimmten Zeitraum vor der Rente bzw. vor dem Ende des Arbeitsverhältnisses unwiderruflich von der Arbeit freigestellt sind. Arbeitnehmer:innen, die in Altersteilzeit nicht im Blockmodell, sondern durchgehend in Teilzeit arbeiten, sind wahlberechtigt und wählbar.

Außertarifliche Angestellte

126 Außertarifliche Angestellte sind Arbeitnehmer:innen des Betriebs. Sie sind daher wahlberechtigt (§ 7 BetrVG) und wählbar (§ 8 BetrVG). Der Begriff beschreibt nur, dass **Tarifverträge** eine bestimmte Gruppe von Angestellten aus ihrem Geltungsbereich ausgenommen haben. Für das Betriebsverfassungsgesetz hat er keine Bedeutung. Nur leitende Angestellte nach § 5 Abs. 3 BetrVG sind keine Arbeitnehmer:innen im Sinne des Gesetzes.

---

144 BAG 16.4.2003 – 7 ABR 53/02

145 Vgl. BAG 25.10.2000 – 7 ABR 18/00 zur Wählbarkeit in einen Aufsichtsrat nach dem BetrVG 1952.

Aushilfen

§ 7 BetrVG stellt für die Wahlberechtigung nicht auf eine bestimmte Dauer der Betriebszugehörigkeit ab. Aushilfen, auch wenn sie sehr kurzfristig im Betrieb beschäftigt werden (z. B. 14 Tage), haben das Wahlrecht, sofern sie am Wahltag dem Betrieb angehören. Wählbar (passives Wahlrecht) sind sie aber nur, wenn sie zum Zeitpunkt der Betriebsratswahl mindestens sechs Monate dem Betrieb angehören (§ 8 BetrVG). 127

Ausländische Arbeitnehmer:innen

Das Betriebsverfassungsrecht unterscheidet für das aktive und passive Wahlrecht nicht nach der **Staatsangehörigkeit**. Daher sind Ausländer:innen – gleich ob sie aus der EU kommen oder anderen Ländern – wahlberechtigt und wählbar, sofern sie die Voraussetzungen der §§ 7, 8 BetrVG erfüllen. Auch der ausländerrechtliche Status (z. B. Duldungen) spielt keine Rolle. 128

Außendienst

Das Betriebsverfassungsgesetz legt in § 5 Abs. 1 Satz 2 BetrVG ausdrücklich fest: 129

»Arbeitnehmer (Arbeitnehmerinnen und Arbeitnehmer) im Sinne dieses Gesetzes sind Arbeiter und Angestellte ..., unabhängig davon, ob sie im Betrieb, im Außendienst ... beschäftigt werden.«.

Daher sind Außendienstler Arbeitnehmer:innen des Betriebs und damit wahlberechtigt und wählbar, wenn sie organisatorisch diesem Betrieb zugeordnet sind. Sie zählen bei der Bestimmung der Betriebsratsgröße mit.

Auszubildende, junge Arbeitnehmer:innen

Aktives Wahlrecht 130

Auszubildende sind nach § 5 Abs. 1 BetrVG Arbeitnehmer:innen im Sinne des Betriebsverfassungsgesetzes. Sofern sie am Wahltag das 16. Lebensjahr vollendet haben (§ 7 BetrVG) sind sie, wie alle anderen Arbeitnehmer:innen, wahlberechtigt. Sie haben wie alle anderen Arbeitnehmer:innen das **passive Wahlrecht**, sofern sie am Wahltag sechs Monate dem Betrieb angehören und das 18. Lebensjahr vollendet haben. Die Rechtmäßigkeit dieser Altersgrenze ist rechtlich umstritten.[146] Wenn

146 Zur Frage, ob die Grenze für das passive Wahlrecht von 18 gegen EU-Unions- bzw. deutsches Verfassungsrecht verstößt, siehe bejahend Daniel Ulber/Kyra Klocke, Diskriminierung Minderjähriger bei der Wahl zum Betriebsrat, HSI-

der Wahlvorstand Minderjährige gegen den ausdrücklichen Wortlaut des Gesetzes auf die Wählerliste setzt, muss er evtl. mit einer Anfechtung der Betriebsratswahl rechnen. Er muss für sich entscheiden, ob er als Wahlvorstand die Klärung dieser Frage vorantreiben will, oder ob er es nicht besser einzelnen Arbeitnehmer:innen im Betrieb oder der im Betrieb vertretenen Gewerkschaft überlässt, die Wahl aus diesem Grund anzufechten. Letzteres dürfte sich empfehlen.
Für die Wahl der Jugend- und Auszubildendenvertretung sind zu ihrer Berufsausbildung Beschäftigte wahlberechtigt (§§ 60 Abs. 1, 61 Abs. 2. BetrVG) und jugendliche Arbeitnehmer:innen, die das 18. Lebensjahr noch nicht vollendet haben. Sie können damit den Betriebsrat sowie die Jugend- und Auszubildendenvertretung wählen (**aktives Wahlrecht**).

Passives Wahlrecht

131 Auch Auszubildende können in den Betriebsrat gewählt werden, sofern sie das 18. Lebensjahr vollendet haben[147] und mehr als sechs Monate dem Betrieb angehören. Eine **Doppelmitgliedschaft** in Betriebsrat und Jugend- und Auszubildendenvertretung ist ausgeschlossen.[148] Mitglieder des Betriebsrats dürfen nicht für die Jugend- und Auszubildendenvertretung kandidieren (§ 61 Abs. 2 Satz 2 BetrVG). Umkehrt können allerdings Mitglieder der Jugend- und Auszubildendenvertretung zum Betriebsrat kandidieren.[149] Werden sie gewählt, müssen sie aus der Jugend- und Auszubildendenvertretung ausscheiden. Sie verlieren dann nachträglich eine Voraussetzung ihrer Wählbarkeit (§§ 65i. V. m. § 24 BetrVG).

Reine Ausbildungsbetriebe

132 Werden Auszubildende in reinen, außerbetrieblichen Ausbildungsbetrieben ausgebildet, sind sie nicht wahlberechtigt oder wählbar. Sie sind keine Arbeitnehmer:innen des Betriebs im Sinne von § 5 BetrVG, da sie nicht eingegliedert sind und der »arbeitstechnische Zweck des Betriebs« nur die Ausbildung ist.[150] Absolvieren Auszubildende einen Teil ihrer Ausbildung in überbetrieblichen Ausbildungszentren, die von mehreren Unternehmen gemeinsam betrieben werden, gilt dies nicht. Sie bleiben Arbeitnehmer:innen ihres Ausbildungsbetriebs. Gleiches gilt für die Zeit von Berufsschulblöcken.

Schriftenreihe 36, Frankfurt a. M. 2021, I. S 111; verneinend Bertelsmann; NZA-RR 2017, 57.

147 Zur Rechtmäßigkeit dieser Altersgrenze siehe Rn. 130.

148 DKW-*Wenckebach*, § 61 Rn. 14.

149 Fitting, § 61 Rn. 15.

150 BAG 13. 6. 2007 – 7 ABR 44/06.

Beamte und Soldaten, Arbeitnehmer:innen des öffentlichen Diensts

Beamte und Soldaten sowie Arbeitnehmer:innen des öffentlichen Diensts einschließlich der zur Berufsausbildung Beschäftigten, die in privatrechtlich organisierten Betrieben arbeiten, gelten gem. § 5 Abs. 1 Satz 3 BetrVG als Arbeitnehmer:innen des Betriebs. Daher sind sie wahlberechtigt und auch wählbar. Sie zählen bei der Bestimmung der Betriebsratsgröße nach § 9 BetrVG mit. **133**

Befristet Beschäftigte

Befristet Beschäftigte sind wahlberechtigt, wenn sie am Tag der Betriebsratswahl noch dem Betrieb angehören; sie sind wählbar, sofern sie mindestens sechs Monate dem Betrieb am Tag der Wahl angehörten (§ 8 BetrVG). **134**

Arbeitsgelegenheiten / 1-Euro-Job

Bei den sog. 1-Euro-Jobbern handelt es sich um Arbeitslose, die zusätzlich zum Bürgergeld eine Arbeitsgelegenheit (§ 16d SGB II) wahrnehmen. Nach § 16d Abs. 7 SGB II wird ausdrücklich kein Arbeitsverhältnis begründet. Sie sind weder wählbar noch wahlberechtigt.[151] **135**

Elternzeit

Arbeitnehmer:innen in Elternzeit sind wählbar und wahlberechtigt. **136**

Freie Mitarbeiter

Werden im Betrieb sog. freie Mitarbeiter beschäftigt, muss der Wahlvorstand prüfen, ob diese nicht tatsächlich Arbeitnehmer:innen des Betriebs sind. Ob sie Arbeitnehmer:innen sind, hängt davon ab, ob und wie weit sie in den Betrieb eingegliedert sind und dem Weisungsrecht des Arbeitsgebers unterliegen. Die Kriterien anhand deren sich feststellen lässt, ob eine im Betrieb tätige Person Arbeitnehmer:in ist, sind im § 611a BGB festgelegt. **137**

Gekündigte Arbeitnehmer:innen

Gekündigte Arbeitnehmer:innen (gleich, ob ordentlich oder außerordentlich mit sozialer Auslauffrist gekündigt) haben während der Kündigungsfrist das aktive Wahlrecht.[152] Dies gilt auch, wenn sie während der **138**

---

151 Fitting, § 7 Rn. 155; DKW-*Trümner*, § 5 Rn. 145.
152 Fitting, § 7 Rn. 33.

Kündigungsfrist von der Arbeit unwiderruflich freigestellt sind.[153] Werden sie während des Kündigungsrechtsstreites weiterbeschäftigt, sind sie ebenfalls wahlberechtigt.[154] Ohne Weiterbeschäftigung nach Ablauf der Kündigungsfrist sind sie nicht mehr wahlberechtigt.
Demgegenüber kann ein/e (ordentlich oder außerordentlich) gekündigte/r Arbeitnehmer:in auch nach Ablauf der Kündigungsfrist kandidieren und in den Betriebsrat gewählt werden, sofern sie/er Kündigungsschutzklage erhoben hat. Dies gilt auch, wenn während des Kündigungsschutzprozesses keine Weiterbeschäftigung im Betrieb erfolgt.[155]

Heimarbeiter:innen

139 Heimarbeiter:innen (§ 2 HAG), die in der Hauptsache für den Betrieb arbeiten, in dem der Betriebsrat gewählt werden soll, gelten gem. § 5 Abs. 1 Satz 2 BetrVG als Arbeitnehmer:innen dieses Betriebs. Dies ist dann der Fall, wenn die Heimarbeit für den Betrieb die Heimarbeit für andere Betriebe überwiegt. Dabei können auch Arbeiten, die eine höhere Qualifikation erfordern (z. B. Pflege und Weiterentwicklung von Statistik, Softwarenutzung durch einen Bauingenieur), in Heimarbeit erledigt werden.[156] Sie sind daher wahlberechtigt und wählbar, sofern sie die weiteren Voraussetzungen (§§ 7, 8 BetrVG) erfüllen.

Kurzarbeiter:innen

139a Kurzarbeit hat keinen Einfluss auf das aktive oder passive Wahlrecht. Dies gilt unabhängig davon, wie lange die Kurzarbeit dauert oder in welchem Umfang sie stattfindet (z. B. Kurzarbeit Null).

Leiharbeitnehmer:innen

140 **Leiharbeitnehmer:innen** haben das aktive Wahlrecht, wenn sie länger als drei Monate im Betrieb eingesetzt werden (§ 7 S. 2 BetrVG). Dabei kommt es nicht ausschließlich auf die zurückgelegte Betriebszugehörigkeit am Wahltag an.

Beispiel:
Eine Leiharbeitnehmerin beginnt am 1. April 2026 im Betrieb zu arbeiten. Sie soll bis zum 30. September eine erkrankte Kollegin vertreten. Die Betriebsratswahl soll am 15. Mai stattfinden. Zu diesem Zeitpunkt ist sie erst

153 Fitting, § 7 Rn. 33.
154 BAG 10.11.2004 – 7 ABR 12/04.
155 BAG 10.11.2004 – 7 ABR 12/04; BAG 14.5.1997 – 7 ABR 26/96.
156 BAG 14.6.2016 – 9 AZR 305/15.

6 Wochen im Betrieb. Da ihr Einsatz aber für insgesamt 6 Monate geplant ist, kann sie an der Betriebsratswahl teilnehmen.

Das aktive Wahlrecht besteht vom ersten Tag der Arbeitnehmerüberlassung an, wenn die auf Fakten gestützte Prognose ergibt, dass die Leiharbeitnehmer:in länger als drei Monate im Betrieb sein wird.[157]
Auch Leiharbeitnehmer:innen, die z. B. zwei Tage vor der Wahl erstmals im Betrieb eingesetzt werden, sind wahlberechtigt, sofern ihr Einsatz für länger als drei Monate vorgesehen ist.
Der Arbeitgeber hat dem Wahlvorstand alle notwendigen Informationen und Unterlagen zu geben, damit dieser die Frage der Einsatzdauer verlässlich beurteilen kann (vgl. § 2 Abs. 2 Satz 1 WO). Dazu zählen auch die dem Einsatz der Leiharbeitnehmer zugrunde liegenden Verträge mit dem Verleiher, aus denen sich Angaben über die geplante Einsatzdauer entnehmen lassen. Wenn – nach der Betriebsratswahl – der ursprünglich für mehr als drei Monate geplante Einsatz verkürzt wird, hat dies keine Auswirkung auf die Rechtmäßigkeit der Beteiligung der Leiharbeitnehmer an der Wahl. Entscheidend für die Beurteilung sind die Verhältnisse am Tag der Wahl. Nur auf Basis dieser Tatschen kann der Wahlvorstand seine Entscheidungen treffen.
Auch Rot-Kreuz-Schwestern, die einem Krankenhaus zur Arbeit überlassen wurden und dessen Weisung unterliegen, sind Leiharbeitnehmerinnen.[158] Das DRK – Gesetz (§ 2 Abs. 4) hat nur die Anwendung der Höchstüberlassungsdauer des AÜG ausgeschlossen, nicht die Wahlberechtigung von Rot-Kreuz-Schwestern.
Leiharbeitnehmer:innen sind in keinem Fall wählbar. Dies legt § 14 Abs. 2 Satz AÜG fest:

»Leiharbeitnehmer sind bei der Wahl der Arbeitnehmervertreter in den Aufsichtsrat im Entleiherunternehmen und bei der Wahl der betriebsverfassungsrechtlichen Arbeitnehmervertretungen im Entleiherbetrieb nicht wählbar.«

Mehrere Arbeitsverhältnisse/mehrere Betriebe

Arbeitnehmer:innen, die bei mehreren Arbeitgebern beschäftigt sind, sind in allen Betrieben, denen sie angehören, wahlberechtigt und wählbar, sofern die weiteren Voraussetzungen der §§ 7 und 8 BetrVG vor- **141**

157 LAG Hamm 18.9.2015 – 13 TaBV 20/15.
158 BAG 21.2.2017 – 1 ABR 62/17.

liegen. Dies gilt auch, wenn ein/e Arbeitnehmer:in bei einem Arbeitgeber beschäftigt ist, aber in mehrere Betriebe des Unternehmens eingegliedert ist.

Mutterschutz

142 Arbeitnehmerinnen in Mutterschutz sind wahlberechtigt, wählbar und bei der Größe des Betriebsrats zu berücksichtigen.

Praktikanten:innen

143 Praktikanten sind wahlberechtigt, wenn ihnen aufgrund eines privatrechtlichen Vertrags berufliche Kenntnisse, Fertigkeiten und Erfahrungen vermittelt werden sollen.[159] Dient das Praktikum nur dazu, einen Einblick in das Arbeitsleben zu bekommen (wie bei Schülerpraktika), ist der/die Praktikant:in kein/e Arbeitnehmer:in im Sinne des Gesetzes und nicht wahlberechtigt.[160] Sind im Rahmen einer Studienordnung einer Hochschule Praktika vorgesehen, kommt es darauf an, ob die danach zu leistenden Praktika vorsehen, dass der Praktikant mit dem Betrieb einen privatrechtlichen Vertrag schließt oder nicht.[161]

Rentner:innen/Pensionäre:innen

144 Rentner:innen oder Pensionäre:innen, die neben dem Bezug ihrer Rente oder Pension im Rahmen eines Arbeitsverhältnisses in einem Betrieb arbeiten, sind gem. § 5 BetrVG Arbeitnehmer:innen dieses Betriebs. Sie sind wahlberechtigt und wählbar, sofern die übrigen Voraussetzungen gem. §§ 7, 8 BetrVG vorliegen.

Ruhendes Arbeitsverhältnis

145 Bei einem ruhenden Arbeitsverhältnis sind die beiderseitigen Hauptpflichten eines Arbeitsverhältnisses suspendiert (Arbeitsleistung und Entgeltzahlung). Das Arbeitsverhältnis eines länger Erkrankten, dem eine befristete Erwerbsminderungsrente bewilligt wurde, ruht. Diese Arbeitnehmer:innen haben das aktive und passive Wahlrecht.[162] Erst wenn sicher feststeht, dass der/die Arbeitnehmer:in nicht in den Betrieb zurückkehrt, verliert er/sie das aktive und passive Wahlrecht.

---

159 LAG Schleswig-Holstein 25.3.2003 – 2 TaBV 39/02.

160 LAG Schleswig-Holstein 25.3.2003 – 2 TaBV 39/02.

161 BAG 30.10.1991 – 7 ABR 11/91.

162 Hess. LAG 11.09.2023 – 16 TaBV 56/23; LAG Düsseldorf 23.3.2010 – 8 TaBVGa 4/10; Fitting, § 7 Rn. 29.

Teilzeitbeschäftigte

Die Dauer der täglichen, wöchentlichen oder jährlichen Arbeitszeit hat keinen Einfluss auf die Frage der Wahlberechtigung oder Wählbarkeit eines Arbeitnehmers. Auch Arbeitnehmer:innen, die nur einen Vertrag über 1 Stunde Arbeitszeit pro Woche haben, sind wahlberechtigt und wählbar, sofern die übrigen Vorsetzungen (§§ 7, 8 BetrVG) vorliegen. 146

Telearbeitnehmer:innen/Mobile Arbeitnehmer:innen

Arbeitnehmer:innen, die regelmäßig auch oder ausschließlich von zu Hause mit IuK-Technik arbeiten, sind nach § 5 Abs. 1 Satz 1 BetrVG Arbeitnehmer:innen des Betriebs. Sie sind wahlberechtigt, wählbar und werden bei der Bestimmung der Größe des Betriebsrats berücksichtigt.[163] Entscheidend ist, dass der Telearbeitnehmer in dem Betrieb eingegliedert ist, in dem gewählt werden soll, d. h. dort organisatorisch eingebunden ist. Gleiches gilt für Arbeitnehmer:innen, die mobil arbeiten, d. h. zum Teil im Betrieb und zum Teil an verschiedenen Orten außerhalb des Betriebes. Handelt es sich um freie Mitarbeiter (siehe Rn. 137), werden Telearbeitnehmer bei der Wahl des Betriebsrats nicht berücksichtigt. 147

Werkvertrag, Dienstvertrag

Arbeitnehmer:innen, die aufgrund eines Werk- oder Dienstvertrags im Betrieb arbeiten, besitzen weder das aktive noch das passive Wahlrecht.[164] Sie sind keine Arbeitnehmer:innen des Betriebs, in dem sie eingesetzt sind.[165] Dabei ist immer zu prüfen, ob die Werkvertragsarbeitnehmer nicht in Wahrheit Arbeitnehmer:innen des Betriebs sind und ob es sich beim Werkvertrag um einen Scheinvertrag handelt. Um einen solchen kann es sich handeln, wenn die Beschäftigten den Weisungen des Werkbestellers (= Einsatzbetrieb) unterworfen sind. Da aber auch der Werkbesteller nach § 645 Abs. 1 Satz 1 BGB ein Weisungsrecht hat, ist die Abgrenzung schwierig, zumal die Rechtsprechung eher dazu neigt, einen Werk- oder Dienstvertrag anzunehmen.[166] An diesem Zustand hat der geänderte § 611a BGB, der definiert, was unter einem/einer Arbeitnehmer:in zu verstehen ist, nichts geändert. Der Wahlvorstand sollte, wenn er hier Zweifel hat, entsprechenden Rechtsrat einholen. 148

---

163 Vgl. Fitting, § 5 Rn. 215 ff.
164 BAG 21.7.2004 – 7 ABR 38/03.
165 BAG 8.11.2016 – 1 ABR 57/14.
166 BAG 8.11.2016 – 1 ABR 57/14.

b) Keine Arbeitnehmer:innen im Sinne des Betriebsverfassungsgesetzes

149 Wer nicht zu den Arbeitnehmern:innen im Sinne des Betriebsverfassungsgesetzes zählt, legt § 5 Abs. 2 BetrVG fest:

»Als Arbeitnehmer im Sinne dieses Gesetzes gelten nicht
1. *in Betrieben einer juristischen Person die Mitglieder des Organs, das zur gesetzlichen Vertretung der juristischen Person berufen ist;*
2. *die Gesellschafter einer offenen Handelsgesellschaft oder die Mitglieder einer anderen Personengesamtheit, soweit sie durch Gesetz, Satzung oder Gesellschaftsvertrag zur Vertretung der Personengesamtheit oder zur Geschäftsführung berufen sind, in deren Betrieben;*
3. *Personen, deren Beschäftigung nicht in erster Linie ihrem Erwerb dient, sondern vorwiegend durch Beweggründe karitativer oder religiöser Art bestimmt ist;*
4. *Personen, deren Beschäftigung nicht in erster Linie ihrem Erwerb dient und die vorwiegend zu ihrer Heilung, Wiedereingewöhnung, sittlichen Besserung oder Erziehung beschäftigt werden;*
5. *der Ehegatte, der Lebenspartner, Verwandte und Verschwägerte ersten Grades, die in häuslicher Gemeinschaft mit dem Arbeitgeber leben.«*

150 Das Betriebsverfassungsgesetz klammert bestimmte Personen bzw. Personengruppen aus der Betriebsverfassung aus: Zum einen Inhaber von Unternehmen und Vertreter des Arbeitgebers, d. h. die Geschäftsführung von Unternehmen (§ 5 Abs. 2 Nr. 1 und 2 BetrVG).

151 Zu den Personen, deren Beschäftigung im Betrieb nicht in erster Linie ihrem Erwerb dient, sondern überwiegend durch karitative (wohltätige) oder religiöse Gründe begründet ist, zählen u. a. **Mönche**, Ordensschwestern, Diakonissen.[167]

Zu den zu ihrer **Heilung**, Wiedereingewöhnung, sittlichen Besserung oder Erziehung beschäftigten Menschen nach § 5 Abs. 2 Nr. 4 BetrVG zählen Menschen, die bestimmte Arbeits- oder Beschäftigungstherapien ableisten, die medizinisch bzw. psychologisch begründet sind (z. B. für Suchtkranke).[168]

Ebenfalls aus der Betriebsverfassung ausgeschlossen sind **Verwandte**, die dem Arbeitgeber als Person nahestehen. Das Gesetz zählt in § 5 Abs. 2

167 Vgl. Fitting, § 5 Rn. 332; DKW-*Trümner*, § 5 Rn. 180.
168 Vgl. DKW-*Trümner*, § 5 Rn. 189 ff., mit weiteren Beispielen.

Nr. 5 BetrVG die verwandten Personen auf. Damit sollen Interessenkollisionen zumindest zum Teil vermieden werden.

c) Leitende Angestellte

Leitende Angestellte fallen nach § 5 Abs. 3 BetrVG in der Regel nicht unter das Betriebsverfassungsgesetz. In jedem Fall nehmen sie nicht an der Wahl des Betriebsrats teil. 152

§ 5 Abs. 3 BetrVG

(3) Dieses Gesetz findet, soweit in ihm nicht ausdrücklich etwas anderes bestimmt ist, keine Anwendung auf leitende Angestellte. Leitender Angestellter ist, wer nach Arbeitsvertrag und Stellung im Unternehmen oder im Betrieb

1. *zur selbständigen Einstellung und Entlassung von im Betrieb oder in der Betriebsabteilung beschäftigten Arbeitnehmern berechtigt ist oder*
2. *Generalvollmacht oder Prokura hat und die Prokura auch im Verhältnis zum Arbeitgeber nicht unbedeutend ist oder*
3. *regelmäßig sonstige Aufgaben wahrnimmt, die für den Bestand und die Entwicklung des Unternehmens oder eines Betriebs von Bedeutung sind und deren Erfüllung besondere Erfahrungen und Kenntnisse voraussetzt, wenn er dabei entweder die Entscheidungen im Wesentlichen frei von Weisungen trifft oder sie maßgeblich beeinflusst; dies kann auch bei Vorgaben insbesondere aufgrund von Rechtsvorschriften, Plänen oder Richtlinien sowie bei Zusammenarbeit mit anderen leitenden Angestellten gegeben sein.*

Für die in Absatz 1 Satz 3 genannten Beamten und Soldaten gelten die Sätze 1 und 2 entsprechend.

(4) Leitender Angestellter nach Absatz 3 Nr. 3 ist im Zweifel, wer

1. *aus Anlass der letzten Wahl des Betriebsrats, des Sprecherausschusses oder von Aufsichtsratsmitgliedern der Arbeitnehmer oder durch rechtskräftige gerichtliche Entscheidung den leitenden Angestellten zugeordnet worden ist oder*
2. *einer Leitungsebene angehört, auf der in dem Unternehmen überwiegend leitende Angestellte vertreten sind, oder*
3. *ein regelmäßiges Jahresarbeitsentgelt erhält, das für leitende Angestellte in dem Unternehmen üblich ist, oder,*
4. *falls auch bei der Anwendung der Nummer 3 noch Zweifel bleiben, ein regelmäßiges Jahresarbeitsentgelt erhält, das das Dreifache der Bezugsgröße nach § 18 des Vierten Buches Sozialgesetzbuch überschreitet.*

153 Leitende Angestellte sind aufgrund ihrer Tätigkeit im Betrieb eher der Arbeitgeberseite zuzuordnen. Damit sollen Interessenkonflikte vermieden werden. Der Betriebsrat soll die Interessen der Arbeitnehmer:innen gegenüber dem Arbeitgeber vertreten. Individualrechtlich sind auch leitende Angestellte Arbeitnehmer:innen. Sie dürfen nicht wählen oder gewählt werden.

154 Wer zur selbstständigen **Einstellung und Entlassung** von Arbeitnehmern des Betriebs oder einer Betriebsabteilung befugt ist, ist leitender Angestellter. Dabei darf es sich aber nicht nur um untergeordnete Personalkompetenzen für einen sehr geringen Teil der Belegschaft handeln.[169] Filialleiter:innen sind trotz Einstellungs- und Entlassungsbefugnis keine Leitenden Angestellten, wenn sich diese Befugnis nicht auf den gesamten Betrieb bezieht. Dies ist der Fall, wenn z. B. durch einen Tarifvertrag nach § 3 BetrVG 11 Filialen zu einem Betrieb zusammengefasst sind, der Filialleiter aber nur die Befugnis zu Einstellung und Entlassung für eine Filiale hat.[170]

155 Wer **Generalvollmacht oder Prokura** (vgl. § 49 HGB) hat, lässt sich formal einfach feststellen. Die Prokura (= Vollmacht, die zur Vornahme aller Rechtsgeschäfte mit Ausnahme der Veräußerung von Grundstücken ermächtigt) muss ins Handelsregister eingetragen werden. Der Arbeitgeber ist verpflichtet, dem Wahlvorstand mitzuteilen, wem er Prokura bzw. Generalvollmacht erteilt hat (§ 2 Abs. 2 WO). Wann allerdings die Prokura im Verhältnis zum Arbeitgeber nicht unbedeutend ist, erfordert eine genaue Betrachtung der Funktion und Aufgaben des Prokuristen im Einzelfall. Der Prokurist muss unternehmerische Führungsaufgaben wahrnehmen; reine Stabsfunktionen reichen nach § 5 Abs. 3 Nr. 2 BetrVG nicht aus, um einen Arbeitnehmer:innen als leitenden Angestellten zu qualifizieren.[171]

156 Als eine Art Auffangbestimmung legt § 5 Abs. 3 Nr. 3 BetrVG fest, das auch leitender Angestellter ist, wer Aufgaben wahrnimmt, die u. a. für **Bestand und Entwicklung** des Unternehmens oder des Betriebs von Bedeutung sind. Diese Reglung enthält eine Vielzahl von jeweils klärungsbedürftigen Begriffen. Das Bundesarbeitsgericht fordert hierfür:

»Voraussetzung für die Wahrnehmung einer unternehmerischen (Teil-)Aufgabe in diesem Sinne ist es, dass dem leitenden Angestellten rechtlich und

---

169 BAG 4.5.2022 – 7 ABR 14/21; LAG Köln 6.9.2019 – 9 TaBV 123/18; BAG 10.10.2007 – 7 ABR 61/06.

170 ArbG Neumünster 27.6.2018 – 3 BV 3a/18 in der Systemgastronomie.

171 BAG 29.6.2011 – 7 ABR 5/10.

tatsächlich ein eigener und erheblicher Entscheidungsspielraum zur Verfügung steht und er kraft seiner leitenden Funktion maßgeblichen Einfluss auf die Unternehmensführung ausübt. Dieser nach § 5 Abs. 3 S 2 Nr. 3 BetrVG erforderliche Einfluss auf die Unternehmensführung kann darin bestehen, dass der leitende Angestellte selbst die Entscheidungen trifft, aber auch darin, dass er kraft seiner Schlüsselposition Entscheidungsvoraussetzungen schafft, an denen die Unternehmensleitung nicht vorbeigehen kann. Der maßgebliche Einfluss fehlt, wenn der Angestellte nur bei der rein arbeitstechnischen, vorbestimmten Durchführung unternehmerischer Entscheidungen eingeschaltet wird, etwa im Rahmen von Aufsichts- oder Überwachungsfunktionen. Erforderlich ist im Übrigen, dass die unternehmerische Aufgabenstellung mit Entscheidungsspielraum die Tätigkeit des leitenden Angestellten prägt, dh. als deren Schwerpunkt bestimmt.«[172]

Im konkreten Fall hat das BAG den **ärztlichen Direktor** eines Herzzentrums, der der Klinikleitung angehörte, als leitenden Angestellten angesehen.

Lässt sich nicht zweifelsfrei feststellen, wer leitender Angestellter ist, sollen die **Hilfskriterien** nach § 5 Abs. 4 BetrVG die Entscheidung erleichtern. Allein gestützt auf die formalen Hilfsmerkmale sollte der Wahlvorstand niemanden als leitenden Angestellten einordnen. Die **Bezugsgröße in der Sozialversicherung** nach § 18 SGB IV betrug 2025 44 940 Euro, das Dreifache 2025 dementsprechend 134 820 Euro. Die Bezugsgröße wird jährlich durch Rechtsverordnung der Bundesregierung angepasst. 157

d) Bekanntmachung der Wählerliste

Die wahlberechtigten Arbeitnehmer:innen sind in der Wählerliste getrennt nach Geschlechtern (männlich, weiblich, divers, vgl. Rn. 108 f.) mit Familienname, Vorname und Geburtsdatum in alphabetischer Reihenfolge (§ 2 Abs. 1 WO) aufzuführen. Ein **Abdruck der Wählerliste** und ein Abdruck der Wahlordnung hat der Wahlvorstand zeitgleich mit dem Wahlausschreiben (Einleitung der Wahl, §§ 2 Abs. 4, 3 Abs. 1 WO) im Betrieb zur Einsicht auszulegen. Im Abdruck der Wählerliste soll das Geburtsdatum der Wahlberechtigen nicht enthalten sein (§ 2 Abs. 4 WO). Die Wählerliste wird am einfachsten im Büro des Wahlvorstandes ausgelegt. Dieser muss dann gewährleisten, dass dort auch Einsicht genommen werden kann. Die Wählerliste kann auch elektronisch bekanntgemacht werden (§ 2 Abs. 4 WO). Dies kann in Ergänzung zum Auslegen eines 158

172 BAG 5.6.2014 – 2 AZR 615/13.

Abdrucks erfolgen oder ausschließlich mittels der im Betrieb vorhandene Informations- und Kommunikationstechnik. Insbesondere, wenn viele Arbeitnehmer:innen mobil oder im Homeoffice arbeiten, muss der Wahlvorstand diese Möglichkeiten nutzen. Die Wählerliste (ohne Geburtsdatum) kann auch im Intranet bekanntgemacht werden. Eine ausschließliche Bekanntmachung in elektronischer Form ist jedoch nur dann zulässig, wenn alle Arbeitnehmer:innen im Betrieb über einen entsprechenden Zugang (E-Mail) verfügen. Weiterhin muss der Wahlvorstand sicherstellen, dass Änderungen an der Wählerliste nur von ihm oder – nach Erlaubnis durch ihn – den Mitarbeiter:innen der IT-Abteilung erfolgen.

159 Zu den Besonderheiten der Aufstellung der Wählerliste im **zweistufigen vereinfachten Wahlverfahren** siehe Rn. 382.

160 Finden zeitgleich mit den regelmäßigen Betriebsratswahlen (§ 13 Abs. 1 BetrVG) Wahlen zum Sprecherausschuss der leitenden Angestellten statt, ist vor Auslegung der Wählerliste das Zuordnungsverfahren nach § 18a BetrVG vorzunehmen (siehe Rn. 164).

161 Ob an mehr als einer Stelle **Abdrucke der Wählerliste** und der Wahlordnung ausgelegt werden, hängt von der Betriebsgröße und Struktur (**Filialen**) des Betriebs ab. Der Wahlvorstand muss darauf achten, dass alle Beschäftigten im Betrieb, die wahlberechtigt sein könnten, auch wirklich von der Wählerliste Kenntnis nehmen können. Nur wer in diese eingetragen ist, kann auch sein aktives bzw. passives Wahlrecht ausüben (§ 2 Abs. 2 WO).

162 Scheiden wahlberechtigte Arbeitnehmer:innen vor der Betriebsratswahl aus oder beginnen Arbeitnehmer:innen ihr Arbeitsverhältnis nach Aufstellung der Wählerliste (§ 4 Abs. 3), hat der Wahlvorstand die **Wählerliste** sowie die im Betrieb ausgelegten Abdrucke unverzüglich zu ergänzen bzw. zu **korrigieren**. Die Wahlordnung legt fest, dass der Wahlvorstand die Wählerliste bis zum Abschluss der Stimmabgabe, also auch am Wahltag, zu berichtigen oder ergänzen (§ 4 Abs. 3 WO) hat. Alle bekanntgemachten Wählerlisten sind zu korrigieren. Ist die Wählerliste auch – oder ausschließlich – elektronisch bekanntgemacht worden (§ 2 Abs. 4 WO), muss auch diese korrigiert bzw. ergänzt werden.[173]

163 Gleiches gilt, wenn eine Ergänzung oder Korrektur aufgrund von berechtigten Einsprüchen gegen die Wählerliste erforderlich wird.

173 BAG 2.8.2017 – 7 ABR 42/15.

e) Zuordnungsverfahren nach § 18a BetrVG – Leitende Angestellte

Die regelmäßigen Betriebsratswahlen (§ 13 Abs. 1 BetrVG) und die Wahlen nach dem Sprecherausschussgesetz (§ 5 Abs. 1 SprAuG) sind zeitgleich einzuleiten. Die Wahlvorstände müssen sich unverzüglich nach Aufstellen der jeweiligen Wählerlisten darüber informieren, welche Angestellten sie jeweils als leitenden Angestellten (§ 5 Abs. 3 BetrVG) ansehen. Die Information muss jedoch spätestens zwei Wochen vor Einleitung der Wahl geschehen, also mit dem Aushang des Wahlausschreibens (§ 18 Abs. 1 BetrVG). Da die Wahlen zum Betriebsrat und zum **Sprecherausschuss** kaum wirklich gleichzeitig stattfinden (selbst wenn beide Wahlen im Zeitraum der regelmäßigen Betriebsratswahlen vom 1. 3. bis zum 31. 5. stattfinden), muss der jeweilige Wahlvorstand seine Aufgaben wahrnehmen und nicht auf den jeweils anderen Wahlvorstand warten (z. B. mit der Aufstellung der Wählerliste). Das Zuordnungsverfahren findet im Übrigen nur dann statt, wenn der Betriebsrat im normalen Wahlverfahren gewählt wird. Im vereinfachten Wahlverfahren sind die Fristen für das Zuordnungsverfahren zu kurz bemessen.[174] **164**

Siehe dazu

- Mustertext für die Information an den Sprecherausschuss über Zuordnung der leitenden Angestellten (Wahlunterlage 10 – Normales Wahlverfahren) ON LINE

Finden die Wahlen nicht zeitgleich während des regelmäßigen Wahlzeitraums statt, unterrichtet der Wahlvorstand für die Betriebsratswahl den – soweit vorhanden – Sprecherausschuss über seine Zuordnung zu den leitenden Angestellten. Besteht kein Einvernehmen zwischen Wahlvorstand und Sprecherausschuss über die Zuordnung, ist wiederrum das Zuordnungsverfahren mit **gemeinsamer Sitzung** und **Vermittler** einzuleiten. Da es keinen Wahlvorstand für die Wahl des Sprecherausschusses in diesem Fall gibt, benennt der Sprecherausschuss seine Vertreter für das Vermittlungsverfahren. Gleiches gilt umgekehrt, wenn die Wahl des Sprecherausschusses stattfindet. Dann ist der Betriebsrat über die Zuordnung zu unterrichten (§ 18a Abs. 4 BetrVG). **165**

174 Fitting, § 18a Rn. 4.

Siehe dazu

- Mustertext zur Information des Sprecherausschusses über Zuordnung der leitenden Angestellten (Wahlunterlage 10 – Normales Wahlverfahren)

166 Mit dem Zuordnungsverfahren soll eine doppelte Vertretung von einzelnen Arbeitnehmer:innen durch Betriebsrat und Sprecherausschuss ausgeschlossen werden.

167 Besteht bereits ein Sprecherausschuss und findet dessen Wahl nicht zeitgleich mit der Betriebsratswahl statt, hat der Wahlvorstand für die Betriebsratswahl den Sprecherausschuss entsprechend zu unterrichten und eine Abstimmung mit ihm zu versuchen.

Siehe dazu

- Mustertext Einladung zur gemeinsamen Sitzung Wahlvorstand Sprecherausschuss Zuordnung (Wahlunterlage 11 – Normales Wahlverfahren)

168 Einigen sich die Wahlvorstände über die Zuordnung, sind die Wählerlisten entsprechend zu berichtigen. Es gibt aber keine Pflicht, sich zu einigen. Jeder Wahlvorstand trifft seine Entscheidung in eigener Verantwortung. Einigen sich die Wahlvorstände nicht, muss ein Vermittler benannt werden.

Siehe dazu

- Mustertext zur Einsetzung eines Vermittlers – Zuordnung der leitenden Angestellten (Wahlunterlage 12 – Normales Wahlverfahren)

169 Der Vermittler muss Angehöriger des Unternehmens oder Konzerns sein. **Externe Vermittler** (etwa Arbeitsrichter) sind nicht zulässig. Die Wahlvorstände müssen sich auf eine Person einigen; ansonsten entscheidet das Los (§ 18a Abs. 3 BetrVG). Der Vermittler unternimmt erneut einen Einigungsversuch. Bleibt dieser ergebnislos, entscheidet er nach Beratung mit dem Arbeitgeber (§ 18a Abs. 2 BetrVG). Entsprechend der erfolgten Einigung bzw. Entscheidung des Vermittlers wird die Zuordnung vorgenommen.

4. Größe des Betriebsrats

Die Größe des Betriebsrats legt § 9 BetrVG fest: 170

§ 9 – Zahl der Betriebsratsmitglieder

Der Betriebsrat besteht in Betrieben mit in der Regel
5 bis 20 wahlberechtigten Arbeitnehmern aus einer Person
21 bis 50 wahlberechtigten Arbeitnehmern aus 3 Mitgliedern,
51 wahlberechtigten Arbeitnehmern bis 100 Arbeitnehmern aus 5 Mitgliedern,
101 bis 200 Arbeitnehmern aus 7 Mitgliedern,
201 bis 400 Arbeitnehmern aus 9 Mitgliedern,
401 bis 700 Arbeitnehmern aus 11 Mitgliedern,
701 bis 1000 Arbeitnehmern aus 13 Mitgliedern,
1001 bis 1500 Arbeitnehmern aus 15 Mitgliedern,
1501 bis 2000 Arbeitnehmern aus 17 Mitgliedern,
2001 bis 2500 Arbeitnehmern aus 19 Mitgliedern,
2501 bis 3000 Arbeitnehmern aus 21 Mitgliedern,
3001 bis 3500 Arbeitnehmern aus 23 Mitgliedern,
3501 bis 4000 Arbeitnehmern aus 25 Mitgliedern,
4001 bis 4500 Arbeitnehmern aus 27 Mitgliedern,
4501 bis 5000 Arbeitnehmern aus 29 Mitgliedern,
5001 bis 6000 Arbeitnehmern aus 31 Mitgliedern,
6001 bis 7000 Arbeitnehmern aus 33 Mitgliedern,
7001 bis 9000 Arbeitnehmern aus 35 Mitgliedern.

In Betrieben mit mehr als 9000 Arbeitnehmern erhöht sich die Zahl der Mitglieder des Betriebsrats für je angefangene weitere 3000 Arbeitnehmer um 2 Mitglieder.

Siehe dazu

- Software-Modul »Betriebsratsgröße/Minderheitengeschlechtsquote/Stützunterschriften« zur Berechnung der Größe des Betriebsrats.

Der Wahlvorstand muss die Größe des Betriebsrats ermitteln. Maßgeblicher Zeitpunkt hierfür ist der Erlass des Wahlausschreibens. Dabei geht es nicht um die Belegschaftsstärke am Tag des Erlasses des Wahlausschreibens der im Betrieb beschäftigten Arbeitnehmer:innen exakt an diesem Tag. Der Begriff **»in der Regel«** meint auch nicht die durchschnittliche Zahl der Arbeitnehmer:innen. Es ist vielmehr auf die Arbeitnehmerzahl abzustellen, die »normalerweise«, also unter den normalen betrieblichen 171

Verhältnissen, üblicherweise beschäftigt wird. Werden Arbeitnehmer:innen nicht ständig im Betrieb beschäftigt, sondern sind sie nur zeitweilig dort tätig, kommt es für die Beantwortung der Frage, ob sie »in der Regel« dort arbeiten, darauf an, ob sie normalerweise während des größten Teils des Jahres im Betrieb arbeiten.[175]

172 Zur Feststellung der Zahl der regelmäßig Beschäftigten bedarf es daher eines Rückblicks und der Einschätzung der künftigen Entwicklung.[176] Für die Bestimmung der Größe des Betriebsrats nach § 9 BetrVG kommt es auf die »in der Regel« beschäftigten Arbeitnehmer:innen an. »*Werden Arbeitnehmer:innen nicht ständig, sondern lediglich zeitweilig beschäftigt, kommt es für die Frage der regelmäßigen Beschäftigung i. S. v. 9 BetrVG darauf an, ob sie normalerweise während des größten Teil des Jahres in dem Betrieb beschäftigt sind*«.[177] Nicht entscheidend ist dabei, ob Aushilfen ständig wechseln, sofern nur die Anzahl der Aushilfen kennzeichnend ist für die normale Personalstärke.[178] Es ist unerheblich, wenn sich die Zahl der beschäftigten Arbeitnehmer:innen bis zum Tage der Wahl erhöht oder vermindert (zum Arbeitnehmerbegriff siehe Rn. 111).

173 In den ersten beiden Stufen (also bis 51 Arbeitnehmer:innen) geht § 9 BetrVG von der Zahl der **wahlberechtigten Arbeitnehmer:innen** aus. Ist (in der dritten Stufe) ein Betriebsrat mit fünf Mitgliedern zu wählen, müssen wenigstens 51 wahlberechtigte Arbeitnehmer:innen im Betrieb beschäftigt werden.

Beispiel:

- Sind im Betrieb 100 Arbeitnehmer:innen tätig, werden fünf Betriebsratsmitglieder gewählt, wenn wenigstens 51 Arbeitnehmer:innen wahlberechtigt sind.

Ab der vierten Stufe (ab 101 Arbeitnehmer:innen) kommt es auf die Wahlberechtigung nicht mehr an.

174 Von einem anderen Arbeitgeber zur Arbeitsleistung überlassene Arbeitnehmer:innen **(Leiharbeitnehmer:innen)** sind, sofern sie länger als drei Monate im Betrieb eingesetzt werden (§ 7 Satz BetrVG), wahlberechtigt (zu den Einzelheiten siehe Rn. 140).

---

175 BAG 12.11.2008 – 7 ABR 73/07.
176 BAG 7.5.2008 – 7 ABR 17/07.
177 BAG 12.11.2008 – 7 ABR 73/07.
178 BAG 12.11.2008 – 7 ABR 73/07.

Für die Bestimmung der Größe des Betriebsrats zählen **Leiharbeitnehmer:innen** generell im Einsatzbetrieb mit. § 14 Abs. 2 Satz AÜG bestimmt:

»Soweit Bestimmungen des Betriebsverfassungsgesetzes mit Ausnahme des § 112, des Europäische Betriebsräte-Gesetzes oder der aufgrund des jeweiligen Gesetzes erlassenen Wahlordnungen eine bestimmte Anzahl oder einen bestimmten Anteil von Arbeitnehmern voraussetzen, sind Leiharbeitnehmer auch im Entleiherbetrieb zu berücksichtigen …«

Nach § 9 BetrVG kommt es in Betrieben bis zu 51 Arbeitnehmern auf deren Wahlberechtigung an. Bis zu dieser Größe zählen nur **Leiharbeitnehmer:innen** mit, die nach § 7 Satz 2 BetrVG **wahlberechtigt** sind, also länger als drei Monate im Entleiherbetrieb eingesetzt werden.[179] In der Gesetzesbegründung zu § 14 Abs. 2 Satz AÜG, der die generelle Berücksichtigung von Leiharbeitnehmern in der Betriebsverfassung regelt, heißt es ausdrücklich: 175

»Die Regelung zum Mitzählen bewirkt, dass Leiharbeitnehmer bei der Berechnung der betriebsverfassungsrechtlichen Schwellenwerte grundsätzlich zu berücksichtigen sind. Sie fingiert nicht das Vorliegen der gegebenenfalls in der jeweiligen Norm enthaltenen weiteren Voraussetzungen wie zum Beispiel die Wahlberechtigung oder eine Beschränkung auf ›in der Regel‹ Beschäftigte. Diese Voraussetzungen müssen in jedem Einzelfall wie bei Stammarbeitnehmern auch für Leiharbeitnehmer gegeben sein, damit sie jeweils mitzählen.«[180]

Damit hat der Gesetzgeber klargestellt, dass Leiharbeitnehmer:innen, die für die Größe des Betriebsrats nach § 9 BetrVG mitzählen sollen, in Betrieben mit bis zu 51 Arbeitnehmern wahlberechtigt nach § 7 Satz 2 BetrVG sein müssen. 176

In Betrieben mit mehr als 51 Arbeitnehmer:innen kommt es für Leiharbeitnehmer:innen, wie auch für sonstige Arbeitnehmer:innen, nicht auf die Wahlberechtigung an.

Damit Leiharbeitnehmer:innen zur Bestimmung der Größe des Betriebsrats mitzählen, müssen sie gem. § 9 Satz 1 BetrVG »in der Regel« beschäftigt sein, also auf Dauerarbeitsplätzen tätig sein (zu »in der Regel« 177

179 Fitting, § 9 Rn. 43; a. A. DKW-*Homburg*, § 9 Rn. 19.

180 Bundestagsdrucksache 18/9232, Seite 29, Begründung zum Entwurf eines Gesetzes zur Änderung des Arbeitnehmerüberlassungsgesetzes und andere Gesetze.

siehe Rn. 171). Wenn z. B. zwei Leiharbeitnehmer einmalig während einer Grippewelle für zwei Monate im Betrieb eingesetzt werden, zählen sie bei der Bestimmung nicht mit, da sie nicht »in der Regel« beschäftigt sind. Werden allerdings z. B. zehn Arbeitsplätze im Betrieb während des ganzen Jahres mit alle zwei Monate wechselnden Leiharbeitnehmer:innen besetzt, zählen diese zehn Arbeitsplätze, die mit Leiharbeitnehmer:innen besetzt sind, mit.

178 **Beispiel:**
In einem Betrieb werden in der Regel 180 Arbeitnehmer:innen und ständig 25 Leiharbeitnehmer:innen beschäftigt. Danach ist bei insgesamt in der Regel 205 beschäftigten Arbeitnehmern ein Betriebsrat mit neun Mitgliedern zu wählen.

179 § 9 BetrVG stellt in den ersten drei Größenstufen für Betriebsräte mit einem, drei oder fünf Mitgliedern auf die **Wahlberechtigung** der Arbeitnehmer:innen ab. Bei mehr als 100 Arbeitnehmer:innen stellt § 9 BetrVG nicht mehr auf die Wahlberechtigung ab.

180 **Beispiel:**
Sind z. B. in einem Betrieb 65 Arbeitnehmer:innen beschäftigt, davon aber nur 50 wahlberechtigt, ist nur ein 3-köpfiger Betriebsrat zu wählen.

181 In folgenden Fällen sind Arbeitnehmer:innen bei der Bestimmung der Größe des Betriebsrats nicht mitzuzählen:

- Arbeitnehmer:innen, die sich in der Freistellungsphase der **Altersteilzeit** befinden, sind nicht mitzuzählen, da sie nicht in den Betrieb zurückkehren.[181] Gleiches gilt für Arbeitnehmer:innen, die eine unwiderrufliche Freistellung im Rahmen von Arbeitszeitkonten vor dem Ende ihres Arbeitsverhältnisses in Anspruch nehmen.
- Auch Arbeitnehmer:innen eines Drittunternehmens, die über einen **Werk- oder Dienstvertrag** im Betrieb tätig sind, werden bei der Berechnung der Betriebsgröße nicht berücksichtigt.[182]
- Arbeitnehmer:innen, die in **Elternzeit** sind, werden nicht berücksichtigt, wenn für sie ein Vertreter eingestellt ist (§ 21 Abs. 7 BEEG). Wird der Vertreter nicht mitgezählt (z. B. weil für die Vertretung ein

181 BAG 16.4.2003 – 7 ABR 53/02.
182 BAG 21.7.2004 – 7 ABR 38/03; LAG Hamburg 26.4.2012 – 7 TaBV 14/11.

Leiharbeitnehmer beschäftigt wird), wird jedoch der/die in Elternzeit befindliche Arbeitnehmer:in mitgezählt.

Mitzuzählen sind Arbeitnehmer:innen in folgenden Fällen: 182

- **Aushilfsarbeitnehmer:innen**, sofern eine bestimmte Anzahl derartiger Arbeitnehmer:innen regelmäßig für einen Zeitraum von mindestens sechs Monaten im Jahr beschäftigt wurde und auch in Zukunft mit einer derartigen Beschäftigung gerechnet werden kann.[183] Beschäftigt ein Arbeitgeber regelmäßig Tagesaushilfen (auf Basis vom Rahmenverträgen), mit denen er jeweils für einen Tag befristete Arbeitsverträge abschließt, zählt die durchschnittliche Anzahl der Tagesaushilfen, die tatsächlich an einem Tag beschäftigt werden, zu den in der Regel beschäftigten Arbeitnehmern. Nicht maßgebend ist die Anzahl der Arbeitnehmer:innen, mit denen Rahmenverträge geschlossen wurden.[184]
- Arbeitnehmer:innen des **öffentlichen Diensts** (§ 5 Abs. 1 Satz 3 BetrVG), die in Betrieben der Privatwirtschaft eingesetzt werden, zählen für die Berechnung der Größe des Betriebsrats mit.[185]

In Grenzfällen hat der Wahlvorstand einen **Beurteilungsspielraum**, weil eine genaue Festlegung der Zahl der Beschäftigten durch einfaches Abzählen nicht möglich ist. 183

Teilzeitarbeitnehmer:innen (auch auf 450 Euro Basis beschäftigte Arbeitnehmer:innen) werden immer nach Köpfen mitgezählt. Dies unabhängig von ihrer Arbeitszeit oder der Höhe ihres Einkommens. Eine Umrechnung in Vollzeitarbeitnehmer findet nicht statt. 184

Der Betriebsrat besteht immer aus einer **ungeraden Zahl** von Mitgliedern. Eine Abweichung von den in § 9 BetrVG angegebenen Größenordnungen kommt nur in Betracht, wenn 185

- im Betrieb nicht genügend Arbeitnehmer:innen wählbar sind;
- sich nicht genügend Wahlbewerber:innen zur Verfügung stellen;[186]
- die Vorschlagslisten nicht genügend Kandidat:innen aufweisen;
- bei der Mehrheitswahl weniger Kandidat:innen mindestens eine Stimme erhalten haben, als der Betriebsrat Mitglieder haben muss.

In solchen Fällen richtet sich die abweichende Zahl der Betriebsratsmitglieder nach § 11 BetrVG. Der Wahlvorstand setzt die Größe des Betriebsrats auf die nächstkleinere Stufe fest. Die Vorschrift wird sinngemäß angewandt, wenn sich nicht genügend Kandidat:innen für den Be- 186

183 BAG 7.5.2008 – 7 ABR 17/07.
184 BAG 7.5.2008 – 7 ABR 17/07.
185 BAG 12.9.2012 – 7 ABR 37/11; 15.12.2011 – 7 ABR 65/10.
186 BAG 24.4.2024 – 7 ABR 26/23.

triebsrat aufstellen lassen.[187] Dabei ist die Größe des Betriebsrats soweit zu verkleinern, bis die Zahl der Wahlbewerber:innen für die Wahl eines Betriebsrates mit ungerader Zahl ausreicht. Im Extremfall würde nur ein Betriebsratsmitglied gewählt.

Beispiel:
In einem Betrieb müsste ein elfköpfiger Betriebsrat gewählt werden. Es stellen sich aber nur 9 Kandidaten zur Verfügung. Der Wahlvorstand muss dann die Größe des Betriebsrats von 9 auf 11 herabsetzen. Das Wahlausschreiben muss entsprechend korrigiert werden.
Diese Vorschrift kommt aber nicht zur Anwendung, wenn sich zwar insgesamt genügend Kandidat:innen zur Verfügung gestellt, aber nicht genügend Kandidat:innen des Minderheitengeschlechts (§ 15 Abs. 2 BetrVG) zur Wahl gestellt haben. Die fehlenden Betriebsratssitze des Minderheitengeschlechts werden dann vom Mehrheitsgeschlecht eingenommen (vgl. § 15 Abs. 5 Nr. 5 WO; § 22 Abs. 4 WO).

5. Sitze für das Minderheitengeschlecht

187 In Betrieben, in denen der Betriebsrat aus mindestens drei Mitgliedern besteht, muss das Geschlecht, das in der Belegschaft in der Minderheit ist, **mindestens seinem Anteil entsprechend** im Betriebsrat vertreten sein. Nachdem der Wahlvorstand weiß, wie groß der zu wählende Betriebsrat zu sein hat, muss er die Anzahl der Sitze, die dem Minderheitengeschlecht zustehen, bestimmen (§ 15 Abs. 2 BetrVG; § 5 WO).

ON LINE

Siehe dazu
- Software-Modul »Betriebsratsgröße/Minderheitengeschlecht/Stützunterschriften« zur Ermittlung der Sitze für das Minderheitengeschlecht.

188 Seit der Entscheidung des Bundesverfassungsgerichts vom 10.10.2017 (1 BvR 2019/16) sind drei Geschlechter (männlich, weiblich, divers) rechtlich anerkannt. Nach dem Gesetz über die Selbstbestimmung in Bezug auf den Geschlechtseintrag (SBGG) v. 19.4.2024 können Menschen, deren Geschlechtsidentität vom Geschlechtseintrag im Personenstandsregister abweicht, diesen ändern lassen. Nach § 22 Abs. 3 Personenstandsgesetz kann der Eintrag weiblich, männlich, divers oder kein Eintrag ge-

187 BAG 24.4.2024 – 7 ABR 26/23.

wählt werden. Es gibt keine Verpflichtung nach einer Änderung des Geschlechtseintrags auch den Arbeitgeber zu informieren. Dieser hat auch keine Nachforschungspflicht bzw. kein Nachforschungsrecht. Gleiches gilt für den Wahlvorstand. Er darf von den Angaben, die ihm der Arbeitgeber für die Erstellung der Wählerliste macht, ausgehen, es sei denn, er hat positive Kenntnis, dass diese Angaben falsch sind. Ansonsten haben die Wahlberechtigten die Möglichkeit durch einen Einspruch gegen die Wählerliste falsche Angaben der Geschlechtsidentität zu korrigieren.
Wie sich dies auf die Minderheitengeschlechtsquote im Betriebsverfassungsgesetz auswirkt, ist rechtlich nicht abschließend geklärt. Zahlreiche Fragen sind in diesem Zusammenhang offen. Wenn z. B. das Geschlecht divers als Minderheitengeschlecht anerkannt werden würde, hätte dies zur Folge, dass die mit der Minderheitengeschlechtsquote beabsichtigte Förderung der Frauen im Betriebsrat in bestimmten Fallkonstellationen nicht mehr realisierbar wäre. Denn in diesem Fall wäre in der Praxis das Geschlecht divers voraussichtlich immer das Minderheitengeschlecht. Daher ist es nicht zulässig, allein das Geschlecht divers für die Bestimmung der Minderheitengeschlechtsquote als Minderheitengeschlecht anzusehen.[188] Aus diesem Grund ist im Hinblick auf die Frage, welches das Minderheitengeschlecht ist, **nur zwischen Frauen und Männern zu unterscheiden.**[189] Zudem ist rechtlich nicht abschließend geklärt, ob und für Wahlergebnis bei z. B. bei Listensprüngen usw. die drei Geschlechter berücksichtigt werden müssen. Der Text der Wahlordnung geht nach wie vor von zwei Geschlechtern (männlich, weiblich) aus. Für die Fragen der Ermittlung des Wahlergebnisses im Hinblick auf die Minderheitengeschlechtsquote ist daher weiterhin nur von zwei Geschlechtern auszugehen und das dritte Geschlecht von der Minderheitenkorrektur auszunehmen (siehe hierzu die Beispiele Rn. 312 ff.). Da es der Gesetzgeber versäumt hat, hier durch eine Anpassung des BetrVG und der WO Rechtssicherheit zu schaffen, muss der Wahlvorstand sich in diesem Fall im Hinblick auf aktuelle Entwicklungen in der Rechtsprechung sachverständig rechtlich beraten lassen (zur Kostentragung durch den Arbeitgeber vgl. Rn. 466). Bei den folgenden Ausführungen wird daher für die Bestimmung der Sitze des Minderheitengeschlechts weiter von den Geschlechtern weiblich und männlich ausgegangen, wie dies im BetrVG und

188 ArbG Berlin 7.5.2024 – 36 BV 10794/23; nachgehend LAG Berlin 14.1.2025 – 11 TaBV 526/24 und BAG 7.5.2025; LAG und BAG noch nicht veröffentlicht.
189 Fitting, § 15 Rn. 11b; DKW-Homburg § 15 Rn. 11.

der Wahlordnung derzeit der Fall ist.[190] Das dritte Geschlecht (non-binär) wird mithin dem Mehrheitsgeschlecht zugeordnet.
Anders als bei der Bestimmung der Größe des Betriebsrats nach § 9 BetrVG kommt es bei der Errechnung der Sitze für das **Minderheitengeschlecht** nicht auf die »in der Regel« Beschäftigten an, sondern auf die tatsächliche Anzahl an dem Tag, an dem das Wahlausschreiben vom Betriebsrat erlassen und ausgehängt wird.[191,192] Auch stellt § 15 Abs. 2 BetrVG auf die Verhältnisse »in der Belegschaft« ab. Daher zählen Leiharbeitnehmer:innen unabhängig von ihrer Wahlberechtigung und Einsatzdauer mit.[193] Ebenso jugendliche Arbeitnehmer:innen unter 18 Jahren.[194] Diese Ermittlung geschieht durch das sog. d'Hondtsche Höchstzahl-System.[195]

189 Zur Errechnung der auf die Geschlechter entfallenden Sitze werden dabei die Zahlen der im Betrieb als Arbeitnehmer:innen vorhandenen Frauen und Männer nebeneinandergestellt und durch die Zahlen 1, 2, 3, 4 usw. geteilt. Entsprechend den sich so ergebenden **Teilzahlen** (Höchstzahlen) erfolgt die Zuteilung der Mindestsitze für das Geschlecht in der Minderheit.

190 **Beispiel:**
In einem Betrieb arbeiten 131 Arbeitnehmer:innen, davon 109 Frauen und 22 Männer. Der Betriebsrat besteht nach § 9 BetrVG aus sieben Mitgliedern. Der Wahlvorstand rechnet in einem ersten Schritt nach § 15 Abs. 2 BetrVG wie folgt:

109 geteilt durch 1 = 109	22 geteilt durch 1 = 22
109 geteilt durch 2 = 54,5	22 geteilt durch 2 = 11
109 geteilt durch 3 = 36,3	22 geteilt durch 3 = 7,3
109 geteilt durch 4 = 27,3	
109 geteilt durch 5 = 21,8	
109 geteilt durch 6 = 18,16	
109 geteilt durch 7 = 15,57	

191 Unterstrichen sind die höchsten Teilzahlen. Sechs von ihnen entfallen auf die Frauen, eine auf die Männer. Dem Minderheitengeschlecht – in diesem Fall den Männern – steht also **mindestens** ein Sitz zu.

---

190 vgl. Fitting, § 15 Rn. 11b.
191 LAG Rheinland-Pfalz 22.7.2015 – 7 TaBV 7/15.
192 DKW-*Homburg*, § 15 Rn. 13; Fitting, § 15 Rn. 16.
193 DKW-*Homburg*, § 15 Rn. 11; vgl. § 14 Abs. 2 AÜG.
194 Fitting, § 15 Rn. 16.
195 BAG 13.3.2013 – 7 ABR 67/11.

Wenn beim letzten zu verteilenden Sitz die Teilung für beide Geschlechter die gleiche Höchstzahl nach d'Hondt ergibt, entscheidet das Los darüber, welches Geschlecht den letzten Sitz für das Minderheitengeschlecht bekommt (§ 5 Abs. 2 WO). 192

Wie gelost wird, entscheidet der Wahlvorstand. Es ist jede Methode zulässig, die zu einem unbeeinflussbaren Zufallsergebnis führt. 193

Das Ergebnis der Verlosung hat der Wahlvorstand zu protokollieren. 194

Sind beide Geschlechter gleich stark in der Belegschaft vertreten, gibt es kein Minderheitengeschlecht und demzufolge auch keine reservierten Sitze. 195

6. Erlass des Wahlausschreibens

Nachdem die Wählerliste aufgestellt und die Sitze für das Minderheitengeschlecht ermittelt sind, muss der Wahlvorstand das Wahlausschreiben erlassen. Die Einzelheiten legt für das **normale Wahlverfahren** § 3 Abs. 2 WO fest. Für das **vereinfachte Wahlverfahren** enthalten §§ 31 und 36 Abs. 3 WO besondere Bestimmungen. 196

§ 3 Wahlausschreiben

(1) …

(2) Das Wahlausschreiben muss folgende Angaben enthalten:

1. *das Datum seines Erlasses;*
2. *die Bestimmung des Orts, an dem die Wählerliste und die Wahlordnung ausliegen; sowie im Fall der Bekanntmachung in elektronischer Form (§ 2 Abs. 4 Satz 3 und 4 WO), wo und wie von der Wählerliste und der Wahlordnung Kenntnis genommen werden kann;*
3. *dass nur Arbeitnehmerinnen und Arbeitnehmer wählen oder gewählt werden können, die in die Wählerliste eingetragen sind, und dass Einsprüche gegen die Wählerliste (§ 4) nur vor Ablauf von zwei Wochen seit dem Erlass des Wahlausschreibens schriftlich beim Wahlvorstand eingelegt werden können; verbunden mit einem Hinweis auf die Anfechtungsausschlussgründe nach § 19 Absatz 3 des Gesetzes; der letzte Tag der Frist ist anzugeben und im Fall des § 41 Absatz 2 zusätzlich die Uhrzeit;*
4. *den Anteil der Geschlechter und den Hinweis, dass das Geschlecht in der Minderheit im Betriebsrat mindestens entsprechend seinem zahlenmäßigen Verhältnis vertreten sein muss, wenn der Betriebsrat aus mindestens drei Mitgliedern besteht (§ 15 Abs. 2 BetrVG);*

5. die Zahl der zu wählenden Betriebsratsmitglieder (§ 9 des BetrVG) sowie die auf das Geschlecht in der Minderheit entfallenden Mindestsitze im Betriebsrat (§ 15 Abs. 2 BetrVG);
6. die Mindestzahl von Wahlberechtigten, von denen ein Wahlvorschlag unterzeichnet sein muss (§ 14 Abs. 4 BetrVG);
7. dass der Wahlvorschlag einer im Betrieb vertretenen Gewerkschaft von zwei Beauftragten unterzeichnet sein muss;
8. dass Wahlvorschläge vor Ablauf von zwei Wochen seit dem Erlass des Wahlausschreibens beim Wahlvorstand in Form von Vorschlagslisten einzureichen sind, wenn mehr als fünf Betriebsratsmitglieder zu wählen sind; der letzte Tag der Frist ist anzugeben; und im Fall § 41 Abs. 2 zusätzlich die Uhrzeit
9. dass die Stimmabgabe an die Wahlvorschläge gebunden ist und dass nur solche Wahlvorschläge berücksichtigt werden dürfen, die fristgerecht (Nr. 8) eingereicht sind;
10. die Bestimmung des Orts, an dem die Wahlvorschläge bis zum Abschluss der Stimmabgabe aushängen;
11. Ort, Tag und Zeit der Stimmabgabe sowie die Betriebsteile und Nebenbetriebe, für die schriftliche Stimmabgabe (§ 24 Abs. 3) beschlossen ist;
12. den Ort, an dem Einsprüche, Wahlvorschläge und sonstige Erklärungen gegenüber dem Wahlvorstand abzugeben sind (Betriebsadresse des Wahlvorstands);
13. Ort, Tag und Zeit der öffentlichen Stimmauszählung.
(3) … (4) ……

Die Anfechtung der Betriebsratswahl ist nach § 19 Abs. 3 BetrVG dann ausgeschlossen, wenn die Wahl wegen einer unrichtigen Wählerliste angefochten werden soll und die Anfechtenden nicht vorher aus demselben Grund ordnungsgemäß Einspruch gegen die Wählerliste nach § 4 WO eingelegt haben. Das gilt nur dann nicht, wenn die Anfechtenden an der Einlegung des Widerspruches gehindert waren.

197 Mit dem Erlass (Aushang) des Wahlausschreibens ist die Betriebsratswahl eingeleitet.

Siehe dazu

- Mustertext Wahlausschreiben für die Wahl des Betriebsrats (Wahlunterlage 13 – Normales Wahlverfahren)
- Mustertext Wahlausschreiben für die Wahl des Betriebsrats (Wahlunterlage 9 – Einstufiges vereinfachtes Wahlverfahren)
- Mustertext Wahlausschreiben für die Wahl des Betriebsrats (Wahlunterlage 13 – Vereinfachtes zweistufiges Wahlverfahren)

Das Wahlausschreiben muss die in der Wahlordnung vorgeschriebenen Angaben enthalten. 198

Siehe dazu

- Software-Modul »Betriebsratsgröße/Minderheitengeschlechtsquote/Stützunterschriften« zur Berechnung der Anzahl der notwendigen Stützunterschriften für den oder die Wahlvorschläge.

Für die Angaben im Wahlausschreiben – wie die Größe des Betriebsrats, 199 die Sitze für das Minderheitengeschlecht, die notwendigen Stützunterschriften – kommt es auf die Verhältnisse bei Erlass des Wahlausschreibens an.[196] Sind an diesem Tag »in der Regel« 201 Arbeitnehmer:innen beschäftigt, hat der Betriebsrat neun Mitglieder. Daran ändert sich nichts, auch wenn die Unternehmensleitung drei Wochen nach Erlass des Wahlausschreibens entscheidet, dass 20 Arbeitnehmer:innen entlassen werden sollen. Ansonsten müsste das Wahlausschreiben permanent geändert werden. Ändert sich nach Erlass des Wahlausschreibens z. B. durch Ein- oder Austritt aus dem Betrieb das Geschlechterverhältnis in der Belegschaft (§ 15 Abs. 2 BetrVG), hat dies keinen Einfluss auf die dem Minderheits- bzw. Mehrheitsgeschlechts zustehenden Sitze im Betriebsrat. Gleiches gilt für die Größe des Betriebsrats[197] sowie für die erforderlichen Stützunterschriften für einen Wahlvorschlag.

Der Wahlvorstand muss überlegen, wie er die Wahl praktisch vornimmt. 200 In kleinen Betrieben wird ein **Wahllokal** ausreichen. In größeren Betrieben kann der Wahlvorstand mehrere Wahllokale (zum Einsatz von Wahlhelfer:innen s. Rn. 82) einrichten. Er muss dabei berücksichtigen, dass die WO die persönliche Stimmabgabe als Regelfall vorsieht. Er muss dann sicherstellen, dass Wahlberechtigte nur in einem Wahllokal abstimmen. Dazu kann er die Wahlberechtigten aus bestimmten Abteilungen einzelnen Wahllokalen zuordnen. Eine solche Zuordnung ist im Wahlausschreiben oder in einem Anhang dazu mit dem Wahlausschreiben bekannt zu machen. In Betrieben mit vielen Filialen kann der Wahlvorstand mobile Wahllokale einrichten, d. h. Teams, die mit einer Wahlurne zu den einzelnen Filialen fahren und so die Stimmabgabe ermöglichen. Im Wahlausschreiben oder einem Anhang dazu sind die Zeiten anzugeben, zu denen die **mobilen Wahllokale** vor Ort sind. Dabei muss berücksichtigt werden, dass in Filialbetrieben in der Regel viele Teilzeitbeschäftigte arbeiten. Die Wahlzeiten sind also so zu wählen, dass diese abstimmen können. Sie

196 BAG 12.10.1976 – 1 ABR 1/76.
197 Fitting, § 9 Rn. 38.

sind dann strikt einzuhalten.[198] Die **Wahlurne** muss nach der Stimmabgabe in den einzelnen Filialen versiegelt werden – § 12 Abs. 5 WO. Auch bei Einsatz von mobilen Wahllokalen müssen immer mindestens zwei Mitglieder des Wahlvorstands bzw. ein Wahlvorstandsmitglied und eine Wahlhelferin oder ein Wahlhelfer anwesend sein (§ 12 Abs. 2 WO).

ON LINE

Siehe dazu
- Mustertext Wahlausschreiben für die Wahl des Betriebsrats (Wahlunterlage 13 – Normales Wahlverfahren)
- Mustertext Wahlausschreiben für die Wahl des Betriebsrats (Wahlunterlage 9 – Einstufiges vereinfachtes Wahlverfahren)
- Mustertext Wahlausschreiben für die Wahl des Betriebsrats (Wahlunterlage 13 – Vereinfachtes zweistufiges Wahlverfahren)
- Arbeitsversion der Wählerliste

201 Der Wahlvorstand soll im Wahlausschreiben außerdem darauf hinweisen, dass bei der Aufstellung von Wahlvorschlägen die **Betriebsabteilungen** und einzelnen Organisationsbereiche berücksichtigt werden sollen, sofern das nach Größe, Eigenart oder Zusammensetzung der Arbeitnehmerschaft des Betriebs zweckmäßig ist (§ 3 Abs. 3 WO).

202 Durch das Wahlausschreiben wird die Frist für die Einreichung von Wahlvorschlägen (Vorschlagslisten) in Gang gesetzt. Sie beträgt zwei Wochen seit Erlass (Aushang) des Wahlausschreibens (§ 6 Abs. 1 Satz 2 WO). Die Fristberechnung erfolgt nach § 187 Abs. 1 BGB i. V. m. § 188 Abs. 2 BGB (vgl. Rn. 89). Wird also das Wahlausschreiben an einem Montag im Betrieb ausgehangen, läuft die Frist in 14 Tagen, wiederum am Montag, ab. Etwas anderes gilt nur, wenn dieser Montag ein Feiertag ist (§ 193 BGB; siehe Rn. 89). Der letzte Tag des Fristablaufs ist im Wahlausschreiben zu benennen. Bei seiner Angabe hat der Wahlvorstand keinen Entscheidungsspielraum.[199] Der Wahlvorstand kann am Tag des Fristablaufs das Ende der Frist auf das Ende der Arbeitszeit der Mehrheit der Wähler:innen festlegen (§ 41 Abs. 2 WO).

203 Von besonderer Bedeutung ist auch der Hinweis im Wahlausschreiben, dass nur Arbeitnehmer:innen wählen oder gewählt werden können, die in die Wählerliste eingetragen sind. So begründet die **Eintragung in die Wählerliste** zwar nicht die Wahlberechtigung, das Wahlrecht kann aber nicht ausüben, wer die Voraussetzungen für das aktive Wahlrecht (§ 7 BetrVG) erfüllt, aber nicht in der Wählerliste steht. Im Wahlausschrei-

198 LAG Schleswig-Holstein 21.6.2011 – 2 TaBV 41/10.
199 BAG 9.12.1992 – 7 ABR 27/92.

ben ist anzugeben, wo die Wähler:innen Einblick in die Wählerliste und Wahlordnung nehmen können. Einsprüche gegen die Wählerliste sind schriftlich beim Wahlvorstand einzureichen. Die Einspruchsfrist gegen die Wählerliste beginnt ebenfalls mit Aushang des Wahlausschreibens und beträgt zwei Wochen (§ 187 Abs. 1 BGB i. V. m. § 188 Abs. 2 BGB). Auch hier ist der letzte Tag der Frist zu benennen.

Der Wahlvorstand muss, wenn er für Betriebsteile und Kleinstbetriebe **204** die **schriftliche Stimmabgabe** (Briefwahl) beschließt, diesen Beschluss vor Erlass des Wahlausschreibens fassen. Er muss dies im Wahlausschreiben bekanntgeben (§ 3 Abs. 2 Nr. 11 WO).

a) Aushang und/oder elektronische Bekanntmachung des Wahlausschreibens

Das Wahlausschreiben muss im Betrieb bekanntgemacht werden. Dies **205** geschieht üblicherweise an vorhandenen »**Schwarzen Brettern**« usw., an denen auch sonst Bekanntmachungen im Betrieb erfolgen. In Betrieben mit mehreren Betriebsteilen (z. B. Filialen) muss in jedem Betriebsteil eine Kopie des Wahlausschreibens ausgehängt werden.[200] Sind im Betrieb Arbeitnehmer:innen beschäftigt, die nur selten im Betrieb sind (z. B. Außendienstler, Monteure oder Arbeitnehmer:innen, die von zuhause aus [Homeoffice] oder mobil arbeiten), muss der Wahlvorstand diesen Arbeitnehmer:innen das **Wahlausschreiben zusätzlich postalisch oder elektronisch übersenden.**[201] Außerdem hat der Wahlvorstand das Wahlausschreiben den Wahlberechtigten, die

- wegen der Eigenart ihres Beschäftigungsverhältnisses im Zeitpunkt der Wahl (§ 24 Abs. 2 Nr. 1 WO) oder
- aus anderen Gründen vom Erlass des Wahlausschreibens bis zum Zeitpunkt der Wahl, z. B. bei Arbeitsunfähigkeit oder Ruhen des Arbeitsverhältnisses, (§ 24 Abs. 2 Nr. 2 WO)

voraussichtlich nicht im Betrieb anwesend sein werden (vgl. dazu Rn. 268ff.), **postalisch oder elektronisch vorab zu übersenden** (§ 3 Abs. 4 Satz 4 Halbsatz 1 WO). Die dafür **erforderlichen Informationen**, nämlich welche wahlberechtigten Arbeitnehmer:innen dies betrifft sowie deren Postanschriften und E-Mail-Adressen, **hat der Arbeitgeber dem Wahlvorstand zur Verfügung zu stellen** (§ 3 Abs. 4 Satz 4 Halbsatz 2 WO). Die Übersendung des Wahlausschreibens an diesen Personenkreis muss unverzüglich nach Erlass des Wahlausschreibens erfolgen. Eine

200 BAG 21. 9. 2009 – 7 ABR 65/07; BAG 5. 5. 2004 – 7 ABR 44/03.
201 LAG Hamburg 28. 3. 2007 – 5 TaBV 2/07.

Zusendung erst nach Ablauf der Frist für die Einreichung von Wahlvorschlägen bzw. nach Ablauf der Einspruchsfrist gegen die Wählerliste wäre ein Anfechtungsgrund.[202]

ON LINE

Siehe dazu

- Mustertext für die Anforderung von Unterlagen zur Briefwahl (Wahlunterlage 13b – Normales Wahlverfahren – Wahlvorstand an Arbeitgeber)
- Mustertext für die Anforderung von Unterlagen zur Briefwahl (Wahlunterlage 9b – Vereinfachtes Wahlverfahren – einstufig – Wahlvorstand an Arbeitgeber)
- Mustertext für die Anforderung von Unterlagen zur Briefwahl/Wahlversammlung (Wahlunterlage 11 – Vereinfachtes Wahlverfahren – zweistufig – Einladende/Gewerkschaft an Arbeitgeber)

Das Wahlausschreiben muss bis zum Ende der Stimmabgabe ausgehängt werden. Es muss die ganze Zeit über in einem gut lesbaren Zustand (§ 3 Abs. 4 Satz 1 WO) gehalten werden. Der Wahlvorstand hat dies an den Stellen, an denen er das Wahlausschreiben ausgehängt hat, regelmäßig zu kontrollieren.[203] Werden Korrekturen am Wahlausschreiben (z. B. Änderung des Ortes und der Zeit der Stimmauszählung wegen einer Pandemie) notwendig, ist dies an allen Stellen, an denen das Wahlausschreiben ausgehängt bzw. bekanntgemacht wurde, zu korrigieren.

206 Der Wahlvorstand kann die Bekanntmachung

- der Wählerliste und der Wahlordnung (§ 2 Abs. 4 WO),
- des Wahlausschreibens (§ 3 Abs. 4 WO),
- des Wahlergebnisses (§ 13 WO) und
- der Gewählten (§ 18 WO)

ergänzend zum normalen Aushang in elektronischer Form, z. B. durch E-Mail oder im Intranet, vornehmen. Maßgebend ist bei ergänzender elektronischer Bekanntmachung immer der klassische Aushang des Wahlausschreibens für die Frage der Fristberechnungen usw.[204] Macht der Wahlvorstand die Wählerliste ergänzend mit der im Betrieb vorhandenen Informations- und Kommunikationstechnik bekannt (§ 2 Abs. 4 WO), muss er darauf achten, dass die Geburtsdaten dort nicht mit bekanntgemacht werden. Hier gilt dasselbe wie beim Aushang des Abdrucks der Wählerliste.

---

202 Thüringer LAG 27. 3. 2024 – 4 TaBV 13/23.

203 LAG Köln 26. 1. 2016 – 12 TaBV 60/15.

204 Fitting, § 3 WO Rn. 30.

Voraussetzung für die ausschließliche elektronische Bekanntmachung ist, dass sichergestellt ist, dass alle Arbeitnehmer:innen von der Bekanntmachung Kenntnis erlangen können. Zudem muss sichergestellt sein, dass Änderungen an den Bekanntmachungen nur vom Wahlvorstand (§ 2 Abs. 4 WO) und nicht allein von **Systemadministrator:innen** vorgenommen werden können.[205] Dies kann z. B. durch ein dem Wahlvorstand vorbehaltenes Passwort geschehen. 207
Kenntnis können Arbeitnehmer:innen dann erlangen, wenn sie ohne größeren Aufwand Zugang zu den im Betrieb benutzten elektronischen Medien (also in der Regel Intranet und E-Mail) haben.

Dies ist kein Problem in Betrieben, in denen alle Arbeitnehmer:innen einen eigenen PC benutzen und z. B. eine persönliche E-Mail-Adresse haben. Sofern es allerdings Arbeitnehmer:innen in Abteilungen gibt, die diesen Zugang nicht haben (z. B. Reinigungspersonal, bestimmte Produktionsabteilungen, Handwerker:innen auf Montage usw.), ist eine ausschließliche elektronische Bekanntmachung nicht zulässig.[206] In diesem Fall muss der Wahlvorstand seine Bekanntmachungen in traditioneller Weise im Betrieb aushängen. 208

Beispiel: 209
Ein Betrieb besteht aus einer Produktionsabteilung, einem Außenlager und einer zentralen Hauptverwaltung. In der Hauptverwaltung verfügen alle Arbeitnehmer:innen über einen eigenen PC. In der Produktion sind Terminals aufgestellt, an denen Arbeitnehmer:innen das Intranet einsehen können bzw. Zugriff auf bestimmte Funktionen der Personalabteilung haben. Im Außenlager gibt es keine Terminals. In diesem Fall ist eine Bekanntmachung ausschließlich in elektronischer Form nicht zulässig. Dies gilt auch dann, wenn es üblich ist, dass Bekanntmachungen der Firma nur über das Intranet bekannt gemacht werden und deshalb die Arbeitnehmer:innen in der Produktion gezwungen sind, regelmäßig ins Intranet zu schauen. Es ist nicht sichergestellt, dass alle Arbeitnehmer:innen in der Produktion und im Lager vom Wahlausschreiben Kenntnis erlangen können.

Will der Wahlvorstand für Bekanntmachungen E-Mails nutzen, kann er hierfür seinen eigenen **E-Mail-Zugang** im Betrieb nutzen. Vorschriften des Unternehmens (E-Mail-Richtlinien usw.), die die private Nutzung des E-Mail-Systems untersagen, greifen hier nicht. Es handelt sich nicht um eine private Nutzung, sondern um eine im Gesetz vorgesehene Möglich- 210

205 BAG 21.1.2009 – 7 ABR 65/07.
206 BAG 5.5.2004 – 7 ABR 44/03.

keit für den Wahlvorstand. Der Arbeitgeber muss, wenn sich der Wahlvorstand für diesen Weg entscheidet, die Nutzung seiner Anlagen und Systeme dulden, wie er sonst die Nutzung seines Eigentums für Aushänge dulden muss. Der Arbeitgeber muss das IT-Personal anweisen, dem Wahlvorstand hierbei die notwendige Unterstützung zu geben. Ob der Wahlvorstand von dieser Möglichkeit Gebrauch machen will, liegt in seinem pflichtgemäßen Ermessen. Er muss entscheiden, ob er die nach § 3 Abs. 4 WO erforderliche ergänzende Übermittlung des Wahlausschreibens an die Briefwähler:innen (§ 24 Abs. 2 WO) postalisch oder elektronisch vornimmt. Er allein muss sich überlegen, ob die Bekanntmachungen auf elektronischem Wege nicht effektiver sind und auf diesem Weg mehr Arbeitnehmer:innen schneller erreicht werden. Der Arbeitgeber ist verpflichtet, ihm die dafür die notwendige technische Unterstützung und Beratung zur Verfügung zu stellen, wenn der Wahlvorstand die elektronischen Möglichkeiten ergänzend oder ausschließlich nutzen will.

211 Auch die Administrator:innen des Intranets haben keine Befugnis, Bekanntmachungen des Wahlvorstands abzulehnen oder etwa inhaltlich zu verändern.

212 Bei der Benutzung des Intranets sollte der Wahlvorstand dafür sorgen, dass die Bekanntmachungen nicht einfach nur in einen Ordner eingestellt werden, sondern dass beim Aufrufen des Intranets die Arbeitnehmer:innen auf die Betriebsratswahl und die Bekanntmachungen automatisch hingewiesen werden. Wie der Wahlvorstand sicherstellen kann, dass Änderungen in den Bekanntmachungen nur von ihm vorgenommen werden können, hängt vom verwendeten System ab.

213 Er kann entweder schreibgeschützt Dateien versenden oder Dateien ins Intranet einstellen, die nur gelesen, aber nicht bearbeitet werden können.

b) Frist zum Erlass des Wahlausschreibens

214 Spätestens sechs Wochen vor dem ersten Tag der Stimmabgabe (Wahltag) erfolgt der Erlass des Wahlausschreibens im **normalen Wahlverfahren** durch Aushang. Wird das Wahlausschreiben an mehreren Stellen ausgehängt, ist es erst erlassen, wenn es an der letzten der vorgesehenen Stellen aushängt.

Siehe dazu

- Software-Modul »Wahlkalender« zur Berechnung der Fristen zum Aushang des Wahlausschreibens.

Beispiel: 215

- Ist der erste Tag der Stimmabgabe z. B. Mittwoch, der 29.4.2026, ist das Wahlausschreiben spätestens am Dienstag, den 17.3.2026 auszuhängen.

Im **einstufigen vereinfachten Wahlverfahren** erlässt der Wahlvorstand im Anschluss an die Aufstellung der Wählerliste das Wahlausschreiben. Im **zweistufigen vereinfachten Wahlverfahren** wird es auf der Wahlversammlung zur Wahl des Wahlvorstands erlassen. 216

c) Änderungen des Wahlausschreibens, Berichtigungen, Neuerlass

Der Inhalt des Wahlausschreibens, vor allem die darin enthaltenen Daten und Fristen, sind grundsätzlich bindend. Berichtigungen sind nur in engen Grenzen zugelassen, so vor allem bei Schreib- und Rechenfehlern und sonstigen **offensichtlichen Unrichtigkeiten**. Der Wahlvorstand muss aber Berichtigungen bzw. Ergänzungen vornehmen, um einer Anfechtung der Wahl vorzubeugen (vgl. § 19 Abs. 1 BetrVG, wonach eine Anfechtung u. a. voraussetzt, dass Verstöße gegen wesentliche Wahlbestimmungen nicht berichtigt worden sind). Muss der Wahlvorstand Angaben im Wahlausschreiben korrigieren, die Einfluss auf die Einreichung von Wahlvorschlägen haben können (**Größe des Betriebsrats**, Anzahl der erforderlichen Stützunterschriften, Anzahl der Sitze für das Minderheitengeschlecht) oder sonstige Angaben (Ort der Wahl, oder Stimmauszählung), muss er dies durch **Aushang** und deutlichen Hinweis auf die Korrekturen (Angabe der Änderungen) tun. Die Berichtigung muss an allen Stellen, an denen das ursprüngliche Wahlausschreiben bekannt gemacht wurde (z. B. auch in Filialen), den Wählern bekannt machen Ein schlichter Austausch des Wahlausschreibens ist nicht ausreichend.[207] Den Briefwähler:innen (§ 24 Abs. 2 WO) muss der Wahlvorstand das geänderte Wahlausschreiben unverzüglich auch postalisch oder elektronisch zusenden (§ 3 Abs. 4 WO). Den im Betrieb vertretenen Gewerkschaften muss das geänderte Wahlausschreiben ebenfalls unverzüglich übermittelt werden, da es Einfluss auf die Frage der Einreichung von Wahlvorschlägen durch sie haben kann. 217

Entscheidend ist, dass eine **Berichtigung bzw. Ergänzung** des Wahlausschreibens keine Einschränkung des Wahlrechts der Wähler:innen zur 218

207 LAG Hessen 22.3.2007 – 9 TaBV 199/06.

Folge hat.[208] So stellt z. B. die fehlende Angabe eines Wahllokals keinen Verstoß gegen wesentliche Wahlvorschriften dar, wenn sie so rechtzeitig ergänzt wird, dass alle Wahlberechtigten davon Kenntnis nehmen können.[209]

219 Korrigiert der Wahlvorstand Angaben zur Einreichung von Wahlvorschlägen (Stützunterschriften, Größe des Betriebsrats, Mindestsitze für das Minderheitengeschlecht), muss er eine Nachfrist von einer Woche für die Einreichung von Wahlvorschlägen setzen.[210] Wurden schon Wahlvorschläge eingereicht, verlieren diese ihre Gültigkeit.[211] Würde die Korrektur und die Setzung einer Nachfrist zur Einreichung von Wahlvorschlägen dazu führen, dass die Mindestfrist zur Bekanntmachung der Wahlvorschläge (spätestens eine Woche vor Beginn der Stimmabgabe; § 10 Abs. 2 WO) nicht eingehalten werden kann, muss der Wahltermin verschoben werden.

220 Eine Verschiebung des Wahltermins ist nicht durch eine Korrektur des Wahlausschreibens möglich. In diesem Fall hat der Wahlvorstand ein neues Wahlausschreiben zu erlassen und bekannt zu machen.[212] Dies kann aber zu einer betriebsratslosen Zeit führen.

7. Entgegennahme und Prüfung von Wahlvorschlägen

221 Wahlvorschläge sind im normalen Wahlverfahren innerhalb einer Frist von zwei Wochen nach Erlass des Wahlausschreibens beim Wahlvorstand einzureichen. Ist das Wahlausschreiben z. B. am Dienstag, den 14. 4. 2026 erlassen worden, sind Wahlvorschläge bis spätestens Dienstag, den 28. 4. 2026 beim Wahlvorstand einzureichen. Im vereinfachten einstufigen Wahlverfahren beträgt die Frist eine Woche vor dem Tag der Wahlversammlung zur Wahl des Betriebsrats. Im zweistufigen vereinfachten Wahlverfahren müssen Wahlvorschläge bis zum Abschluss der Wahlversammlung zur Wahl des Wahlvorstands gemacht werden (siehe Rn. 399 ff.).

---

208 BAG 19. 9. 1985 – 6 ABR 4/85.
209 BAG 19. 9. 1985 – 6 ABR 4/85; im konkreten Fall neun Tage vor der Wahl.
210 DKW-*Homburg*, § 3 WO Rn. 31; Fitting, § 3 WO Rn. 14 m. w. N.
211 DKW-*Homburg*, § 3 WO Rn. 31.
212 DKW-*Homburg*, § 3 WO Rn. 34.

Innerhalb der **Einreichungsfrist** muss sich der Wahlvorstand bereithalten, Wahlvorschläge entgegenzunehmen und unverzüglich zu prüfen.[213] Das gilt vor allem für die Zeit kurz vor dem Fristablauf. Der Wahlvorstand muss sich am letzten Tag der Einreichungsfrist bereithalten, um evtl. eingehende Wahlvorschläge kurzfristig zu prüfen. Nur so ist gewährleistet, dass Mängel der Wahlvorschläge auch noch vor Ablauf der Einreichungsfrist von den Einreicher:innen korrigiert werden können.[214] Wird ein Wahlvorschlag z. B. einen Tag vor Ablauf der Einreichungsfrist eingereicht, darf der Wahlvorstand diesen nicht erst einen Tag nach Ablauf der Frist prüfen. Zwar sieht § 7 Abs. 2 WO vor, dass Wahlvorschläge möglichst binnen einer Frist von zwei Arbeitstagen geprüft werden sollen, dies ist jedoch keine starre Frist. Vielmehr ist entscheidend, dass der Wahlvorstand den Einreicher:innen durch rechtzeitige Überprüfung die Korrektur von eventuellen Mängeln ermöglicht.[215] 222

Hat der Wahlvorstand (mit Ausnahme des zweistufigen vereinfachten Wahlverfahrens) zur Entgegennahme von Wahlvorschlägen im Wahlausschreiben eine **bestimmte Frist** angegeben (z. B. 17.00 Uhr), müssen die Wahlvorschläge exakt bis 17.00 Uhr eingegangen sein. Das Fristende am letzten Tag darf nicht vor dem Zeitpunkt liegen, an dem die Arbeitszeit für die Mehrheit der wahlberechtigten Arbeitnehmer:innen endet (§ 41 Abs. 2 WO; s. Rn. 88ff.).[216] 223

Hat der Wahlvorstand keine Uhrzeit für das Fristende zur Einreichung der Wahlvorschläge im Wahlausschreiben angegeben, ist das Fristende 24.00 Uhr. Die Wahlberechtigten dürfen in diesem Fall davon ausgehen, dass der Wahlvorstand auch Wahlvorschläge, die am letzten Tag der Frist z. B. um 23.00 Uhr eingehen, entgegennimmt und ordnungsgemäß bearbeitet.[217]

Der Wahlvorschlag wird in der Regel beim Wahlvorstand in dessen Büro abgegeben. Dann kann dieser den Eingang und die Uhrzeit bestätigen. Ebenso kann er mit der Post gesandt oder durch einen Boten überbracht werden. Eine **Einreichung per E-Mail, Messenger-Dienst wie WhatsApp oder Fax** sieht die Wahlordnung nicht vor (siehe Rn 102a mit weiteren Hinweisen zur Schriftform).[218] Der Wahlvorstand könnte 224

213 BAG 25.5.2005 – 7 ABR 39/04.

214 BAG 18.7.2012 – 7 ABR 21/11; BAG 21.1.2009 – 7 ABR 65/07.

215 BAG 18.7.2012 – 7 ABR 21/11; BAG 21.1.2009 – 7 ABR 65/07.

216 Vgl. auch BAG 16.1.2018 – 7 ABR 11/16; BAG 4.10.1977 – 1 ABR 37/77; zum Einzelhandel: LAG München 18.7.2007 – 7 TaBV 79/07; LAG Hessen 12.1.2012 – 9 TaBV 115/11; vgl. LAG Hamm 26.11.2010 – 13 TaBV 54/10.

217 BAG 28.4.2021 – 7 ABR 10/20.

218 BAG 20.10.2021 – 7 ABR 36/20.

bei diesen Wegen im Übrigen auch nicht die Echtheit der Unterschriften prüfen. Ausgeschlossen ist zur Fristwahrung auch, den Wahlvorschlag eingescannt an den Wahlvorstand zu mailen und das Original später nachzureichen. Ein Wahlvorschlag ist dem Wahlvorstand auch dann zugegangen, wenn er – soweit vorhanden – rechtzeitig in den Briefkasten oder in das Postfach des Wahlvorstands gelangt ist. Der Wahlvorstand ist dagegen nicht verpflichtet, Wahlvorschläge an anderen Stellen des Betriebs entgegenzunehmen. Der Wahlvorstand kann allerdings (was aber keineswegs vorgeschrieben ist) im Wahlausschreiben bestimmte Wahlvorstandsmitglieder namentlich bezeichnen, die zur Entgegennahme von Wahlvorschlägen berechtigt sind. Ist das der Fall, ist die Einreichung von Wahlvorschlägen bei den namentlich bezeichneten Wahlvorstandsmitgliedern rechtzeitig und wirksam, wenn die Einreichung innerhalb der Frist nach § 6 Abs. 1 Satz 2 WO erfolgte.[219]

225 Der Wahlvorstand hat neben der Fristeinhaltung zu prüfen, ob und inwieweit die Wahlvorschläge ordnungsgemäß und damit gültig sind. Die Wahlordnung verwendet die Begriffe »Vorschlagslisten« und »Wahlvorschläge«, wobei diese Begriffe nicht in der Wahlordnung definiert werden. Im Folgenden wird von Wahlvorschlägen gesprochen.

226 Ein Wahlvorschlag besteht aus dem Teil, der die Kandidatenvorschläge enthält (**Bewerber:innenteil**) und dem Teil, der die Unterzeichner:innen des Wahlvorschlags namentlich anführt (**Stützunterzeichner:innen**). Bewerber:innen- und Unterzeichner:innenteil des Wahlvorschlags müssen von Beginn an eine einheitliche Urkunde bilden. Vor allem in Groß- oder Filialbetrieben werden Stützunterschriften für Wahlvorschläge auf mehreren Exemplaren gesammelt werden müssen. Befinden sich Bewerber:innenliste und Stützunterschriften auf mehreren Blättern, muss in jedem Fall eindeutig erkennbar sein, dass sie eine einheitliche Urkunde bilden. Dies kann durch die Wiedergabe eines Kennworts auf allen Blättern erreicht werden.[220] Um hier allen Zweifelsfragen aus dem Weg zu gehen, empfiehlt es sich, Bewerber:innenteil und Stützunterschriften fest miteinander zu verbinden, z. B. durch Heftklammern. Zulässig ist es auch, auf mehreren Ausfertigungen des Wahlvorschlags Stützunterschriften zu sammeln.[221] Wird ein Wahlvorschlag mit Stützunterschriften eingereicht, auf dem sich die Unterschriften auf Blättern befinden, auf denen kein Hinweis auf den Wahlvorschlag (**Kennwort, Listenführer:in,**

---

219 LAG Hamm 9. 9. 1994 – 3 TaBV 137/94.

220 BAG 25. 5. 2005 – 7 ABR 39/04; vgl. BAG 20. 1. 2010 – 7 ABR 39/08 zum vergleichbaren Fall bei der Wahl der Schwerbehindertenvertretung.

221 DKW-*Homburg*, § 6 WO Rn. 22, 23.

Wahlbewerber:in) enthalten ist, muss der Wahlvorstand den/die **Listenvertreter:in** unverzüglich auf diesen Mangel hinweisen.[222] Ein Wahlvorschlag ist der Vorschlag aller, die ihn als Stützunterzeichner:innen unterschrieben haben. Das gilt unabhängig davon, dass der/die an erster Stelle stehende Unterzeichner:in als Listenvertreter:in gilt, sofern ein solcher im Wahlvorschlag nicht ausdrücklich angeführt wird (§ 6 Abs. 4 Satz 1 WO). Der/die Listenvertreter:in ist berechtigt und verpflichtet, gegenüber dem Wahlvorstand Erklärungen abzugeben sowie von ihm Erklärungen und Entscheidungen entgegenzunehmen (§ 6 Abs. 4 Satz 2 WO).

Die schriftliche Zustimmung eines/einer Wahlbewerbers/Wahlbewerberin zur Aufnahme in die Vorschlagsliste zur Kandidatur kann weder zurückgenommen werden noch kann sie unter Bedingungen erteilt werden. Eine Zustimmung zur Kandidatur, z. B. nur für den Fall der Mehrheits-, aber nicht für den Fall der Verhältniswahl ist, ist unbeachtlich.[223] **227**

Jeder Wahlvorschlag **soll** – damit gegebenenfalls **Ersatzmitglieder** vorhanden sind – mindestens doppelt so viele Kandidat:innen aufweisen, wie bei der Wahl Betriebsratsmitglieder zu wählen sind (§ 6 Abs. 2 WO). Sind es weniger, wird der Wahlvorschlag dadurch nicht ungültig. Die Vorschrift ist eine Ordnungsvorschrift, deren Nichtbeachtung keine Konsequenzen hat.[224] Die Wahlbewerber:innen sind in erkennbarer Reihenfolge in dem Wahlvorschlag unter fortlaufender Nummer mit Vornamen, Familiennamen, Geschlecht, Art der Beschäftigung aufzuführen. Die schriftliche Zustimmung eines/einer jeden Bewerbers/Bewerberin muss entweder (zweckmäßigerweise) in einer entsprechenden Rubrik im Wahlvorschlag vorgenommen oder dem Vorschlag beigefügt werden. **228**

Siehe dazu

- Mustertext für eine Vorschlagsliste (Wahlunterlage 15 – Normales Wahlverfahren – Vorschlagsliste)
- Mustertext für einen Wahlvorschlag (Wahlunterlage 15 – Vereinfachtes Wahlverfahren – Wahlvorschlag mehrköpfiger Betriebsrat)
- Mustertext für einen Wahlvorschlag
- (Wahlunterlage 16 – Vereinfachtes Wahlverfahren – Wahlvorschlag 1-köpfiger Betriebsrat)

ON LINE

Wahlvorschläge benötigen – abhängig von der Anzahl der Arbeitnehmer:innen im Betrieb – Stützunterschriften: **229**

222 LAG Hamburg 7.3.2016 – 8 TaBV 4715.
223 ArbG Freiburg 21.4.2010 – 12 BV 6/09.
224 BAG 10.10.2012 – 7 ABR 53/11.

- In Betrieben mit in der Regel bis zu 20 wahlberechtigten Arbeitnehmer:innen: keine Stützunterschriften,
- in Betrieben mit bis zu in der Regel 100 wahlberechtigten Arbeitnehmer:innen: mindestens Stützunterschriften von zwei wahlberechtigten Arbeitnehmer:innen;
- in allen anderen Betrieben: Stützunterschriften von mindestens einem Zwanzigstel der Wahlberechtigen; in jedem Fall reicht die Unterzeichnung durch 50 wahlberechtigte Arbeitnehmer:innen.

Zu den Wahlberechtigten gehören auch die nach § 7 Satz 2 BetrVG wahlberechtigten Leiharbeitnehmer (vgl. § 14 Abs. 2 AÜG).[225] Auch Kandidat:innen können den Wahlvorschlag, auf dem sie selbst kandidieren, unterstützen.[226]

ON LINE

Siehe dazu
- Software-Modul »Betriebsratsgröße/Minderheitengeschlecht/Stützunterschriften« zur Berechnung der Anzahl der notwendigen Stützunterschriften.

230 Bei der Berechnung werden Bruchteile immer auf die nächste ganze Zahl aufgerundet.

Beispiel:
In einem Betrieb sind 205 wahlberechtigte Arbeitnehmer:innen beschäftigt. Ein Zwanzigstel (oder 5 %) wären 10,25. Notwendig sind also 11 Stützunterschriften.

231 Auch im **Betrieb vertretene Gewerkschaften** können **Wahlvorschläge** einreichen (§ 14 Abs. 3 BetrVG). Der Wahlvorstand muss prüfen, ob es sich dabei um eine Gewerkschaft handelt.[227] Der Wahlvorschlag von einer Gewerkschaft muss von zwei Beauftragten der Gewerkschaft unterzeichnet sein. Die Gewerkschaft kann zusätzlich Stützunterschriften sammeln. Nur bei einem solchen Wahlvorschlag darf auch die Bezeichnung der Gewerkschaft als Kennwort der Liste (z. B. IG Metall, NGG, ver.di oder Marburger Bund) verwandt werden.[228] Die Beauftragten müssen entweder durch die Satzung ermächtigt sein, für die Gewerkschaft zu handeln

225 Fitting, § 14 Rn. 47.
226 BAG 6.11.2013 – 7 ABR 65/11.
227 Fitting, § 14 Rn. 62; DKW-*Homburg*, § 14 Rn. 35.
228 BAG 26.10.2016 – 7 ABR 4/15; 15.5.2013 – 7 ABR 40/11.

und Wahlvorschläge einzureichen, oder von den satzungsgemäßen Organen (Vorstände, Geschäftsführer:innen usw.) bevollmächtigt sein.[229] Wen die im Betrieb vertreten Gewerkschaften beauftragen und wie sie dies tun, entscheiden sie allein. Sie können Beauftragte in ihrer Satzung festlegen oder auch von den nach Satzung zuständigen Vertretern Vollmachten erteilen lassen.

Siehe dazu
- Mustertext für eine Vorschlagsliste (Wahlunterlage 15 – Normales Wahlverfahren – Vorschlagsliste)
- Mustertext für einen Wahlvorschlag (Wahlunterlage 15 – Vereinfachtes Wahlverfahren – Wahlvorschlag mehrköpfiger Betriebsrat)
- Mustertext für einen Wahlvorschlag (Wahlunterlage 16 – Vereinfachtes Wahlverfahren – Wahlvorschlag 1-köpfiger Betriebsrat)

ON LINE

Wahlvorschläge können nicht **elektronisch**, z. B. per E-Mail oder Fax, gemacht werden.[230] Die Wahlordnung sieht dies nicht vor. Gleiches gilt für die Leistung von **Stützunterschriften.**[231] Nur im Original kann der Wahlvorstand die Unterlagen wirklich prüfen. **232**

Unabhängig davon, ob ein oder mehrere Wahlvorschläge eingereicht wurden, findet die Wahl des Betriebsrats im vereinfachten Wahlverfahren immer als Mehrheitswahl (Personenwahl) statt. **233**

Ein Wahlvorschlag mit Wahlbewerber:innen, die nicht wahlberechtigt sind, ist ungültig.[232] **234**

Der Wahlvorstand muss den Einreicher:innen eines Wahlvorschlags die Einreichung mit Datum und Uhrzeit bestätigen (§ 7 Abs. 1 WO). **235**

Siehe dazu
- Mustertext für die Bestätigung des Eingangs eines Wahlvorschlags (Wahlunterlage 16 – Normales Wahlverfahren)
- Mustertext für die Bestätigung des Eingangs eines Wahlvorschlags (Wahlunterlage 17 – Vereinfachtes Wahlverfahren)

ON LINE

Der Wahlvorstand hat die eingereichten Wahlvorschläge zu prüfen. Bei Fehlern unterscheidet die Wahlordnung zwischen unheilbaren und heil- **236**

229 Vgl. DKW-*Homburg*, § 14 Rn. 35.
230 LAG Düsseldorf 3.7.2020 – 10 TaBV 71/18, n. rk. anhängig BAG – 7ABR 36/20.
231 Vgl. für die Schwerbehindertenvertretungswahl BAG 20.1.2010 – 7 ABR 39/08.
232 BAG 7.7.2011 – 2 AZR 377/10.

baren Mängeln. Liegt ein unheilbarer Mangel vor, sind die Wahlvorschläge ungültig und werden nicht zur Wahl zugelassen.

237 **Unheilbare Mängel** enthalten nach § 8 Abs. 1 WO Wahlvorschläge, die

- nicht fristgerecht eingereicht wurden,
- auf denen die Bewerber:innen nicht in erkennbarer Reihenfolge aufgeführt sind,
- die bei der Einreichung nicht die erforderliche Zahl von Unterschriften aufweisen, mit denen der Wahlvorschlag gestützt werden muss.

238 Die in § 8 Abs. 1 WO genannten Gründe, die zur Ungültigkeit eines Wahlvorschlags führen können, sind nicht abschließend. Ein Wahlvorschlag kann beispielsweise auch ungültig sein, wenn er Kandidat:innen enthält, die nicht wählbar sind.

239 Heilbare Mängel sind nach § 8 Abs. 2 WO Wahlvorschläge,

- auf denen die Bewerber:innen nicht in der in § 6 Abs. 3 WO bestimmten Weise aufgeführt sind,
- wenn die schriftliche Zustimmung der Bewerber:innen zur Aufnahme in die Vorschlagsliste nicht vorliegt oder
- wenn die Vorschlagsliste infolge von Streichung von Stützunterschriften gem. § 6 Abs. 5 WO nicht mehr die erforderliche Zahl von Unterschriften aufweist,

wenn diese Mängel, nachdem sie vom Wahlvorstand beanstandet wurden, nicht binnen drei Arbeitstagen beseitigt wurden.

ON LINE

Siehe dazu

- Mustertext zur Benachrichtigung wegen unheilbarer Mängel einer Vorschlagsliste (Wahlunterlage 17 – Normales Wahlverfahren)
- Mustertext zur Benachrichtigung wegen heilbarer Mängel einer Vorschlagsliste (Wahlunterlage 18 – Normales Wahlverfahren – Benachrichtigung über heilbare Mängel einer Vorschlagsliste)
- Mustertext zur Benachrichtigung wegen unheilbarer Mängel einer Vorschlagsliste (Wahlunterlage 18 – Vereinfachtes Wahlverfahren)
- Mustertext zur Benachrichtigung wegen heilbarer Mängel einer Vorschlagsliste (Wahlunterlage 19 – Vereinfachtes Wahlverfahren – Benachrichtigung über heilbare Mängel eines Wahlvorschlags)

a) Kandidatur auf mehreren Wahlvorschlägen – Verhältniswahl

240 Ein/e Wahlbewerber:in kann nur auf einem Wahlvorschlag kandidieren (§ 6 Abs. 7 WO). Der Wahlvorstand muss dies entsprechend prüfen. Ist ein/e Kandidat:in mit seiner schriftlichen Zustimmung auf mehreren Wahlvorschlägen (Listen) vertreten, hat ihn/sie der Wahlvorstand auf-

zufordern, **binnen drei Arbeitstagen** zu erklären, auf welchem Vorschlag er seine Bewerbung aufrechterhält. Äußert sie/er sich nicht, ist sie/er auf sämtlichen Listen zu streichen (§ 6 Abs. 7 WO).

Siehe dazu

- Mustertext zur Benachrichtigung eines Wahlbewerbers wegen Aufnahme in mehrere Vorschlagslisten (Wahlunterlage 19 – Normales Wahlverfahren)

Jeder Wahlvorschlag ist nach dem Einreichen, das dem/der Listenvertreter:in zu bestätigen ist (mit Datum und Uhrzeit), unverzüglich vom Wahlvorstand zu prüfen. Dies muss grundsätzlich innerhalb von zwei Arbeitstagen geschehen (§ 7 Abs. 2 WO). 241

Siehe dazu

- Mustertext für die Bestätigung des Eingangs eines Wahlvorschlags (Wahlunterlage 16 – Normales Wahlverfahren)
- Mustertext für die Bestätigung des Eingangs eines Wahlvorschlags (Wahlunterlage 17 – Vereinfachtes Wahlverfahren)
- Mustertext über Benachrichtigung über unheilbare Mängel von Wahlvorschlägen (Wahlunterlage 17 – Normales Wahlverfahren)
- Mustertext über Benachrichtigung über heilbare Mängel von Wahlvorschlägen (Wahlunterlage 18 – Normales Wahlverfahren)
- Mustertext über Benachrichtigung über unheilbare Mängel von Wahlvorschlägen (Wahlunterlage 18 – Vereinfachtes Wahlverfahren)
- Mustertext über Benachrichtigung über heilbare Mängel von Wahlvorschlägen (Wahlunterlage 19 – Vereinfachtes Wahlverfahren)

b) Doppelunterstützung von Wahlvorschlägen

Das Streichen von **Stützunterschriften** beeinträchtigt die Gültigkeit eines Wahlvorschlags nicht zwangsläufig. Soweit in § 8 Abs. 1 WO bei der erforderlichen Zahl der Unterschriften darauf hingewiesen wird, dass § 6 Abs. 5 WO unberührt bleibt, ist damit Folgendes gemeint: Es kann das Problem von Doppelunterzeichnungen auftreten (ein und der/dieselbe Arbeitnehmer:in hat zwei oder mehr Wahlvorschläge unterzeichnet, vgl. § 6 Abs. 5 WO). Der Wahlvorstand hat den/die Arbeitnehmer:in in diesem Fall aufzufordern, zu erklären, auf welchem Wahlvorschlag er/sie seine/ihre Unterschrift aufrechterhält. Erklärt er/sie dies nicht, bleibt die Unterschrift auf dem zuerst eingereichten Wahlvorschlag bestehen, auf 242 dem anderen wird sie gestrichen. Werden Listen zeitgleich eingereicht, entscheidet das Los.

ON LINE

Siehe dazu
- Mustertext Benachrichtigung wegen Unterzeichnung mehrerer Vorschlagslisten) (Wahlunterlage 20 – Normales Wahlverfahren)
- Mustertext Benachrichtigung wegen Unterzeichnung mehrerer Wahlvorschläge (Wahlunterlage 20 – Vereinfachtes Wahlverfahren einstufig)

243 Im vereinfachten zweistufigen Wahlverfahren hat ein Wahlberechtigter/eine Wahlberechtigte, der in der Wahlversammlung mehrere Wahlvorschläge unterstützt hat, auf Aufforderung des Wahlvorstands zu erklären, welche Unterstützung er/sie aufrechterhält (§ 33 Abs. 2 WO).

244 Kommt es bei einem Wahlvorschlag wegen Doppelunterzeichnungen zur Streichung von Stützunterschriften, kann es vorkommen, dass dadurch die notwendige Zahl von Stützunterschriften nach § 14 Abs. 4 BetrVG nicht mehr vorhanden ist. Es liegt dann kein unheilbarer Mangel vor, sondern ein heilbarer (siehe Rn. 239).

c) Einschalten der Listenvertreter:innen

245 Mängel nach § 8 Abs. 2 WO können binnen einer Frist von drei Arbeitstagen beseitigt werden. Die Frist beginnt, wenn die **Listenvertreter:innen** über die **Mängel** unterrichtet wurden. Wurden der/die Listenvertreter:in z. B. am Montag, den 13. 4. 2026 über Mängel unterrichtet, müssen die Mängel bis spätestens Donnerstag, den 16. 4. 2026 beseitigt sein. Der Tag der Unterrichtung zählt bei der Fristberechnung nicht mit (§ 187 Abs. 1 BGB). Die Wahlordnung schreibt deshalb vor, dass der Wahlvorstand die Listenvertreter:innen unverzüglich schriftlich unter Angabe der Gründe zu unterrichten hat (§ 7 Abs. 2 WO). Diese sollen dadurch in die Lage versetzt werden, die Mängel innerhalb der dreitägigen Frist zu beheben. Unterbleibt die Mitteilung des Wahlvorstands an die Listenvertreter:innen, ist die Wahl anfechtbar. Aber auch bei unheilbaren Mängeln nach § 8 Abs. 1 WO sind die Listenvertreter:innen darauf hinzuweisen, dass die Liste unheilbar ungültig ist. Die Listenvertreter:innen können, wenn die Einreichungsfrist für Vorschlagslisten noch läuft, versuchen, eine neue und gültige Vorschlagsliste einzureichen.

Siehe dazu

- Mustertext zur Benachrichtigung wegen unheilbarer Mängel einer Vorschlagsliste (Wahlunterlage 17 – Normales Wahlverfahren)
- Mustertext zur Benachrichtigung wegen heilbarer Mängel einer Vorschlagsliste (Wahlunterlage 18 – Normales Wahlverfahren – Berichtigung über heilbare Mängel einer Vorschlagsliste)
- Mustertext zur Benachrichtigung wegen unheilbarer Mängel einer Vorschlagsliste (Wahlunterlage 18 – Vereinfachtes Wahlverfahren)
- Mustertext zur Benachrichtigung wegen heilbarer Mängel einer Vorschlagsliste (Wahlunterlage 19 – Vereinfachtes Wahlverfahren – Benachrichtigung über heilbare Mängel eines Wahlvorschlags)

Zu den Besonderheiten im **vereinfachten Wahlverfahren** siehe Rn. 398. **246**

Den Listenvertreter:innen ist eine Kopie der Liste auszuhändigen.[233] **247**

Liegen heilbare Mängel vor, können die Listenvertreter:innen die erforderlichen Nachbesserungen vornehmen. Ist beispielsweise die Zahl der erforderlichen Stützunterschriften wegen der Streichung von Doppelunterzeichnern unter die nach § 14 Abs. 4 BetrVG notwendige Zahl gesunken, müssen die Listenvertreter:innen innerhalb der Frist nach § 8 Abs. 2 WO weitere Stützunterschriften beibringen. Weist ein so ergänzter Wahlvorschlag wiederum Unterschriften auf, die bereits unter anderen Wahlvorschlägen (Vorschlagslisten) stehen, sind die Doppelunterschriften auf der ergänzten Liste zu streichen. Führt die Streichung von Doppelunterschriften auf der ergänzten Liste dazu, dass die notwendige Anzahl von Stützunterschriften wiederum nicht erreicht wird, ist der Vorschlag unheilbar ungültig. **248**

Von dem Problem **mangelhafter Wahlvorschläge** ist die Frage zu unterscheiden, ob die Listenvertreter:innen berechtigt sind, einen bereits beim Wahlvorstand eingereichten Wahlvorschlag (Vorschlagsliste) wieder zurückzunehmen. Das ist zu verneinen.[234] Die Aufgabe der Listenvertreter:innen beschränkt sich nach § 6 Abs. 4 WO auf »die zur Beseitigung von Beanstandungen erforderlichen Erklärungen«.[235] Die **Rücknahme** eines beim Wahlvorstand eingereichten Wahlvorschlags durch die Listenvertreter:innen ist selbst dann nicht zulässig, wenn die Einreichungsfrist noch nicht abgelaufen ist.[236] **249**

Auch darf ein Wahlvorschlag, für den schon Stützunterschriften gesammelt wurden, nicht mehr geändert werden. Der Wahlvorschlag ist dann **250**

233 Fitting, § 7 Rn. 7.
234 LAG Niedersachsen 28.6.2007 – 14 TaBV 5/07.
235 LAG Niedersachen 28.6.2007 – 14 TaBV 5/07.
236 BVerwG 11.6.1975 – VII P 15.73 zu §§ 7, 8 Abs. 4 WO BPersVG.

ein gemeinsamer Vorschlag aller Unterstützer. Deshalb dürfen weder Kandidat:innen gestrichen noch die Reihenfolge der Kandidat:innen geändert werden.[237]

d) Kennwort von Wahlvorschlägen

Nach § 7 Abs. 2 WO hat der Wahlvorstand die eingereichten Wahlvorschläge mit einem Kennwort zu versehen, wenn nicht schon auf der Liste selbst schon ein Kennwort angegeben ist. Kennwort sind der Familienname und Vorname der beiden ersten Bewerber:innen auf der Vorschlagsliste.
Kennwörter, die Kandidat:innen selbst auf ihren Wahlvorschlag angeben, dürfen weder irreführend noch andere lächerlich machend sein.[238] So darf z. B. der Name einer Gewerkschaft im Kennwort nur dann verwendet werden, wenn es sich dabei auch um einen Wahlvorschlag der Gewerkschaft nach § 14 Abs. 3, 5 BetrVG handelt.[239] Ist dies nicht der Fall, darf der Wahlvorstand einen Wahlvorschlag nicht zurückweisen. Er muss ihn behandeln wie einen Wahlvorschlag mit fehlendem Kennwort. Er muss die Namen der ersten beiden Kandidat:innen als Kennwort einsetzen.[240]

8. Nachfrist zum Einreichen von Wahlvorschlägen

251 Der Wahlvorstand hat im normalen Wahlverfahren eine Nachfrist zu setzen, wenn innerhalb der im Wahlausschreiben angegebenen Frist keine Wahlvorschläge eingereicht wurden (§ 9 Abs. 1 WO).

Siehe dazu
- Mustertext zur Bekanntmachung über die Nachfrist zur Einreichung von Vorschlagslisten (Wahlunterlage 20 – Normales Wahlverfahren)

252 Im **vereinfachten Wahlverfahren** gibt es keine Nachfrist (§§ 33 Abs. 5, 36 Abs. 6 WO).

---

237 LAG Niedersachsen 28. 6. 2007 – 14 TaBV 5/07.
238 Fitting, § 7 WO Rn. 2.
239 BAG 26. 10. 2015 – 7 ABR 4/15; LAG Düsseldorf 4. 8. 2020 – 10 TaBV 42/19.
240 BAG 26. 10. 2015 – 7 ABR 4/15.

9. Bekanntmachung der Wahlvorschläge

Nach Ablauf der Einreichungsfrist bzw. nach Ablauf der Nachfrist sind die gültigen **Wahlvorschläge** an den gleichen Stellen im Betrieb bekannt zu machen, an denen auch das **Wahlausschreiben** aushängt. In Betrieben mit mehreren Betriebsteilen (z. B. Filialen) hat dies in jedem Betriebsteil zu geschehen (§ 10 Abs. 2, § 3 Abs. 4 Satz 1–3 WO).[241] Hat der Wahlvorstand das **Wahlausschreiben zusätzlich elektronisch bekannt gemacht**, ist er verpflichtet, auch bei der **Bekanntmachung der Wahlvorschläge**[242] (oder z. B. bei der Bekanntmachung von Änderungen des Wahlausschreibens oder der Wählerliste[243]) so zu verfahren. Die Wahlberechtigten, die das Wahlausschreiben auch im Intranet einsehen können bzw. per Mail erhalten haben, gehen davon aus, dass der Wahlvorstand auch alle anderen Mitteilungen auf diesem Wege bekannt macht. Soweit die neue Wahlordnung den Wahlvorstand verpflichtet, den Wahlberechtigten, denen er gemäß § 24 Abs. 2 Nr. 1, 2 WO die Briefwahlunterlagen unaufgefordert übermitteln muss (s. dazu Rn. 268ff.), das Wahlausschreiben zum Zeitpunkt seiner Bekanntmachung postalisch oder elektronisch zu übermitteln (§ 3 Abs. 4 Satz 4 Halbsatz 1 WO), gilt dies – auch nach der neuen Wahlordnung – **für die Bekanntmachung der Wahlvorschläge nicht** (s. dazu § 10 Abs. 2 WO, der lediglich auf § 3 Abs. 4 Satz 1–3 WO verweist): Eine Übersendungspflicht bezüglich der Wahlvorschläge im Zeitpunkt ihrer Bekanntmachung an die Briefwähler:innen wird durch die neue Wahlordnung nicht begründet, da die Wahlvorschläge mit den übrigen Briefwahlunterlagen an die Briefwähler:innen zu übersenden sind.[244] 253

Die **Bekanntmachung der Wahlvorschläge** hat spätestens **eine Woche vor Beginn der Stimmabgabe** zu geschehen (§ 10 Abs. 2 WO). Beginnt diese z. B. am Donnerstag, den 21. 5. 2026, sind die gültigen Wahlvorschläge spätestens am Mittwoch, den 13. 5. 2026 bekanntzumachen. Eine frühere Bekanntmachung ist unschädlich.[245] Wurden mehrere Listen eingereicht, ist vor dem Aushang durch Losentscheid in Anwesenheit der Listenvertreter die **Reihenfolge der Ordnungsnummern** zu ermitteln, die den eingereichten Vorschlagslisten zugeteilt werden (§ 10 Abs. 1 WO). Die Bekanntmachung hat bei der Listenwahl zu umfassen: die

---

241 BAG 21. 9. 2009 – 7 ABR 65/07; BAG 5. 5. 2004 – 7 ABR 44/03.
242 BAG 20. 10. 2021 – 7 ABR 36/20; LAG Düsseldorf 3. 7. 2020 – 10 TaBV 71/18.
243 BAG 28. 8. 2017 – 7 ABR 42/15.
244 S. Bundesrat-Drucksache 666/21 v. 25. 8. 2021, Begründung zu § 10 WO neue Fassung, S. 21.
245 BAG 27. 11. 2024 – 7 ABR 32/23.

Ordnungsnummer, das Kennwort (soweit vorhanden) und die beiden an erster Stelle stehenden Bewerber:innen sowie die genaue Anführung aller Wahlbewerber. Bei der Personen- bzw. Mehrheitswahl sind alle Bewerber:innen in der Reihenfolge bekannt zu machen, in der sie auf dem Wahlvorschlag stehen.

ON LINE

Siehe dazu

- Mustertext zur Bekanntmachung der gültigen Wahlvorschläge (Wahlunterlage 24 – Normales Wahlverfahren)
- Mustertext zur Bekanntmachung der gültigen Wahlvorschläge (Wahlunterlage 22 – Vereinfachtes Wahlverfahren)

10. Einspruch gegen die Wählerliste

254 Die Arbeitnehmer:innen können **im normalen Wahlverfahren** innerhalb von zwei Wochen seit Erlass des Wahlausschreibens Einspruch gegen die Wählerliste einlegen, wobei die Schriftform vorgeschrieben ist (§ 4 Abs. 1 WO). Wurde das Wahlausschreiben z. B. am Mittwoch, den 15. 4. 2026 erlassen und ausgehängt, endet die Frist für Einsprüche am Mittwoch, den 29. 4. 2026. Es ist nicht erforderlich, dass der/die Arbeitnehmer:in, der/die Einspruch einlegt, selbst von der von ihm/ihr angenommenen Unrichtigkeit betroffen ist. Ein/e Arbeitnehmer:in könnte geltend machen, dass andere Beschäftigte nicht oder zu Unrecht in die Wählerliste aufgenommen wurden. Der Einspruch ist allerdings insoweit ausgeschlossen, als er sich darauf stützt, dass die Zuordnung zum Personenkreis der leitenden Angestellten nach § 18a BetrVG (zu dem Zuordnungsverfahren vgl. Rn. 164) fehlerhaft erfolgt sei (vgl. auch § 4 Abs. 2 Satz 2 und 3 WO).

255 **Im vereinfachten Wahlverfahren** sind Einsprüche binnen drei Tagen seit Erlass des Wahlausschreibens einzulegen (§ 31 Abs. 1 Nr. 3 WO).

256 Einsprüche sind grundsätzlich an der Betriebsadresse des Wahlvorstands abzugeben. Dieser kann jedoch bestimmte Vorkehrungen treffen (z. B. Briefkasten), damit die Abgabe eines Einspruchs erleichtert wird.

257 Der Wahlvorstand hat über Einsprüche grundsätzlich unverzüglich zu entscheiden. Es muss ihm natürlich die zur tatsächlichen und rechtlichen Prüfung notwendige Zeit bleiben. Entschieden wird durch Mehrheitsbeschluss. Abstimmungsberechtigt sind nur die stimmberechtigten Wahlvorstandsmitglieder.

Der Person, die Einspruch eingelegt hat, ist die Entscheidung des Wahlvorstands schriftlich mitzuteilen. 258

Siehe dazu

- Mustertext zur Entscheidung des Wahlvorstands über einen Einspruch gegen die Wählerliste (Wahlunterlage 14 – Normales Wahlverfahren)
- Mustertext zur Entscheidung des Wahlvorstands über einen Einspruch gegen die Wählerliste (Wahlunterlage 14 – Vereinfachtes Wahlverfahren)

Wenn § 4 Abs. 2 Satz 5 WO festlegt, dass die Entscheidung des Wahlvor- 259
stands der Person, die **Einspruch** eingelegt hat, spätestens am Tag vor dem Beginn der Stimmabgabe zugehen muss, heißt das nicht, dass der Wahlvorstand generell bis zu diesem Tage warten darf. Er muss vielmehr dem/der Betroffenen die Möglichkeit geben, die Entscheidung des Wahlvorstands zu prüfen.

Der Wahlvorstand ist nicht verpflichtet, seine Entscheidung zu begrün- 260
den. Im Fall der Ablehnung des Einspruchs sollte er dies dennoch tun, um seine Entscheidung transparent und verständlich zu machen. Hält der Wahlvorstand den Einspruch für begründet, ist die Wählerliste entsprechend zu berichtigen.

Der **Wahlvorstand selbst** kann – unabhängig von Einsprüchen – nach 260a
der geänderten Wahlordnung die Wählerliste **bis zum Abschluss der Stimmabgabe am Wahltag** berichtigen (§ 4 Abs. 3 BetrVG).

VIII. Welche Aufgaben hat der Wahlvorstand zur Vorbereitung und Überwachung der Stimmabgabe und Feststellung des Wahlergebnisses?

1. Vorbereitung der Stimmabgabe und Auszählung

a) Anfertigung von Stimmzetteln

261 Die Betriebsratswahl kann vom Wahlvorstand auch mit Hilfe von entsprechenden Softwareprogrammen vorbereitet und durchgeführt werden (z. B. Erstellung der Wählerliste, Wahlausschreiben, Auszählung der Stimmen). Die Stimmabgabe der Wähler:innen kann aber nur **persönlich durch das Ankreuzen auf dem Stimmzettel** erfolgen. Eine Wahl, bei der die **Stimme elektronisch bzw. online** abgegeben wird, ist nach dem BetrVG und der Wahlordnung **nicht zulässig.**[246] Eine solche Wahl ist nichtig.[247] Der Wahlvorstand muss rechtzeitig vor der Wahl den Druck der Stimmzettel in Auftrag geben. Diese dürfen nicht erst am Tag der Wahl vorhanden sein, sondern so rechtzeitig, dass sie für die Briefwahl bereitstehen. Die Stimmzettel unterscheiden sich nach Mehrheits- und Verhältniswahl. Nicht zulässig ist die Verwendung von mehreren Stimmzetteln für verschiedene Wahlvorschläge.[248]

Siehe dazu
- Muster für einen Stimmzettel Mehrheitswahl (Personenwahl) (Wahlunterlage 30 – Normales Wahlverfahren)
- Muster für einen Stimmzettel Listenwahl (Verhältniswahl) (Wahlunterlage 31 – Normales Wahlverfahren
- Muster für einen Stimmzettel Personenwahl (Mehrheitswahl) (Wahlunterlage 27 Stimmzettel – Vereinfachtes Wahlverfahren)

---

246 LAG Hamburg 15. 2. 2018 – 8 TaBv 5/17; DKW-Homburg, § 18 Rn. 9.
247 A.A. LAG Hamburg 15. 2. 2018 – 8 TaBv 5/17: nur anfechtbar.
248 LAG Schleswig-Holstein 15. 9. 2011 – 5 TaBV 3/11.

Bei der Verhältnis- bzw. der Listenwahl (§ 11 Abs. 2 WO) sind die Wahlvorschläge in der Reihenfolge der **ausgelosten Ordnungsnummern** mit Angabe der beiden auf dem Wahlvorschlag an erster Stelle stehenden Wahlbewerber:innen mit Familienname, Vorname und Art der Beschäftigung in Betrieb untereinander anzugeben sowie – soweit vorhanden – das Kennwort der Liste. Die Angabe aller Kandidat:innen bei der Verhältniswahl auf dem Stimmzettel ist nicht zulässig.[249] Bei der Verhältnis- bzw. Listenwahl dürfen auf den Stimmzetteln – neben einem evtl. Kennwort der Liste – nur die ersten beiden auf den Wahlvorschlag aufgeführten Kandidat:innen auf dem Stimmzettel abgedruckt werden und nicht alle Kandidat:innen der Liste.[250] **262**

Bei der Mehrheits- bzw. Personenwahl sind auf dem Stimmzettel alle Kandidat:innen mit Namen, Vornamen sowie Art der Beschäftigung im Betrieb in der Reihenfolge aufzuführen, wie sie auf dem Wahlvorschlag stehen (§ 20 Abs. 2 WO). Der Wahlvorstand darf die Reihenfolge nicht verändern, indem er z. B. die Kandidat:innen abweichend vom Wahlvorschlag alphabetisch auf dem Stimmzettel aufführt.[251] **263**

Alle Stimmzettel sowie die Wahl- und Freiumschläge bei der Briefwahl müssen die gleiche Größe, Farbe, Beschaffenheit und Beschriftung haben (§§ 11 Abs. 2; 24 Abs. 1 WO). Bereits ein stärkerer Aufdruck eines **Stimmkreises** oder andere drucktechnische Differenzierungen können die Wahl anfechtbar machen.[252] **264**

Bei der **persönlichen Stimmabgabe im Wahllokal** sind keine Wahlumschläge zu verwenden (§ 12 Abs. 3 WO). Nach dem Ankreuzen ist der Stimmzettel so zu falten, dass die Stimme nicht erkennbar ist (§ 11 Abs. 3 WO) und der gefaltete Stimmzettel ist dann in die Wahlurne zu werfen (§ 12 Abs. 3 WO). So bleibt auch ohne Nutzung von Wahlumschlägen das Wahlgeheimnis gewahrt (s. dazu im einzelnen Rn. 289). **265**
Bei der Briefwahl allerdings sind – zur Wahrung des Wahlgeheimnisses – weiterhin Wahlumschläge erforderlich (s. dazu Rn. 292). Eine Briefwahl ohne Wahlumschlag macht diese mindestens anfechtbar, wenn nicht nichtig.[253]

---

249 BAG 16. 9. 2020 – 7 ABR 30/19.
250 LAG Schleswig-Holstein 15. 9. 2011 5 TaBV 3/11.
251 LAG Berlin-Brandenburg 25. 8. 2011 – 25 TaBV 529/11.
252 Vgl. BAG 14. 1. 1969 – 1 ABR 14/68.
253 Vgl. zur alten Fassung der Wahlordnung BAG 20. 1. 2021 – 7 ABR 3/20.

b) Wahlurnen/Wahlkabinen

265a Für die persönliche Stimmabgabe muss der Wahlvorstand eine oder mehrere Wahlurnen, in welche die Stimmzettel eingeworfen werden können, bereitstellen.

Die Wahlordnung enthält keine besonderen Vorschriften, wie die Wahlurnen beschaffen sein müssen. Allerdings müssen sie so beschaffen sein, dass die eingeworfenen Stimmzettel nicht herausgenommen werden können, ohne dass die Wahlurne geöffnet wird (§ 12 Abs. 1 WO). Damit Manipulationen auszuschließen sind, müssen die **Wahlurnen verschließbar** und aus **festem Material** (Holz, Kunststoff usw.) sein. Der Verschluss kann durch Siegellack, eine Plombe oder ein Schloss erfolgen. Wird ein Schloss verwendet, hat der Wahlvorstand die Schlüssel dazu sicher zu verwahren. Wird an mehreren Tagen gewählt, muss die Wahlurne am Ende des jeweiligen Wahltages versiegelt (§ 12 Abs. 5 WO) und über Nacht in einem verschlossenen Raum, zu dem nur der Wahlvorstand Zugang hat, verwahrt werden.

Die Stimmabgabe muss unbeobachtet erfolgen (§ 12 Abs. 1 WO).[254] Daher müssen Wahlkabinen bzw. Trennwände zur Verfügung stehen, die verhindern, dass die Wähler:innen beim Kennzeichnen und Falten des Stimmzettels beobachtet werden können. Die Wahl kann auch in einem separaten Nebenraum stattfinden, wenn dieser sicherstellt, dass niemand die Wähler:innen beobachtet (z. B. durchs Fenster).

Sollten von früheren Wahlen keine **Trennwände, Wahlurnen oder Wandschirme** für die Stimmabgabe zur Verfügung stehen, sind diese anzuschaffen. Der Arbeitgeber trägt die Kosten (§ 20 Abs. 3 BetrVG, vgl. Rn. 462).

2. Vorbereitungen für die schriftliche Stimmabgabe

266 Die Voraussetzungen und Einzelheiten für die Briefwahl (auch für die nachträgliche schriftliche Stimmabgabe im vereinfachten Wahlverfahren, vgl. § 35 WO und Rn. 419ff.) sind in § 24 WO geregelt.

254 LAG Düsseldorf 13.12.2016 – 9 TaBV 85/16.

a) In welchen Fällen ist eine Briefwahl durchzuführen?

Die schriftliche Stimmabgabe mittels Briefwahl ist durchzuführen, wenn wahlberechtigte Arbeitnehmer:innen bei der Wahl im Betrieb nicht anwesend sein werden …

- … und deshalb jeweils die Aushändigung der Briefwahlunterlagen ausdrücklich verlangen, § 24 Abs. 1 WO,
- … wegen der Eigenart ihres Beschäftigungsverhältnisses, z. B. Außendienst, Telearbeit, § 24 Abs. 2 Nr. 1 WO,
- …, weil sie die gesamte Dauer des Wahlverfahrens jeweils langzeitabwesend sein werden, v. a. bei Ruhen des Arbeitsverhältnisses, durchgehender Arbeitsunfähigkeit, Beschäftigungsverbot, Elternzeit, Pflegezeit, Urlaub usw., § 24 Abs. 2 Nr. 2 WO,
- …, weil sie in Betriebsteilen und Kleinstbetrieben beschäftigt sind, die räumlich weit entfernt vom Hauptbetrieb sind, sofern der Wahlvorstand für diese Bereiche die schriftliche Stimmabgabe beschlossen hat und in den Betriebsteilen kein eigener Betriebsrat gewählt wird, § 24 Abs. 3 WO.

Zu unterscheiden ist also die Zusendung auf Verlangen und die automatische Zusendung »von Amts wegen«. Außerhalb der vorgenannten Fälle darf der Wahlvorstand keine Briefwahl beschließen (z. B. keine pauschale »Briefwahl für alle«[255]).

b) Zusendung auf Verlangen

Wahlberechtigte Arbeitnehmer:innen, die am Wahltag wegen Abwesenheit vom Betrieb an der Abgabe ihrer Stimme gehindert sind (§ 24 Abs. 1 WO), können die **Briefwahl beim Wahlvorstand beantragen**. Der Grund der Abwesenheit vom Betrieb ist dabei gleichgültig (z. B. Krankheit, Urlaub, Inanspruchnahme von Elternzeit, Teilzeit, mobile Arbeit Homeoffice). Auch betriebliche Gründe, wie z. B. eine Dienstreise bei einem/einer sonst im Betrieb anwesenden Arbeitnehmer:in, rechnen dazu. Eine **Begründung** muss der Antrag **nicht** enthalten.[256] Die Briefwahlunterlagen können formlos persönlich oder in Textform (z. B. per Mail) beim Wahlvorstand beantragt werden. 267

255 BAG 16. 3. 2022 – 7 ABR 29/20; BAG 24. 4. 2024 – 7 ABR 22/23.

256 BAG 22. 1. 2025 – 7 ABR 1/24 (a. A. noch Hessisches LAG 20. 11. 2023 – 16 TaBV 83/23).

Siehe dazu
- Mustertext für die Anforderung der Unterlagen zur schriftlichen Stimmabgabe durch einen Wahlberechtigten (Wahlunterlage 26 – Normales Wahlverfahren)
- Mustertext für den Antrag auf nachträgliche schriftliche Stimmabgabe durch einen Wahlberechtigten (Wahlunterlage 23 – Vereinfachtes Wahlverfahren)

c) Zusendung »von Amts wegen«

268 **Eigenart des Beschäftigungsverhältnisses**

Der Wahlvorstand muss denjenigen Wahlberechtigten, von denen er weiß, dass sie zum Zeitpunkt der Wahl wegen der Eigenart ihres Beschäftigungsverhältnisses voraussichtlich nicht im Betrieb anwesend sein werden (§ 24 Abs. 2 Nr. 1 WO), die Wahlunterlagen **ohne Anforderung** (»von Amts wegen«) zusenden. Der Wahlvorstand muss dies in Bezug auf konkrete Wahlberechtigte wissen. Es genügt nicht, wenn der Wahlvorstand lediglich davon ausgeht, dass sehr viele Arbeitnehmer:innen nicht im Betrieb anwesend sein werden und nicht sicher absehbar ist, welche Arbeitnehmer:innen konkret betroffen sein werden.[257]

Zu den von § 24 Abs. 2 Nr. 1 WO Erfassten gehören insbesondere: Außendienstbeschäftigte, Monteure, Kraftfahrer, Beschäftigte, die ausschließlich im Homeoffice (s. hierzu unten Rn. 268a), in Tele- oder Mobilarbeit arbeiten, in Heimarbeit oder Kurzarbeit Null[258] und Leiharbeitnehmer:innen im Verleiherbetrieb.[259] Gleiches gilt für Beschäftigte in Teilzeit, wenn der Wahlvorstand sicher weiß, dass sie am Wahltag üblicherweise nicht im Betrieb sind (Bsp: Ein Arbeitnehmer arbeitet immer nur von Montag bis Mittwoch und die Wahl findet an einem Donnerstag statt). Diesen Arbeitnehmer:innen sind die Briefwahlunterlagen vom Wahlvorstand **unaufgefordert zuzusenden.**[260]

Der Wahlvorstand hat einen Anspruch auf Auskunft gegen den Arbeitgeber und kann die notwendigen Informationen vom Arbeitgeber verlangen (z. B. Listen der von § 24 Abs. 2 WO erfassten Arbeitnehmer:innen, Adressen der Betroffenen; Auskunft darüber, wer (in welchem Umfang)

---

257 BAG 24. 4. 2024 – 7 ABR 22/23; aA. noch LAG Hessen 29. 6. 2020 – 16 TaBV 150/19 (»ernsthaft in Betracht zu ziehende Möglichkeit«).

258 ArbG Halberstadt 14. 9. 1993 – 6 BV 4/93.

259 LAG Hamburg 8. 7. 2015 – 6 TaBV 1/15; LAG Hessen 17. 4. 2008 – 9 TaBV 163/07; Fitting, § 24 WO Rn. 10.

260 LAG Hamburg 8. 7. 2015 – 6 TaBV 1/15; LAG Hessen 17. 4. 2008 – 9 TaBV 163/07.

mobil bzw. im Homeoffice arbeitet[261]). Der Übergabe der persönlichen Daten stehen datenschutzrechtliche Bedenken nicht entgegen.[262]

Homeoffice und **mobile Arbeit** können je nach Betrieb sehr unterschiedlich geregelt sein (z. B. feste Homeoffice-Tage, Wahlrecht über Homeoffice, mit oder ohne Ankündigungsfristen usw.). Wer ausschließlich im Homeoffice arbeitet, wird am Tag der Wahl nicht im Betrieb sein. Bei denjenigen, die nur ganz unregelmäßig mobil arbeiten, kann der Wahlvorstand nicht davon ausgehen, dass sie am Tag der Wahl im Homeoffice sein werden. In allen anderen Fällen ist noch nicht abschließend geklärt, inwieweit der Wahlvorstand die Briefwahlunterlagen versenden muss. Ob z. B. regelmäßiges[263] oder überwiegendes[264] Homeoffice genügt, ab wann Regelmäßigkeit vorliegt und ob sie sich auf bestimmte Tage beziehen muss, ist unklar und im Einzelfall nicht einfach zu beantworten. Manchmal ist die Zahl der Homeoffice-Tage einzelner Beschäftigter weder dem Arbeitgeber noch dem Wahlvorstand überhaupt bekannt (Bsp: Eine Betriebsvereinbarung schließt die Erfassung in Bezug auf Einzelpersonen aus und lässt nur anonyme Erhebungen zur abstrakten Anzahl der Homeoffice Tage im Betrieb zu). Dadurch, dass der Wahlvorstand seine Entscheidung nicht abstrakt, sondern in **Bezug auf konkrete Personen** treffen muss,[265] kann es hier schnell zu Fehlentscheidungen kommen. 268a

Um das Risiko einer Fehlbewertung zu vermeiden, kann der Wahlvorstand in neutraler Form (also ohne »Empfehlung«) über die Möglichkeit des Briefwahlantrags (§ 24 Abs. 1 WO) aufklären. Möglich wäre z. B., an alle Wahlberechtigten eine E-Mail zu versenden mit einem Link, über den sie die Briefwahlunterlagen unkompliziert beantragen können. Vorsorglich sollte der Hinweis hinzugefügt werden, dass der Antrag auch formlos auf anderen Wegen beim Wahlvorstand gestellt werden kann.[266]

Langzeitabwesende 269

Ebenfalls ohne Anforderung erhalten Wahlberechtigte die Briefwahlunterlagen, wenn dem Wahlvorstand bekannt ist, dass sie die **gesamte Dauer des Wahlverfahrens** (also vom Erlass des Wahlausschreibens bis zum Zeitpunkt der Wahl) aus anderen Gründen voraussichtlich nicht im Betrieb anwesend sein werden, § 24 Abs. 2 Nr. 2 WO. Grund für die Ab-

261 LAG Berlin-Brandenburg 21.4.2023 – 26 TaBVGa 436/23.
262 Hessisches LAG 10.8.2020 – 16 TaBVGa 75/20; LAG Berlin-Brandenburg 21.4.2023 – 26 TaBVGa 436/23.
263 LAG Niedersachsen 30.8.2023 – 13 TaBV 46/22.
264 DKW/Homburg § 24 WO Rn. 15, Fitting, § 24 WO, Rn. 10.
265 BAG 24.4.2024 – 7 ABR 22/23.
266 LAG Hamburg 22.11.2023 – 2 TaBV 6/22.

wesenheit kann »insbesondere« das Ruhen des Arbeitsverhältnisses oder Arbeitsunfähigkeit sein. Hierunter fallen aber auch alle anderen Formen von Langzeitabwesenheit, also auch Elternzeit, Pflegezeit, Beschäftigungsverbote nach dem MutterschutzG, Einberufung zum Grundwehrdienst oder zu einer Wehrübung; aber auch nach arbeitsvertraglichen Vereinbarungen z. B. im Rahmen eines Sabbaticals (s. dazu näher auch Rn. 266). Auch insoweit hat der Wahlvorstand einen Anspruch auf Auskunft gegen den Arbeitgeber (z. B. Listen, Adressen der Betroffenen). Der Übergabe der persönlichen Daten stehen datenschutzrechtliche Bedenken nicht entgegen.[267]

269a Beiden Betroffenengruppen nach § 24 Abs. 2 WO (Eigenart des Beschäftigungsverhältnisses und Langzeitabwesenden) muss der Wahlvorstand außerdem vorab das **Wahlausschreiben elektronisch oder per Post zusenden**, sobald dieses ausgehängt wurde (§ 3 Abs. 4 Satz 4 Halbsatz 1 WO; vgl. Rn. 205).[268]

Die Versendung des Wahlausschreibens an den von § 24 Abs. 2 WO erfassten Personenkreis erst mit den Briefwahlunterlagen nach Ablauf der Fristen für Einsprüche gegen die Wählerliste und Einreichung von Wahlvorschlägen ist ein grundsätzlich zur Wahlanfechtung berechtigender Verstoß gegen eine wesentliche Vorschrift über das Wahlverfahren.[269]

270 Betriebsteile und Kleinstbetriebe

Voraussetzung für die Übersendung von Wahlunterlagen an die in **Betriebsteilen** und Kleinstbetrieben beschäftigten Wahlberechtigten (§ 24 Abs. 3 WO) ist ein **Beschluss** des Wahlvorstands, dass für diese Bereiche die schriftliche Stimmabgabe erfolgen soll. Dieser Beschluss ist vor Erlass des Wahlausschreibens zu fassen. Dies schreibt § 3 Abs. 1 Nr. 11 WO ausdrücklich vor. Den wahlberechtigten Arbeitnehmer:innen dieser Bereiche werden die Unterlagen ohne Anforderung zugesandt.

Die räumlich weite Entfernung hat einen anderen Bedeutungsgehalt als der für den Betrieb in § 4 Abs. 1 S. 1 Nr. 1 BetrVG verwendete identische Begriff (s. Rn. 18). Für Betriebsteile, die iSv. § 4 BetrVG (noch) nicht räumlich weit entfernt sind, kann nach § 24 Abs. 3 WO durchaus ggfs. die schriftliche Stimmabgabe beschlossen werden. Maßgeblich ist, ob es den Arbeitnehmer:innen der außerhalb des Hauptbetriebes liegenden Betriebsstätten **zumutbar** ist, im Hauptbetrieb **persönlich** ihre **Stimme**

267 Hessisches LAG 10.8.2020 – 16 TaBVGa 75/20; LAG Berlin-Brandenburg 21.4.2023 – 26 TaBVGa 436/23.
268 LAG Hamm 12.3.2019 – 7 TaBV 49/18.
269 Thüringer LAG 27.3.2024 – 4 TaBV 13/23.

abzugeben. Dabei ist zu berücksichtigen, dass die Beschränkung auf »räumlich weit entfernte« Betriebsstätten auch der Verhinderung von Wahlmanipulationen dient und daher nicht uferlos ausgeweitet werden kann.[270]

Der Wahlvorstand kann aber nicht – zur Vereinfachung der Dinge – generell für alle Arbeitnehmer:innen die schriftliche Stimmabgabe beschließen.[271] Die Wahlordnung geht vom Regelfall der persönlichen Stimmabgabe aus. 271

d) Was gehört zu den Briefwahlunterlagen?

Nach § 24 Abs. 1 WO sind den Wahlberechtigten folgende Unterlagen zuzusenden: 272

- das Wahlausschreiben,
- die Vorschlagslisten (Wahlvorschläge),
- den Stimmzettel und den Wahlumschlag,
- eine bereits vorgedruckte und vom Wähler abzugebende Erklärung, in der er versichert, dass der Stimmzettel von ihm persönlich gekennzeichnet wurde, und
- einen größeren Freiumschlag, der die Anschrift des Wahlvorstands und als Absender den Namen und die Anschrift des Wahlberechtigten sowie den Vermerk »Schriftliche Stimmabgabe« trägt.

Siehe dazu

- Mustertext für das Schreiben des Wahlvorstands an Wahlberechtige zur Übersendung der Unterlagen zur schriftlichen Stimmabgabe (Wahlunterlage 24 – Normales Wahlverfahren)
- Mustertext für das Merkblatt und die persönliche Erklärung für die schriftliche Stimmabgabe – (Wahlunterlage 25 – Normales Wahlverfahren)
- Ablaufschema für die Durchführung schriftlichen Stimmabgabe (Wahlunterlage 26 – Normales Wahlverfahren)
- Muster für einen Stimmzettel Mehrheitswahl (Personenwahl) (Wahlunterlage 30 – Normales Wahlverfahren)
- Muster für einen Stimmzettel Listenwahl (Verhältniswahl) (Wahlunterlage 31 – Normales Wahlverfahren)

ON LINE

270 BAG 16.3.2022 – 7 ABR 29/20.
271 BAG 16.3.2022 – 7 ABR 29/20; BAG 24.4.2024 – 7 ABR 22/23.

273 Ein **Merkblatt**, mit dem die Wahlberechtigten über den Ablauf der schriftlichen Stimmabgabe informiert werden, ist von der Wahlordnung nicht vorgeschrieben, aber zweckmäßig.

e) Wann sind die Unterlagen zu versenden?

274 Die Wahlunterlagen für die schriftliche Stimmabgabe im normalen Wahlverfahren sollten an dem Tag, an dem die gültigen Wahlvorschläge im Betrieb bekannt gemacht werden (§ 10 Abs. 2 WO), versandt werden. Das schließt wiederum nicht aus, dass die Unterlagen in Einzelfällen noch bis zum Wahltag angefordert werden. Auf jeden Fall müssen die Unterlagen die Wähler:innen so rechtzeitig erreichen, dass diese Gelegenheit haben, sie auf postalischem oder anderem Weg vor Abschluss der Stimmabgabe wieder an den Wahlvorstand zurückzusenden.

275 Zur **nachträglichen schriftlichen Stimmabgabe** im **vereinfachten Wahlverfahren** siehe Rn. 419.

ON LINE

Siehe dazu

- Mustertext für einen Antrag auf nachträgliche schriftliche Stimmabgabe durch Wahlberechtigte (Wahlunterlage 23 – Vereinfachtes Wahlverfahren)
- Mustertext für das Merkblatt für die schriftliche Stimmabgabe) (Wahlunterlage 25 – Vereinfachtes Wahlverfahren)
- Übersicht Ablaufschema für die schriftliche Stimmabgabe (Wahlunterlage 26 – Vereinfachtes Wahlverfahren)
- Muster für einen Stimmzettel für die Personenwahl (Mehrheitswahl) (Wahlunterlage 27 – Vereinfachtes Wahlverfahren)

276 Ziel sollte es sein, dass die Wahlberechtigten die Unterlagen für die schriftliche Stimmabgabe noch vor ihrer Abwesenheit im Betrieb erhalten. Ist dies nicht möglich, können sie mit der Post oder wo nötig mit Kurierdienst geschickt werden.[272]

277 Die Übergabe bzw. die Absendung der Unterlagen für die schriftliche Stimmabgabe ist im Wählerverzeichnis zu **vermerken**. Damit soll verhindert werden, dass Wahlberechtigte ihre Stimme sowohl schriftlich als auch persönlich im Wahlraum abgeben (zur Stimmabgabe bei der Briefwahl und zur Behandlung der schriftlichen Stimmen durch den Wahlvorstand siehe Rn. 291).

---

272 Fitting, § 24 WO Rn. 6.

3. Berichtigung der Wählerliste

Die Wahlordnung (§ 4 Abs. 3 WO) schreibt vor, dass der Wahlvorstand nach Ablauf der **Einspruchsfrist** die Wählerliste (vgl. § 4 Abs. 1 WO) nochmals überprüfen soll, ob sie vollständig ist. Die Überprüfung wird sich vor allem darauf erstrecken, ob alle wahlberechtigten Arbeitnehmer:innen des Betriebs in diese Liste aufgenommen wurden und auch die sonst notwendigen Angaben enthalten sind. Es handelt sich um die letzte umfassende Überprüfung vor der Wahl, weil die Wählerliste nach Ablauf der Einspruchsfrist nur in besonders vorgesehenen Fällen berichtigt oder ergänzt werden kann. 280

Nach Ablauf der Einspruchsfrist ist eine Berichtigung bzw. Ergänzung nur noch zulässig (bis zum Abschluss der Stimmabgabe, s. § 4 Abs. 3 Satz 2 WO) 281

- bei Schreibfehlern,
- bei offenbaren Unrichtigkeiten,
- in Erledigung rechtzeitig eingelegter Einsprüche,
- bei Eintritt eines wahlberechtigten Arbeitnehmers in den Betrieb,
- bei Eintritt eines zur Arbeitsleistung überlassenen Arbeitnehmers, sofern dieser länger als drei Monate im Betrieb bleiben soll,
- bei Ausscheiden eines Arbeitnehmers aus dem Betrieb bis zum Wahltag.

Ein **Schreibfehler** liegt vor, wenn ein Wort oder eine Zahl (z. B. die Zahlen des Geburtstags) nicht so geschrieben sind, wie der Schreibende es eigentlich wollte. Offenbar unrichtig ist die Wählerliste, wenn sie noch den Namen eines Arbeitnehmers enthält, der bereits aus dem Betrieb ausgeschieden ist. Ebenso kommt eine Ergänzung in Betracht, wenn nach Ablauf der Einspruchsfrist ein/e Arbeitnehmer:in (bis einschließlich des Wahltages) Wahltag) in den Betrieb eintritt. Das muss nicht immer eine Neueinstellung sein. Das Eintreten in den Betrieb kann auch dadurch geschehen, dass eine Arbeitnehmer:in von einem Betrieb in einen anderen Betrieb desselben Unternehmens versetzt wird, in dem eine Betriebsratswahl bevorsteht. Jede Berichtigung oder Ergänzung der Wählerliste bedarf eines Beschlusses des Wahlvorstands. Das gilt selbst bei der Berichtigung von bloßen Schreibfehlern.[273] Wurde die Wählerliste berichtigt, ist sie in der berichtigten Fassung auszulegen (vgl. § 2 Abs. 4 BetrVG). Wurde die Wählerliste an mehreren Stellen ausgelegt, ist die berichtigte Fassung an allen Stellen auslegen, an denen die ursprüngliche 282

273 DKW-*Homburg*, § 4 WO Rn. 28.

Fassung auslag. Auch ergänzend elektronisch bekanntgemachte Wählerlisten sind zu korrigieren und zu versenden oder ins Intranet einzustellen.

4. Die Stimmabgabe

a) Die persönliche Stimmabgabe

283 Unmittelbar vor Beginn der Stimmabgabe wird der Wahlvorstand noch einmal prüfen, ob alles für eine **ordnungsgemäße Wahl** vorbereitet ist. Im Wahlraum hat der Wahlvorstand für die Zeit der Vorbereitung und der Ausführung der Wahl das Hausrecht und führt dementsprechend auch die Aufsicht. Er hat dafür zu sorgen, dass die Wahl ordnungsgemäß abläuft.

284 Bei der Stimmabgabe und der Stimmauszählung kann der Wahlvorstand Wahlhelfer:innen heranziehen (§ 1 Abs. 2 Satz 2 WO); es muss sich dabei um wahlberechtigte Arbeitnehmer:innen handeln. Die Entscheidung, wer als Wahlhelfer:in herangezogen werden soll, trifft der Wahlvorstand. Diese Entscheidung hat der Arbeitgeber zu akzeptieren. Die Wahlhelfer:innen haben nicht den Kündigungsschutz nach §§ 15 Abs. 3 KSchG, 103 BetrVG, sie sind aber durch § 20 BetrVG[274] geschützt. Das bedeutet vor allem, dass ihnen durch die Tätigkeit **keine Nachteile** entstehen dürfen; möglicher Lohn- oder Gehaltsausfall ist vom Arbeitgeber zu ersetzen.

285 Vor Beginn der Stimmabgabe hat sich der Wahlvorstand davon zu überzeugen, dass die **Wahlurnen** in einwandfreiem Zustand und leer sind. Während der gesamten Wahl müssen mindestens zwei stimmberechtigte Wahlvorstandsmitglieder im Wahlraum anwesend sein. Sind Wahlhelfer:innen bestellt (vgl. § 1 Abs. 2 WO), genügt die Anwesenheit eines stimmberechtigten Wahlvorstandsmitglieds und eines Wahlhelfers (§ 12 Abs. 2 WO).

286 Die Wähler:innen erhalten bei der **persönlichen Stimmabgabe** im Wahlraum die Wahlunterlagen, nachdem der Wahlvorstand geprüft hat, ob sie in die Wählerliste eingetragen sind. Mit dem Stimmzettel gehen die Wähler:innen in die Wahlkabine bzw. hinter die für die unbeobachtete Stimmabgabe vorgesehene Trennwand und kreuzen die Kandidati:nnen bzw. Vorschlagslisten auf dem Stimmzettel an (zur Ungültigkeit von Stimmzetteln, auf denen nicht nur die Kandidat:innen bzw. Vorschlaglisten angekreuzt und/oder der Wählerwille nicht eindeutig erkennbar

274 Fitting § 1 WO Rn. 4.

ist s. Rn. 305). Wer infolge einer Behinderung bei der Stimmabgabe beeinträchtigt ist, kann eine Person des Vertrauens bestimmen, die bei der Stimmabgabe behilflich sein soll und teilt dies dem Wahlvorstand mit (§ 12 Abs. 4 WO).

Erfolgt der Wahlgang als **Listenwahl**, haben die Wähler:innen eine Stimme. Sie können sie durch Ankreuzen einer Liste an der im Stimmzettel vorgesehenen Stelle abgeben. Wird die Wahl als **Mehrheitswahl** ausgeführt, können die Wähler:innen höchstens so viele Wahlbewerber:innen ankreuzen, wie Betriebsratsmitglieder zu wählen sind. Sie dürfen weniger ankreuzen, aber nicht mehr. **287**

Nach der Stimmabgabe haben die Wähler:innen den Stimmzettel so zu falten, dass die Stimme nicht erkennbar ist (§ 11 Abs. 3 WO; s. dazu Rn. 289). Sie gehen mit dem gefalteten Stimmzettel zur Wahlurne (keine Faltung erst an der Wahlurne – geheime Wahl!) und nennen ihren Namen, soweit dieser den die Wahlhandlung ausführenden Wahlvorstandsmitgliedern nicht ohnehin bekannt ist. Die Stimmabgabe ist in der Wählerliste zu vermerken (§ 12 Abs. 3 WO). Dieser **Stimmabgabevermerk** hat zu erfolgen, **bevor** die Wähler:innen ihren Stimmzettel in die **Urne** werfen.[275] Durch den Stimmabgabevermerk in der Wählerliste kann sichergestellt werden, dass Wahlberechtigte nicht mehrfach abstimmen oder nicht Wahlberechtigte abstimmen.[276] Die Wähler:innen müssen dabei anwesend sein. Eine spätere Anfertigung, Korrektur oder Ergänzung des Stimmabgabevermerks sind nicht zulässig.[277] Sind mehrere Wahllokale eingerichtet, muss sichergestellt sein, dass niemand doppelt abstimmen kann. Dies kann durch die Einrichtung von Wahlbezirken, d. h. durch die Zuordnung von Wahlberechtigten aus bestimmten Abteilungen zu Wahllokalen erfolgen. Dann kann auch nur in diesen Wahllokalen abgestimmt werden. Diese Zuordnung muss im Wahlausschreiben angegeben sein. Wird die Wählerliste elektronisch geführt, muss sichergestellt sein, dass Stimmabgabevermerke nicht geändert werden können. Zudem muss bei mehreren Wahllokalen der Stimmabgabevermerk in allen Wahllokalen sofort sichtbar sein.[278] **288**

Siehe dazu

- Muster für einen Stimmzettel Mehrheitswahl (Personenwahl) (Wahlunterlage 30 – Normales Wahlverfahren)

ONLINE

275 BAG 12.6.2013 – 7 ABR 77/11.
276 Vgl. BAG 12.6.2013 – 7 ABR 77/11.
277 BAG 12.6.2013 – 7 ABR 77/11.
278 BAG 12.6.2013 – 7 ABR 77/11.

- Muster für einen Stimmzettel Listenwahl (Verhältniswahl) (Wahlunterlage 31 – Normales Wahlverfahren)
- Muster für einen Stimmzettel für die Personenwahl (Mehrheitswahl) (Wahlunterlage 27 – Vereinfachtes Wahlverfahren)

289 Die Wahlordnung sieht vor, dass die Wähler:innen den gefalteten Stimmzettel selbst in die Wahlurne einwerfen (§ 12 Abs. 3 WO). Bei der Stimmabgabe dürfen – nach der geänderten Wahlordnung seit der BR-Wahl 2022 – keine Wahlumschläge mehr verwendet werden. Der Stimmzettel **muss so gefaltet werden, dass die Stimme nach außen nicht erkennbar** ist. Wenn ein/e Wähler:in den Stimmzettel nicht mindestens einmal so gefaltet hat, dass seine/ihre Stimme nicht erkennbar ist, ist das Wahlgeheimnis nicht so gesichert, wie es in der Vergangenheit bei der Verwendung von Wahlumschlägen der Fall war. Ein **Stimmzettel, der nicht mindestens einmal so gefaltet ist, dass die Stimme nicht erkennbar ist,** ist wegen unzureichender Wahrung des Wahlgeheimnisses **ungültig.**[279] Daher sollte der Wahlvorstand in Anlehnung an die Vorschriften in § 56 Bundeswahlordnung wie folgt vorgehen: Der Wahlvorstand hat einen nicht oder unzulässig gefalteten **Stimmzettel zurückzuweisen** und dessen **Einwurf in die Wahlurne zu unterbinden**. Der/die Wähler:in ist sodann zu befragen, ob er/sie einen neuen Stimmzettel erhalten möchte, um seine Stimmabgabe mit zulässiger Faltung des Stimmzettels zu wiederholen. Äußert der/die Wähler:in diesen Wunsch, ist der nicht oder nicht zulässig gefaltete Stimmzettel zu vernichten und mit dem neuen Stimmzettel die Stimmabgabe zu wiederholen (eine nochmalige Verwendung des ungültigen nicht oder unzulässig gefalteten Stimmzettels ist nicht zulässig). Dieser Vorgang ist vom Wahlvorstand in der Wahlniederschrift zu vermerken.

290 Die Stimmabgabe ist **abgeschlossen**, wenn die im Wahlausschreiben dafür festgesetzte Zeit abgelaufen ist. Eine wesentliche Ausnahme gibt es bei dem **vereinfachten Wahlverfahren**, sofern die nachträgliche Stimmabgabe angewandt wird. Erst mit Fristablauf der nachträglichen schriftlichen Stimmabgabe kann die Wahlurne geöffnet und mit der Stimmauszählung begonnen werden (vgl. dazu Rn. 300).

b) Die Stimmabgabe per Briefwahl

291 Auch für die schriftliche Stimmabgabe ist vorgeschrieben, dass sie geheim zu erfolgen hat (§ 25 Nr. 1 WO). Am Arbeitsplatz darf der/die Wähler:in

279 BAG 22.1.2025 – 7 ABR 1/24.

die Unterlagen daher nur dann ausfüllen, wenn er/sie die Stimmabgabe **unbeobachtet** vornehmen kann. Die entsprechenden Kontrollmöglichkeiten sind für den Wahlvorstand ziemlich gering, weil die schriftliche Stimmabgabe in vielen Fällen ohnehin zu Hause erfolgen wird. Die Wahlordnung sieht nicht zuletzt wegen der fehlenden Kontrollmöglichkeit vor, dass die schriftlich Abstimmenden eine Erklärung darüber abgeben muss, dass sie den Stimmzettel persönlich gekennzeichnet haben (§ 24 Abs. 1 Nr. 4 WO).

Der ausgefüllte Stimmzettel ist durch die schriftlich Abstimmenden **so zu falten, dass die Stimme nicht nach außen erkennbar ist** und **in den Wahlumschlag zu stecken**. Sodann müssen die Wähler:innen die **Erklärung**, mit der die persönliche Kennzeichnung des Stimmzettels versichert wird, unter Angabe des Ortes und des Datums gemeinsam mit dem Wahlumschlag, der den ausgefüllten Stimmzettel enthält, in den größeren Freiumschlag stecken (die Erklärung darf nicht in den Wahlumschlag gelegt werden). Der Freiumschlag ist zu verschließen und so rechtzeitig an den Wahlvorstand abzusenden bzw. dem Wahlvorstand zu übergeben, dass er diesem **bis zum Schluss der Stimmabgabe** (Zeitpunkt ist im Wahlausschreiben angegeben) **zugegangen** ist. Danach eingehende Freiumschläge mit der schriftlichen Stimmabgabe dürfen bei der Stimmauszählung nicht mehr berücksichtigt werden. Der verspätete Eingang ist auf den geschlossenen Freiumschlägen zu vermerken. Dieser ist mit den Wahlunterlagen aufzubewahren. 292

Siehe dazu

- Mustertext für ein Schreiben des Wahlvorstands an Wahlberechtigte zur Übersendung der Unterlagen zur schriftlichen Stimmabgabe) (Wahlunterlage 24 – Normales Wahlverfahren)
- Mustertext für ein Merkblatt für die schriftliche Stimmabgabe (Wahlunterlage 25 – Normales Wahlverfahren)
- Übersicht Ablaufschema für die Durchführung der Briefwahl (Wahlunterlage 26 – Normales Wahlverfahren)
- Muster für die persönliche Erklärung (Wahlunterlage 25 – Vereinfachtes Wahlverfahren)
- Muster für einen Stimmzettel Mehrheitswahl (Personenwahl) (Wahlunterlage 30 – Normales Wahlverfahren)
- Muster für einen Stimmzettel Listenwahl (Verhältniswahl) (Wahlunterlage 31 – Normales Wahlverfahren)
- Übersicht Ablaufschema für die schriftliche Stimmabgabe (Wahlunterlage 26 – Vereinfachtes Wahlverfahren)
- Muster für einen Stimmzettel für die Personenwahl (Mehrheitswahl) (Wahlunterlage 27 – Vereinfachtes Wahlverfahren)

- Muster für die persönliche Erklärung (Wahlunteralge 25 – Vereinfachtes Wahlverfahren)
- Muster für einen Stimmzettel für die Personenwahl (Mehrheitswahl) (Wahlunterlage 27 – Vereinfachtes Wahlverfahren)

293 Die Wähler:innen bestimmen die Art der Versendung. Die Übersendung an den Wahlvorstand wird regelmäßig auf postalischem Weg oder durch die unmittelbare Abgabe beim Wahlvorstand geschehen. Das **Risiko** für die rechtzeitige Ankunft der schriftlich abgegebenen Stimme tragen grundsätzlich die Wähler:innen.

294 Der Wahlvorstand hat die bei ihm eingehenden Freiumschläge mit einem **Eingangsvermerk** zu versehen. Er darf sie jedoch nicht öffnen und etwa die darin befindlichen Wahlumschläge entnehmen. Vielmehr sind die ungeöffneten Freiumschläge bis zum Wahltag sicher aufzubewahren. Allein der Wahlvorstand darf Zugriff haben.

295 Während der Wahlhandlung dürfen die Wahlurnen nicht geöffnet werden. Wird die Wahlhandlung unterbrochen **(Wahl über mehrere Tage**), ist die Wahlurne jeweils erneut zu **versiegeln** und sicher aufzubewahren, am besten in einem verschlossenen Schrank in einem Zimmer, zu dem nur der Wahlvorstand Zutritt hat.

296 Der Wahlvorstand öffnet erst zu Beginn der öffentlichen Stimmauszählung (Ort und Zeitpunkt wie im Wahlausschreiben angegeben) die bis zum Abschluss der Stimmabgabe **eingegangenen Freiumschläge.** Er prüft, ob die schriftliche Stimmabgabe ordnungsgemäß erfolgt ist. Dies muss in einer **öffentlichen Sitzung** (§ 26 Abs. 1 WO) geschehen. Das bedeutet vor allem, dass die Freiumschläge rechtzeitig eingegangen und die vorgeschriebenen vorgedruckten Erklärungen vorhanden und unterschrieben sein müssen. Die Wahlumschläge selbst dürfen keine Kennzeichnung tragen. Eine Stimmabgabe ohne die unterschriebene persönliche Erklärung ist ungültig.[280]

297 Ist die schriftliche Stimmabgabe ordnungsgemäß erfolgt, wird zunächst die Stimmabgabe vermerkt, um **Doppelabstimmungen auszuschließen**. Anschließend öffnet der Wahlvorstand die Wahlumschläge und legt den **zulässig gefalteten Stimmzettel** in die Wahlurne (§ 26 Abs. 1 WO). Die schriftlich abgegebenen Stimmen werden so mit den persönlich abgegebenen Stimmen vermischt. Hiervon gibt es eine Ausnahme: Befinden sich in einem Wahlumschlag mehrere gekennzeichnete Stimmzettel, werden sie in dem Wahlumschlag in die Wahlurne gelegt (§ 26 Abs. 1 S. 3 WO).

---

280 LAG Hamm 9.3.2007 – 10 TaBV 105/06.

Ist der Stimmzettel unzulässig, z. B. so gefaltet, dass die Stimmabgabe erkennbar ist, darf der Wahlvorstand ihn nicht in die Wahlurne legen.[281] Die Stimme ist **ungültig**, weil das Wahlgeheimnis nicht gewahrt worden ist. Der Wahlvorstand hat die falsche Faltung zu dokumentieren (z. B. Foto mit dem Handy) und den Vorgang in der Wahlniederschrift zu vermerken. Der unzulässig gefaltete Stimmzettel ist zusammen mit dem Foto bei den Wahlunterlagen aufzubewahren.

Im **vereinfachten Wahlverfahren** hat der Wahlvorstand bei der nachträglichen schriftlichen Stimmabgabe (Briefwahl) die Urne zu versiegeln und den Ablauf der Frist für die Briefwahlstimmen abzuwarten, bevor er mit der Auszählung beginnt. 298

Freiumschläge, die erst nach Abschluss der Stimmabgabe eingehen, hat der Wahlvorstand mit einem Vermerk über den Zeitpunkt des Eingangs ungeöffnet zu den Wahlunterlagen zu nehmen (§ 26 Abs. 2 WO). Sie werden einen Monat nach Bekanntgabe des Wahlergebnisses vernichtet, wenn die Wahl nicht angefochten wird (§ 26 Abs. 2 WO). 299

c) Auszählung der abgegebenen Stimmen

Unverzüglich nach Abschluss der Wahl nimmt der Wahlvorstand (alle nicht verhinderten Mitglieder müssen anwesend sein[282]) **öffentlich** die **Auszählung** der Stimmen vor (§ 13 WO). »Unverzüglich« bedeutet nicht, dass sich die Stimmauszählung direkt an den Wahlgang anschließen muss. Vor allem bei mehreren Wahllokalen wird dies zum Teil nicht möglich sein. Die Stimmauszählung kann auch an dem auf den letzten Wahltag folgenden Arbeitstag vorgenommen werden (zur besonderen Verfahrensweise bei der nachträglichen schriftlichen Stimmabgabe beim vereinfachten Wahlverfahren siehe Rn. 419 ff., 437). Es ist sorgfältig darauf zu achten, dass die **Wahlurne versiegelt und sicher aufbewahrt** wird (vgl. § 12 Abs. 5 WO). 300

Damit der Grundsatz der Öffentlichkeit gewahrt bleibt, muss die Stimmauszählung zum im Wahlausschreiben angegebenen Zeitpunkt und Ort stattfinden. Will der Wahlvorstand den Zeitpunkt der Auszählung verschieben, muss dies durch Aushang an allen Stellen, an denen das Wahlausschreiben bekannt gemacht wurde, geschehen.[283] Eine Verschiebung 301

281 BAG 22. 1. 2025 – 7 ABR 1/24.

282 BAG 24. 2. 2021 – 7 ABR 38/19; Sächsisches LAG 23. 1. 2024 – 3 TaBV 9/23 (anh. BAG – 7 ABR 5/24).

283 LAG München 10. 3. 2008 – 6 TaBV 87/07; LAG Nürnberg 27. 11. 2007 6 TaBV 46/07.

am Wahltag scheidet in der Regel schon deshalb aus, weil nicht alle Arbeitnehmer:innen hiervon Kenntnis erlangen konnten. Der Raum, in dem ausgezählt wird, muss für alle Arbeitnehmer:innen des Betriebs ohne Schwierigkeiten (z. B. Einlass nur nach Klingeln) zugänglich sein. Während einer kurzen »Umbaupause« zwischen Ende der Stimmabgabe und Stimmauszählung sollte der Raum nicht verschlossen werden, um den Anschein einer Manipulation zu vermeiden.[284] Auch die Raumaufteilung sollte eine ausreichende Beobachtung ermöglichen (nicht zu weit weg und genug Platz,[285] kein Verstellen des Raumeingangs durch quergestellte Tische, wenn der Raum auch betreten werden könnte[286]).

302 Wird in **mehreren Wahllokalen** gewählt, sollte der Wahlvorstand vorher bekannt geben, in welchem Wahllokal die Umschläge der Briefwähler geöffnet und die Stimmzettel in die Wahlurne gelegt werden.[287]

303 Die Stimmauszählung wird damit eingeleitet, dass der Wahlvorstand die bis zum Ende der Stimmabgabe eingegangenen Freiumschläge für die Briefwahl öffnet. Er prüft, ob die Erklärung über die schriftliche Stimmabgabe ordnungsgemäß und der Stimmzettel ordnungsgemäß gefaltet ist (s. § 26 Abs. 1 WO). Ist dies der Fall, wird die Stimmabgabe in der Wähler:innenliste vermerkt und die gefalteten Stimmzettel werden in die Wahlurne zu den anderen Stimmzetteln eingeworfen (s. dazu näher auch Rn. 297). Gibt es Wahlumschläge, die bei der Prüfung der Briefwahlunterlagen in die Urne geworfen wurden, weil mehrere Stimmzettel enthalten sind (§ 26 Abs. 1 S. 3 WO), ist wie folgt vorzugehen (§ 14 Abs. 2 WO):

- Stimmen die Stimmzettel vollständig überein, wird die Stimme einfach gezählt und auf ihre Gültigkeit hin überprüft
- Stimmen die Stimmzettel nicht vollständig überein, ist die Stimme ohne weitere Prüfung ungültig.

Nach Bearbeitung der Briefwahlunterlagen öffnen die Wahlvorstandsmitglieder die Wahlurne und entnehmen die Stimmzettel. Sie prüfen, ob sie Fehler aufweisen, die die Stimmabgabe ungültig machen. Der Wahlvorstand kann bei der Stimmauszählung zu seiner Unterstützung Wahlhelfer:innen hinzuziehen (§ 1 Abs. 2 Satz 2 WO).

304 Bei Zweifeln über die **Gültigkeit von Stimmzetteln** entscheiden mit einfacher Mehrheit allein die stimmberechtigten Wahlvorstandsmitglieder. Wahlhelfer:innen oder nach § 16 Abs. 1 Satz 6 BetrVG entsandte Wahl-

284 So weit gehend LAG Rheinland-Pfalz 14. 11. 2023 – 8 TaBV 19/22.
285 Sächsisches LAG 23. 1. 2024 – 3 TaBV 9/23 (anh. BAG – 7 ABR 5/24).
286 LAG Rheinland-Pfalz 14. 11. 2023 – 8 TaBV 19/22.
287 a. A. LAG Köln 11. 6. 2015 – 7 TaBV 10/15.

vorstandsmitglieder stimmen nicht mit. Die Öffentlichkeit darf vom Wahlvorstand auch bei Beratungen über die Gültigkeit oder Ungültigkeit von Stimmen nicht ausgeschlossen werden.[288]

Der Stimmzettel ist ungültig, wenn **305**

- sie mit einem besonderen Merkmal versehen sind oder **Zusätze** und sonstige **Änderungen** enthalten (z. B. Smiley statt Kreuz)[289];
- sich der **Wählerwille nicht zweifelsfrei** ergibt. So kann es sein, dass der/die Wähler:in das Kreuz zwischen zwei Stimmkreisen gemacht hat, sodass nicht zu erkennen ist, welche Liste bzw. welcher Bewerber:innen gewählt werden sollte. Dagegen wäre der Stimmzettel gültig, wenn das Kreuz nur zum Teil im Abstimmungskreis enthalten ist und darüber hinausgeht. Der Wählerwille wird auch erkennbar sein, wenn Stimmzettel vorliegen, auf denen bei der Listenwahl alle Vorschlagslisten bis auf eine und bei der Mehrheitswahl alle Bewerber:innen bis auf einen (oder bis auf so viele, wie gewählt werden konnten) durchgestrichen sind;
- in einem Wahlumschlag bei der Briefwahl mehrere gekennzeichnete Stimmzettel liegen, die nicht vollständig übereinstimmen;
- sie bei der Briefwahl nicht in einem Wahlumschlag abgegeben wurden.
- der Stimmzettel nicht so gefaltet ist, dass die Stimme nicht erkennbar ist.

Die Auszählung der Stimmen wird in der Regel manuell erfolgen, wobei **306** Strichlisten geführt werden. Es ist aber zulässig, die **Stimmauszählung mithilfe der EDV** zu machen (zu der Zulässigkeit der Verwendung der im Betrieb vorhandenen Informations- und Kommunikationstechnik bei den einzelnen Wahlphasen vgl. Rn. 206, 349). Erfolgt die Stimmauszählung mithilfe der EDV, muss die Verantwortlichkeit des Wahlvorstands für den gesamten Auszählungsvorgang gewährleistet sein. Das ist nicht der Fall, wenn während der elektronischen Datenerfassung der Stimmzettel nicht ständig Wahlvorstandsmitglieder dabei sind und den Verbleib der Stimmzettel beobachten.[290] Dabei ist auch das Prinzip der öffentlichen Stimmauszählung zu beachten. Eine Stimmauszählung, die teilweise außerhalb des bekannt gemachten Auszählungsraums wegen der Auszählung durch die EDV in einem anderen Raum (Rechenzentrum) stattfindet, ist nicht öffentlich, wenn interessierte Beobachter in das Rechenzentrum nur auf Klingelzeichen Einlass finden.[291]

---

288 LAG Nürnberg 20.9.2011 – 6 TaBV 9/11.
289 BAG 28.4.2021 – 7 ABR 20/20.
290 Vgl. LAG Berlin 16.11.1987 – 12 TaBV 6/87.
291 LAG Berlin 16.11.1987 – 12 TaBV 6/ 87.

5. Feststellung des Wahlergebnisses

a) Mehrheitswahl (Personenwahl)

> **Hinweis:**
> Die Ermittlung der gewählten Betriebsratsmitglieder und der Ersatzmitglieder – unter Berücksichtigung der Minderheitengeschlechtsquote – kann mithilfe des Software-Moduls »Stimmauszählung/Sitzvergabe« vorgenommen werden

307 Das Betriebsverfassungsgesetz sieht in § 15 Abs. 2 BetrVG eine Mindestvertretung für das jeweilige Geschlecht in der Minderheit vor. Das schließt jedoch eine darüberhinausgehende Vertretung des Minderheitengeschlechts im Betriebsrat nicht aus.[292] Zur Frage der Berücksichtigung des dritten Geschlechts divers (divers/non-binär) siehe Rn. 188.

308 Erfolgte die Wahl nach den Grundsätzen der **Mehrheitswahl**, sind grundsätzlich die Wahlbewerber:innen gewählt, die die **meisten Stimmen** erhalten haben.

309 Die Wahlordnung (§ 22 Abs. 1 WO) legt fest, dass zunächst die dem Geschlecht in der Minderheit zustehenden Sitze verteilt werden. Nach dieser Vorschrift muss das Geschlecht, das in der Belegschaft in der Minderheit ist, mindestens entsprechend seinem zahlenmäßigen Verhältnis im Betriebsrat vertreten sein, sofern dieser aus mindestens drei Mitgliedern besteht. Für die Auszählung der Stimmen ist die im Wahlausschreiben angegebene Anzahl der Sitze für das jeweilige Minderheitengeschlecht maßgebend.

310 Das Wahlergebnis wird nach dem d'Hondtschen **Höchstzahlsystem** ermittelt. Die Zahlen der Frauen und Männer werden nebeneinandergestellt und so lange durch 1, 2, 3, 4 usw. geteilt, bis die ermittelten Teilzahlen ausreichen, um die Betriebsratssitze auf die Geschlechter zu verteilen.

311 Zur Ermittlung der dem **Minderheitengeschlecht** zustehenden Mindestsitze und zur Berechnung der Verteilung der Sitze für das Minderheitengeschlecht dienen folgende Beispiele. Diese sind weitgehend dem im Bund-Verlag erschienenen Basiskommentar zum Betriebsverfassungsgesetz von/Klebe/Ratayczak/Heilmann/Spoo (23. Aufl.) und dem ebenfalls im Bund-Verlag erschienen Kommentar für die Praxis zum Betriebsverfassungsgesetz, DKW (19. Aufl.) entnommen.

---

292 BAG 13.3.2013 – 7 ABR 67/11.

Beispiel: Ausgangslage im Betrieb 312
zur Ermittlung der dem Minderheitengeschlecht zustehenden Mindestsitze (zur Angabe im Wahlausschreiben):
In einem Betrieb sind 120 Arbeitnehmer:innen tätig, davon 83 Männer, 2 nonbinäre Personen und 35 Frauen. Es sind sieben Betriebsratsmandate zu vergeben. Es ist vor Aushang des Wahlausschreibens ermittelt worden, welches Geschlecht in der Minderheit ist und wie viele Sitze das Minderheitengeschlecht erhält[293] (hier: zwei Frauen).

Männer/divers		Frauen	
: 1 = 85	(1)	35	(3)
: 2 = 42,5	(2)	17,5	(6)
: 3 = 28,3	(4)	11,7	
: 4 = 21,3	(5)		
: 5 = 17	(7)		
: 6 = 14,2			

Die Frauen erhalten nach § 15 Abs. 2 BetrVG mindestens zwei Sitze.

Beispiel 1 (nur binäre Menschen (Männer und Frauen) kandidieren): 313
Ermittlung der dem Minderheitengeschlecht zustehenden Mindestsitze nach erfolgter Mehrheitswahl:
Es wird von dem vorstehenden Beispiel mit sieben zu vergebenden Betriebsratssitzen (85 Männer; 35 Frauen), von denen die Frauen als Minderheitengeschlecht mindestens zwei Sitze erhalten müssen, ausgegangen. Es wird angenommen, dass sich **sechs Männer** und **vier Frauen** zur Wahl stellen und sich folgende Stimmenzahlen ergeben:

F1	85 Stimmen
F2	63 Stimmen
M1	103 Stimmen
M2	72 Stimmen
M3	62 Stimmen
F3	101 Stimmen
M4	64 Stimmen
M5	67 Stimmen
F4	55 Stimmen
M6	88 Stimmen

293 Zur Berechnung s. Rn. 188.

313a **Beispiel 2 (binäre und non-binäre Menschen kandidieren):**
Ermittlung der dem Minderheitengeschlecht zustehenden Mindestsitze nach erfolgter Mehrheitswahl:
Es wird von dem vorstehenden Beispiel mit sieben zu vergebenden Betriebsratssitzen (84 Männer; 1 non-binäre Person; 35 Frauen), von denen die Frauen als Minderheitengeschlecht mindestens zwei Sitze erhalten müssen, ausgegangen. Es wird angenommen, dass sich fünf Männer (M), eine non-binäre Person (NB) und vier Frauen (F) zur Wahl stellen und sich folgende Stimmenzahlen ergeben:

F1	85 Stimmen
F2	63 Stimmen
M1	103 Stimmen
M2	72 Stimmen
M3	62 Stimmen
F3	101 Stimmen
NB1	64 Stimmen
M5	67 Stimmen
F4	55 Stimmen
M6	88 Stimmen

314 Der Wahlvorstand hat nunmehr in einem **ersten Schritt** die dem Geschlecht in der Minderheit zustehenden Mindestsitze mit Angehörigen dieses Geschlechts in der Reihenfolge der jeweils höchsten auf sie entfallenden Stimmenzahlen zu besetzen (§ 22 Abs. 1 WO). Ausgehend von dem Beispiel, bei dem die Frauen mindestens zwei Sitze erhalten, sind somit die beiden Frauen zu ermitteln, auf die die **höchsten Stimmenzahlen innerhalb ihres Geschlechts** entfielen. Die zwei Mindestsitze entfallen auf F3 und F1.
Nach der Verteilung der Mindestsitze erfolgt die Verteilung der **übrigen Sitze**, wiederum in der Reihenfolge der erhaltenen Stimmenzahlen, aber diesmal **unabhängig von dem Geschlecht**. Die weiteren zu vergebenden Sitze verteilen sich auf: M1, M6, M2, M5 und M4 (Beispiel 1) bzw. M1, M6, M2, M5 und NB1 (Beispiel 2).
Der Betriebsrat besteht aus fünf Männern und zwei Frauen (Beispiel 1) bzw. vier Männern, einer non-binären Person und zwei Frauen (Beispiel 2). Bei diesem Ergebnis haben die Frauen als Minderheitengeschlecht lediglich die ihnen zustehenden Mindestsitze erhalten. Würde sich aber bei dem **zweiten Schritt**, also bei den weiteren zu vergebenden Sitzen zeigen, dass sich unter diesen gewählten Bewerbern noch eine Frau befindet oder mehrere Frauen, bekämen die Frauen über ihre Mindestsitze hinaus anstelle der Männer einen bzw. weitere Sitze.

In dem Beispiel 1 wäre das der Fall, wenn F2 nicht 63, sondern 65 Stimmen erhalten hätte. Sie würde anstelle von M4 in den Betriebsrat kommen. Dieser bestünde in dieser Variante somit aus vier Männern und drei Frauen. Stünde anstelle von M4 eine non-binäre Person (Beispiel 2), müsste diese nach der hier vertretenen Auffassung (s. Rn. 188) ebenfalls ihren Platz für F2 freimachen. Aufgrund der Korrektur durch die Minderheitengeschlechtsregel wären M4 bzw. NB1 damit lediglich Ersatzmitglieder.

b) Verhältniswahl (Listenwahl)

Bei der Verhältniswahl stehen nicht einzelne Personen zur Wahl, sondern **Listen**. Der/die Wähler:in hat nur eine Stimme, die für eine der sich an der Wahl beteiligenden Vorschlagslisten abgegeben werden kann. Welche Listen wie viele Sitze bekommen, entscheidet sich nach der Anzahl der auf sie **entfallenden Stimmen** (Ermittlung durch das Höchstzahlensystem). Innerhalb der jeweiligen Liste ist dann die **Reihenfolge** maßgebend, in der die einzelnen Wahlbewerber:innen auf der Liste stehen. Bei dieser Wahlart ist die Ermittlung der dem Minderheitengeschlecht nach § 15 Abs. 2 BetrVG zustehenden Mindestsitze schwieriger als bei der Mehrheitswahl. 315

Der Wahlvorstand hat zunächst – unabhängig von § 15 Abs. 2 BetrVG – zu ermitteln, **wie viele Sitze** die einzelnen Listen erhalten haben. Sodann sind die den einzelnen Listen zugefallenen Sitze auf die Wahlbewerber:innen in der Reihenfolge zu verteilen, in der die Wahlbewerber:innen auf der Liste stehen. Nach diesem (vorläufigen) Ergebnis zeigt sich, ob das Minderheitengeschlecht die ihm zustehenden Mindestsitze erhalten hat. Ist das der Fall, bleibt es bei diesem Ergebnis, wie das folgende Beispiel zeigt.

Beispiel a): 316
Verhältniswahl und Verteilung der Betriebsratssitze – Wahlergebnis bleibt bestehen.
In den folgenden Beispielen wird von einem Betrieb mit 350 wahlberechtigten Arbeitnehmer:innen ausgegangen, von denen 228 Männer, 2 non-binäre Personen und 120 Frauen sind. Der Betriebsrat hat aus neun Mitgliedern zu bestehen; die Frauen sind das Geschlecht in der Minderheit;[294] der Mindestanteil nach § 15 Abs. 2 BetrVG beträgt im Beispiel drei Sitze. Es haben drei Listen an der Wahl mit folgendem Ergebnis teilgenommen:

294 Zur Berechnung s. Rn. 188.

	Liste 1 = 220 Stimmen		Liste 2 = 85 Stimmen		Liste 3 = 45 St.	
:1	220	(1)	85	(3)	45	(6)
:2	110	(2)	42,5	(8)	22,5	
:3	73,3	(4)	28,3			
:4	55	(5)				
:5	44	(7)				
:6	36,7	(9)				
:7	31,4					

Von den neun zu vergebenden Betriebsratssitzen haben erhalten: Liste 1 sechs Sitze, Liste 2 zwei Sitze, Liste 3 einen Sitz. Es ist vom Wahlvorstand nunmehr festzustellen, ob sich unter den Wahlbewerber:innen, die aufgrund dieser Sitzverteilung und der Reihenfolge in der Liste dem Betriebsrat angehören sollen, genügend Gewählte befinden, die dem Minderheitengeschlecht angehören (hier: Frauen) und damit der von § 15 Abs. 2 BetrVG geforderte Mindestanteil erreicht ist. Diese Feststellung hat listenübergreifend zu erfolgen. Bei der nachstehenden Aufstellung, mit der das Erreichen der Mindestanzahl von Sitzen geprüft wird, soll aus Gründen der besseren Übersicht nicht von Namen, sondern unmittelbar von dem Geschlecht ausgegangen werden, dem der einzelne Wahlbewerber in der jeweiligen Liste angehört. Da nach der hier vertretenen Auffassung (Rn. 188) das Minderheitengeschlecht binär bestimmt wird (im Beispiel: Frau), **spielt es keine Rolle**, ob ein Mann oder eine **non-binäre Person** auf der Liste steht (daher: M/NB).

Liste 1	Liste 2	Liste 3
Frau	M/NB	M/NB
M/NB	Frau	Frau
Frau	M/NB	M/NB
M/NB	M/NB	
M/NB		
Frau	Frau	
M/NB		
M/NB		
Frau		
M/NB		

Die Feststellungen nach Beispiel a) zeigen, dass der Mindestanteil des Minderheitengeschlechts an Betriebsratssitzen aufgrund des Wahlergebnisses nicht nur erreicht, sondern sogar überschritten ist. Dem Betriebsrat gehören vier Frauen und fünf männliche oder non-binäre Personen an. Das Wahlergebnis bleibt bestehen.

Beispiel b): 317
Verhältniswahl und Verteilung der Betriebsratssitze – Wahlergebnis ist zu korrigieren

Liste 1	Liste 2	Liste 3
Frau	M/NB	M/NB
M/NB	M/NB	Frau
M/NB	Frau	M/NB
M/NB	M/NB	
Frau	M/NB	
M/NB	Frau	
M/NB		
M/NB		
Frau		
M/NB		

Unter Zugrundelegung des Wahlergebnisses von Beispiel a), aber diesmal mit einer anderen Reihenfolge von Frauen und Männern/non-binären Personen innerhalb der Listen, zeigt sich, dass der Mindestanteil nach § 15 Abs. 2 BetrVG **nicht erreicht** wurde. Nach dem Wahlergebnis würden – auch listenübergreifend – nur zwei Frauen in den Betriebsrat kommen. Damit fehlt ein Sitz für die Frauen an dem Mindestanteil. Das Wahlergebnis ist zu korrigieren. § 15 Abs. 5 Nr. 1 WO bestimmt in einem solchen Fall, dass an die Stelle der Person mit der niedrigsten Höchstzahl, die dem Mehrheitsgeschlecht (hier: männlich oder divers) angehört, die in **derselben Liste** in der Reihenfolge nach ihr benannte und noch **nicht berücksichtigte Person des Minderheitengeschlechts** in den Betriebsrat kommt.

Das bedeutet für das Beispiel: Die letzte höchste Teilzahl, mit der der letzte Sitz an einen Mann/eine non-binäre Person gefallen ist, ist 36,7 von der Liste 1. Dieser Sitz muss zugunsten der Frau abgegeben werden, die in der Reihenfolge der Liste an **nächster Stelle** hinter ihm steht. Das ist die in der Liste 1 an neunter Stelle stehende und noch nicht berücksichtigte Frau. Diese Verfahrensweise sichert, dass die Liste 1 die ihr durch das Wahlergebnis zugefallenen sechs Sitze behält.

Es könnte allerdings sein, dass eine Liste, die auf diese Weise »umwandeln« müsste, **keinen Angehörigen des Minderheitengeschlechts** mehr hat. Das würde bei folgender Aufstellung eintreten:

318 **Beispiel c):**
Verhältniswahl und Verteilung der Betriebsratssitze – Wahlergebnis ist zu korrigieren

Liste 1	Liste 2	Liste 3
Frau	M/NB	M/NB
M/NB	M/NB	Frau
M/NB	Frau	M/NB
M/NB	M/NB	
Frau	M/NB	
M/NB	Frau	
M/NB		
M/NB		
M/NB		
M/NB		

Wie in Beispiel b) fehlt den Frauen als Minderheitengeschlecht ein Sitz. Liste 1, die an sich umwandeln müsste, hat aber **keine Frau**, die bei der Verteilung von Sitzen noch nicht berücksichtigt wurde. In einem solchen Fall ist nach § 15 Abs. 5 Nr. 2 WO zu verfahren. Der Sitz geht auf **die *Liste* mit der folgenden noch nicht berücksichtigten Höchstteilzahl** über, sofern diese Liste noch nicht berücksichtigte Angehörige des Minderheitengeschlechts aufweist (sog. Listensprung). Das ist die Liste 2 mit der nächstniedrigeren Teilzahl 28,3. Der Sitz geht somit auf die Liste 2 über, nach der hier vertretenen Auffassung (s. Rn. 188) spielt es keine Rolle, ob dieser Sitz vorher mit einem Mann oder einer non-binären Person besetzt war. Die an dritter Stelle auf dieser Liste stehende Frau erhält das Betriebsratsmandat. Die Liste 2 würde damit **drei Sitze** erhalten.
Wenn auf der Liste 2 auch keine Frauen mehr stehen würden, würde die Liste 3 mit der dann zum Zuge kommenden Teilzahl 22,5 den Sitz erhalten, weil sie noch eine nicht berücksichtigte Frau als Angehörige des Minderheitengeschlechts hat. Damit bekäme die **Liste 3 zwei Sitze**.
Die Wahlordnung hat auch den Fall berücksichtigt, dass nicht nur die Liste, die an sich »umwandeln« müsste, dies nicht kann, sondern auch die **weiteren Listen keinen Angehörigen des Minderheitengeschlechts** mehr aufweisen. Diese Möglichkeit wird in § 15 Abs. 5 Nr. 5 WO berücksichtigt. Verfügt auch keine andere Vorschlagsliste über Angehörige des Geschlechts in der Minderheit, verbleibt der Sitz bei der Liste, die **zuletzt** ihren Sitz zugunsten des Geschlechts in der Minderheit nach der Nummer 1 hätte abgeben müssen. Wenn also Beispiel c) so abgewandelt wird, dass weder die Liste 2 noch die Liste 3 eine Frau aufweisen, die noch nicht berücksichtigt wurde, verbleibt der Sitz bei Liste 1. Die mit der Teilzahl

36,7 gewählte Person behält den Sitz. Damit bleibt **Liste 1 bei ihren sechs Sitzen**. Der Betriebsrat besteht bei dieser Variante aus sieben Männern/non-binären Personen und zwei Frauen.
Zu den Auswirkungen, wenn Kandidierende nach einem Listensprung die Wahl nicht annehmen s. Rn. 321a.

IX. Welche Aufgaben hat der Wahlvorstand nach dem Feststellen des Wahlergebnisses?

1. Wahlniederschrift, Information der Gewählten

319 Unverzüglich nach Feststellung des Wahlergebnisses fertigt der Wahlvorstand eine Niederschrift über das Ergebnis an. Die erforderlichen Angaben ergeben sich aus der Stimmauszählung und dem Wahlverlauf. Die Niederschrift muss Folgendes enthalten (§ 16 Abs. 1 WO):

- die Zahl der abgegebenen Stimmen und die Zahl der abgegebenen gültigen Stimmen;
- bei Verhältniswahl die jeder Liste zugefallenen Stimmenzahlen, die berechneten Höchstzahlen und ihre Verteilung auf die Listen; bei Mehrheitswahl die jedem Wahlbewerber:innen zugefallenen Stimmenzahlen;
- die Zahl der ungültigen Stimmen;
- die Namen der in den Betriebsrat gewählten Bewerber:innen.

320 Es ist außerdem in der Wahlniederschrift festzuhalten, ob und welche während der Betriebsratswahl eingetretenen **Zwischenfälle oder sonstigen Ereignisse** es gegeben hat (z. B. Neuausgabe von Stimmzetteln wegen nicht oder unzulässiger Faltung von Stimmzetteln, die vernichtet wurden). Das können z. B. Beschwerden von Wähler:innen oder Beanstandungen wegen der Durchführung der Wahl sein. Auch die Zurückweisung von wahlberechtigten Arbeitnehmer:innen, die nicht in die Wählerliste eingetragen wurden, wäre ein Ereignis im Sinne des § 16 Abs. 1 WO. Die Wahlniederschrift ist von dem Vorsitzenden des Wahlvorstands und von mindestens einem weiteren stimmberechtigten Mitglied zu unterschreiben.

ON LINE

Siehe dazu

- Mustertext für die Wahlniederschrift Personenwahl (Mehrheitswahl) (Wahlunterlage 32 – Normales Wahlverfahren)
- Mustertext für die Wahlniederschrift Listenwahl (Verhältniswahl) (Wahlunterlage 33 – Normales Wahlverfahren)

- Mustertext für die Wahlniederschrift (Wahlunterlage 29 – Vereinfachtes Wahlverfahren – Wahlniederschrift)

Der Wahlvorstand hat die gewählten Wahlbewerber:innen unverzüglich schriftlich von ihrer Wahl zu benachrichtigen. Dabei ist zugleich darauf hinzuweisen, dass die Wahl nur binnen drei Arbeitstagen nach Zugang der schriftlichen Benachrichtigung **abgelehnt** werden kann. Ist die Benachrichtigung über die Wahl z. B. am Montag, den 4. 5. 2026 den Gewählten zugegangen, läuft die Frist am Donnerstag, den 7. 5. 2026 ab. Erfolgt innerhalb der Frist keine entsprechende Erklärung, gilt die Wahl als **angenommen** (§ 17 Abs. 1 WO). Unabhängig davon besteht auch nach Ablauf dieser Frist die Möglichkeit, das Betriebsratsamt niederzulegen. 321

Siehe dazu
- Mustertext für die Mitteilung über Wahl in den Betriebsrat) (Wahlunterlage 35 – Normales Wahlverfahren)
- Mustertext für die Mitteilung über Wahl in den Betriebsrat (Wahlunterlage 31 – Vereinfachtes Wahlverfahren)

ONLINE

Führt der Schutz des Minderheitengeschlechts zu einem sogenannten Listensprung, dann muss dieser rückgängig gemacht werden, wenn sich durch die Nichtannahme der Wahl eines Kandidaten herausstellt, dass es eines Listensprungs nicht bedurft hätte. Dies gebietet der auch bei einer Betriebsratswahl zu beachtende Grundsatz der Wahlgleichheit.[295] 321a

In der Praxis nehmen oft die Wahlbewerber:innen oder zumindest einige von ihnen an der Stimmauszählung teil. Sie haben somit die Möglichkeit, unmittelbar nach Feststellung des Wahlergebnisses zu erklären, ob sie die Wahl annehmen. Es wäre unnötig bürokratisch, wenn der Wahlvorstand auch an die bei der Feststellung des Wahlergebnisses anwesenden und gewählten Bewerber:innen die schriftliche Frage richten müsste, ob sie die Wahl annehmen. Die Benachrichtigung nach § 17 WO ist daher nicht erforderlich, wenn der/die gewählte Bewerber:in unmittelbar nach Abschluss der Stimmauszählung und nach Feststellung des Wahlergebnisses gegenüber dem Wahlvorstand erklärt, dass er/sie die **Wahl annimmt**. Diese Erklärung ist in der Wahlniederschrift ausdrücklich anzuführen bzw., wenn sie schriftlich abgegeben wurde, der Niederschrift beizufügen.[296] 322

295 LAG Niedersachsen 10. 3. 2011 – 5 TaBV 96/10.
296 DKW-*Homburg*, § 17 WO Rn. 1.

323 Die Namen der gewählten Betriebsratsmitglieder sind vom Wahlvorstand durch 2-wöchigen Aushang im Betrieb bekannt zu geben, sobald endgültig feststeht, dass die Gewählten die Wahl angenommen haben. Der Aushang ist an den gleichen Stellen vorzunehmen wie das **Wahlausschreiben.**

ON LINE

Siehe dazu
- den Mustertext für die Bekanntmachung des Wahlergebnisses (Wahlunterlage 36 – Normales Wahlverfahren Mehrheitswahl)
- Mustertext für die Bekanntmachung des Wahlergebnisses (Wahlunterlage 37 – Normales Wahlverfahren – Verhältniswahl)
- Mustertext für die Bekanntmachung des Wahlergebnisses (Wahlunterlage 32 – 1-köpfiger Betriebsrat)
- Mustertext für die Bekanntmachung des Wahlergebnisses (Wahlunterlage 33 – Vereinfachtes Wahlverfahren – mehrköpfiger Betriebsrat)

324 Eine **Abschrift der Wahlniederschrift** ist dem Arbeitgeber und den im Betrieb vertretenen Gewerkschaften unverzüglich zu übersenden (§ 18 WO). Die DS-GVO steht dem nicht entgegen, da der Wahlvorstand hier nur seiner gesetzlichen Pflicht zu Weitergabe der Daten an Gewerkschaften und Arbeitgeber erfüllt. Der Wahlvorstand hat die Wahlakten (Wählerliste, Wahlausschreiben, Protokolle, Schriftverkehr, Stimmzettel usw.) dem Betriebsrat zu übergeben. Dieser hat die Akten mindestens bis zum Ablauf seiner Amtszeit aufzubewahren (§ 19 BetrVG).

ON LINE

Siehe dazu
- Mustertext für die Information der Gewerkschaften und des Arbeitgebers über das Wahlergebnis (Wahlunterlage 38 – Normales Wahlverfahren)
- Mustertext für die Information der Gewerkschaften und des Arbeitgebers über das Wahlergebnis (Wahlunterlage 34 – Vereinfachtes Wahlverfahren)

2. Konstituierende Sitzung des neuen Betriebsrats

325 Vor Ablauf einer Woche nach dem Wahltag (im vereinfachten Wahlverfahren ist das der Tag der zweiten Wahlversammlung oder der Tag der nachträglichen schriftlichen Stimmabgabe, siehe Rn. 291) – bzw. falls die

Wahl an mehreren Tagen stattfindet vor Ablauf einer Woche nach dem letzten Tag der Stimmabgabe –, hat der Wahlvorstand die Mitglieder des neu gewählten Betriebsrats zu der konstituierenden Sitzung einzuberufen (§ 29 Abs. 1 BetrVG). Bei der Wochenfrist handelt es sich um eine Ordnungsvorschrift. Geringfügige Überschreitungen der Frist lösen keine negativen Rechtsfolgen aus.[297] In der konstituierenden Sitzung werden der/die Betriebsratsvorsitzende und dessen/deren Stellvertreter:in gewählt (§ 26 Abs. 1 BetrVG). Die Sitzung muss jedoch nicht vor Ablauf der Wochenfrist stattfinden, es kann auch etwas später sein. Entscheidend ist, dass der neu gewählte Betriebsrat durch die Wahl des/der Vorsitzenden und dessen/deren Stellvertreter:in sofort handlungsfähig wird, wenn die Amtszeit des bisherigen Betriebsrats abläuft. Den Zeitpunkt der konstituierenden Sitzung legt daher der Wahlvorstand in eigener Verantwortung unter Berücksichtigung der Amtszeit des bisherigen Betriebsrats fest.[298] Kommt der Wahlvorstand der Verpflichtung zur Einberufung der konstituierenden Sitzung nicht nach, können die gewählten Betriebsratsmitglieder selbst die Initiative ergreifen und sich über den Zeitpunkt der Sitzung verständigen.

Siehe dazu

ON LINE

- Mustertext für die Einladung zur konstituierenden Sitzung des Betriebsrats (Wahlunterlage 39 – Normales Wahlverfahren)
- Mustertext für die Einladung zur konstituierenden Sitzung des Betriebsrats (Wahlunterlage 35 – Vereinfachtes Wahlverfahren)

Der Wahlvorstand hat zu der konstituierenden Sitzung alle Gewählten einzuladen, die die Wahl angenommen haben; bei der Nichtannahme der Wahl durch einen gewählten Wahlbewerber (oder bei dessen Verhinderung) das entsprechend nachgerückte Ersatzmitglied. An der Sitzung nimmt nur der Wahlvorstandsvorsitzende teil, nicht der gesamte Wahlvorstand. Der Wahlvorstandsvorsitzende leitet die konstituierende Sitzung des Betriebsrats bis zur Wahl eines Wahlleiters/einer Wahlleiterin. Sein Teilnahmerecht entfällt mit der Bestellung des/der Wahlleiter:in, der aus der Mitte des Betriebsrats gewählt wird. Nach seiner/ihrer Wahl übernimmt der/die Wahlleiter:in die weitere Leitung der konstituierenden Sitzung des Betriebsrats und führt nunmehr die Wahl des/der Betriebsratsvorsitzenden und seines/seiner Stellvertreter:in aus. **326**

297 DKW-*Wedde*, § 29 Rn. 4; Fitting, § 29 Rn. 9.
298 DKW-*Wedde*, § 29 Rn. 6.

327 Darüber hinaus werden zweckmäßigerweise in der konstituierenden Sitzung dem neu gewählten Betriebsrat die Wahlunterlagen übergeben, die dieser mindestens bis zur Beendigung seiner Amtszeit aufbewahren muss (vgl. § 19 WO).

Siehe dazu

- Mustertext für die Überlassung der Unterlagen des Wahlvorstands an den Betriebsrat (Wahlunterlage 40 – Normales Wahlverfahren)
- Mustertext für die Überlassung der Unterlagen des Wahlvorstands an den Betriebsrat (Wahlunterlage 36 – Vereinfachtes Wahlverfahren)

3. Amtszeit des neu gewählten Betriebsrats

328 Die Amtszeit des neu gewählten Betriebsrats beginnt mit Ablauf von dessen Amtszeit, sofern im Betrieb bereits ein Betriebsrat besteht. Besteht ein Betriebsrat (gleich aus welchen Gründen) bisher nicht, beginnt die Amtszeit des erstmals gewählten Betriebsrats mit der Bekanntgabe des Wahlergebnisses (Aushang des endgültigen Wahlergebnisses nach § 18 WO).

329 Die **regelmäßige Amtszeit** des Betriebsrats beträgt vier Jahre (§ 21 Satz 1 BetrVG), wobei die regelmäßigen Wahlen in dem 4-Jahres-Rhythmus jeweils in der Zeit vom 1.3. bis 31.5. stattfinden (§ 13 Abs. 1 BetrVG). Die Jahre, in denen regelmäßige Betriebsratswahlen stattfinden, sind 2026, 2030, 2034 usw.

330 Zu einer Betriebsratswahl außerhalb des regelmäßigen Wahlzeitraums kommt es nach § 13 Abs. 2 BetrVG, wenn

- mit Ablauf von 24 Monaten, vom Tage der Wahl angerechnet, die Zahl der regelmäßig beschäftigten Arbeitnehmer:innen um die Hälfte, mindestens aber um 50, gestiegen oder gesunken ist,
- die Gesamtzahl der Betriebsratsmitglieder nach Eintreten sämtlicher Ersatzmitglieder unter die vorgeschriebene Zahl der Betriebsratsmitglieder (§ 9 BetrVG) gesunken ist,
- der Betriebsrat mit der Mehrheit seiner Mitglieder seinen Rücktritt beschlossen hat,
- die Betriebsratswahl mit Erfolg angefochten wurde,
- der Betriebsrat durch eine gerichtliche Entscheidung aufgelöst ist oder im Betrieb ein Betriebsrat nicht besteht.

331 Hat aus einem der in § 13 Abs. 2 BetrVG genannten Gründe eine Wahl außerhalb des regelmäßigen Wahlzeitraums stattgefunden, ist der Betriebsrat in dem auf die Wahl folgenden nächsten Zeitraum der regel-

mäßigen Betriebsratswahlen neu zu wählen. Das gilt nicht, wenn die Amtszeit des »zwischendurch« gewählten Betriebsrats zu Beginn des regelmäßigen Wahlzeitraums noch nicht ein Jahr betragen hat. Ist das der Fall, ist der Betriebsrat erst in dem übernächsten Zeitraum der regelmäßigen Betriebsratswahlen neu zu wählen (§ 13 Abs. 3 BetrVG).

X. Welche Besonderheiten gelten beim vereinfachten Wahlverfahren?

332 Gemäß § 14a Abs. 1 BetrVG kommt das **vereinfachte Wahlverfahren** für alle Betriebe **zwingend zur Anwendung**, denen in der **Regel fünf bis 100 wahlberechtigte Arbeitnehmer:innen** angehören (Kleinbetriebe im Sinne des § 14a BetrVG). Wird eine Betriebsratswahl nicht in dem für die entsprechende Betriebsgröße gesetzlich vorgeschriebenen (vereinfachten oder normalen) Wahlverfahren durchgeführt, hat dies **keine Nichtigkeit der Betriebsratswahl** zur Folge, sondern begründet lediglich deren **Anfechtbarkeit.**[299] Die gesetzliche Definition der für einen **Kleinbetrieb** im Sinne des § 14a BetrVG maßgebenden Schwellenwerte knüpft an die Vorschrift des § 9 BetrVG an, nach der die Größe des Betriebsrats in den ersten Stufen ebenfalls von der Anzahl der in der Regel dem Betrieb angehörenden **wahlberechtigten Arbeitnehmer:innen** abhängt (zum Begriff »wahlberechtigte Arbeitnehmer:innen« vgl. Rn. 117 ff.; zum Begriff »in der Regel im Betrieb beschäftigt« vgl. Rn. 171 f.).

333 Das vereinfachte Wahlverfahren kommt in Kleinbetrieben sowohl für bisher betriebsratslose Betriebe **(erstmalige Betriebsratswahlen)** als auch für Betriebe mit Betriebsrat (**Neuwahl des Betriebsrats**) zur Anwendung.

334 In Betrieben mit in der Regel **101 bis 200 wahlberechtigten Arbeitnehmer:innen** können Arbeitgeber und Wahlvorstand die Anwendung des vereinfachten Wahlverfahrens **vereinbaren** (§ 14a Abs. 5 BetrVG). Da § 14a Abs. 5 BetrVG ausdrücklich auf **wahlberechtigte Arbeitnehmer:innen** abstellt, kann das vereinfachte Wahlverfahren auch für Betriebe vereinbart werden, die in der Regel insgesamt **mehr als 200 Arbeitnehmer:innen** beschäftigen, wenn von diesen nicht mehr als 200 Arbeitnehmer:innen **wahlberechtigt** sind. Werden beispielsweise 198 wahlberechtigte Arbeitnehmer:innen und zusätzlich acht nicht wahlberechtigte Arbeitnehmer:innen, die etwa das 16. Lebensjahr noch nicht vollendet haben, beschäftigt, kann für die Wahl des dann aus sieben Mit-

299 BAG 19.11.2003 – 7 ABR 24/03; LAG München 20.5.2022 – 5 TaBVGa 2/22.

gliedern bestehenden Betriebsrats das vereinfachte Wahlverfahren vereinbart werden.

Eine Vereinbarung nach § 14a Abs. 5 BetrVG setzt die Existenz eines be- 335
stellten oder gewählten Wahlvorstands voraus, für den dann auch nur ein einstufiges vereinfachtes Wahlverfahren gem. § 14a Abs. 3 BetrVG in Frage kommt (§ 37 WO; vgl. Rn. 430ff.).

Eine **Vereinbarung** gem. § 14a Abs. 5 BetrVG ist **nicht erzwingbar**, son- 336
dern kann nur einvernehmlich von Arbeitgeber und Wahlvorstand abgeschlossen werden. Die Vereinbarung kann ausdrücklich oder konkludent abgeschlossen werden. Dies erfordert das Vorliegen übereinstimmender Willenserklärungen des Wahlvorstands und des Arbeitgebers. Die schweigende Kenntnisnahme des Beschlusses des Wahlvorstands über die Ausführung der Betriebsratswahl im vereinfachten Wahlverfahren durch den Arbeitgeber ist für das Zustandekommen einer Vereinbarung im Sinne des § 14a Abs. 5 BetrVG nicht ausreichend.[300] Zur Möglichkeit der Vereinbarung der Anwendung des vereinfachten Wahlverfahrens, wenn sich im zweistufigen Verfahren in der ersten Wahlversammlung herausstellt, dass im Betrieb in der Regel mehr als 100 wahlberechtigte Arbeitnehmer:innen beschäftigt sind, s. Rn. 385.

Siehe dazu

- Mustertext für die Vereinbarung zwischen Wahlvorstand und Arbeitgeber über die Anwendung des vereinfachten Wahlverfahrens (Wahlunterlage 7 – Vereinfachtes Wahlverfahren)

Die gesetzliche Vorschrift unterscheidet zwischen zwei Verfahren: 337

1. das **zweistufige Verfahren** (siehe Rn. 339ff.), das in betriebsratslosen Kleinbetrieben zur Anwendung kommt, in denen ein Wahlvorstand durch den Gesamtbetriebsrat, den Konzernbetriebsrat oder das Arbeitsgericht nicht bestellt wurde (§ 14a Abs. 1, 2 BetrVG)
2. das **einstufige Verfahren** (vgl. Rn. 430ff.) für diejenigen Kleinbetriebe, in denen ein Wahlvorstand aufgrund seiner Bestellung (durch den Betriebsrat, den Gesamtbetriebsrat, den Konzernbetriebsrat oder durch das Arbeitsgericht) bereits vorhanden ist.

Für das vereinfachte Wahlverfahren sind neben § 14a BetrVG vor allem 338
§ 17a BetrVG und die §§ 28–37 WO als spezielle Vorschriften zu beachten.

300 BAG 19.11.2003 – 7 ABR 24/03.

1. Die Wahl des Betriebsrats im zweistufigen Verfahren

339 Das zweistufige Verfahren gem. § 14a Abs. 1, 2 BetrVG sieht vor, dass in Kleinbetrieben, in denen ein Wahlvorstand nicht bestellt wurde (vgl. Rn. 55ff.), zunächst ein Wahlvorstand auf einer **ersten Wahlversammlung** (vgl. dazu §§ 28, 29 WO) und eine Woche später der Betriebsrat auf einer zweiten Wahlversammlung gewählt wird (zur Vorbereitung der Wahl des Betriebsrats auf der ersten Wahlversammlung und Ausführung der Wahl des Betriebsrats auf der **zweiten Wahlversammlung**, vgl. §§ 30ff. WO).

340 Die **erste Wahlversammlung** hat folgenden Zweck:
- Wahl des Wahlvorstands (vgl. Rn. 369ff.);
- Aufstellung der Wählerliste durch den Wahlvorstand (vgl. Rn. 382ff.);
- Erlass des Wahlausschreibens durch den Wahlvorstand (vgl. Rn. 392ff.);
- Einreichung und Prüfung von Wahlvorschlägen (vgl. Rn. 398ff.).

341 Die **zweite Wahlversammlung** findet allein statt zur
- Wahl des Betriebsrats (vgl. Rn. 410ff.).

342 Im Vergleich zum normalen Wahlverfahren kann die Betriebsratswahl im vereinfachten Wahlverfahren aufgrund erheblich **verkürzter Fristen** wesentlich schneller ausgeführt und in **rund drei bis vier Wochen** abgeschlossen werden. Dies führt allerdings vor allem bei der erstmaligen Wahl eines Betriebsrats im zweistufigen Verfahren zu dem praktischen Problem, dass der Wahlvorstand für die **sorgfältige Vorbereitung der Betriebsratswahl** und die **Beachtung aller Formalitäten** sehr wenig Zeit hat und vor allem auf der ersten Wahlversammlung – unmittelbar nach seiner Wahl – »aus dem Stand« in der Lage sein muss, die **Betriebsratswahl korrekt einzuleiten** (u.a. Aufstellung der Wählerliste, Erlass des Wahlausschreibens, Entgegennahme und Prüfung der Wahlvorschläge) und **auszuführen**.

343 Da sich der **Wahlvorstand** die dafür **erforderlichen Kenntnisse** aus Zeitgründen nicht nach seiner Wahl auf der ersten Wahlversammlung aneignen kann, sollten die Personen, die als Initiator:innen einer erstmaligen Betriebsratswahl im zweistufigen Verfahren zu der ersten Wahlversammlung einladen (vgl. Rn. 345ff.), schon im Vorfeld der Einladung überlegen, welche Arbeitnehmer:innen für die Wahl in den Wahlvorstand vorgeschlagen werden sollen und – möglichst mit Unterstützung der zuständigen **Gewerkschaft** – schon vor der ersten Wahlversammlung auf Grundlage eigener Kenntnisse damit beginnen,
- eine **Wählerliste** zu erstellen,

- problematische Grenzfälle der **Wahlberechtigung bzw. Wählbarkeit** zu identifizieren und
- ein Muster für ein **Wahlausschreiben** im Sinne eines Entwurfs betriebsbezogen zu ergänzen.

Bei der Vorbereitung der ersten Wahlversammlung ist unbedingt zu berücksichtigen, dass der **Sonderkündigungsschutz** (vgl. dazu Rn. 451ff.) 344

- für **Arbeitnehmer:innen, die Handlungen zur Vorbereitung der Wahl des Betriebsrats unternehmen** (z. B. Gespräche mit anderen Arbeitnehmer:innen), erst mit der Abgabe einer öffentlich beglaubigten Erklärung über die Absicht, die Wahl eines Betriebsrats vorbereiten zu wollen (§ 15 Abs. 3b KSchG),
- **für einladende Arbeitnehmer:innen erst mit dem Aushang der Einladung (§ 15 Abs. 3a KSchG),**
- für **Wahlvorstandsmitglieder** erst mit der Wahl in den Wahlvorstand (§ 15 Abs. 3 KSchG) und
- für **Wahlbewerber:innen** erst mit der Aufstellung des Wahlvorschlags (§ 15 Abs. 3 KSchG)

beginnt (vgl. zu den Einzelheiten des Sonderkündigungsschutzes Rn. 451ff.). Es ist daher in der Regel empfehlenswert, dass die **Einladung zur ersten Wahlversammlung** durch die im Betrieb vertretene **Gewerkschaft** (vgl. Rn. 70) erfolgt. Auch im Fall der Einladung durch die Gewerkschaft ist allerdings darauf zu achten, dass für die an **Vorbereitungshandlungen** zur Durchführung der Betriebsratswahl **beteiligten Arbeitnehmer:innen (Wahlinitiator:innen)** rechtzeitig vor Aushang der Einladung die Voraussetzungen für deren Sonderkündigungsschutz geschaffen werden (vgl. dazu Rn. 458a).

a) Die Einladung zur ersten Wahlversammlung zur Wahl des Wahlvorstands

Zu der ersten Wahlversammlung zur Wahl des Wahlvorstands (§ 17a Nr. 3 BetrVG) können **drei wahlberechtigte Arbeitnehmer:innen** (vgl. Rn. 117ff.) des Betriebs oder eine im Betrieb vertretene **Gewerkschaft** (vgl. Rn. 70) alle im Betrieb beschäftigten Arbeitnehmer:innen (und nicht nur die wahlberechtigten Arbeitnehmer:innen) einladen (s. dazu auch Rn. 59a) und **Vorschläge für die Zusammensetzung des Wahlvorstands** machen (§ 17 Abs. 3 BetrVG, § 28 Abs. 1 Satz 1 WO). Beauftragte einer im Betrieb vertretenen **Gewerkschaft** haben zum Zweck der Einladung zur Wahlversammlung das **Zugangsrecht zum Betrieb** (vgl. § 2 Abs. 2 BetrVG) und dürfen auch im Betrieb die Arbeitnehmer:innen über die Bedeutung der Betriebsratswahl aufklären und versuchen, geeignete 345

Arbeitnehmer:innen für die Kandidatur als Wahlvorstandsmitglied zu gewinnen.[301]

346 Der **Arbeitgeber** ist nicht befugt, die Arbeitnehmer:innen zur ersten Wahlversammlung einzuladen.

347 Die Einladung muss mindestens **sieben Tage vor dem Tag der Wahlversammlung** (zur Fristberechnung vgl. Rn. 351) durch Aushang an geeigneten Stellen im Betrieb erfolgen (§ 28 Abs. 1 Satz 2, 3 WO). Dabei ist zu berücksichtigen, dass **alle Arbeitnehmer:innen** die Möglichkeit haben müssen, **vom Inhalt der Einladung Kenntnis** nehmen zu können.[302] Hat ein Betrieb **mehrere Betriebsstätten** oder **regelmäßig auswärts beschäftigte Arbeitnehmer:innen** (z. B. Leiharbeitnehmer:innen, Außendienstbeschäftigte), ist die Einladung deshalb in Kopie in allen Betriebsstätten auszuhängen (zum Aushang des Wahlausschreibens vgl. Rn. 395 ff.) und/oder per Bote, Post oder E-Mail den entsprechenden Arbeitnehmer:innen zukommen zu lassen. Auf Verlangen der einladenden Stelle ist der Arbeitgeber in diesem Fall verpflichtet, die Übermittlung der Einladung an die Arbeitnehmer:innen vorzunehmen (s. auch Rn. 59b).[303]

348 Sind im Betrieb **ausländische Arbeitnehmer:innen** beschäftigt, die der deutschen Sprache nicht mächtig sind, sollte ihnen die Einladung möglichst in entsprechend übersetzter Form zur Kenntnis gebracht werden. Die Einladenden sollten zumindest dafür sorgen, dass die ausländischen Arbeitnehmer:innen mündlich über den Inhalt der Einladung in ihrer Muttersprache aufgeklärt werden.

349 Statt durch Aushang (oder per Post bei regelmäßig auswärts beschäftigten Arbeitnehmern durch den Arbeitgeber[304] oder durch die Einladenden) kann die Einladung auch mittels der im Betrieb vorhandenen **Informations- und Kommunikationstechnik** (z. B. im Intranet **oder durch** Rund-E-Mail) bekannt gemacht werden, wenn gesichert ist, dass **alle** Arbeitnehmer:innen dadurch von der Einladung Kenntnis erlangen können (vgl. § 2 Abs. 4 Satz 4 WO). Dies setzt in der Regel voraus, dass alle wahlberechtigten Arbeitnehmer:innen über einen eigenen E-Mail-Anschluss verfügen[305] (s. auch Rn. 59b). Als Ergänzung zum Aushang ist die Einladung in elektronischer Form stets zulässig (§ 28 Abs. 1 Satz 4 WO).

350 Die **Berechnung der** Einladungsfrist von mindestens sieben Tagen richtet sich gem. § 41 WO nach §§ 186 bis 193 BGB (siehe dazu die Erläuterungen

---

301 DKW-*Homburg*, § 17 Rn. 7; Fitting, § 17 Rn. 20.
302 Vgl. BAG 19. 11. 2003 – 7 ABR 24/03; LAG Hamm 13. 4. 2012 – 10 TaBV 109/11.
303 BAG 26. 2. 1992 – 7 ABR 37/92; LAG Rheinland-Pfalz 7. 1. 2008 – 5 TaBV 56/07.
304 Vgl. BAG 26. 2. 1992 – 7 ABR 37/92.
305 BAG 19. 11. 2003 – 7 ABR 24/03.

in Rn. 88ff.). Da § 28 Abs. 1 Satz 1 WO den Tag der Wahlversammlung als fristauslösendes Ereignis (§ 187 Abs. 1 BGB) festlegt, ist die Einladungsfrist »rückwärts« zu berechnen. Dabei wird der Tag der Wahlversammlung nicht mitgerechnet (§ 187 Abs. 1 BGB) und die 7-Tage-Frist endet mit dem Ablauf des letzten Tages der Frist (§ 188 Abs. 1 BGB).

Beispiel 1: 351
Findet die Wahlversammlung am 16.4.2026 (Donnerstag) statt, läuft die Einladungsfrist von mindestens sieben Tagen am 9.4.2026 (Donnerstag, 00:00 Uhr, ab. Die Einladung hat somit spätestens am 8.4.2026 (Mittwoch) zu erfolgen.

Beispiel 2:
Findet die Wahlversammlung am 14.4.2026 (Dienstag) statt, läuft die Einladungsfrist von mindestens sieben Tagen am 7.4.2026 (Dienstag), 00:00 Uhr, ab. Da es sich bei den vier vor dem 7.4.2026 liegenden Tagen um einen Feiertag (Ostermontag), Sonntag, Sonnabend und um einen weiteren Feiertag (Karfreitag) handelt, muss die Einladung spätestens am davor liegenden Arbeitstag erfolgen, d.h. dem 2.4.2026 (Donnerstag) (§ 193 BGB, vgl. dazu Rn. 89ff., 97; zur Fristberechnung in Betrieben, in denen die ganz überwiegende Mehrheit der Beschäftigten auch an den Sonnabenden, Sonntagen und/oder Feiertagen arbeitet vgl. Rn. 96).

Die **Einladung muss mindestens die folgenden Hinweise enthalten** 352
(§ 28 Abs. 1 Satz 5 WO):

- **Ort** (vgl. Rn. 362), **Tag** und **Zeit** der Wahlversammlung;
- dass bis zum Ende der Wahlversammlung **Wahlvorschläge** zur Wahl des Betriebsrats gemacht werden können (§ 14a Abs. 2 BetrVG);
- dass **Wahlvorschläge** der Arbeitnehmer:innen zur Wahl des Betriebsrats mindestens von zwei Wahlberechtigten, unterzeichnet werden müssen und dass es in Betrieben mit in der Regel bis zu zwanzig Wahlberechtigten keiner Unterzeichnung von Wahlvorschlägen bedarf;
- dass **Wahlvorschläge** zur Wahl des Betriebsrats, die erst **in der Wahlversammlung** zur Wahl des Wahlvorstands gemacht werden, **nicht der Schriftform bedürfen.**

Siehe dazu

- Mustertext für die Einladung zur Wahlversammlung zur Wahl des Wahlvorstands (Wahlunterlage 10 – Vereinfachtes Wahlverfahren – zweistufig)

353 Die Vorschriften über den **Aushang**, die **Frist** und den **Inhalt der Einladung** zur ersten Wahlversammlung müssen genau eingehalten werden. Im Unterschied zur Betriebsversammlung gem. § 17 Abs. 2, 3 BetrVG zur Wahl des Wahlvorstands im normalen Wahlverfahren stellt die erste Wahlversammlung im vereinfachten Wahlverfahren nicht lediglich einen vorbereitenden Akt der eigentlichen Betriebsratswahl dar. Können nicht alle Arbeitnehmer:innen des Betriebs rechtzeitig vor der ersten Wahlversammlung vom vorgeschriebenen Inhalt der Einladung Kenntnis nehmen, kann sich dies z. B. auf die Einreichung der Wahlvorschläge auswirken und damit einen **Verstoß gegen wesentliche Wahlvorschriften** mit der Folge haben, dass die **Betriebsratswahl angefochten** werden kann.[306]

b) Die Informations- und Mitwirkungspflichten des Arbeitgebers

354 Der Arbeitgeber ist verpflichtet, den **Aushang der Einladung** im Betrieb (und/oder ihre Bekanntgabe im Intranet, vgl. Rn. 206ff., 349) zu dulden und gegebenenfalls durch erforderliche Mitwirkungshandlungen zu ermöglichen (vgl. auch Rn. 347). Das gilt auch, wenn die Einladung durch die im Betrieb vertretene Gewerkschaft erfolgt.

355 Um dem Wahlvorstand unmittelbar nach seiner Wahl die Einleitung der Betriebsratswahl noch während der ersten Wahlversammlung zu ermöglichen (vgl. § 30 WO), ist der **Arbeitgeber verpflichtet**, unverzüglich nach Aushang der Einladung zur ersten Wahlversammlung der einladenden Stelle (3 wahlberechtigte Arbeitnehmer:innen oder eine im Betrieb vertretene Gewerkschaft) alle **für die Ausfertigung der Wählerliste erforderlichen Unterlagen** (§ 2 Abs. 2 WO) in einem **versiegelten Umschlag** (z. B. Versiegelung mit Klebeband, Stempel) auszuhändigen (§ 28 Abs. 2 WO). Die Versiegelung ist vorgeschrieben, um die Erkennbarkeit des unberechtigten Öffnens des Umschlags zu gewährleisten. Dazu gehört grundsätzlich eine **Liste aller Arbeitnehmer:innen des Betriebs** mit Angabe des Familiennamens, Vornamens, Geburtsdatums, Datums des Eintritts in den Betrieb und des Geschlechts sowie mit Unterlagen, mit deren Hilfe geprüft werden kann, ob Beschäftigte zum Kreis der Personen gem. § 5 Abs. 3 BetrVG (vgl. dazu Rn. 152ff.) gehören und inwieweit zur Arbeitsleistung überlassene Arbeitnehmer:innen eines anderen Arbeitgebers wahlberechtigt sind (vgl. Rn. 140). Aus diesem Grund ist der Arbeitgeber verpflichtet, zusätzlich Tätigkeitsbeschreibungen, Organisationspläne, Dienst- und Arbeitsverträge sowie Überlassungs- bzw.

306 BAG 19.11.2003 – 7 ABR 24/03.

Werkverträge vorzulegen und im Einzelfall darüber hinausgehende Erläuterungen und Auskünfte zu geben.

Der Umschlag mit den Unterlagen zur Aufstellung der Wählerliste darf 356
von den Einladenden nicht geöffnet werden, sondern ist **dem Wahlvorstand** unmittelbar nach seiner Wahl **auf der ersten Wahlversammlung auszuhändigen** (§ 30 Abs. 1 Satz 4 WO; vgl. dazu Rn. 382).

Die einladende Stelle sollte **den Arbeitgeber** gegebenenfalls über den 357
Inhalt und den Zeitpunkt seiner Mitwirkungs- und Informationsverpflichtungen **frühzeitig unterrichten** (im Fall der Einladung durch drei wahlberechtigte Arbeitnehmer:innen in der Regel nicht vor dem Aushang der Einladung wegen des erst zu diesem Zeitpunkt einsetzenden Sonderkündigungsschutzes gem. § 15 Abs. 3a KSchG, siehe Rn. 458). Dann kann sich der Arbeitgeber auf die rechtzeitige und ordnungsgemäße Erfüllung seiner Informations- und Mitwirkungspflichten einstellen und es gibt keinen Anlass für Einwände, dass die Einleitung der Betriebsratswahl wegen Verzögerungstaktiken des Arbeitgebers behindert wird. Der Arbeitgeber sollte gebeten werden, am Tag der ersten Wahlversammlung – gegebenenfalls durch eine:n entsprechend qualifizierte:n innerbetriebliche:n Vertreter:in – für Auskunftsbegehren oder Nachfragen des Wahlvorstands im Zusammenhang mit der Aufstellung der Wählerliste (vgl. Rn. 383) zur Verfügung zu stehen (ein Teilnahmerecht des Arbeitgebers an der ersten Wahlversammlung besteht nicht, vgl. Rn. 361).

Siehe dazu

- Mustertext für ein Schreiben an den Arbeitgeber zur Vorbereitung der Wahl des Wahlvorstands auf der Wahlversammlung (Wahlunterlage 11 – Vereinfachtes Wahlverfahren – zweistufig)

Verweigert oder verzögert der Arbeitgeber die Erfüllung seiner Mitwir- 358
kungs- und/oder Informationspflichten im Zusammenhang mit der Bekanntgabe der Einladung zur ersten Wahlversammlung (§ 28 Abs. 1 WO) oder im Zusammenhang mit der Aushändigung aller für die Anfertigung der Wählerliste erforderlichen Unterlagen (§ 28 Abs. 2 WO), stellt dies einen Verstoß gegen das Verbot der Behinderung der Wahl des Betriebsrats (§ 20 Abs. 1 BetrVG, siehe dazu Rn. 446ff.) dar; dies kann auch den **Straftatbestand** des § 119 Abs. 1 Nr. 1 BetrVG (vgl. Rn. 450) erfüllen. Gegebenenfalls kann der Arbeitgeber **im Wege der einstweiligen Verfügung arbeitsgerichtlich** gezwungen werden, seinen Verpflichtungen nachzukommen. Antragsberechtigt ist die einladende Stelle. Zur alternativen Möglichkeit der **arbeitsgerichtlichen Bestellung des Wahlvor-**

stands gem. § 17a Nr. 4 i. V. m. § 17 Abs. 4 BetrVG kann in einem **Fall der Be- oder Verhinderung der ersten Wahlversammlung durch den Arbeitgeber** nach höchstrichterlicher Rechtsprechung wegen des Vorrangs der Wahl des Wahlvorstands vor seiner gerichtlichen Bestellung erst übergegangen werden, wenn von der einladenden Stelle zumindest ein **ernsthafter Versuch** unternommen wurde, zur Wahlversammlung einzuladen bzw. diese auszuführen (siehe dazu auch Rn. 63).[307]

c) Die Durchführung der ersten Wahlversammlung

ONLINE

Siehe dazu

- Checkliste und Ablaufplan zur Durchführung Wahlversammlung zur Wahl des Wahlvorstands (Wahlunterlage 12 – Vereinfachtes Wahlverfahren – zweistufig, abgedruckt auch im Anhang, Rn. 475)

359 Die Wahlversammlung darf frühestens sieben Tage nach Bekanntmachung der Einladung im Betrieb (zur Fristberechnung siehe Rn. 351) durchgeführt werden und findet grundsätzlich **während der Arbeitszeit** statt (§ 44 Abs. 1 Satz 1 BetrVG). **Teilnahmeberechtigt** sind alle im Betrieb beschäftigten Arbeitnehmer:innen (und nicht nur die Wahlberechtigten).

360 **Gewerkschaftsbeauftragte** einer im Betrieb vertretenen Gewerkschaft haben auch dann ein **Teilnahmerecht**, wenn die Einladung nicht durch die Gewerkschaft, sondern durch wahlberechtigte Arbeitnehmer:innen des Betriebs erfolgte.

361 Ein **Teilnahmerecht des Arbeitgebers** sowie **leitender Angestellter** besteht nach hier vertretener (aber streitiger) Auffassung nicht, da die Wahl des Wahlvorstands, die Betriebsratswahl, ihre Einleitung und vor allem die Einreichung von Wahlvorschlägen ohne Beeinflussungsmöglichkeit durch den Arbeitgeber stattzufinden hat.[308] Dies gilt auch für Beauftragte eines Arbeitgeberverbands[309] oder vom Arbeitgeber beauftragte Rechtsanwält:innen, die als betriebsfremde Personen ohnehin grundsätzlich kein Teilnahmerecht an Betriebsversammlungen haben.[310,311]

---

307 BAG 26.2.1992 – 7 ABR 37/92; s. dazu Berg, AiB 02, 17, 20, m. w. N.

308 Däubler, AuR 01, 285, 287; DKW-*Homburg*, § 17 Rn. 8, jeweils auch mit Hinweisen zur Gegenmeinung; a. A. etwa Fitting, § 14a Rn. 21, § 30 WO Rn. 3.

309 A. A. Fitting, § 17 Rn. 26.

310 ArbG Essen 22.6.2004 – 2 BV 17/04.

311 DKW-*Berg*, § 46, Rn. 12.

Die Wahlversammlung findet grundsätzlich in den **Betriebsräumen** statt. Ist kein geeigneter Versammlungsraum vorhanden, kann auch ein Ort außerhalb des Betriebs gewählt werden.[312] **362**

Bei der Planung der ersten Wahlversammlung ist zu berücksichtigen, dass der Wahlvorstand für die während der Wahlversammlung zu erledigenden Schritte der Vorbereitung und Einleitung der Betriebsratswahl **Büromaterial, PC, Drucker** und gegebenenfalls einen **Kopierer** benötigt. **363**

Sind im Betrieb **ausländische Arbeitnehmer:innen** beschäftigt, die der deutschen Sprache nicht mächtig sind, sollten die Einladenden dafür sorgen, dass durch die Anwesenheit eines/r geeigneten **inner- oder außerbetrieblichen Dolmetschers/in** gesichert ist, dass die ausländischen Arbeitnehmer:innen dem Verlauf der Wahlversammlung folgen und ihre Rechte wahrnehmen können. Die Information der ausländischen Arbeitnehmer:innen kann auch durch **schriftliche Hinweise** in der entsprechenden ausländischen Sprache erfolgen. Eine rechtliche Verpflichtung der Einladenden oder des Wahlvorstands zur Information der ausländischen Arbeitnehmer:innen sieht die Wahlordnung im zweistufigen Verfahren allerdings nicht vor (vgl. § 30 Abs. 1 Satz 6 WO, der nicht auf § 2 Abs. 5 WO verweist;[313] zur Beachtung von § 2 Abs. 5 WO im normalen und einstufigen vereinfachten Wahlverfahren siehe Rn. 103ff.). **364**

Die Wahlversammlung wird von den Einladenden eröffnet. Sie üben im Verhandlungsraum bis zur Bestimmung des Versammlungsleiters zunächst das Hausrecht aus, das dann auf diesen übergeht. Die Einladenden sollten einen Vorschlag für die **Person des/der Versammlungsleiters/in** unterbreiten und zur Abstimmung stellen. Für die Wahl des/der Versammlungsleiters/in ist die Mehrheit der abgegebenen Stimmen erforderlich. Als Versammlungsleiter:in kann auch der/die **Beauftragte einer im Betrieb vertretenen Gewerkschaft** gewählt werden. In Betracht kommt aber auch jede/r andere teilnahmeberechtigte Arbeitnehmer:in. **365**

Alle teilnahmeberechtigten Arbeitnehmer:innen (siehe Rn. 359) des Betriebs sind **abstimmungsberechtigt**. Eine bestimmte Mindestanzahl teilnehmender Arbeitnehmer:innen ist für die **Beschlussfähigkeit** der Wahlversammlung nicht erforderlich. Von der Wahl des Wahlvorstands abgesehen (§ 29 WO, siehe Rn. 370) werden Beschlüsse mit der Mehrheit der abgegebenen Stimmen gefasst. **366**

Wird der/die Versammlungsleiter:in (etwa ein/eine Gewerkschaftssekretär:in als Beauftragter einer im Betrieb vertretenen Gewerkschaft oder ein/e andere/r teilnahmeberechtigte/r Arbeitnehmer:in) nicht durch eine **367**

312 In Einzelheiten vgl. DKW-*Berg*, § 42 Rn. 20.

313 LAG Düsseldorf 12.10.2018 – 6 TaBVGa 7/18; wie hier *Quecke*, AuR 02, 1, 4.

förmliche Wahl bestimmt, ist dies zulässig, wenn erkennbar ist, dass die Mehrheit der Teilnehmer:innen der Wahlversammlung mit dieser Verfahrensweise einverstanden ist.[314]

368 Im Zusammenhang mit der Eröffnung der ersten Wahlversammlung durch die Einladenden sollten diese den Teilnehmer:innen die Aufgaben der Wahlversammlung, die Tagesordnung und den Ablauf (Wahl des Wahlvorstands, Aufstellen der Wählerliste, Erlass des Wahlausschreibens, Einreichung und Prüfung von Wahlvorschlägen) sowie die weiteren Schritte (zweite Wahlversammlung zur Betriebsratswahl) erläutern. Außerdem sollte der/die Versammlungsleiter:in eine:n Protokollführer:in bestimmen.

d) Die Wahl des Wahlvorstands in der ersten Wahlversammlung

369 Der Wahlvorstand besteht **zwingend nur aus drei (und nicht mehr) wahlberechtigten Arbeitnehmer:innen** (§ 17a Nr. 2 BetrVG; § 16 Abs. 1 Satz 2 und 3 BetrVG kommen nicht zur Anwendung). Die Wahlvorstandsmitglieder müssen nicht zum Betriebsrat wählbar sein. Die Wahl von **Ersatzmitgliedern für jedes Wahlvorstandsmitglied** ist zulässig (§ 16 Abs. 1 Satz 4 BetrVG) und zweckmäßig (vgl. Rn. 68). In Betrieben mit weiblichen und männlichen Arbeitnehmern sollen dem Wahlvorstand **Frauen und Männer** angehören (§ 16 Abs. 1 Satz 5 BetrVG). Die Entsendung eines/r dem Betrieb angehörenden **Gewerkschaftsvertreters/in** als nicht stimmberechtigtes Wahlvorstandsmitglied ist unter den Voraussetzungen des § 16 Abs. 1 Satz 6 BetrVG zulässig (siehe dazu Rn. 69f.).

370 Der Wahlvorstand wird von der **Mehrheit der anwesenden Arbeitnehmer:innen** gewählt (§§ 17a Nr. 3 Satz 1 BetrVG, 29 Abs. 1 Satz 1 WO). Sind beispielsweise 30 Arbeitnehmer:innen anwesend, sind für die Wahl jedes Wahlvorstandsmitglieds mindestens 16 Stimmen erforderlich. Werden entsprechende Mehrheiten im ersten Wahlgang nicht erreicht, können weitere Wahlgänge durchgeführt werden (zu den Voraussetzungen der gerichtlichen Bestellung des Wahlvorstands gem. §§ 17a Nr. 4, 17 Abs. 4 BetrVG, wenn dessen Wahl durch die erste Wahlversammlung nicht erfolgt, s. Rn. 377).

371 **Abstimmungsberechtigt** bei der Wahl der Wahlvorstandsmitglieder sind alle teilnahmeberechtigten Arbeitnehmer:innen, nicht nur die Wahlberechtigten.

372 Vor Eintritt in die Abstimmung über die Wahl des Wahlvorstands hat der/die Versammlungsleiter:in die **Zahl der anwesenden abstimmungs-**

314 BAG 14.12.1965 – 1 ABR 6/65; LAG Berlin 10.2.1986 – 9 TaBV 5/85.

berechtigten Arbeitnehmer:innen (siehe Rn. 366) festzustellen und sollte diese protokollieren lassen (lässt sich die Anzahl der abstimmungsberechtigten Arbeitnehmer:innen zur Überprüfung des Wahlergebnisses nicht feststellen, kann dies die Unwirksamkeit der Wahl zur Folge haben, vgl. Rn. 61).

Die Einladenden sollten in Vorbereitung der Wahlversammlung **Vorschläge für die personelle Zusammensetzung des Wahlvorstands** machen (vgl. § 28 Abs. 1 Satz 1 WO) und diese auf der Wahlversammlung zur Abstimmung stellen. Entsprechende Wahlvorschläge können aber auch von jedem/r anderen Teilnehmer:in der Wahlversammlung gemacht werden. 373

Die **Wahl** der vorgeschlagenen Wahlvorstandsmitglieder kann **einzeln oder im Block** erfolgen. Liegt ein Vorschlag mit drei Kandidat:innen vor, empfiehlt sich die Abstimmung über den kompletten Vorschlag, um das Verfahren zu vereinfachen. Stehen mehr als drei Kandidat:innen zur Wahl, ist über jeden Wahlvorschlag einzeln abzustimmen. Bei Stimmengleichheit entscheidet das Los. Die Wahl des Wahlvorstands kann in **offener Abstimmung durch Handaufheben** erfolgen. Die **geheime schriftliche Wahl ist nicht vorgeschrieben** und im Sinne der Erleichterung und Vereinfachung des Wahlverfahrens in der Regel auch nicht sinnvoll (so im Ergebnis auch die Wertung des BAG,[315] nach der die Einhaltung eines förmlichen Wahlverfahrens verzichtbar ist, wenn nach dem Verlauf der Versammlung keine berechtigten Zweifel darüber bestehen können, wer als Mitglied des Wahlvorstands gewählt wurde (vgl. dazu auch Rn. 61).[316] Eine Bestimmung der Mitglieder des Wahlvorstands durch den/die Versammlungsleiter:in ohne formlose Meinungsbildung der Versammlungsteilnehmer:innen entspricht dieser Anforderung allerdings nicht und führt zur Nichtigkeit der Wahl des Wahlvorstands.[317] 374

Die Bestimmung eines der gewählten Wahlvorstandsmitglieder als **Vorsitzende:n des Wahlvorstands** erfolgt ebenfalls mit Mehrheit der anwesenden Arbeitnehmer:innen durch die Wahlversammlung (§ 29 Satz 3 WO). Versäumt die Wahlversammlung, die/den Vorsitzende:n des Wahlvorstands zu bestimmen, kann die Bestimmung durch Beschluss des Wahlvorstands selbst erfolgen.[318] 375

Im **Protokoll der Wahlversammlung** sollten die Wahl des Wahlvorstands und die Abstimmungsergebnisse nachvollziehbar festgehalten werden. 376

---

315 BAG 14.12.1965 – 1 ABR 6/65.

316 Vgl. auch ArbG Bielefeld 6.7.1987 – 4 BV 9/87.

317 ArbG Bielefeld 6.7.1987 – 4 BV 9/87.

318 DKW-*Homburg*, § 14a Rn. 13; Fitting, § 17 Rn. 29.

377 **Findet** die erste **Wahlversammlung** trotz ordnungsgemäßer Einladung **nicht statt** oder wird auf der Wahlversammlung der **Wahlvorstand** – egal aus welchen Gründen – **nicht gewählt** (z. B. weil die erforderliche Mehrheit für die Wahl der Mitglieder des Wahlvorstands nicht erreicht wird oder der anwesende Arbeitgeber oder andere Teilnehmer:innen eine Abstimmung gegen die Wahl eines Betriebsrats erzwingen, s. dazu Rn. 61), kann gem. §§ 17a Nr. 4, 17 Abs. 4 BetrVG der Wahlvorstand durch das **Arbeitsgericht bestellt** werden (vgl. Rn. 63f., 358).[319] Der vom Arbeitsgericht bestellte Wahlvorstand hat dann die Betriebsratswahl im einstufigen Verfahren auszuführen (vgl. Rn. 490ff.).

e) Die Aufgaben des Wahlvorstands in der ersten Wahlversammlung

378 Im Anschluss an die Wahl des Wahlvorstands ist auf der ersten Wahlversammlung zur Durchführung der Betriebsratswahl selbst überzugehen. Die **Leitung der Betriebsratswahl** obliegt dem Wahlvorstand (§ 1 Abs. 1 WO i. V. m. § 30 Abs. 1 Satz 2 WO). Aus diesem Grund sollte auch der/die Vorsitzende oder ein anderes Mitglied des Wahlvorstands ab dem Zeitpunkt der Einleitung der Betriebsratswahl die **Versammlungsleitung auf der ersten Wahlversammlung** übernehmen.

379 Bezüglich der **Sitzungen**, der **Geschäftsordnung** und der **Beschlussfassung des Wahlvorstands** gelten die auch im normalen Wahlverfahren anzuwendenden Vorschriften (§ 1 Abs. 2, 3 i. V. m. § 30 Abs. 1 Satz 2 WO; siehe Rn. 73ff.). Es besteht hier allerdings die Besonderheit, dass der Wahlvorstand zur Erledigung seiner in den §§ 30 bis 33 WO genannten Aufgaben während der ersten Wahlversammlung, d.h. in Anwesenheit der teilnehmenden Arbeitnehmer:innen, Beschlüsse fassen muss und insoweit – zumindest im Rahmen der ersten Wahlversammlung – eine **öffentliche Sitzung des Wahlvorstands** abhalten muss. Nach § 1 Abs. 4 WO kann der Wahlvorstand beschließen, dass die Teilnahme an **nicht öffentlichen Sitzungen des Wahlvorstandes** mittels **Video- und Telefonkonferenz** erfolgen kann (zu den Einzelheiten s. Rn. 78ff.).

380 Unmittelbar nach seiner Wahl hat der Wahlvorstand in der ersten Wahlversammlung die Wahl des Betriebsrats einzuleiten (§ 30 Abs. 1 Satz 1 WO). Die formelle Einleitung der Betriebsratswahl erfolgt durch Erlass des Wahlausschreibens in der ersten Wahlversammlung (§ 31 Abs. 1 Satz 2 WO; siehe dazu Rn. 392).

---

319 BAG 20.2.2019 – 7 ABR 40/17; LAG Schleswig-Holstein 17.7.2024 – 3 TaBV 2/24.

Zunächst sollte der Wahlvorstand nach seiner Wahl die anwesenden Arbeitnehmer:innen stichwortartig darüber informieren, welche formellen Schritte nötig sind, um die Betriebsratswahl einzuleiten, und welche Vorbereitungshandlungen vom Wahlvorstand noch zu erledigen sind. Außerdem sollte nochmals darauf hingewiesen werden, dass Wahlvorschläge bis zum Ende der ersten Wahlversammlung eingereicht werden können und dass die Unterstützung einer Mindestanzahl von Wahlberechtigten für jeden Wahlvorschlag erforderlich ist. 381

f) Die Aufstellung der Wählerliste

Als erste Aufgabe zur Vorbereitung der Einleitung der Betriebsratswahl hat der Wahlvorstand sodann die **Wählerliste aufzustellen** (§ 30 Abs. 1 Satz 3 WO). Die einladende Stelle hat dem Wahlvorstand nach seiner Wahl den verschlossenen Umschlag mit den Unterlagen und Informationen über die im Betrieb beschäftigten Arbeitnehmer:innen und ihre Tätigkeiten (vgl. Rn. 355) zu übergeben (§ 30 Abs. 1 Satz 4 WO). Der Wahlvorstand muss dann die vorbereitete Wählerliste mithilfe der vom Arbeitgeber bereitgestellten Unterlagen ergänzen bzw. ändern (vgl. Rn. 355). Dies sollte sinnvollerweise schon vor der ersten Wahlversammlung erfolgen, da die Initiatoren der Betriebsratswahl über die im Betrieb beschäftigten Arbeitnehmer:innen die nötigen Kenntnisse haben (siehe Rn. 343). 382

Stellt der Wahlvorstand fest, dass der Arbeitgeber nicht gem. § 28 Abs. 2i. V. m. § 2 WO alle erforderlichen Unterlagen zur Verfügung gestellt hat oder gibt es z. B. im Zusammenhang mit der Klärung des aktiven und passiven Wahlrechts einzelner Arbeitnehmer:innen weiteren Informations- und Klärungsbedarf, muss der Wahlvorstand den Arbeitgeber auffordern, ihm die fehlenden Informationen und Unterlagen umgehend in der Wahlversammlung zur Verfügung zu stellen. Kann der Wahlvorstand die Wählerliste nicht aufgrund eigener Erkenntnismöglichkeiten (z. B. durch die Unterstützung anderer Arbeitnehmer:innen) aufstellen und **verweigert der Arbeitgeber** am Tag der Wahlversammlung **diese Mitwirkung** oder informiert er den Wahlvorstand nur mit Zeitverzögerung, ist die **Fortsetzung der Wahlversammlung**, gegebenenfalls bis zum Ende der Arbeitszeit der Teilnehmer:innen der Wahlversammlung, zulässig und hat Vorrang, um eine Verlängerung des gesamten Wahlverfahrens zu vermeiden. Kann die Wahlversammlung wegen der verzögerten Information des Wahlvorstands durch den Arbeitgeber bis zum Ende der Arbeitszeit der Teilnehmer:innen der Wahlversammlung nicht beendet werden oder verweigert der Arbeitgeber ganz oder teilweise, die Informa- 383 tionen und Unterlagen, die zur Aufstellung der Wählerliste erforderlich sind, herauszugeben, kann der Wahlvorstand seinen Anspruch auf Erhalt der erforderlichen Unterlagen und Informationen notfalls **im Wege der einstweiligen Verfügung** gegen den Arbeitgeber **arbeitsgerichtlich** durchsetzen.[320] Die Verletzung der gesetzlichen Informations- und Mitwirkungspflichten (§ 28 Abs. 2i. V. m. § 2 WO) durch den Arbeitgeber stellt außerdem einen **Verstoß gegen das Verbot der Behinderung der Wahl des Betriebsrats** (§ 20 Abs. 1 BetrVG, vgl. dazu Rn. 446ff.) dar und kann auch den **Straftatbestand** des § 119 Abs. 1 Nr. 1 BetrVG (vgl. dazu Rn. 450) erfüllen. Unabhängig davon hat der Wahlvorstand in einem derartigen Fall die **Unterbrechung der ersten Wahlversammlung** und den (frühestmöglichen) Zeitpunkt ihrer Fortsetzung zu beschließen und den Teilnehmer:innen der Wahlversammlung bekannt zu geben.[321] Da der Erlass des Wahlausschreibens und damit die Einleitung der Betriebsratswahl erst im Anschluss an die Aufstellung der Wählerliste erfolgt (vgl. § 31 Abs. 1 Satz 1, 2 WO), stellt sich bei diesem Vorgehen das Problem einer späteren Änderung oder eines Neuerlasses des Wahlausschreibens nicht (vgl. dazu Rn. 217ff.).

384 Der Beschluss über die Unterbrechung der ersten Wahlversammlung, über den Zeitpunkt ihrer Fortsetzung, über die Hinweise über die Einreichung von Wahlvorschlägen gem. § 28 Abs. 1 Satz 5b–c WO und über die Bekanntgabe der bereits erfolgten Wahl des Wahlvorstands und seiner personellen Zusammensetzung ist in entsprechender Anwendung von § 28 Abs. 1 Satz 3 WO durch **Aushang im Betrieb** bekannt zu machen (zu den Einzelheiten vgl. Rn. 347).[322] Die Einladungsfrist von sieben Tagen gem. § 28 Abs. 1 Satz 2 WO muss in diesem Fall nicht eingehalten werden.[323]

385 Stellt der Wahlvorstand in der ersten Wahlversammlung fest (etwa aufgrund der vom Arbeitgeber übermittelten Informationen oder zusätzlicher Hinweise anderer Arbeitnehmer:innen), dass im Betrieb entgegen der Annahme der einladenden Stelle **in der Regel mehr als 100 wahlberechtigte Arbeitnehmer:innen** beschäftigt sind, darf er die Betriebsratswahl nicht im vereinfachten Wahlverfahren einleiten. Der Wahlvorstand hat die Wahlversammlung für beendet zu erklären und zuvor die Teilnehmer:innen über den Fortgang der Betriebsratswahl zu informie-

---

320 Berg, AiB 02, 17, 22; DKW-*Homburg*, § 30 WO, Rn. 1; Fitting, § 30 WO Rn. 3.

321 Fitting, § 30 WO Rn. 3; zur Zulässigkeit der Unterbrechung einer Betriebsversammlung gem. §§ 42ff. BetrVG vgl. DKW-*Berg*, § 44 Rn. 5.

322 Fitting, § 30 Rn. 3.

323 DKW-*Homburg*, § 30 WO Rn. 1; Fitting, § 30 WO Rn. 3.

ren: Zunächst kann der Wahlvorstand in dieser Situation den Versuch unternehmen, **mit dem Arbeitgeber** die Anwendung des vereinfachten Wahlverfahrens gem. § 14a Abs. 5 BetrVG zu **vereinbaren,**[324] wenn die Beschäftigtenzahl 200 wahlberechtigte Arbeitnehmer:innen nicht überschreitet (vgl. Rn. 334). Kommt es zu einer derartigen Vereinbarung, wird die weitere Betriebsratswahl gem. § 37 WO im einstufigen Verfahren (§ 36 WO) ausgeführt (siehe Rn. 430ff.). Kommt eine Einigung gem. § 14a Abs. 5 BetrVG mit dem Arbeitgeber nicht zustande, hat der Wahlvorstand die Betriebsratswahl im **normalen Wahlverfahren** gem. § 18 Abs. 1 BetrVG einzuleiten. Der Übergang zum vereinfachten einstufigen oder normalen Wahlverfahren sollte durch den Wahlvorstand im Betrieb durch Aushang unverzüglich bekannt gemacht werden. Eine Neuwahl des Wahlvorstands ist nicht erforderlich,[325] da seine Wahl in der ersten Wahlversammlung gem. § 14a Abs. 1 i. V. m. § 17a Nr. 3 BetrVG den Anforderungen der für die Ausführung einer Betriebsversammlung gem. § 17 Abs. 2, 3 BetrVG maßgebenden Vorschriften für die Wahl eines Wahlvorstands im normalen Wahlverfahren entspricht.

Stehen dem Wahlvorstand alle erforderlichen Informationen zur Verfügung, ist die **Wählerliste getrennt nach Geschlechtern** aufzustellen. Die Wahlberechtigten sollen in der Wählerliste mit Familiennamen, Vornamen und Geburtsdatum in alphabetischer Reihenfolge aufgeführt werden (§ 30 Abs. 1 Satz 3 und 5 WO). Im Übrigen sind die Vorschriften von § 2 Abs. 1 Satz 3, Abs. 2 bis 4 WO entsprechend anzuwenden. **386**

Da durch Erlass des Wahlausschreibens in der ersten Wahlversammlung die Betriebsratswahl eingeleitet wird (§ 31 Abs. 1 Satz 2 WO), ist die Wählerliste ab diesem Zeitpunkt bis zum Abschluss der Stimmabgabe an geeigneter Stelle im Betrieb auszulegen (§ 2 Abs. 4 WO). **387**

In der ersten Wahlversammlung selbst hat der Wahlvorstand die Wählerliste **vorzulesen**. Außerdem empfiehlt es sich, **eine Kopie auszulegen**, damit die Teilnehmer:innen der Wahlversammlung die Wählerliste lesen können. **388**

In Abweichung von der im normalen Wahlverfahren geltenden Frist (zwei Wochen; vgl. § 4 Abs. 2 WO) können im vereinfachten Wahlverfahren **Einsprüche gegen die Richtigkeit der Wählerliste** mit Wirksamkeit für die Betriebsratswahl nur vor **Ablauf von drei Tagen** seit Erlass des Wahlausschreibens in der ersten Wahlversammlung beim Wahlvorstand schriftlich eingelegt werden. **389**

Dazu folgendes **390**

---

324 So auch Fitting, § 30 WO Rn. 11.

325 DKW-*Homburg*, § 30 WO Rn. 5; Fitting, § 30 WO Rn. 12.

> **Beispiel:**
> Findet der Erlass des Wahlausschreibens in der ersten Wahlversammlung (siehe Rn. 392) am 13.4.2026 (Montag) statt, läuft die Einspruchsfrist am 16.4.2026 (Donnerstag) ab (§§ 187 Abs. 1, 188 Abs. 1 BGB, siehe dazu Rn. 87ff.).

391 Für die Behandlung von Einsprüchen durch den Wahlvorstand sind die für das normale Wahlverfahren geltenden Vorschriften entsprechend anzuwenden (§ 30 Abs. 2 Satz 2 WO i.V.m. § 4 Abs. 2, 3 WO; zur Berichtigung der Wählerliste nach Ablauf der Einspruchsfrist vgl. Rn. 280ff.).

ON LINE

> **Siehe dazu**
> - Mustertext für ein Schreiben des Wahlvorstands zu seiner Entscheidung über einen Einspruch gegen die Wählerliste (Wahlunterlage 14 – Vereinfachtes Wahlverfahren)

g) Der Erlass des Wahlausschreibens

392 Im Anschluss an die Aufstellung der Wählerliste (§ 30 Abs. 1 WO; siehe Rn. 382) hat der Wahlvorstand in der ersten Wahlversammlung das **Wahlausschreiben** zu erlassen (§ 31 Abs. 1 WO). Der **Inhalt des im zweistufigen Verfahren zu erlassenden Wahlausschreibens** ergibt sich aus § 31 Abs. 1 Satz 3 WO und unterscheidet sich vom Inhalt des Wahlausschreibens im normalen Wahlverfahren gem. § 3 Abs. 2 WO (vgl. dazu die Erläuterungen unter Rn. 196) in folgenden, in § 31 Abs. 1 Satz 3 WO aufgeführten Angaben:

- Nach § 31 Abs. 1 Satz 3 Nr. 3 WO ist darauf hinzuweisen, dass nur Arbeitnehmer:innen wählen oder gewählt werden können, die in die **Wählerliste** eingetragen sind, und dass **Einsprüche gegen die Wählerliste** (§ 30 Abs. 2 Satz 1 WO) nur vor Ablauf von drei Tagen seit dem Erlass des Wahlausschreibens schriftlich beim Wahlvorstand eingelegt werden können (§ 30 Abs. 2 Satz 1 WO), verbunden mit einem Hinweis auf die **Anfechtungsausschlussgründe nach § 19 Abs. 3 BetrVG** (siehe Rn. 196); der letzte Tag der Frist ist anzugeben und im Fall des § 41 Abs. 2 zusätzlich die Uhrzeit.
- Nach § 31 Abs. 1 Satz 3 Nr. 6 WO ist darauf hinzuweisen, dass **Wahlvorschläge**, die erst **in der ersten Wahlversammlung** gemacht werden, nicht schriftlich eingereicht werden müssen (§ 14a Abs. 2 2. Halbsatz BetrVG, § 33 Abs. 1 Satz 3 WO).
- Nach § 31 Abs. 1 Satz 3 Nr. 8 WO ist anzugeben, dass die **Wahlvorschläge bis zum Abschluss der ersten Wahlversammlung** beim

Wahlvorstand einzureichen sind (§ 14a Abs. 2 1. Halbsatz BetrVG, § 33 Abs. 1 Satz 2 WO).

- Nach § 31 Abs. 1 Satz 3 Nr. 11 WO sind der **Ort, der Tag und die Zeit der (zweiten) Wahlversammlung** zur Wahl des Betriebsrats (Tag der Stimmabgabe) anzugeben (§ 14a Abs. 1 Satz 3 und 4 BetrVG; zur Fristberechnung siehe Rn. 411).
- Nach § 31 Abs. 1 Satz 3 Nr. 12 WO ist auf die Möglichkeit der **nachträglichen schriftlichen Stimmabgabe** auf Verlangen derjenigen Arbeitnehmer:innen hinzuweisen, die an der Wahlversammlung zur Wahl des Betriebsrats nicht teilnehmen können (§ 14a Abs. 4 BetrVG, § 35 WO).
- Nach § 31 Abs. 1 Satz 3 Nr. 13 WO sind **»Ort, Tag und Zeit der nachträglichen schriftlichen Stimmabgabe«** anzugeben (§ 14a Abs. 4 BetrVG, § 35 WO). Der Wortlaut dieser Vorschrift ist missverständlich, soweit er auf »Ort, Tag und Zeit« der nachträglichen schriftlichen Stimmabgabe abstellt. Anzugeben ist der Tag, bis zu dem die Briefwahlunterlagen bei nachträglicher schriftlicher Stimmabgabe bei der Betriebsadresse des Wahlvorstands eingehen müssen (Fristablauf). Die Frist für eine nachträgliche schriftliche Stimmabgabe ist so zu bestimmen, dass eine Briefwahl unter Berücksichtigung der betrieblichen Verhältnisse und der normalen Postlaufzeit ordnungsgemäß erfolgen kann. Ein Ablauf der Frist am Tag der Wahlversammlung zur Wahl des Betriebsrats ist mit dem Grundgedanken einer »nachträglichen« schriftlichen Stimmabgabe nicht zu vereinbaren.[326]
- Nach § 31 Abs. 1 Satz 3 Nr. 15 WO sind **Ort, Tag und Zeit der öffentlichen Stimmauszählung** anzugeben. Gemäß § 34 Abs. 3 WO hat der Wahlvorstand die öffentliche Stimmauszählung unverzüglich nach Abschluss der Wahl vorzunehmen, wenn keine nachträgliche schriftliche Stimmabgabe erfolgt. Steht bei Erlass des Wahlausschreibens noch nicht fest, ob die Möglichkeit der nachträglichen schriftlichen Stimmabgabe eingeräumt werden muss (weil jedenfalls die Fälle des § 24 Abs. 2, 3 WO nicht vorliegen), ist der Zeitpunkt der öffentlichen Stimmauszählung in der Regel vom Wahlvorstand zunächst auf den Tag der zweiten Wahlversammlung (zur Wahl des Betriebsrats), spätestens aber auf den nächsten Arbeitstag festzulegen, der der Wahlversammlung folgt. Stellt sich dann nach Erlass des Wahlausschreibens aufgrund des Vorliegens eines Antrags gem. § 35 Abs. 1 Satz 1, 2 WO heraus, dass die nachträgliche schriftliche Stimmabgabe doch erforderlich ist, hat der Wahlvorstand dies in Ergänzung des Wahl-

326 BAG 27.11.24 – 7 ABR 32/23.

ausschreibens in gleicher Weise bekannt zu geben wie das Wahlausschreiben und den neuen, später liegenden Zeitpunkt der öffentlichen Stimmauszählung zu benennen (§ 35 Abs. 2 WO). Diese hat unmittelbar nach Ablauf der Frist (siehe dazu Rn. 424) für die nachträgliche schriftliche Stimmabgabe stattzufinden (§ 35 Abs. 3, 4 WO).

393 **Vor Erlass des Wahlausschreibens** muss der Wahlvorstand – während der ersten Wahlversammlung – daher folgende **Beschlüsse** fassen:

- Bestimmung des Ortes, an dem die **Wählerliste** und die **Wahlordnung ausliegen** (§ 31 Abs. 1 Satz 3 Nr. 2 WO);
- Bestimmung des Ortes, an dem die **Wahlvorschläge** bis zum Abschluss der Stimmabgabe **aushängen** (§ 31 Abs. 1 Satz 3 Nr. 10 WO);
- Festlegung des Ortes, des Tages und der Uhrzeit des Beginns der (zweiten) **Wahlversammlung zur Wahl des Betriebsrats** (§ 31 Abs. 1 Satz 3 Nr. 11 WO);
- Festlegung des Tages (und der Uhrzeit), bis zu dem die **Briefwahlunterlagen** bei nachträglicher schriftlicher Stimmabgabe spätestens bei der Betriebsadresse des Wahlvorstands eingehen müssen (§ 31 Abs. 1 Satz 3 Nr. 13 WO);
- Entscheidung, ob wegen § 24 Abs. 2, 3 WO die **Möglichkeit der nachträglichen schriftlichen Stimmabgabe einzuräumen** ist (§ 35 Abs. 1 Satz 3 WO);
- Bestimmung des Ortes (**Betriebsadresse des Wahlvorstands**), an dem Einsprüche, Wahlvorschläge und sonstige Erklärungen gegenüber dem Wahlvorstand abzugeben sind (§ 31 Abs. 1 Satz 3 Nr. 14 WO);
- Bestimmung des Ortes, des Tages und der Uhrzeit der **öffentlichen Stimmauszählung** (§ 31 Abs. 1 Satz 3 Nr. 15 WO).

394 Sinnvollerweise sollten diese Beschlüsse von den Einladenden und den Kandidat:innen für den Wahlvorstand bereits vor der ersten Wahlversammlung, gegebenenfalls mit Unterstützung der zuständigen Gewerkschaft, vorbereitet werden (siehe Rn. 343).

Siehe dazu

- Mustertext für das Wahlausschreiben für die Wahl des Betriebsrats – Wahlausschreiben mehrköpfiger Betriebsrat (Wahlunterlage 13 – Vereinfachtes Wahlverfahren – zweistufig)
- Mustertext für das Wahlausschreiben für die Wahl des Betriebsrats – Wahlausschreiben 1-köpfiger Betriebsrat (Wahlunterlage 13a – Vereinfachtes Wahlverfahren – zweistufig)

Ist der Inhalt des Wahlausschreibens geklärt und sind die erforderlichen Beschlüsse durch den Wahlvorstand gefasst, ist das **Wahlausschreiben** vom/von der Vorsitzenden des Wahlvorstands und mindestens einem weiteren Mitglied des Wahlvorstands zu **unterschreiben** und in der ersten Wahlversammlung zu **erlassen**. Der Wahlvorstand muss das **Wahlausschreiben** in der Wahlversammlung **vorlesen**, gegebenenfalls sollte er ein oder mehrere **Kopien** zur Einsicht für die Teilnehmer **auslegen**. 395

Der Wahlvorstand sollte ausdrücklich darauf hinweisen, dass **Wahlvorschläge** nur bis zum Abschluss der ersten Wahlversammlung beim Wahlvorstand eingereicht werden können und dass Wahlvorschläge, die erst in der Wahlversammlung eingereicht werden, nicht der Schriftform bedürfen. Bei der weiteren Gestaltung des Ablaufs der ersten Wahlversammlung ist vom Wahlvorstand darauf zu achten, dass nach Erlass des Wahlausschreibens für die Teilnehmer:innen der Wahlversammlung bei Bedarf ausreichend **Gelegenheit besteht, Wahlvorschläge einzureichen** (unter Berücksichtigung des Zeitaufwands für die Sammlung von Stützunterschriften und die Sicherstellung der Zustimmungserklärung der Kandidat:innen). 396

Abgesehen von der hier empfohlenen mündlichen Bekanntgabe in der ersten Wahlversammlung ist das **Wahlausschreiben** in jedem Fall vom Tag des Erlasses bis zum letzten Tag der Stimmabgabe gem. § 31 Abs. 2 WO **im Betrieb auszuhängen** (vgl. Rn. 205). Ergänzend oder unter den Voraussetzungen des § 2 Abs. 4 Satz 4 WO kann das Wahlausschreiben **in elektronischer Form** bekannt gemacht werden (siehe Rn. 206ff.). Anders als im normalen Wahlverfahren (vgl. § 3 Abs. 4 Satz 4 Halbsatz 1 WO, s. Rn. 205) besteht im vereinfachten Wahlverfahren für den Wahlvorstand keine Pflicht, das Wahlausschreiben vorab elektronisch oder postalisch zu übermitteln. 397

h) Die Einreichung und Prüfung von Wahlvorschlägen

Im Rahmen des vereinfachten Wahlverfahrens erfolgt die Wahl nach den Grundsätzen der **Mehrheitswahl** – auch als Personenwahl bezeichnet (§ 14 Abs. 2 Satz 2 i. V. m. § 14a Abs. 1 Satz 1 BetrVG). 398

Die **Wahlvorschläge** sind bis zum Ende der ersten Wahlversammlung (§ 33 Abs. 1 Satz 2 WO) beim Wahlvorstand **einzureichen** (zu den Einzelheiten der Einreichung und Behandlung von Wahlvorschlägen vgl. Rn. 221ff.). 399

400 Wahlvorschläge können **bereits vor der ersten Wahlversammlung** aufgestellt werden,[327] etwa durch im Außendienst beschäftigte Arbeitnehmer:innen, die an der ersten Wahlversammlung nicht teilnehmen können bzw. wollen. Die Teilnahme an der ersten Wahlversammlung ist nicht Voraussetzung dafür, dass ein/e wahlberechtigte/r Arbeitnehmer:in einen Wahlvorschlag einreichen kann. Bereits vor der ersten Wahlversammlung aufgestellte Wahlvorschläge von Arbeitnehmer:innen, die auf der ersten Wahlversammlung nicht anwesend sind, können von anderen Arbeitnehmer:innen oder durch sonstige Boten dem Wahlvorstand unmittelbar nach seiner Wahl übergeben werden.

401 Da gegebenenfalls erforderliche Erklärungen wegen der Unterstützung mehrerer Wahlvorschläge nur in der ersten Wahlversammlung möglich sind (§ 33 Abs. 2 WO) und Mängel der Wahlvorschläge gem. § 8 Abs. 2 WO ebenfalls nur in der ersten Wahlversammlung beseitigt werden können, müssen Wahlvorschläge von Arbeitnehmer:innen, die auf der Wahlversammlung nicht anwesend sind, entweder sehr sorgfältig und fehlerfrei aufgestellt werden oder es empfiehlt sich doch die Sicherung der Anwesenheit des/der Listenvertreters/in, der Wahlbewerber:innen und der unterstützenden wahlberechtigten Arbeitnehmer:innen. Ist kein/e Unterzeichner:in eines Wahlvorschlags als Listenvertreter:in ausgewiesen, gilt die Person als Listenvertreter:in, die den Wahlvorschlag eingereicht hat (§ 33 Abs. 2 Satz 2 WO).

402 Wahlvorschläge **der Arbeitnehmer:innen**, die **vor der ersten Wahlversammlung** aufgestellt werden, sind **schriftlich** beim Wahlvorstand einzureichen. Es gelten die im normalen Wahlverfahren zu beachtenden Vorschriften (§ 33 Abs. 2i. V. m. § 6 Abs. 2 bis 5 WO; zu den Einzelheiten siehe Rn. 221 ff.).

Siehe dazu
- Mustertext für einen Wahlvorschlag mehrköpfiger Betriebsrat (Wahlunterlage 15 – Vereinfachtes Wahlverfahren)
- Mustertext für einen Wahlvorschlag 1-köpfiger Betriebsrat (Wahlunterlage 16 – Vereinfachtes Wahlverfahren)

403 Wahlvorschläge **der Arbeitnehmer:innen**, die erst **in der ersten Wahlversammlung** gemacht werden, bedürfen **nicht der Schriftform** (§ 14a Abs. 2 BetrVG, § 33 Abs. 1 Satz 3 WO). Diese Wahlvorschläge können in der Wahlversammlung auch durch Benennung entsprechender Wahl-

327 DKW-*Homburg*, § 33 WO Rn. 1; Fitting, § 33 WO Rn. 2.

bewerber **mündlich beim Wahlvorstand eingereicht** werden, die erforderliche Unterstützung durch wahlberechtigte Arbeitnehmer:innen kann durch Handzeichen[328] und die Zustimmungserklärung der vorgeschlagenen Wahlbewerber:innen mündlich erfolgen.

Die Wahlvorschläge **der im Betrieb vertretenen Gewerkschaft** können 404
im vereinfachten Wahlverfahren **ausschließlich schriftlich** beim Wahlvorstand eingereicht werden.[329] Die Ausnahme vom Schriftformerfordernis ist nur für die Wahlvorschläge der Arbeitnehmer:innen vorgesehen (§ 14a Abs. 2 BetrVG). Jeder Wahlvorschlag einer Gewerkschaft muss von zwei Beauftragten unterzeichnet sein (§ 14 Abs. 5 BetrVG, § 33 Abs. 2 Satz 3 WO i. V. m. § 27 Abs. 2 WO).

Siehe dazu
- Mustertext für einen Wahlvorschlag Gewerkschaft mehrköpfiger Betriebsrat (Wahlunterlage 15a – Vereinfachtes Wahlverfahren)
- Mustertext für einen Wahlvorschlag Gewerkschaft 1-köpfiger Betriebsrat (Wahlunterlage 16a – Vereinfachtes Wahlverfahren)

Die Stützunterschriften bzw. die entsprechenden mündlichen Erklärun- 405
gen und die Gültigkeit der Wahlvorschläge durch den Wahlvorstand (§ 33 Abs. 2, 3 i. V. m. §§ 6 Abs. 5, 7 und 8 WO) sind ebenfalls noch in der ersten Wahlversammlung zu prüfen. Die Aufforderungen zur Klarstellung der Unterstützung von Wahlvorschlägen gem. § 6 Abs. 5 WO und die Unterrichtung der Wahlvorschlagsvertreter:innen bei Ungültigkeit oder Beanstandung eines Wahlvorschlags gem. § 7 Abs. 2i. V. m. § 8 WO durch den Wahlvorstand erfolgt ebenfalls mündlich in der Wahlversammlung. Auch die erforderlichen Erklärungen gem. § 33 Abs. 2i. V. m. § 6 Abs. 5 WO und die Beseitigung heilbarer Mängel des Wahlvorschlags gem. § 33 Abs. 3 Satz 2 i. V. m. § 8 Abs. 2 WO können mündlich in der Wahlversammlung erfolgen.

Die im Zusammenhang mit der mündlichen Einreichung und Prüfung 406
von Wahlvorschlägen in der Wahlversammlung abgegebenen Erklärungen sind vom Wahlvorstand **vollständig** und **nachvollziehbar zu protokollieren**, damit die **Gültigkeit der Wahlvorschläge**, gegebenenfalls auch noch zu einem späteren Zeitpunkt, jederzeit überprüft werden kann. Mit der Aushändigung einer **Abschrift der Protokollierung** über die Einreichung und Prüfung der Wahlvorschläge an die **Wahlvorschlagsvertreter:innen** nach Abschluss der Wahlversammlung ist in entsprechender

328 Engels/Trebinger/Löhr-Steinhaus, DB 01, 532, 535.
329 Fitting, § 14a, Rn. 28.

Anwendung (vgl. § 33 Abs. 3 Satz 1 WO) dieser Vorschrift das Schriftformerfordernis von § 7 Abs. 1, 2 WO erfüllt.

407 Ist die Einreichung von Wahlvorschlägen, ihre Prüfung und die abschließende Klärung ihrer Gültigkeit beendet, kann der Wahlvorstand die erste Wahlversammlung schließen. Er sollte vorher die gültigen Wahlvorschläge verlesen und nochmals auf den Termin der (zweiten) Wahlversammlung zur Wahl des Betriebsrats und auf die für Einsprüche gegen die Wählerliste (§ 30 Abs. 2 WO) und das Verlangen der nachträglichen schriftlichen Stimmabgabe (§ 35 WO) einzuhaltenden Fristen hinweisen.

408 Die als gültig anerkannten Wahlvorschläge hat der Wahlvorstand unmittelbar nach Abschluss der ersten Wahlversammlung in gleicher Weise wie das Wahlausschreiben im Betrieb bekannt zu machen (§ 33 Abs. 4 WO). Die Bewerber:innen sollten, wie für die Gestaltung der Stimmzettel vorgeschrieben (§ 34 Abs. 1 WO), in alphabetischer Reihenfolge unter Angabe von Familiennamen, Vornamen und Art der Beschäftigung im Betrieb aufgeführt werden.

ONLINE

Siehe dazu

- Mustertext für die Bekanntmachung der als gültig anerkannten Wahlvorschläge (Wahlunterlage 22 – Vereinfachtes Wahlverfahren)

409 Wurde bis zum Abschluss der ersten Wahlversammlung **kein gültiger Wahlvorschlag** zur Wahl des Betriebsrats eingereicht, hat der Wahlvorstand dies im Betrieb in gleicher Weise wie das Wahlausschreiben bekannt zu machen und darauf hinzuweisen, dass die **Betriebsratswahl nicht stattfindet** (§ 33 Abs. 5 WO).

ONLINE

Siehe dazu

- Mustertext für die Bekanntmachung über das Nichtstattfinden der Betriebsratswahl (Wahlunterlage 21 – Vereinfachtes Wahlverfahren)

i) Die Wahl des Betriebsrats in der zweiten Wahlversammlung

410 Die zweite Wahlversammlung zur Wahl des Betriebsrats **muss eine Woche nach der ersten Wahlversammlung** zur Wahl des Wahlvorstands stattfinden (§ 14a Abs. 1 Satz 4 BetrVG).

411 Zur Fristberechnung folgende Beispiele:

Beispiel 1:
Findet die erste Wahlversammlung am 9.3.2026 (Montag) statt, läuft die Wochenfrist am 16.3.2026 (Montag), 24:00 Uhr, ab (§§ 187 Abs. 1, 188 Abs. 2 1. Alternative BGB, siehe dazu Rn. 87ff.). Da die zweite Wahlversammlung **nach Ablauf einer Woche** stattfindet, ist sie im vorliegenden Beispiel am 17.3.2026 (Dienstag) durchzuführen.[330]

Beispiel 2:
Findet die erste Wahlversammlung am 26.3.2026 (Donnerstag) statt, läuft die Wochenfrist am 2.4.2026 (Donnerstag), 24:00 Uhr, ab. Da es sich bei den darauffolgenden vier Tagen (Karfreitag bis Ostermontag) um einen Sonnabend bzw. Feier- oder Sonntag handelt, ist die zweite Wahlversammlung am nächsten Werktag auszuführen, im vorliegenden Beispiel am 7.4.2026 (Dienstag) (vgl. dazu § 193 BGB, Rn. 98f.; zur Fristberechnung in Betrieben, in denen die ganz überwiegende Mehrheit der Beschäftigten auch an den Sonnabenden, Sonntagen und/oder Feiertagen arbeitet vgl. Rn. 96).

Ort, Tag und Zeit der zweiten Wahlversammlung sind mit Erlass des Wahlausschreibens in der ersten Wahlversammlung und durch Aushang im Betrieb bekannt zu machen (§ 31 Abs. 1 Satz 3 Nr. 11, Abs. 2 WO). Eine zusätzliche Einladung nach der ersten Wahlversammlung ist rechtlich nicht erforderlich. **412**

Der Wahlvorstand ist für die Ausführung der zweiten Wahlversammlung verantwortlich, leitet sie und übt das Hausrecht im Versammlungsraum aus. **413**

Der Zweck der zweiten Wahlversammlung ist auf die **Stimmabgabe zur Wahl des Betriebsrats** beschränkt (§ 14a Abs. 1 Satz 3 BetrVG). Aus diesem Grund ist das **Teilnahmerecht** auf die wahlberechtigten Arbeitnehmer:innen und Vertreter der im Betrieb vertretenen Gewerkschaft beschränkt. Der **Arbeitgeber** und **leitende Angestellte** haben kein Teilnahmerecht (vgl. dazu Rn. 361, auch zur Gegenmeinung). **414**

Der Betriebsrat ist auf der zweiten Wahlversammlung **in geheimer und unmittelbarer Wahl** zu wählen (§ 14a Abs. 1 Satz 3 BetrVG). Gewählt werden können nur Wahlbewerber:innen, die auf einem als **gültig anerkannten Wahlvorschlag** aufgeführt sind (§ 34 Abs. 1 Satz 1 WO). Der **Wahlvorstand** hat in Vorbereitung der Wahlversammlung die **Stimmzettel** anzufertigen, wobei die Bewerber:innen auf dem Stimmzettel in alphabetischer Reihenfolge unter Angabe von Familienname, Vorname und Art der Beschäftigung im Betrieb aufzuführen sind (s. § 34 Abs. 1 **415**

330 Im Ergebnis übereinstimmend ArbG Berlin 16.10.2003 – 63 BV 6573/03.

Satz 2 WO). Weiterhin hat der Wahlvorstand dafür zu sorgen, dass im Versammlungsraum die **geheime, d.h. unbeobachtete, Stimmabgabe** möglich ist (z.B. durch Wahlkabinen oder Stellwände; zu den Einzelheiten vgl. Rn. 283ff.) und dass alle erforderlichen Hilfsmittel (z.B. Schreibgeräte, **versiegelbare Wahlurne**; siehe Rn. 283ff.) zur Verfügung stehen. Es ist zu beachten, dass nach den geänderten Vorschriften der Wahlordnung bei der persönlichen Stimmabgabe keine Wahlumschläge mehr verwendet werden dürfen, sondern dass das Wahlgeheimnis dadurch zu wahren ist, dass die Wähler:innen den **Stimmzettel so zu falten haben, dass ihre Stimme nicht erkennbar ist** (§ 34 Abs. 1 Satz 2 WO; zu den Einzelheiten s. Rn. 288f.).

Siehe dazu
- Mustertext für den Stimmzettel für die Personenwahl (Mehrheitswahl) (Wahlunterlage 27 – Vereinfachtes Wahlverfahren)

416 Sobald alle anwesenden wahlberechtigten Arbeitnehmer:innen, die ihr Wahlrecht ausüben wollen, ihre Stimme abgegeben haben, hat der Wahlvorstand den Abschluss der Wahl festzustellen und die Wahlversammlung zu schließen. Erfolgt keine nachträgliche schriftliche Stimmabgabe gem. § 35 Abs. 1 WO, hat der Wahlvorstand unverzüglich die **öffentliche Stimmauszählung** vorzunehmen (Ort, Tag und Zeit der öffentlichen Stimmauszählung sind bereits vorher im Wahlausschreiben festzulegen, vgl. § 31 Abs. 1 Satz 3 Nr. 15 WO und Rn. 300ff.). Das Wahlergebnis ist festzustellen und anschließend bekannt zu geben (zu den Einzelheiten siehe Rn. 307, 319ff.).

417 Für die Anfertigung der Wahlniederschrift, für die Benachrichtigung der Gewählten und ihre Bekanntmachung und für die Aufbewahrung der Wahlakten gelten die Vorschriften des normalen Wahlverfahrens entsprechend (§ 34 Abs. 3 Satz 2 WO).

Siehe dazu
- Mustertext für die Wahlniederschrift (Wahlunterlage 29 – Vereinfachtes Wahlverfahren)
- Mustertext für die Übersendung der Wahlniederschrift an Gewerkschaften und Arbeitgeber (Wahlunterlage 30 – Vereinfachtes Wahlverfahren)
- Mustertext für die Mitteilung an Wahlbewerber über die Wahl in den Betriebsrat (Wahlunterlage 31 – Vereinfachtes Wahlverfahren)
- Mustertext für die Bekanntmachung des Wahlergebnisses – 1-köpfiger Betriebsrat (Wahlunterlage 32 – Vereinfachtes Wahlverfahren)

- Mustertext für die Bekanntmachung des Wahlergebnisses – mehrköpfiger Betriebsrat (Wahlunterlage 33 – Vereinfachtes Wahlverfahren)
- Mustertext für die Übersendung der Information über das Wahlergebnis an Gewerkschaften und Arbeitgeber (Wahlunterlage 34 – Vereinfachtes Wahlverfahren)

Ist die **nachträgliche schriftliche Stimmabgabe** gem. § 35 Abs. 1 WO abzuwarten (siehe dazu Rn. 419ff.), hat der Wahlvorstand die Wahlurne am Ende der zweiten Wahlversammlung zu versiegeln und aufzubewahren (§ 34 Abs. 2 WO). **418**

j) Die nachträgliche schriftliche Stimmabgabe

Die schriftliche Stimmabgabe (Briefwahl) ist unter bestimmten Voraussetzungen auch im vereinfachten Wahlverfahren möglich (§§ 24, 25 WO; siehe Rn. 266, 283ff.). Sie wird ergänzt um die nachträgliche schriftliche Stimmabgabe gem. § 35 WO, um Arbeitnehmer:innen, die an der (zweiten) Wahlversammlung zur Wahl des Betriebsrats nicht teilnehmen können, die Wahrnehmung ihres Wahlrechts zu ermöglichen und um in diesem Zusammenhang den verkürzten Fristen zwischen dem Erlass des Wahlausschreibens und der zweiten Wahlversammlung zur Wahl des Betriebsrats Rechnung zu tragen. **419**

Die Stimmabgabe kann schriftlich und nachträglich von Wahlberechtigten verlangt werden, die an der zweiten Wahlversammlung zur Wahl des Betriebsrats nicht teilnehmen und deshalb ihre Stimme nicht persönlich abgeben können (§ 35 Abs. 1 Satz 1 WO). Die Entscheidung, ob die Stimme persönlich oder im Wege der Briefwahl abgegeben wird, ist nicht in das Belieben des Wahlberechtigten oder des Wahlvorstands gestellt, sondern setzt voraus, dass der Wahlberechtigte **aus persönlichen oder dienstlichen Gründen an der Teilnahme** an der zweiten Wahlversammlung und der persönlichen Abgabe seiner Stimme **gehindert** ist (vgl. Rn. 266ff.). **420**

Die nachträgliche schriftliche Stimmabgabe muss beim Wahlvorstand vom Wahlberechtigten beantragt werden (§ 14a Abs. 4 BetrVG, § 35 Abs. 1 Satz 1 WO). Der **Antrag** muss spätestens drei Tage vor der zweiten Wahlversammlung zur Wahl des Betriebsrats beim Wahlvorstand eingehen (§ 35 Abs. 1 Satz 2 WO). **421**

Dazu folgende Beispiele: **422**

> **Beispiel 1:**
> Findet die zweite Wahlversammlung zur Wahl des Betriebsrats am 27.4.2026 (Montag) statt, läuft die 3-Tages-Frist am 24.4.2026, 00:00 Uhr, ab. Der Antrag ist spätestens am 23.4.2026 (Donnerstag) zu stellen (rückwärts berechnete Frist in entsprechender Anwendung von §§ 187 Abs. 1, 188 Abs. 1 BGB, vgl. dazu Rn. 87 ff.).

> **Beispiel 2:**
> Findet die zweite Wahlversammlung zur Wahl des Betriebsrats am 7.4.2026 (Dienstag) statt, läuft die 3-Tages-Frist am 4.4.2026 (Samstag), 00:00 Uhr, ab. Da es sich bei dem davor liegenden Tag um einen Feiertag (Karfreitag) handelt, ist der Antrag spätestens am 2.4.2026 (Donnerstag) zu stellen (vgl. § 193 BGB; Rn. 89; zur Fristberechnung in Betrieben, in denen die ganz überwiegende Mehrheit der Beschäftigten auch an den Sonnabenden, Sonntagen und/oder Feiertagen arbeitet vgl. Rn. 97).

423 Der Antrag bedarf nicht der Schriftform, sondern kann beim Wahlvorstand vom Wahlberechtigten auch **mündlich** gestellt werden. Die Schriftform ist grundsätzlich aber zu empfehlen.

> **Siehe dazu**
> - Mustertext für einen Antrag auf nachträgliche schriftliche Stimmabgabe durch eine/einen Wahlberechtigten (Wahlunterlage 23 – Vereinfachtes Wahlverfahren)
> - Mustertext für ein Schreiben des Wahlvorstands an Wahlberechtigte zur Übersendung der Unterlagen zur schriftlichen Stimmabgabe (Wahlunterlage 24 – Vereinfachtes Wahlverfahren)
> - Mustertexte für ein Merkblatt für die schriftliche Stimmabgabe, die persönliche Erklärung des Wahlberechtigten und für ein Ablaufschema für die Durchführung der schriftlichen Stimmabgabe/Briefwahl durch den Wahlberechtigten (Wahlunterlagen 25, 26 – Vereinfachtes Wahlverfahren)

424 Die **Frist für die nachträgliche schriftliche Stimmabgabe** ist im Wahlausschreiben festzulegen (vgl. Rn. 392), wenn deren Voraussetzungen vorliegen (siehe Rn. 420). Ihr Ablauf sollte nicht später als vier Tage nach dem Tag der zweiten Wahlversammlung zur Wahl des Betriebsrats vom Wahlvorstand bestimmt werden. Umgekehrt darf der Fristablauf nicht zu früh gesetzt werden. Die Frist ist so zu bestimmen, dass eine Briefwahl unter Berücksichtigung der betrieblichen Verhältnisse und der normalen Postlaufzeit ordnungsgemäß erfolgen kann. Ein Ablauf der Frist am Tag der Wahlversammlung zur Wahl des Betriebsrats ist mit dem Grundgedanken einer "nachträglichen" schriftlichen Stimmabgabe nicht zu vereinbaren.[331]

Wird die nachträgliche schriftliche Stimmabgabe aufgrund eines Antrags eines Wahlberechtigten erforderlich, hat der Wahlvorstand dies unter Angabe von Ort, Tag und Zeit der öffentlichen Stimmauszählung in gleicher Weise **bekannt zu machen** wie das Wahlausschreiben (§ 35 Abs. 2 WO; siehe Rn. 397). Der **Termin für die öffentliche Auszählung** verschiebt sich gegebenenfalls gegenüber seiner ursprünglichen Bekanntgabe im Wahlausschreiben entsprechend. 425

Siehe dazu
- Mustertext für die Bekanntmachung der nachträglichen schriftlichen Stimmabgabe und des (neuen) Termins zur öffentlichen Stimmauszählung (Wahlunterlage 28 – Vereinfachtes Wahlverfahren)

ON LINE

Die im normalen Wahlverfahren maßgeblichen Vorschriften für die schriftliche Stimmabgabe gem. §§ 24, 25 WO sind für die nachträgliche schriftliche Stimmabgabe im vereinfachten Wahlverfahren entsprechend anzuwenden (§ 35 Abs. 1 Satz 3 WO, siehe Rn. 206ff.). Gemäß § 24 Abs. 2 WO sind die Briefwahlunterlagen ohne Verlangen des Wahlberechtigten vom Wahlvorstand denjenigen Wahlberechtigten zukommen zu lassen, die im Zeitpunkt der Wahl (zweite Wahlversammlung) nach der Eigenart ihres Beschäftigungsverhältnisses oder aus anderen Gründen vom Erlass des Wahlausschreibens (erste Wahlversammlung) bis zum Zeitpunkt der Wahl (zweite Wahlversammlung) **voraussichtlich nicht im Betrieb anwesend** sein werden (siehe Rn. 266). Das Gleiche gilt für Wahlberechtigte in **Betriebsteilen und Kleinstbetrieben**, die räumlich weit vom Hauptbetrieb entfernt sind und für die der Wahlvorstand die schriftliche Stimmabgabe beschlossen hat (vgl. Rn. 266ff.). 426

Unmittelbar nach Ablauf der Frist für die nachträgliche Stimmabgabe, d. h. spätestens am Arbeitstag, der auf den Tag des Fristablaufs folgt (ist im Wahlausschreiben bzw. nachträglich durch Aushang gem. § 35 Abs. 2 WO bekannt zu geben) nimmt der Wahlvorstand in öffentlicher Sitzung die Auszählung der Stimmen vor (§ 35 Abs. 3, 4 WO). Zu Beginn dieser Sitzung prüft der Wahlvorstand, ob die schriftliche Stimmabgabe ordnungsgemäß erfolgt ist (§ 25 WO, s. dazu eingehend Rn. 292, 296f.). Ist dies der Fall, vermerkt der Wahlvorstand die Stimmabgabe in der Wähler- 427

331 BAG 27.11.24 – 7 ABR 32/23.

liste, öffnet die Wahlumschläge und legt die Stimmzettel in die bis dahin versiegelte Wahlurne. Befinden sich in einem Wahlumschlag mehrere gekennzeichnete Stimmzettel, werden sie in dem Wahlumschlag in die Wahlurne gelegt. (§ 35 Abs. 4 Satz 2 WO).

428 Anschließend nimmt der Wahlvorstand gem. § 34 Abs. 3–5 WO öffentlich die **Auszählung der Stimmen** vor (§ 35 Abs. 4 WO).

429 Für die Anfertigung der Wahlniederschrift, die Benachrichtigung der Gewählten und ihre Bekanntmachung und die Aufbewahrung der Wahlakten gelten die Vorschriften des normalen Wahlverfahrens entsprechend (§ 34 Abs. 3 Satz 2 WO).

ON LINE

Siehe dazu
- die in Rn. 320–324 aufgeführten Mustertexte.

2. Die Wahl des Betriebsrats im einstufigen Verfahren

430 Für den Fall, dass im Betrieb ein **Wahlvorstand aufgrund seiner Bestellung** (vgl. auch Rn. 44ff.) bereits vorhanden ist, wird der Betriebsrat im sog. einstufigen Verfahren auf nur einer Wahlversammlung gewählt (§ 14a Abs. 3 BetrVG, § 36 Abs. 1 WO).

431 Die Bestellung des Wahlvorstands (statt seiner Wahl auf der ersten Wahlversammlung, siehe Rn. 369ff.) kommt in folgenden Fällen infrage:
- In einem Betrieb **besteht bereits ein Betriebsrat**; dieser bestellt den Wahlvorstand, und zwar im vereinfachten Wahlverfahren vier Wochen vor Ablauf seiner Amtszeit (§ 17a Nr. 1 i. V. m. § 16 Abs. 1 Satz 1 BetrVG).

ON LINE

Siehe dazu
- Mustertext für die Einladung zur Sitzung des Betriebsrats zur Beschlussfassung über die Bestellung des Wahlvorstands (Wahlunterlage 1 – Vereinfachtes Wahlverfahren – einstufig)
- Mustertext für das Beschlussprotokoll des Betriebsrats über die Bestellung des Wahlvorstands (Wahlunterlage 2 – Vereinfachtes Wahlverfahren – einstufig)
- Mustertext für die Benachrichtigung der Mitglieder des Wahlvorstands über ihre Bestellung (Wahlunterlage 3 – Vereinfachtes Wahlverfahren – einstufig)

- Mustertext für die Information des Arbeitgebers über die Bestellung des Wahlvorstands durch den Betriebsrat (Wahlunterlage 4 – Vereinfachtes Wahlverfahren – einstufig)
- Mustertext für die Information der Gewerkschaft über die Bestellung des Wahlvorstands durch den Betriebsrat (Wahlunterlage 5 – Vereinfachtes Wahlverfahren – einstufig)

- Es **besteht ein Betriebsrat**, dieser **bleibt aber untätig** bis drei Wochen vor Ablauf seiner Amtszeit. Die Bestellung des Wahlvorstands erfolgt durch den **Gesamtbetriebsrat** oder, falls ein solcher nicht besteht, durch den **Konzernbetriebsrat** (§ 17a Nr. 1 i. V. m. § 16 Abs. 3 BetrVG) oder durch **das Arbeitsgericht** auf Antrag von mindestens drei Wahlberechtigten oder einer im Betrieb vertretenen Gewerkschaft (§ 17a Nr. 1 i. V. m. § 16 Abs. 2 BetrVG).
- Es **besteht kein Betriebsrat**, der Wahlvorstand wird jedoch vom **Gesamtbetriebsrat**, falls ein solcher nicht besteht, vom **Konzernbetriebsrat** bestellt (§ 17a Satz 1 i. V. m. § 17 Abs. 1 BetrVG).

Siehe dazu

- Mustertext für die Einladung zur Sitzung des Gesamt- oder Konzernbetriebsrats zur Beschlussfassung über die Bestellung des Wahlvorstands (Wahlunterlage 1 – Vereinfachtes Wahlverfahren – einstufig)
- Mustertext für das Beschlussprotokoll des Gesamt- oder Konzernbetriebsrats über die Bestellung des Wahlvorstands (Wahlunterlage 2 – Vereinfachtes Wahlverfahren – einstufig)
- Mustertext für die Benachrichtigung der Mitglieder des Wahlvorstands über ihre Bestellung (Wahlunterlage 3 – Vereinfachtes Wahlverfahren – einstufig)
- Mustertext für die Information des Arbeitgebers über die Bestellung des Wahlvorstands durch den Gesamt- oder Konzernbetriebsrats (Wahlunterlage 4 – Vereinfachtes Wahlverfahren – einstufig)
- Mustertext für die Information der Gewerkschaft über die Bestellung des Wahlvorstands durch den Gesamt- oder Konzernbetriebsrats (Wahlunterlage 5 – Vereinfachtes Wahlverfahren – einstufig)

- Es **besteht kein Betriebsrat** (und kein Gesamt- oder Konzernbetriebsrat bzw. der Gesamt- oder Konzernbetriebsrat bestellt keinen Wahlvorstand), die (erste) **Wahlversammlung** zur Wahl des Wahlvorstands **kommt nicht zustande** (trotz eines ernsthaften Versuches, vgl. Rn. 63) oder sie kommt zwar zustande, **wählt aber keinen Wahlvorstand** (vgl. Rn. 377). Die Bestellung des Wahlvorstands erfolgt durch das **Arbeits-**

gericht auf Antrag von mindestens drei Wahlberechtigten oder einer im Betrieb vertretenen Gewerkschaft (§ 17a Nr. 4 i. V. m. § 17 Abs. 4 BetrVG).

432 Nach seiner Bestellung hat der Wahlvorstand **unverzüglich zu einer ersten Sitzung** zusammenzukommen und Fragen der Geschäftsordnung und seiner Arbeitsplanung zu klären (vgl. § 1 Abs. 2, 3 WO). Seine erste Aufgabe ist, die **Wählerliste aufzustellen** (vgl. Rn. 108ff.).

ON LINE

Siehe dazu

- Mustertext für die Einladung zur ersten Sitzung des Wahlvorstands (Wahlunterlage 6 – Vereinfachtes Wahlverfahren – einstufig)

433 Die Vorschriften über die Aufstellung der Wählerliste (§ 2 WO) und über Einsprüche gegen die Richtigkeit der Wählerliste (§ 30 Abs. 3 WO) kommen auch im einstufigen Verfahren zur Anwendung (§ 36 Abs. 1 Satz 3 WO).

ON LINE

Siehe dazu

- Mustertext für ein Schreiben des Wahlvorstands an den Arbeitgeber zur Anforderung der erforderlichen Unterlagen (Wahlunterlage 8 – Vereinfachtes Wahlverfahren – einstufig)

434 Im Anschluss an die Aufstellung der Wählerliste erlässt der Wahlvorstand das **Wahlausschreiben**. Damit ist die Betriebsratswahl eingeleitet (§ 36 Abs. 2 Satz 1, 2 WO).

435 Der **Inhalt des Wahlausschreibens** richtet sich – wie im zweistufigen Verfahren – grundsätzlich nach § 31 Abs. 1 Satz 3 WO (vgl. Rn. 392), wobei allerdings folgende **Abweichungen** zu beachten sind (vgl. § 36 Abs. 3 WO):

1. Abweichend von § 31 Abs. 1 Satz 3 Nr. 6 WO ist ausschließlich die Mindestzahl von Wahlberechtigten anzugeben, von denen ein Wahlvorschlag unterzeichnet sein muss (§ 14 Abs. 4 BetrVG).
2. Abweichend von § 31 Abs. 1 Satz 3 Nr. 8 WO hat der Wahlvorstand anzugeben, dass die **Wahlvorschläge** spätestens **eine Woche** vor dem Tag der Wahlversammlung zur Wahl des Betriebsrats beim Wahlvorstand einzureichen sind (§ 14a Abs. 3 Satz 2 BetrVG); der letzte Tag der Frist und im Fall des § 41 Abs. 2 WO zusätzlich die Uhrzeit sind anzugeben (zur Fristberechnung vgl. Rn. 440).

436 Zu den vor Erlass des Wahlausschreibens vom Wahlvorstand zu fassenden Beschlüssen vgl. Rn. 393.

Siehe dazu
- Mustertext für ein Wahlausschreiben für die Wahl des Betriebsrats – Wahlausschreiben mehrköpfiger Betriebsrat (Wahlunterlage 9 – Vereinfachtes Wahlverfahren – einstufig)
- Mustertext für ein Wahlausschreiben für die Wahl des Betriebsrats – Wahlausschreiben 1-köpfiger Betriebsrat (Wahlunterlage 9a – Vereinfachtes Wahlverfahren – einstufig)

Die Wahlversammlung sollte in der Regel etwa **zwei Wochen nach Erlass des Wahlausschreibens** stattfinden, damit u.a. ein angemessener Zeitraum zwischen Erlass des Wahlausschreibens und Ablauf der Frist zur Einreichung von Wahlvorschlägen von etwa einer Woche verbleibt.[332] Eine gesetzlich zwingend vorgegebene Mindestfrist besteht insoweit allerdings nicht. Verbleibt nach Erlass des Wahlausschreibens zur Einreichung von Wahlvorschlägen lediglich ein Zeitraum von wenigen Stunden oder 1–2 Tagen, ist dies nicht ausreichend und kann die Anfechtbarkeit der Betriebsratswahl begründen.[333] Bei bestehendem Betriebsrat sollte **spätestens zwei Wochen vor Ablauf von dessen Amtszeit die Wahlversammlung** stattfinden. Der letzte **Tag der nachträglichen schriftlichen Stimmabgabe** soll spätestens **eine Woche vor Ablauf der Amtszeit des Betriebsrats** liegen (vgl. § 36 Abs. 2 Satz 3 WO). 437

Die Vorschriften über die Bestimmung der **Mindestsitze** (§ 32 WO), das **Wahlverfahren** (§ 34 WO) und die **nachträgliche Stimmabgabe** (§ 35 WO) aus dem zweistufigen Verfahren kommen im einstufigen Verfahren entsprechend zur Anwendung (§ 36 Abs. 4 WO). 438

Die **Wahlvorschläge** zur Wahl des Betriebsrats müssen spätestens **eine Woche vor der Wahlversammlung** zur Wahl des Betriebsrats beim Wahlvorstand **schriftlich** eingereicht werden (§ 14a Abs. 3 Satz 2 BetrVG, § 36 Abs. 5 Satz 1 WO). 439

Dazu folgende Beispiele: 440

Beispiel 1:
Findet die Wahlversammlung am 16.4.2026 (Donnerstag) statt, läuft die Wochenfrist am 9.4.2026 (Donnerstag), 00:00 Uhr, ab. Die Wahlvorschläge sind deshalb spätestens am 8.4.2026 (Mittwoch) einzureichen (rückwärts berechnete Frist in entsprechender Anwendung der §§ 187 Abs. 1, 188 Abs. 2 1. Alternative BGB, siehe dazu Rn. 87ff.).[334]

332 Vgl. Fitting, § 36 WO Rn. 11.
333 Vgl. etwa LAG Hessen 23.1.2003 – 9 TaBV 104/02.
334 Im Ergebnis übereinstimmend LAG Hessen 23.1.2003 – 9 TaBV 104/02.

Beispiel 2:
Findet die Wahlversammlung am 14.4.2026 (Dienstag) statt, läuft die Wochenfrist am 7.4.2026 (Dienstag), 00:00 Uhr, ab. Da es sich bei den davor liegenden vier Tagen um Feiertage (Ostermontag, Karfreitag) und einen Sonntag und Sonnabend handelt, sind die Wahlvorschläge spätestens am 2.4.2026 (Donnerstag) einzureichen (vgl. § 193 BGB, Rn. 97). Zur Feststellung der Uhrzeit des Fristablaufs am letzten Tag der Frist ist auf den Zeitpunkt des Endes der täglichen Arbeitszeit der ganz überwiegenden Mehrheit der Arbeitnehmer:innen des Betriebs abzustellen[335] (vgl. Rn. 93).

441 Im einstufigen Verfahren ist es **nicht zulässig**, Wahlvorschläge mündlich einzureichen.

ON LINE

Siehe dazu
- Mustertext für einen Wahlvorschlag mehrköpfiger Betriebsrat (Wahlunterlage 15 – Vereinfachtes Wahlverfahren)
- Mustertext für einen Wahlvorschlag Gewerkschaft mehrköpfiger Betriebsrat (Wahlunterlage 15a – Vereinfachtes Wahlverfahren)
- Mustertext für einen Wahlvorschlag 1-köpfiger Betriebsrat (Wahlunterlage 16 – Vereinfachtes Wahlverfahren)
- Mustertext für einen Wahlvorschlag Gewerkschaft 1-köpfiger Betriebsrat (Wahlunterlage 16a – Vereinfachtes Wahlverfahren)

442 Die Vorschriften der Wahlordnung über die Aufstellung der Wahlvorschläge (§ 6 Abs. 2–5 WO) und über die Prüfung der Gültigkeit der eingereichten Wahlvorschläge (§§ 7, 8 WO) sind im einstufigen Verfahren entsprechend anzuwenden. Maßgabe ist, dass die in § 6 Abs. 5 WO und § 8 Abs. 2 WO genannten Fristen **die gesetzliche Mindestfrist zur Einreichung von Wahlvorschlägen** (eine Woche vor der Wahlversammlung) **nicht überschreiten dürfen** (§ 36 Abs. 5 Satz 2 WO). Praktisch bedeutet dies, dass bei der Einreichung von Wahlvorschlägen **in den letzten drei Tagen vor Ablauf der Einreichungsfrist** die Fristen gem. § 6 Abs. 5 WO und § 8 Abs. 2 WO vom Wahlvorstand **auf weniger als drei Arbeitstage abzukürzen** sind.

443 **Dazu folgendes Beispiel:**
Hat ein Wahlberechtigter mehrere Wahlvorschläge unterzeichnet, kann ihm der Wahlvorstand eine Erklärungsfrist von bis zu drei Arbeitstagen setzen (§ 6 Abs. 5 WO). Wurde der Wahlvorschlag am 21.5.2026 (Donnerstag) ein-

335 BAG 27.11.2024 – 7 ABR 32/23.

gereicht und läuft am 22.5.2026 (Freitag) die Einreichungsfrist für Wahlvorschläge ab, ist die Erklärungsfrist gem. § 6 Abs. 5 WO vom Wahlvorstand auf den 22.5.2026 abzukürzen.
Kann der Wahlberechtigte keine Erklärung mehr abgeben bzw. unterbleibt diese, gilt § 6 Abs. 5 WO (vgl. dazu Rn. 242).[336]

Siehe dazu

- Mustertext für die Benachrichtigung über unheilbare Mängel eines Wahlvorschlags (Wahlunterlage 18 – Vereinfachtes Wahlverfahren – einstufig)
- Mustertext für die Benachrichtigung über heilbare Mängel eines Wahlvorschlags (Wahlunterlage 19 – Vereinfachtes Wahlverfahren – einstufig)
- Mustertext für die Benachrichtigung über die Unterzeichnung mehrerer Wahlvorschläge (Wahlunterlage 20 – Vereinfachtes Wahlverfahren – einstufig)

444 Nach Ablauf der Einreichungsfrist für die Wahlvorschläge hat der Wahlvorstand, gegebenenfalls nach Prüfung noch kurz vor Fristablauf eingereichter Wahlvorschläge, die als gültig anerkannten Wahlvorschläge bis zum Abschluss der Stimmabgabe **unverzüglich** in gleicher Weise bekannt zu machen wie das Wahlausschreiben (§ 36 Abs. 5 Satz 3 WO).

Siehe dazu

- Mustertext für die Bekanntmachung der als gültig anerkannten Wahlvorschläge (Wahlunterlage 22 – Vereinfachtes Wahlverfahren)

445 Liegt kein gültiger Wahlvorschlag nach Ablauf der Einreichungsfrist für Wahlvorschläge beim Wahlvorstand vor, hat der Wahlvorstand im Betrieb bekannt zu machen, dass die Betriebsratswahl nicht stattfindet (§ 36 Abs. 6 WO).

Siehe dazu

- Mustertext für die Bekanntmachung über das Nichtstattfinden der Betriebsratswahl (Wahlunterlage 21 – Vereinfachtes Wahlverfahren)

336 Fitting, § 36 WO, Rn. 16.

XI. Die Abwehr von Behinderungen der Betriebsratswahl

1. Gründliche Vorbereitung der Wahl – Seminare

445a Die Kenntnis der – nicht immer einfachen und logischen – Regelungen der Wahlordnung bilden die Basis, um sicher eine Betriebsratswahl auch bei Gegenwind des Arbeitgebers durchführen zu können. Daher muss jeder Wahlvorstand zunächst ein Seminar zur Betriebsratswahl besuchen. An diesem sollten alle Mitglieder und auch die Ersatzmitglieder teilnehmen. Der Wahlvorstand muss im Zweifelsfall mit kurzen Fristen Entscheidungen treffen. Da hilft es, wenn nicht nur die **Mitglieder**, sondern auch die **Ersatzmitglieder** über das nötige Wissen verfügen. Auf einer **Schulung** (Einzelheiten siehe Rn. 468f) können auch absehbare Strategien, mit denen Arbeitgeber die Wahl verzögern oder behindern wollen, und die Reaktionsmöglichkeiten des Wahlvorstandes besprochen werden. Hinzu kommt, dass die Betriebsratswahl in der Regel ja nur alle vier Jahre stattfindet und sich vor allem die Rechtsprechung in einem solchen Zeitraum verändert. Da reicht vier Jahre altes Wissen nicht aus. Zur Not muss der Anspruch auf Schulungen gerichtlich durchgesetzt werden.

2. Keine Abstimmung über die Frage, ob überhaupt ein Betriebsrat gewählt werden soll

445b Das Betriebsverfassungsgesetz sieht in § 1 vor, dass in Betrieben mit in der Regel mindestens fünf ständigen wahlberechtigten Arbeitnehmer:innen Betriebsräte gewählt werden. Eine vorherige Abstimmung, ob überhaupt ein Betriebsrat gewählt werden soll (oder weiterhin gewählt werden soll), sehen Gesetz und Wahlordnung nicht vor. Arbeitgeber versuchen zum Teil solche Abstimmungen zu initiieren. Wird ein solcher **Antrag** auf einer Betriebs- oder Wahlversammlung zur Wahl eines Wahlvorstandes gestellt, muss der Wahlvorstand (oder Einladende) den Antrag unter Hinweis darauf, dass dies in Gesetz und Wahlordnung nicht vorgesehen ist, **ablehnen**. Denn ganz im Gegenteil: Nach § 1 Satz 1 BetrVG sind Betriebsräte ausdrücklich zu wählen (siehe Rn. 61 und zu den Einzelheiten der Wahlversammlung zur Wahl eines Wahlvorstandes siehe Rn. 59 ff.) Politisch müssen die Initiatoren der Betriebsratswahl allerdings die Belegschaft davon überzeugen, dass die Wahl eines Betriebsrates ihren Interessen dient.

3. Schutz der Wahlinitiator:innen

Besteht bei einer erstmaligen Wahl eines Betriebsrats die Befürchtung, **445c**
dass der Arbeitgeber versuchen könnte, die Wahl durch eine Kündigung der Initiatoren der Wahl diese zu behindern, sind zumindest bis zu maximal sechs Initiator:innen gegen eine **ordentliche Kündigung** geschützt. Voraussetzung ist, dass sie vor einem **Notar** eine Erklärung abgeben, dass sie beabsichtigten, die Wahl eines Betriebsrates einzuleiten. Da nicht sicher ist, wie ein Arbeitgeber auf eine erstmalige Wahl eines Betriebsrats reagiert, sollten die Initiator:innen dies in jedem Fall tun und so für den Fall der Fälle vorbeugen. Einzelheiten hierzu siehe Rn. 458a.

4. Verbreitung der Einladung zur Wahl des Wahlvorstandes bei erstmaliger Wahl eines Betriebsrates

Für die Initiatoren der erstmaligen Betriebsratswahl oder die Gewerk- **445d**
schaft kann es schwierig sein, allen Arbeitnehmer:innen die Einladung zur Betriebsversammlung auf der der Wahlvorstand gewählt werden soll, zukommen zu lassen; sei es, weil nicht genau bekannt ist, z. B. welche Filialen zum Betrieb gehören, sei es, weil große Teile der Arbeitnehmer:innen dauernd mobil oder im Home-Office arbeiten. Der Arbeitgeber ist verpflichtet, auf Aufforderung die Einladung zur Betriebsversammlung auf seine Kosten den Arbeitnehmer:innen, die im Betrieb beschäftigt sind, zukommen zu lassen.[337] Er muss dafür auch die innerbetrieblichen **elektronischen Kommunikationswege** wie E-Mail nutzen. Das gilt umso

337 BAG 26.2.1992 – 7 ABR 37/91.

mehr, wenn im Betrieb mobil gearbeitet wird, weil dann nicht klar ist, ob Arbeitnehmer:innen die Einladung im Betrieb zur Kenntnis nehmen können. Den Anspruch darauf, dass der Arbeitgeber seiner Mitwirkungsverpflichtung auch nachkommt, können Wahlinitiator:innen oder Gewerkschaften auch im Wege einer einstweiligen Verfügung durchsetzen.[338] Einzelheiten s. Rn. 355.

5. Unterlagen werden nicht, unvollständig oder zu langsam zur Verfügung gestellt

445e Trotz der Verpflichtung des Arbeitgebers dem Wahlvorstand (den Wahlinitiator:innen) alle notwendigen Unterlagen und Informationen zur Verfügung zu stellen, geschieht dies in Betrieben, in denen Arbeitgeber versuchen, die Wahl eines Betriebsrates zu beeinflussen oder zu verhindern, oft nur sehr langsam. Ist dies bei Einleitung der Wahl absehbar, sollten bereits **frühzeitig rechtliche Gegenstrategien** vorbereitet werden: dazu gehört der Kontakt zur unterstützenden Gewerkschaft bzw. zum gewerkschaftlichen Rechtsschutz. Auch kann Kontakt zu einer auf Betriebsratswahlen spezialisierten Rechtsanwaltskanzlei aufgenommen werden, die dann umgehend eingeschaltet werden kann und ggfls. im Wege einstweiliger Verfügungen die Rechte des Wahlvorstands vor den Arbeitsgerichten durchsetzen muss. Die notwendigen Beschlüsse des Wahlvorstandes zur Beauftragung der Rechtsanwaltskanzlei sollten rechtzeitig vorbereitet werden (s. Rn. 466). Dabei müssen die Voraussetzungen für die Beschlussfassung (s. Rn. 78 ff.) genau beachtet werden. Es gehört zum Standardrepertoire von Arbeitgeberanwälten jedem Beschluss des Wahlvorstands (und des Betriebsrats bei der Bestellung des Wahlvorstands) erstmal die Wirksamkeit abzusprechen unabhängig davon, ob es Anhaltspunkte für eine fehlerhafte Beschlussfassung gibt oder nicht.

338 LAG Niedersachsen 11.8.2022 – 6 TaBVGa 41/22.

6. Räume für die Betriebs- oder Wahlversammlung

Die Betriebsratswahl und damit auch die Versammlungen zur Wahl des Wahlvorstandes und zur Wahl des Betriebsrats finden im Betrieb statt. Schwierig kann dies werden, wenn entweder der Betrieb über keinen ausreichend großen oder geeigneten Raum verfügt oder aber der Arbeitgeber sich direkt oder indirekt (z. B. Terminschwierigkeiten) weigert ihn zur Verfügung zu stellen. Ist ein geeigneter Raum im Betrieb vorhanden, muss der Arbeitgeber ihn zur Verfügung stellen.[339] Ist kein geeigneter Raum vorhanden, muss der Arbeitgeber die Kosten für einen geeigneten Raum außerhalb des Betriebs tragen.[340] Die Nutzung eines Raumes außerhalb des Betriebs ist regelmäßig mit (zum Teil erheblichen) Kosten verbunden. Insofern ist entweder vorher mit dem Arbeitgeber zu klären, ob dieser die Kosten übernimmt, oder die Wahinitiatoren:innen müssen im Wege der einstweiligen Verfügung die Kostenübernahme vorher klären lassen. Gewerkschaften hingegen sollen dabei keinen Anspruch haben, vor der Betriebsversammlung die den Arbeitgeber auf Übernahme der Kosten im Wege der einstweiligen Verfügung zu verpflichten.[341] Evtl. sind auch Gewerkschaften bereit, die Kosten auszulegen und anschließend einzuklagen (Einzelheiten zu den Kosten der Wahl Rn. 460ff.). 445f

7. Streit um den Betrieb

Der Betriebsrat ist für einen bestimmten Betrieb (Einzelheiten s. Rn. 2ff.) zu wählen. Welche Abteilungen bzw. welche Arbeitnehmer:innen zu einem Betrieb gehören, ist aber nicht immer einfach festzustellen. So weit wie möglich sollte daher bei komplizierten Organisationsstrukturen vor Einleitung der Betriebsratswahl versucht werden zu klären, welche Teile/Abteilungen/Arbeitnehmer:innen zum Betrieb in dem gewählt werden soll gehören. Denn bei der Betriebsratswahl müssen alle Wahlberechtigten eines Betriebs teilnehmen können. Lässt sich dies auch wegen fehlenden/zögerlichen/widersprüchlichen Informationen nicht endgültig klären, muss der Wahlvorstand für die Wahl festlegen, wer an der BR- 445g

339 DKW-Berg § 42 Rn. 20.
340 LAG Hamm 5.10.2020 – 13 TaBVGA 16/20; LAG Niedersachsen – 11.8.2022 – 6 TaBVGa 41/22.
341 LAG Niedersachsen – 11.8.2022 – 6 TaBVGa 41/22.

Wahl teilnehmen soll. Festzuhalten ist dabei, dass die Verkennung des Betriebsbegriffes die Betriebsratswahl nicht nichtig macht, sondern »nur« anfechtbar.[342] Wenn also der Wahlvorstand die Frage, wo gewählt werden muss, anhand der verfügbaren Informationen und Unterlagen geprüft, sollte er seinen Ermessensspielraum nutzen und die Wahl durchführen. Dann besteht ein Betriebsrat erstmal und kann die Interessen der Beschäftigten vertreten. In einen längeren Anfechtungsverfahren können dann die komplizierten Fragen, was ein Betrieb ist und wer dazu gehört, geklärt werden (Einzelheiten zum Betrieb s. Rn. 1 ff.).

342 BAG 25.10.2023 – 7 ABR 25/22.

XII. Welche Kosten der Betriebsratswahl hat der Arbeitgeber zu tragen und wie ist die Betriebsratswahl gegen Behinderungen geschützt?

1. Schutz der Betriebsratswahl

Die Betriebsratswahl ist gesetzlich umfassend geschützt. Die dafür hauptsächlich anzuwendende Vorschrift im Betriebsverfassungsgesetz (§ 20 BetrVG) lautet: 446

§ 20 Wahlschutz
(1) Niemand darf die Wahl des Betriebsrats behindern. Insbesondere darf kein Arbeitnehmer in der Ausübung des aktiven und passiven Wahlrechts beschränkt werden.
(2) Niemand darf die Wahl des Betriebsrats durch Zufügung oder Androhung von Nachteilen oder durch Gewährung oder Versprechen von Vorteilen beeinflussen.

Dieser Schutz erstreckt sich nicht nur auf die unmittelbare Wahlhandlung, sondern auch auf die Vorbereitung der Wahl und auf sonstige Maßnahmen, die mit der Wahl zusammenhängen. Beispiele sind: Gespräche mit Arbeitnehmer:innen zur Vorbereitung der Wahl des Betriebsrats über die Bereitschaft, zu einer Wahl- oder Betriebsversammlung einzuladen oder für den Wahlvorstand zu kandidieren, Einladung zur Wahl- bzw. Betriebsversammlung, Bestellung und Tätigkeit des Wahlvorstands, Sammlung von Stützunterschriften, Maßnahmen der Wahlwerbung, Teilnahme an der Stimmauszählung.[343] 447

Eine Wahlbehinderung liegt auch vor, wenn der Arbeitgeber Verpflichtungen, die ihm im Zusammenhang mit der Wahl obliegen, nicht nachkommt. Das kann etwa der Fall sein, wenn der Arbeitgeber sich weigert, 448

343 LAG München 27.1.10 – 11 TaBV 22/09; LAG Hamburg 12.3.1998 – 2 TaBV 2/98; ArbG Berlin 29.5.2009 – 16 BVGa 9922/09.

Wahlräume zur Verfügung zu stellen oder die Kosten für notwendige sachliche Mittel, wie Stimmzettel, Wahlumschläge und Wahlurnen, zu übernehmen.[344]

449 Der Arbeitgeber darf auch keinerlei Anweisungen geben, die sich auf die Art und Weise der Ausübung der Wahlbefugnisse beziehen. Die einzelnen Arbeitnehmer:innen dürfen in der Ausübung ihres aktiven und passiven Wahlrechts in keiner Weise beschränkt werden. Die Wahl darf nicht dadurch beeinflusst werden, dass Arbeitnehmer:innen im Zusammenhang mit der Wahrnehmung ihrer Wahlrechte oder der Ausübung bestimmter Funktionen (Wahlvorstandsmitglieder, Wahlhelfer:innen) Nachteile zugefügt oder angedroht oder Vorteile gewährt oder versprochen werden.[345]

450 Für besonders gravierende Fälle der Behinderung einer Betriebsratswahl ist sogar Freiheitsstrafe bis zu einem Jahr oder Geldstrafe vorgesehen (§ 119 Abs. 1 Nr. 1 BetrVG). In dieser Vorschrift liegt zugleich eine Verstärkung des allgemeinen Behinderungsverbots der Betriebsratswahl nach § 20 Abs. 1 BetrVG. Das strafbewehrte Verbot der Behinderung der Betriebsratswahl nach § 119 Abs. 1 Nr. 1 BetrVG[346] richtet sich gegen jedermann (wie auch die Sicherung des Wahlschutzes nach § 20 Abs. 1 und 2 BetrVG). Die Verbote richten sich somit nicht nur gegen den Arbeitgeber und Betriebsangehörige (z. B. leitende Angestellte), sondern wirken auch gegenüber Außenstehenden.

451 Eine schwerwiegende Form der Behinderung der Betriebsratswahl liegt in einem Versuch des Arbeitgebers, **Arbeitnehmer:innen, die eine Betriebsratswahl vorbereiten, Wahlbewerber** oder **Wahlvorstandsmitglieder** durch eine Kündigung aus dem Betrieb zu entfernen, um die Arbeitnehmer:innen insgesamt einzuschüchtern und die Betriebsratswahl zu unterbinden. Der Gesetzgeber hat daher die allgemeinen Wahlschutzbestimmungen dadurch ergänzt, dass ein **besonderer Kündigungsschutz** für Wahlbewerber:innen und Wahlvorstandsmitglieder vorgesehen wird (zum Kündigungsschutz für die Initiatoren einer Betriebsratswahl siehe Rn. 458). Dieser Schutz erstreckt sich auf ordentliche (fristgemäße) und außerordentliche (fristlose) Kündigungen. Wahlvorstandsmitglieder und Wahlbewerber:innen unterliegen damit dem gleichen Kündigungsschutz wie Betriebsratsmitglieder.

---

344 OVG Nordrhein-Westfalen 14.4.2004 – 1 A 4408/02.PVB.

345 BAG 4.12.1986 – 6 ABR 48/85; ArbG Heilbronn 18.3.1999 – 1 BV 1/99; ArbG Berlin 8.8.1984 – 18 BV 5/84.

346 Vgl. dazu BGH 13.9.2010 – 1 StR 220/09; BayObLG 9.7.1980 – RReg 4 St 173/80; LG Siegen 13.11.1986 – 6 Ls 25 Js 354/84 S 2/85; ArbG Aichach 29.10.87 – Ds 506 Js 20042/87.

Die **ordentliche Kündigung** gegenüber Wahlbewerber:innen und Wahlvorstandsmitgliedern ist nach § 15 Abs. 3 KSchG grundsätzlich unzulässig (zu den Ausnahmen vgl. § 15 Abs. 4 und 5 KSchG). **Fristlose Kündigungen** sind nur mit Zustimmung des Betriebsrats zulässig bzw. nur dann, wenn das Arbeitsgericht die fehlende Zustimmung des Betriebsrats ersetzt (§ 103 BetrVG). 452

Der **Sonderkündigungsschutz** beginnt für **Mitglieder des Wahlvorstands** ab dem Zeitpunkt ihrer **Bestellung** bzw. ihrer **Wahl** auf einer Betriebsversammlung (im normalen Wahlverfahren) oder der ersten Wahlversammlung (im vereinfachten Wahlverfahren). Im Fall der gerichtlichen Bestellung des Wahlvorstands beginnt der Sonderkündigungsschutz mit der Verkündung der gerichtlichen Entscheidung.[347] Die – vor seiner Wahl bekannt gewordene – Absicht eines/r Arbeitnehmers/in, auf einer Betriebs- oder Wahlversammlung für das Amt eines Wahlvorstandsmitglieds zu kandidieren, löst nicht den Sonderkündigungsschutz aus. **Kandidat:innen für die Wahl in den Wahlvorstand** gelten nicht als »Wahlbewerber:innen« im Sinne des § 103 BetrVG, § 15 Abs. 3 KSchG.[348] Stellt die Kündigung eines/einer Kandidat:in zur Wahl des Wahlvorstandes eine unzulässige Wahlbehinderung dar, kann die Kündigung wegen des relativen Kündigungsschutzes gemäß § 20 Abs. 1 BetrVG i. V. m. § 134 BGB dennoch unwirksam sein. 453

Für **Wahlbewerber:innen** beginnt der Sonderkündigungsschutz mit der **Aufstellung des Wahlvorschlags**. Der aufgestellte Wahlvorschlag löst den Kündigungsschutz für Wahlbewerber:innen schon dann aus, wenn die erforderliche Mindestzahl von Stützunterschriften nach § 14 Abs. 4 BetrVG vorliegt. Es kommt nicht darauf an, ob zu diesem Zeitpunkt bereits die Wahl durch den Erlass des Wahlausschreibens (§ 3 Abs. 1 Satz 2 WO) eingeleitet wurde[349] oder ob der Wahlvorschlag bereits beim Wahlvorstand eingereicht wurde.[350] Der Sonderkündigungsschutz setzt allerdings die Wählbarkeit des Wahlbewerbers/der Wahlbewerberin zum Zeitpunkt der Wahl voraus.[351] 454

Der Kündigungsschutz nach § 103 BetrVG endet für Wahlvorstandsmitglieder mit der Beendigung ihres Amtes (vgl. dazu Rn. 74), für nicht gewählte Wahlbewerber:innen mit dem Zeitpunkt der Bekanntgabe des 455

347 BAG 26.11.2009 – 2 AZR 185/08; LAG Düsseldorf 17.2.2011 – 11 Sa 1229/10.

348 BAG 31.7.2014 – 2 AZR 505/13.

349 BAG 19.4.2012 – 2 AZR 299/11; BAG 7.7.2011 – 2 AZR 377/10; LAG Hamm 25.2.2011 – 13 Sa 1566/10; ArbG Rosenheim 23.2.2011 – 3 Ca 1987/09.

350 BAG 19.4.2012 – 2 AZR 299/11; BAG 7.7.2011 – 2 AZR 377/10.

351 BAG 7.7.2011 – 2 AZR 377/10.

endgültigen Wahlergebnisses (§ 18 WO). Für gewählte Bewerber:innen, also für Betriebsratsmitglieder, läuft der Schutz nach § 103 BetrVG weiter.

456 Wahlvorstandsmitglieder und Wahlbewerber:innen sind gem. § 103 Abs. 3 BetrVG außerdem gegen **Versetzungen** geschützt, die zum Verlust ihres Amts bzw. ihrer Wählbarkeit führen würden. In diesen Fällen sind Versetzungen an die Zustimmung des Betriebsrats oder an eine dessen Zustimmung ersetzende Entscheidung des Arbeitsgerichts gebunden.

457 Von erheblicher Bedeutung ist auch der **nachwirkende Kündigungsschutz** nach § 15 Abs. 3 Satz 2 KSchG. Innerhalb von sechs Monaten nach Bekanntgabe des Wahlergebnisses darf gegenüber ehemaligen Wahlvorstandsmitgliedern und nicht gewählten Wahlbewerber:innen eine ordentliche Kündigung nicht ausgesprochen werden. Zulässig ist nur die fristlose Kündigung, sofern Tatsachen vorliegen, die den Arbeitgeber zur Kündigung aus wichtigem Grund ohne Einhaltung einer Kündigungsfrist berechtigen. Nach Beendigung des nachwirkenden Kündigungsschutzes kann der Arbeitgeber einem/r nicht gewählten Wahlbewerber:in wie anderen Arbeitnehmern:innen auch eine Kündigung aussprechen. Das gilt auch für arbeitsvertragliche Pflichtverletzungen, die während der Schutzfrist begangen wurden, sofern sie erkennbar in keinem Zusammenhang mit der Kandidatur für den Betriebsrat stehen.[352]

458 Für Arbeitnehmer:innen, die als Wahl**initiatoren:innen** zur **Wahl eines Wahlvorstands einladen** (§§ 17 Abs. 3, 17a Nr. 3 Satz 2 BetrVG) oder dessen gerichtliche Bestellung beantragen (§§ 16 Abs. 2 Satz 1, 17 Abs. 4, 17a Nr. 4 BetrVG) und damit die Initiative zur Einleitung einer Betriebsratswahl ergreifen, sieht § 15 Abs. 3a KSchG einen Schutz vor ordentlichen Kündigungen vor. Der Kündigungsschutz gilt vom Zeitpunkt der Einladung bzw. der Antragstellung an bis zur Bekanntgabe des Wahlergebnisses der Wahl des Betriebsrats (§ 18 Abs. 3 BetrVG)[353] und erstreckt sich auf die ersten sechs in der Einladung bzw. Antragstellung aufgeführten Arbeitnehmer:innen. Wird trotz der Initiative der Arbeitnehmer:innen ein Betriebsrat nicht gewählt, besteht der Kündigungsschutz vom Zeitpunkt der Einladung bzw. Antragstellung an für drei Monate. Im Rahmen des Kündigungsschutzes nach § 15 Abs. 3a KSchG ist vom Arbeitgeber bei beabsichtigten außerordentlichen Kündigungen § 103 BetrVG nicht zu beachten, sondern lediglich das Anhörungsverfahren gem. § 102 BetrVG. Der Kündigungsschutz für Initiatoren von Betriebsratswahlen besteht grundsätzlich auch dann, wenn die von ihnen verantwortete Einladung zu einer Wahl- bzw. Betriebsversammlung zur Einleitung einer

352 BAG 13.6.1996 – 2 AZR 431/95.
353 LAG Nürnberg 25.2.2022 – 3 Sa 109/21.

Betriebsratswahl **Formfehler und/oder inhaltliche Mängel** aufweist. Es ist ausreichend, wenn einer bekannt gemachten Einladung der Gegenstand, der Ort und der Zeitpunkt der Versammlung sowie die Namen der Einladenden zu entnehmen ist.[354]

Für Arbeitnehmer:innen, die **als Wahlinitiator:innen Vorbereitungshandlungen zur Wahl eines Betriebsrats unternehmen** (die z. B. Gespräche mit anderen Arbeitnehmer:innen führen, um gemeinsam zu einer Wahl- oder Betriebsversammlung zur Wahl eines Wahlvorstandes einzuladen, Kontakt zur Gewerkschaft zwecks Unterstützung aufnehmen), sieht § 15 Abs. 3b KSchG einen **Schutz vor einer ordentlichen personen- oder verhaltensbedingten Kündigung** vor (**nicht** vor einer betriebsbedingten Kündigung). Dabei ist der Begriff der Vorbereitungshandlung weit auszulegen.[355] Eine solche liegt vor, wenn die Arbeitnehmer:innen eine **beglaubigte öffentliche Erklärung** (§ 129 BGB) bei einem/er Notar:in mit dem Inhalt abgegeben haben, dass sie die Absicht haben, einen Betriebsrat zu errichten bzw. die Wahl eines Betriebsrats einzuleiten. Das gilt nicht, wenn Tatsachen vorliegen, die den Arbeitgeber zu einer außerordentlichen Kündigung aus wichtigem Grund berechtigen. Der Kündigungsschutz gilt vom Zeitpunkt der Abgabe der beglaubigten öffentlichen Erklärung bis zum Zeitpunkt der Einladung zu einer Betriebs- oder Wahlversammlung gem. §§ 17 Abs. 3, 17a Nr. 3 Satz 2 BetrVG, längstens jedoch für drei Monate. Um diesen Kündigungsschutz zu sichern, sollten Arbeitnehmer:innen, die die Wahl eines Betriebsrat einleiten wollen, die beglaubigte öffentliche Erklärung bereits abgeben, **bevor im Betrieb und/oder dem Arbeitgeber bekannt wird**, dass sie zur Einleitung einer Wahl des Betriebsrats aktiv werden wollen bzw. geworden sind. Die Beglaubigung der Absichtserklärung muss durch einen/e Notar:in erfolgen. Die Erklärung kann von den Arbeitnehmer:innen vor dem Aufsuchen des/der Notars/in selbst verfasst werden (dabei empfiehlt es sich, auf die bei den Gewerkschaften vorhandenen Muster zurückzugreifen). Sie soll Namen, Geburtsdatum und Adresse des/der Arbeitnehmer:in und die möglichst konkrete Bezeichnung des Unternehmens und dessen Betrieb beinhalten, in dem die Einleitung der Betriebsratswahl beabsichtigt ist. Nach den Vorgaben des § 129 BGB muss die Unterschrift unter der Absichtserklärung von einem/er Notar:in beglaubigt werden. Mit dem Zeitpunkt der notariellen Beglaubigung beginnt der Kündigungsschutz. 458a

Arbeitgeberseitige **Kündigungen vor Eintritt des besonderen Kündigungsschutzes** gem. §§ 103 BetrVG, 15 Abs. 3–5 KSchG sind unwirk- 459

354 LAG Berlin 25.6.2003 – 17 Sa 531/03.
355 LAG Köln 19.1.2024 – 7 GLa 2/24.

sam, wenn mit ihnen beispielsweise beabsichtigt ist, der Unkündbarkeit künftiger Wahlbewerber:innen oder Wahlvorstandsmitglieder zuvorzukommen, Arbeitnehmer:innen in der Ausübung ihrer Wahlbefugnisse einzuschränken oder die Betriebsratswahl überhaupt zu verhindern (§ 20 Abs. 1 BetrVG i. V. m. § 134 BGB[356]).[357]

2. Kosten der Betriebsratswahl

460 Die Kosten der Betriebsratswahl trägt der Arbeitgeber. Dieser in § 20 Abs. 3 BetrVG enthaltene Grundsatz wird dadurch konkretisiert, dass das Versäumnis von Arbeitszeit zur Ausübung des Wahlrechts oder zur Betätigung im Wahlvorstand den Arbeitgeber nicht berechtigt, das Arbeitsentgelt zu mindern.

461 Den Arbeitgeber trifft somit eine **umfassende Kostentragungspflicht**. Der Arbeitgeber hat nicht nur die Kosten der Arbeit des Wahlvorstands zu tragen (vgl. Rn. 462), sondern unter bestimmten Voraussetzungen auch die Kosten, die anderen an der Wahl des Betriebsrats Beteiligten entstehen (vgl. Rn. 470f.). Bei den im Zusammenhang mit einer Wahl entstehenden Kosten kann es sich sowohl um sachliche als auch um andere Kosten handeln.

462 Zu den **sachlichen Kosten** gehören solche für

- die Geschäftsführung des Wahlvorstands, etwa für Räumlichkeiten Schreibmaterial, Aktenordner, Übernahme von Telefonkosten, Kosten für die Ausstattung für Video- und Telefonkonferenzen usw.;
- Wahlurnen, Wahlkabinen, Vordrucke und Stimmzettel;
- kommentierte einschlägige Gesetze, zu denen mindestens das Betriebsverfassungsgesetz und die Wahlordnung gehören.

463 Weigert sich der Arbeitgeber, die für die Betriebsratswahl erforderlichen Sachmittel zur Verfügung zu stellen bzw. die Kosten dafür zu übernehmen, kann sie der Wahlvorstand auf Rechnung des Arbeitgebers beschaffen[358] oder ihre Herausgabe bzw. die Zurverfügungstellung gerichtlich durchsetzen.

464 Der Arbeitgeber hat neben den sachlichen Kosten auch die Kosten zu ersetzen, die den Wahlvorstandsmitgliedern unmittelbar entstehen.

---

356 Vgl. etwa ArbG Berlin 20. 9. 2001 – 66 Ca 4883/01.

357 DKW-*Homburg*, § 20 Rn. 14; Fitting, § 20, Rn. 33.

358 Vgl. ArbG Limburg 13. 5. 1987 – 2 BV 2/87; vgl. auch LAG Berlin-Brandenburg 20. 4. 2018 – 15 TaBVGa 483/18.

Solche Kosten können etwa auftreten bei **Reisen** mit öffentlichen Verkehrsmitteln von oder zu unselbstständigen Nebenbetrieben oder Betriebsteilen im Rahmen der Vorbereitung und Ausführung der Wahl. Die Wahlvorstandsmitglieder dürfen dabei nicht einfach auf die Benutzung der öffentlichen Verkehrsmittel verwiesen werden. Es kann sachgerechter sein, für die erforderlichen Fahrten entweder ein Firmenfahrzeug oder den eigenen Pkw zu benutzen.

Benutzt das Wahlvorstandsmitglied den **eigenen Pkw**, sind ihm die **465**
Kosten mit der betriebsüblichen Kilometerpauschale zu erstatten.[359] Die **Kostentragungspflicht** umfasst grundsätzlich auch die Pflicht zum Ersatz der bei der unmittelbaren Wahlvorstandstätigkeit erlittenen Sachschäden. Deswegen kommt der Ersatz von Unfallschäden, die ein Mitglied des Wahlvorstands bei der Benutzung des eigenen Pkws erleidet, nach Auffassung des Bundesarbeitsgerichts auf jeden Fall in Betracht, wenn der Arbeitgeber die Benutzung ausdrücklich gewünscht hat oder sie erforderlich war, damit das Wahlvorstandsmitglied seine gesetzlichen Aufgaben wahrnehmen konnte.[360]

Der Arbeitgeber hat auch die Kosten zu tragen, die durch die **Beauftra-** **466**
gung eines/r Rechtsanwalts/Rechtsanwältin durch den Wahlvorstand mit der Prozessvertretung in einem Beschlussverfahren über Streitfragen bei der Ausführung der Betriebsratswahl entstehen.[361] Die Freistellung des Wahlvorstands von Rechtsanwaltskosten durch den Arbeitgeber für die außergerichtliche anwaltliche Beratung setzt eine vorherige Vereinbarung gem. § 80 Abs. 3 BetrVG voraus.[362]

Die Betätigung im Wahlvorstand findet grundsätzlich **während der Ar-** **467**
beitszeit statt. Der Arbeitgeber muss das ausfallende **Entgelt nebst allen Zuschlägen** weiterzahlen. Wahlvorstandsmitglieder sind, soweit es zur ordnungsgemäßen Ausführung der Wahlhandlungen notwendig ist, von ihrer beruflichen Tätigkeit freizustellen. Sie müssen sich zwar, sofern sie nicht freigestellt sind, ab- und zurückmelden; eine Genehmigung zum Verlassen des Arbeitsplatzes brauchen sie aber nicht. Dem Wahlvorstand steht bezüglich der Erforderlichkeit des Umfangs seiner Tätigkeit ein Beurteilungsspielraum zu. Der Arbeitgeber ist nicht berechtigt, dem Wahlvorstand bezüglich dessen Aufgabenwahrnehmung ein Stunden-

---

359 So BAG 3.3.1983 – 6 ABR 4/80.

360 Vgl. BAG 3.3.1983 – 6 ABR 4/80 – mit der Einschränkung, dass die Fahrt mit dem eigenen Pkw dann als erforderlich anzusehen ist, wenn das Wahlvorstandsmitglied die Wahlvorstandstätigkeit in zumutbarer Weise mit anderen Verkehrsmitteln nicht erfüllen konnte.

361 LAG Hamm 2.9.2005 – 13 TaBV 69/05.

362 LAG Hessen 6.12.2007 – 9 TaBV 153/07.

kontingent vorzugeben.[363] Auch Überstunden, die ein Wahlvorstandsmitglied ohne seine Tätigkeit im Wahlvorstand geleistet hätte, sind ihm zu vergüten.[364] Ist Wahlvorstandstätigkeit aus betrieblichen Gründen außerhalb der Arbeitszeit zu leisten, haben die Wahlvorstandsmitglieder einen Ausgleichsanspruch in entsprechender Anwendung des § 37 Abs. 3 BetrVG.[365]

468 Zur Betätigung im Wahlvorstand gehört auch die **Teilnahme an einer Schulungsveranstaltung** zur Unterweisung in die Aufgaben eines Wahlvorstandsmitglieds. Jedenfalls ist die Teilnahme eines Wahlvorstandsmitglieds, das erstmals diese Funktion wahrnimmt, auch ohne nähere Darlegung des Fehlens ausreichender Kenntnisse der Wahlvorschriften erforderlich. Im Streitfall muss der Arbeitgeber darlegen und gegebenenfalls beweisen, dass das Wahlvorstandsmitglied schon ausreichende Kenntnisse hat.[366] In der Regel ist daher zumindest unter diesen Voraussetzungen **für jedes Mitglied des Wahlvorstands eine Schulung erforderlich**, da die Wahlvorstandsmitglieder ihr Amt unabhängig und eigenverantwortlich auszuüben haben.[367] Bestreitet der Arbeitgeber in derartigen Fällen die Erforderlichkeit des Besuchs einer Schulung, kann dieser im Wege eines Antrags auf **Erlass einer einstweiligen Verfügung** durchgesetzt werden Das Vorliegen der Eilbedürftigkeit ist in der Regel zu bejahen, da die gerichtliche Entscheidung über die Schulungsteilnahme wegen einer bevorstehenden Betriebsratswahl zeitnah erfolgen muss und nicht erst nach einem möglicherweise langwierigen Hauptsacheverfahren.[368]

469 Die relativ enge Betrachtung der Frage, ob und in welchem Umfang Wahlvorstandsmitglieder an entsprechenden Schulungsveranstaltungen teilnehmen können, ist durch die vorstehend genannte Rechtsprechung nicht angebracht. Nach hier vertretener Auffassung ist ein besonderer Anlass bzw. der Nachweis fehlender Kenntnisse keine Voraussetzung für den Besuch einer entsprechenden Schulungsveranstaltung. Auch ein Wahlvorstandsmitglied, das nicht zum ersten Mal dieses Amt übernimmt, muss schon wegen des großen Zeitraums zwischen den einzelnen Wahlen (in der Regel vier Jahre) in der Lage sein, sein Wissen aufzufrischen und sich mit der zwischenzeitlich ergangenen neuen Rechtsprechung vertraut

---

363 LAG Schleswig-Holstein 15.12.2004 – 3 Sa 269/04.
364 Vgl. BAG 29.6.1988 – 7 AZR 651/87.
365 BAG 26.4.1995 – 7 ABR 874/94.
366 BAG 7.6.1984 – 6 AZR 3/83; LAG Hamburg 14.3.2012 – H 6 Sa 116/11.
367 LAG Hamburg 14.3.2012 – H 6 Sa 116/11; LAG Hessen 26.3.2018 – 16 TaBVGa 5718; 20.8.2018 – 16 TaBVGa 159/18 (Wahlvorstand für die Wahl der Schwerbehindertenvertretung).
368 LAG Hessen 26.3.2018, a.a.O.

zu machen.[369] Im Übrigen dient eine gründliche Unterweisung von Mitgliedern des Wahlvorstands letztlich auch dem Arbeitgeber, da eine falsche Anwendung von Wahlvorschriften eine Wiederholung der Betriebsratswahl mit den damit verbundenen Kosten mit sich bringen kann.[370]

Nicht nur Wahlvorstandsmitglieder, sondern **alle Arbeitnehmer:innen**, die im Zusammenhang mit der Wahl tätig werden (z. B. als **Wahlhelfer:innen**), dürfen weder beim Arbeitsentgelt noch in anderer Weise Nachteile erleiden. Die Arbeitnehmer:innen sind so zu stellen, als wenn sie während der Zeit der Arbeitsversäumnis gearbeitet hätten. In der Regel soll sich aus § 20 Abs. 3 Satz 2 BetrVG allerdings kein Anspruch für Arbeitnehmer:innen ergeben, Stützunterschriften für einen Wahlvorschlag während der Arbeitszeit bei Fortzahlung des Entgelts durch den Arbeitgeber zu sammeln. Etwas anderes kann gelten, wenn aufgrund besonderer Umstände das Sammeln der Stützunterschriften während der Arbeitszeit erforderlich ist, um die Ausübung des aktiven und passiven Wahlrechts ungehindert zu ermöglichen.[371] Kosten, die wahlanfechtenden Arbeitnehmer:innen durch die Wahrnehmung ihrer Interessen durch eine:n Rechtsanwältin/Rechtsanwalt entstehen, müssen vom Arbeitgeber übernommen werden.[372] 470

Der Arbeitgeber hat auch die erforderlichen außergerichtlichen **Kosten einer Gewerkschaft**, die ihr durch die Beauftragung eines Rechtsanwalts in einem Beschlussverfahren zur gerichtlichen Bestellung eines Wahlvorstands entstanden sind, zu tragen.[373] Das gilt auch für Rechtsanwaltskosten, die einer Gewerkschaft bei der Wahrnehmung ihrer im Zusammenhang mit der Betriebsratswahl stehenden betriebsverfassungsrechtlichen Rechte in einem arbeitsgerichtlichen Beschlussverfahren entstehen.[374] 471

---

369 Vgl. auch ArbG Frankfurt/M. 3. 3. 1999 – 14 BV 210/98.

370 LAG Hamburg v. 14. 3. 2012 – H 6 Sa 116/11.

371 LAG Hamburg 31. 5. 2007 – 7 Sa 1/07; vgl. dazu auch LAG Berlin 9. 1. 1979 – 3 TaBV 6/78.

372 LAG Niedersachsen 14. 9. 2006 – 4 TaBV 7/06.

373 BAG 31. 5. 2000 – 7 ABR 8/99.

374 BAG 16. 4. 2003 – 7 ABR 29/02.

XIII. Durchführung der Betriebsratswahl unter den Bedingungen einer Pandemie

Vorbemerkungen

472 Die Durchführung von Betriebsratswahlen während einer Pandemie, mit der auch für die Arbeitnehmer:innen in den Betrieben Einschränkungen der Bewegungsfreiheit und Kontaktsperren verbunden sind, ist – vorbehaltlich entgegenstehenden gesetzlicher Regelungen – rechtlich uneingeschränkt zulässig. Der Arbeitgeber kann auch unter Pandemiebedingungen Betriebsratswahlen nicht untersagen oder ihre Verschiebung auf einen späteren Zeitpunkt verlangen, etwa unter Hinweis auf pandemiebedingte Einschränkungen des Betriebsablaufs, die Einhaltung rechtlich geltender Infektionsschutzmaßnahmen oder wirtschaftliche Schwierigkeiten. Steht das Ende der Amtszeit des Betriebsrats bevor (vgl. § 21 BetrVG) oder besteht in einem Betrieb kein Betriebsrat, ist es wegen der Schutzfunktion des Betriebsrats und seiner Aufgaben, die Interessen der Arbeitnehmer:innen wahrzunehmen, gerade in den krisenhaften Zeiten einer Pandemie dringend geboten, durch die Wahl eines Betriebsrats den Eintritt einer betriebsratslosen Zeit zu vermeiden bzw. erstmals einen Betriebsrat zu wählen.

473 Wenn der Gesetzgeber trotz einer Pandemie die Wahlvorschriften des BetrVG und der Wahlordnung nicht an die Pandemiebedingungen angepasst und auch die Amtszeit amtierenden Betriebsräte nicht verlängert, müssen die Betriebsratswahlen trotz der besonderen Umstände der Pandemie unter möglichst weitgehender Einhaltung der geltenden Wahlvorschriften so durchgeführt werden, dass es nicht zur Nichtigkeit der Wahl kommen kann.[375]

474 Der Verlauf einer Pandemie und die ggfs. geltenden rechtlichen Vorschriften zum Infektionsschutz und deren Auswirkungen auf die Betriebe und Arbeitnehmer:innen können allerdings – wie in der vergangenen COVID

375 Zu den Gründen für die Nichtigkeit einer Betriebsratswahl s. DKW-Homburg, § 19 Rn. 43ff.

19-Pandemie – bei der Durchführung von Betriebsratswahlen zu erheblichen tatsächlichen und rechtlichen Schwierigkeiten führen(insbesondere wegen Betriebsschließungen, Kurzarbeit, Homeoffice, Ausgangs- und Kontaktbeschränkungen, Quarantäneverpflichtungen, Einhaltung von Infektionsschutzvorschriften, Einschränkungen von Präsenzsitzungen und -versammlungen).[376]

Soweit mit derartigen Schwierigkeiten in einem Betrieb zu rechnen ist, 475 sollte die Festlegung des Zeitpunkts der Durchführung der Betriebsratswahl davon abhängig gemacht werden, ob es wegen des bevorstehenden Ablaufs der Amtszeit eines **bereits bestehenden Betriebsrats** bei einer Verschiebung der Betriebsratswahl zu einer betriebsratslosen Zeit kommen kann:

- So müssen die nächsten regelmäßigen Betriebsratswahlen zur Vermeidung einer betriebsratslosen Zeit unter allen Umständen durchgeführt werden. Dabei sollte gerade unter den Ausnahmebedingungen einer Pandemie mit der Vorbereitung der Wahl des Betriebsrats rechtzeitig begonnen und die Bestellung des Wahlvorstandes zu einem möglichst frühen Zeitpunkt innerhalb des Zeitraums für die regelmäßigen Betriebsratswahlen vorgenommen werden (vgl. dazu Rn. 44ff.).
- Ist der Betriebsrat gem. § 13 Abs. 2 Nr. 1 – 3 BetrVG außerhalb des Zeitraums für die regelmäßigen Betriebsratswahlen zu wählen, ist die Verschiebung der Wahl des Betriebsrats möglich und kann zunächst sinnvoll sein, weil der Betriebsrat in diesen Fällen bis zur Neuwahl des Betriebsrats und Bekanntgabe des Wahlergebnisses mit allen Rechten und Pflichten handlungsfähig bleibt und die Geschäfte des Betriebsrats weiterführt (§ 22 BetrVG),[377] längstens allerdings bis zum Zeitpunkt des Endes seiner regulären vierjährigen Amtszeit (31.5.2026, 31.5.2030 usw.).[378] Vor dem Ende der regulären vierjährigen Amtszeit des Betriebsrats ist also auch in diesen Fällen unter allen Umständen die Betriebsratswahl durchzuführen.

Besteht in einem Betrieb (bisher) kein Betriebsrat, sollte gerade unter 476 den Bedingungen der Pandemie mit der Einleitung der Wahl eines Betriebsrats in der Regel nicht lange gezögert werden, da die Wahrnehmung der Informations- und Mitbestimmungsrechte des Betriebsrats zum Schutz der Arbeitnehmer:innen insbesondere in Krisenzeiten von beson-

376 Eingehend zur Durchführung von Betriebsratswahlen in Zeiten einer Pandemie Carlson/Kummert in Helm/Bundschuh/Wulff (Hrsg.), Arbeitsrechtliche Praxis in Krisenzeiten, Aktuelle Fragestellungen in der Pandemie, S. 142ff.; DKW-Wedde/Däubler/Homburg, Betriebsratswissen online, 129 Rn. 54ff.

377 DKW-Buschmann, § 22 Rn. 4; Fitting, § 22 Rn. 5.

378 BAG 19.11.2003 – 7 AZR 11/03.

derer Bedeutung ist (etwa bei Personalabbau, Kündigungen, Kurzarbeit, Arbeitszeitgestaltung, Homeoffice, Arbeits- und Gesundheitsschutz).

1. Bestellung des Wahlvorstandes durch den Betriebsrat, Gesamtbetriebsrat oder Konzernbetriebsrat

477 Ist der Wahlvorstand durch den Betriebsrat oder den Gesamt- oder Konzernbetriebsrat zu bestellen (Vgl. Rn. 44, 50, 56f.), hat dies in der Regel durch einen entsprechenden Beschluss in einer Präsenzsitzung stattzufinden (§ 30 Abs. 1 Satz 5 BetrVG, §§ 51 Abs. 1, 59 Abs. 1 BetrVG). Unter den Voraussetzungen des § 30 Abs. 2 BetrVG können die Sitzungen dieser Gremien auch als **Video- und Telefonkonferenz** einschließlich der Fassung von Beschlüssen durchgeführt werden. Außerdem können einzelne Mitglieder dieser Gremien mittels Video- und Telefonkonferenz an den Präsenzsitzungen teilnehmen. Diese Möglichkeiten können u. a. genutzt werden, wenn die Durchführung von Präsenzsitzungen unter Pandemiebedingungen auf Schwierigkeiten stößt.

2. Wahl eines Wahlvorstandes in einer Betriebsversammlung im normalen oder in einer Wahlversammlung im vereinfachten Wahlverfahren

478 Besteht weder ein Gesamt- noch ein Konzernbetriebsrat bzw. unterlassen es diese, den Wahlvorstand zu bestellen, ist der Wahlvorstand in der Regel im normalen Wahlverfahren in einer Betriebsversammlung (§ 17 Abs. 2 BetrVG, s. Rn. 59ff.) und im vereinfachten Wahlverfahren in einer Wahlversammlung (§ 14a Abs. 1 Satz 2 BetrVG, § 17a Nr. 3 BetrVG i. V. m. § 17 Abs. 2 BetrVG, vgl. Rn. 345ff.) zu wählen. Die Durchführung derartiger Betriebs- und Wahlversammlungen ist auch **unter Pandemiebedingungen grundsätzlich zulässig**, wenn ein ausreichendes **Hygiene- und Infektionsschutzkonzept** realisiert werden kann (insbesondere bezogen auf die Raumgröße im Verhältnis zur Anzahl der Teilnehmer:innen, die Einhaltung des Abstands zwischen den Teilnehmer:innen, das Tragen

medizinischer Masken, die Lüftung, zumindest während regelmäßiger Pausen, die Dauer der Versammlung, ggf. auch die Nutzung der Möglichkeit der Durchführung von Infektionstest bei den Teilnehmer:innen).[379] Lässt sich eine Versammlung, die den Anforderungen an den Infektionsschutz entspricht, wegen der räumlichen Gegebenheiten im Betrieb nicht durchführen, kann die Versammlung in einem geeigneten Raum außerhalb des Betriebs[380] oder unter freiem Himmel auf dem Betriebsgelände durchgeführt werden.[381]

Die Durchführung derartiger Versammlungen kann unter den Bedingungen einer Pandemie allerdings auch auf rechtliche und tatsächliche Schwierigkeiten stoßen. So können sich in Abhängigkeit vom Infektionsgeschehen auch für die Durchführung von Betriebs- und Wahlversammlungen in geschlossenen Räumen Einschränkungen und Auflagen (z. B. Begrenzung der maximalen Anzahl der Teilnehmer:innen) aus dem Infektionsschutzgesetz bzw. den einschlägigen Infektionsschutzverordnungen der Länder, der Landkreise oder der Kommunen ergeben. Im Zweifel ist diesbezüglich eine Abstimmung mit den örtlich zuständigen Behörden erforderlich. Bei Vorliegen bestimmter betrieblicher Strukturen oder Betriebszwecke (z. B. Größe des Betriebs, Filialstruktur, Montage, Außendienst, Logistik), wenn ein den erforderlichen Standards des Arbeits- und Gesundheitsschutzes entsprechendes und eingeübtes betriebliches Infektionsschutzsystem und -management fehlt und/oder der Arbeitgeber die organisatorische und logistische Unterstützung für die Durchführung der Versammlung verweigert bzw. diese sogar aktiv behindert, kann es für die zur Einladung Berechtigten (vgl. Rn. 59ff., 345ff.) **unzumutbar** sein, zu einer solchen Versammlung einzuladen und sie durchzuführen und für die teilnahmeberechtigten Arbeitnehmer:innen, an ihr teilzunehmen[382] (zur Möglichkeit der Bestellung des Wahlvorstandes durch das ArbG s. Rn. 481). 479

Auch wenn die Durchführung einer Betriebs- oder Wahlversammlung zur Wahl eines Wahlvorstandes als Präsenzveranstaltung aus rechtlichen oder tatsächlichen Gründen wegen einer Pandemie nicht möglich oder unzumutbar ist, **ist es nicht zulässig,** eine solche Versammlung **mittels audiovisueller Einrichtungen** (Audio- oder Videokonferenz) **durch-** 480

379 Zur Zulässigkeit der Durchführung einer Betriebsversammlung gem. §§ 42ff. als Präsenzveranstaltung während der Covid-19-Pandemie s. LAG Hamm 5. 10. 20 – 13 TaBVGa 16/2.

380 S. LAG Hamm 5. 10. 20, a. a. O.

381 ArbG Weiden 18. 12. 2020 – 3 BVGa 2/20.

382 Calson/Kummert, a. a. O., Rn. 52.

zuführen.[383] Das BetrVG sieht (nach Außerkrafttreten der Sonderregelungen aus Anlass der Covid-19-Pandemie gem. § 129 BetrVG mit Wirkung ab 1.7.2021)[384] die Durchführung von Betriebsversammlungen in dieser Form nicht vor. Unabhängig davon unterscheidet sich der besondere Zweck einer Betriebs- oder Wahlversammlung zur Wahl eines Wahlvorstandes erheblich von demjenigen einer Betriebsversammlung (§§ 42ff. BetrVG) als Forum der Kommunikation, der Information und des Meinungsaustausches. Das Gebot der Nichtöffentlichkeit für Versammlungen zur Wahl des Wahlvorstandes, dass u.a. sichert, dass der Kreis der anwesenden Personen auf die teilnahme- und damit gleichzeitig auch wahlberechtigten Arbeitnehmer:innen des Betriebs begrenzt bleibt, kann in einer Audio- und Videokonferenz mit einer großen Anzahl, möglicherweise hunderten von Teilnehmer:innen von der Versammlungsleitung nicht gewährleistet werden.[385] Auch ist es in einer Audio- oder Videokonferenz nicht möglich, dass von der Versammlungsleitung zum Zeitpunkt der Wahl die Anzahl der anwesenden Arbeitnehmer:innen und das Wahlergebnis rechtssicher festgestellt werden.[386] Nicht zuletzt dürfte es in der Regel nicht gegeben sein, dass alle wahlberechtigten Arbeitnehmer:innen mit einem technisch geeigneten Endgerät und einen entsprechenden Internetzugang ausgestattet sind. Aus diesen Gründen kann eine wirksame **Wahl des Wahlvorstandes in einer Audio- oder Videokonferenz nicht wirksam** durchgeführt werden (zur Möglichkeit der Bestellung des Wahlvorstandes durch das ArbG s. Rn. 481).

3. Arbeitsgerichtliche Bestellung des Wahlvorstandes als Alternative zu einer Wahl des Wahlvorstandes

481 Ist die Durchführung einer Betriebs- oder Wahlversammlung zur Wahl des Wahlvorstandes aus rechtlichen oder tatsächlichen Gründen nicht möglich (vgl. Rn. 479), bietet es sich an, den Wahlvorstand durch das ArbG bestellen zu lassen. Die Bestellung des Wahlvorstandes gem. §§ 17 Abs. 4, 17a Nr. 4 BetrVG durch das Arbeitsgericht setzt nach der Recht-

383 Calson/Kummert, a.a.O., Rn. 54; a.A. DKW-Wedde/Däubler/Homburg, a.a.O., Rn. 56.

384 BGBl. I, S. 1044; BGBl. I, S. 2691.

385 Calson/Kummert, a.a.O.

386 Calson/Kummert, a.a.O.

sprechung allerdings grundsätzlich voraus, dass der Bestellung ein einmaliger gescheiterter Versuch der Wahl des Wahlvorstandes durch eine Betriebsversammlung vorausgegangen ist.[387] In der Regel ist es danach zumindest erforderlich, dass eine ordnungsgemäße Einladung gemäß § 17 Abs. 3 BetrVG durch drei wahlberechtigte Arbeitnehmer:innen oder eine im Betrieb vertretene Gewerkschaft erfolgt ist.[388] Von diesem Erfordernis kann abgesehen werden, »wenn einer solchen Einladung Hindernisse entgegenstehen, deren Beseitigung dem die gerichtliche Bestellung eines Wahlvorstandes Betreibenden nicht möglich oder doch wenigstens nicht zumutbar ist«.[389] Ist es aus Gründen einer Pandemie wegen der infektionsschutzrechtlichen Untersagung oder Einschränkung von Versammlungen in geschlossenen Räumen oder wegen der Unzumutbarkeit der Durchführung einer Versammlung (vgl. Rn. 479) nicht möglich bzw. bestehen von vorne herein keinerlei Erfolgsaussichten, zu einer solchen Versammlung einzuladen, kann die Bestellung des Wahlvorstandes auch ohne den erfolglosen vorhergehenden Versuch einer Einladung erfolgen.[390] Um die für eine zeitnahe Durchführung der Wahl des Betriebsrats nachteilige lange Verfahrensdauer in einem Hauptsacheverfahren zu vermeiden, empfiehlt es sich, die gerichtliche Bestellung des Wahlvorstandes (neben der Einleitung eines Hauptsacheverfahrens) auch durch einen Antrag auf Erlass einer entsprechenden einstweiligen Verfügung zu verfolgen.[391] Zumindest bei der erstmaligen Wahl des Betriebsrats in einem betriebsratslosen Betrieb oder des zeitnah bevorstehenden Ablaufs der Amtszeit des Betriebsrats (und der unterbliebenen Bestellung einer Wahlvorstandes), eines absehbaren Andauerns der Pandemie und einer besonderen Schutzbedürftigkeit der Arbeitnehmer:innen aufgrund der Pandemiekrise (z. B. drohender Arbeitsplatzabbau) sprechen gute Gründe für die Bejahung des Vorliegens eines Verfügungsgrundes.

387 BAG 20.2.2019 – 7 ABR 40/17.

388 BAG 26.2.1992 – 7 ABR39/91; kritisch zu dieser Rechtsprechung Fitting, § 17 Rn. 33.

389 BAG 26.2.1992, a.a.O.

390 So auch ArbG Saarland 12.2.2021 – 10 BV 94/20; ArbG Lingen 19.3.21 – 1 BV 1/21; Bafteh/Vitt, BB 21, 183, 186; Carlson/Kummert, a.a.O., Rn. 56.

391 Carlson/Kummert; a.a.O., Rn 58.

4. Sitzungen des Wahlvorstandes als Video- oder Telefonkonferenz und Beschlussfassung in einer Video- oder Telefonkonferenz?

482 Die **Sitzungen und Beschlussfassungen** des Wahlvorstands finden grundsätzlich als bzw. in **Präsenzsitzungen** statt (§ 1 Abs. 3 Satz 2 WO). Unter bestimmten Voraussetzungen kann nach den entsprechend ergänzten Vorschriften des § 1 Abs. 4, 5 WO die **Teilnahme an einer nicht öffentlichen Sitzung des Wahlvorstandes auch mittels Video- und Telefonkonferenz** erfolgen. Zunächst ist es dafür erforderlich, dass der **Wahlvorstand den Beschluss fasst**, dass die Wahlvorstandsmitglieder auch mittels Video- und Telefonkonferenz an den Sitzungen des Wahlvorstandes teilnehmen können (§ 1 Abs. 4 Satz 1 WO). Dieser Beschluss sollte bereits **in der ersten Sitzung des Wahlvorstandes** gefasst werden. Wenn z. B. später eine Situation eintritt, dass wegen pandemiebedingter Umstände eine Teilnahme mittels Video- oder Telefonkonferenz erforderlich ist, setzt die Teilnahme mittels Video- und Telefonkonferenz einen entsprechenden Beschluss des Wahlvorstandes voraus, der in einer vorhergehenden Präsenzsitzung des Wahlvorstandes gefasst wurde. Die Teilnahme mittels Video- und Telefonkonferenz ist **nur für nicht öffentliche Sitzungen des Wahlvorstandes** zulässig (§ 1 Abs. 4 Satz 1 WO) und gem. § 1 Abs. 4 Satz 2 WO **für folgende Sitzungen des Wahlvorstandes ausgeschlossen**:

1. im Rahmen einer Wahlversammlung nach § 14a Abs. 1 Satz 2 BetrVG,
2. zur Prüfung von eingereichten Vorschlagslisten (§ 7 Abs. 2 Satz 2 WO),
3. zur Durchführung eines Losverfahrens (§ 10 Abs. 1 WO), **zu den weiteren Einzelheiten s. Rn. 78 ff.**

483 Bei einer Regelgröße des Wahlvorstandes von drei Mitgliedern, aber auch bei deren Erweiterung in einem erforderlichen Umfang (zu der Möglichkeit der Vergrößerung der Anzahl der Mitglieder des Wahlvorstandes vgl. Rn. 65 ff.), wird es in der ganz überwiegenden Anzahl der Fälle möglich sein, die Sitzungen des Wahlvorstandes, die unter keinen Umständen mittels Video- und Telefonkonferenz durchgeführt werden können (s. Rn. 78 ff., 482), unter Einhaltung der erforderlichen Infektionsschutzmaßnahmen (vgl. dazu Rn. 478) als Präsenzsitzungen durchzuführen. Gerade unter den Bedingungen einer Pandemie empfiehlt es sich, eine größere Anzahl von Ersatzmitgliedern des Wahlvorstandes von vorneherein zu bestellen bzw. zu wählen, um die Handlungsfähigkeit des Wahlvorstandes jederzeit gewährleisten zu können (z. B. bei einer Qua-

rantäneverpflichtung einzelner Mitglieder des Wahlvorstandes). Zur Vermeidung von zu häufigen Kontakten besteht auch die Möglichkeit, dass die Mitglieder des Wahlvorstandes die **Vorbereitungen ihrer Sitzungen in Video- oder Telefonkonferenzen** durchführen, in denen sichergestellt ist, dass Dritte vom Inhalt dieser Besprechungen keine Kenntnis nehmen können (vgl. § 30 Abs. 2 Nr. 3 BetrVG). Die finale Erörterung der Einzelheiten der Durchführung der Betriebsratswahl und die Beschlussfassung haben dann in Präsenzsitzungen des Wahlvorstandes zu erfolgen.

5. Betriebsadresse und Erreichbarkeit des Wahlvorstandes

Wenn für den Betrieb aus Gründen des Infektionsschutzes keine alle Arbeitnehmer:innen erfassenden Zugangsbeschränkungen bestehen, ist die Erreichbarkeit des Wahlvorstandes über die übliche Betriebsadresse gewährleistet und darf der Zugang der Mitglieder des Wahlvorstandes zum Betrieb und zu einem geeigneten Sitzungs- und Büroraum vom Arbeitgeber nicht unterbunden werden. Steht dem Wahlvorstand pandemiebedingt, etwa wegen einer vorübergehenden allgemeinen Zugangsbeschränkung zum Betrieb, kein Sitzungsraum und/oder Büroraum zur Verfügung, hat er einen entsprechenden Raum außerhalb des Betriebs zu nutzen und kann einen solchen Raum bei Bedarf anmieten, wobei die Kosten vom Arbeitgeber zu tragen sind (vgl. § 20 Abs. 3 Satz 1 BetrVG und Rn. 460ff.). **484**

Von seltenen Ausnahmefällen abgesehen ist auch unter den Bedingungen einer Pandemie und auch bei Durchführung von Kurzarbeit und/oder Homeoffice für den überwiegenden Anteil der Belegschaft davon auszugehen, dass die Postzustellung an den Betrieb – und damit auch an die Betriebsadresse des Wahlvorstandes – funktioniert und dass die Mitglieder des Wahlvorstandes es auch gewährleisten können, dass sie zumindest zu bestimmten Sprechzeiten persönlich, telefonisch und/oder per E-Mail für die Arbeitnehmer:innen erreichbar sind. Sollte pandemiebedingt (z. B. wegen einer vollständigen Schließung des Betriebs) die Postzustellung an die Betriebsadresse des Wahlvorstandes bzw. der ständige Zugriff des Wahlvorstandes auf die an ihn gerichtete eingehende Post nicht gesichert sein, kann der Wahlvorstand für sich eine außerbetriebliche Adresse (z. B. ein Postfach) einrichten[392] (zur Kostentragung durch **485**

392 Carlson/Kummert, a. a. O., Rn. 25.

den Arbeitgeber s. Rn. 484 und 460ff.; zur Frage der Unterbrechung einer bereits eingeleiteten Betriebsratswahl oder zeitlichen Verschiebung des Wahltages s. Rn. 503ff.).

6. Aushang des Wahlausschreibens und anderer Bekanntmachungen des Wahlvorstandes, Möglichkeit der Einsichtnahme in die Wählerliste

486 Der Wahlvorstand hat insbesondere das **Wahlausschreiben** (§ 3 Abs. 4 WO), die **Wählerliste** und **Wahlordnung** (§ 2 Abs. 4 WO), die **Vorschlagslisten** (§ 10 WO), das **Wahlergebnis** (§ 13 WO) und die **gewählten Wahlbewerber:innen** (§ 18 WO) unter **Beachtung der jeweils maßgeblichen Fristen** im Betrieb bzw. den Arbeitnehmer:innen gegenüber bekannt zu machen (vgl. dazu Rn. 205ff.). Dies gilt grundsätzlich auch im vereinfachten Wahlverfahren (vgl. dazu Rn. 332ff.). Weitere Bekanntmachungen des Wahlvorstandes, wie etwa Berichtigungen oder der Neuerlass des Wahlausschreibens (vgl. dazu Rn. 217ff.), die im Laufe der Betriebsratswahl gerade in den Zeiten einer Pandemie wegen unvorhersehbarer Ereignisse erforderlich werden können, müssen auch unter Beachtung der maßgeblichen Fristen erfolgen und alle wahlberechtigten Arbeitnehmer:innen erreichen.

487 Wenn für den Betrieb aus Gründen des Infektionsschutzes keine alle Arbeitnehmer:innen erfassenden Zugangsbeschränkungen bestehen, steht der **Bekanntmachung** dieser Dokumente **durch Aushang bzw. Auslegung im Betrieb** grundsätzlich nichts im Wege. Für den Fall, dass Arbeitnehmer:innen aus Gründen des **Infektionsschutzes** und/oder eines **pandemiebedingten Arbeitsausfalls** (z.B. wegen Kurzarbeit Null) zum Zeitpunkt der Einleitung der Betriebsratswahl oder nach deren Einleitung zeitweise oder während der gesamten Dauer der Betriebsratswahl nicht im Betrieb anwesend sind bzw. sein werden, müssen die Bekanntmachungen des Wahlvorstandes diesen Arbeitnehmer:innen **zusätzlich** auf anderen verlässlichen Informationswegen bekannt gemacht werden. Bei Vorliegen der entsprechenden Voraussetzungen (vgl. dazu Rn. 206ff.) kann dies per **E-Mail** und/oder mittels des **Intranets des Betriebes** geschehen und/oder durch den **Versand per Post**. Diese Möglichkeiten sollte der Wahlvorstand in jedem Fall nutzen. Bereits wegen der Verpflichtung des Wahlvorstandes, unter den Voraussetzungen des § 24 WO die **Briefwahl**

zu ermöglichen und durchzuführen (vgl. dazu Rn. 266f.), ergibt sich aus den Vorschriften der §§ 2 Abs. 2, 24 Abs. 2 Satz 2 WO die **Verpflichtung des Arbeitgebers**, dem Wahlvorstand im zeitlichen Zusammenhang mit der Einleitung der Betriebsratswahl die **privaten Postadressen aller Arbeitnehmer:innen des Betriebs** zur Verfügung zu stellen (vgl. dazu auch Rn. 109).[393] Gerade in den Zeiten einer Pandemie und den mit ihr einhergehenden Unsicherheiten über die durchgehende Aufrechterhaltung der Betriebsabläufe und der Anwesenheit der Arbeitnehmer im Betrieb sollte der Wahlvorstand daher bereits **im Zusammenhang mit der Erstellung der Wählerliste** den Arbeitgeber vorsorglich auffordern, ihm die Postadressen aller Arbeitnehmer:innen zur Verfügung zu stellen. Genau wie bei der kurzfristigen Anforderung von Briefwahlunterlagen durch Arbeitnehmer:innen ist es auch im Fall der unvorhersehbaren Abwesenheit von Arbeitnehmer:innen vom Betrieb aus Gründen einer Pandemie für den Wahlvorstand in Anbetracht der von ihm zu beachtenden Fristen und der Gefahr des Risikos einer erfolgreichen Wahlanfechtung bei Fristverletzungen nicht zumutbar, die Postanschriften jeweils anlass- und einzelfallbezogen vom Arbeitgeber anzufordern.[394] Dem stehen auch datenschutzrechtliche Belange nicht entgegen.[395]

7. Einreichen von Wahlvorschlägen und Sammeln von Stützunterschriften

488 Die Wahlvorschläge sind unter der Einhaltung einer Frist von zwei Wochen nach Erlass des Wahlausschreibens beim Wahlvorstand einzureichen (vgl. dazu Rn. 221ff.) und müssen von der erforderlichen **Mindestzahl wahlberechtigter Arbeitnehmer:innen (»Stützunterschriften«) unterzeichnet** und die **schriftliche und eigenhändig unterzeichnete Zustimmungserklärung der Wahlbewerber:innen** muss ihnen beigefügt sein bzw. sich auf dem Wahlvorschlag befinden (Schriftform gem. § 126 BGB). Aus diesem Grund ist es **nicht zulässig**, die Wahlvorschläge mit der Unterschrift der Unterstützer:innen und der unterzeichneten Zustimmungserklärung der Wahlbewerber:innen beim Wahlvorstand **per**

393 LAG Hessen 10.8.2020 – 16 TaBV 75/20.
394 So auch für den Fall der Briefwahl LAG Hessen 10.8.2020, a.a.O.
395 LAG Hessen 10.8.2020, a.a.O.; Fitting, § 24 WO Rn. 14.

E-Mail mit dem Wahlvorschlag als PDF-Anhang, Foto oder per Fax einzureichen (vgl. dazu auch Rn. 224, 232).[396]

489 Die Wahlvorschläge müssen auch unter den erschwerten **Bedingungen einer Pandemie im Original** beim Wahlvorstand eingereicht werden (zur Erreichbarkeit und der Betriebsadresse des Wahlvorstandes s. Rn. 484f.). Werden Wahlvorschläge ausschließlich als Datei-Anhang einer E-Mail oder per Fax eingereicht und vom Wahlvorstand als mängelfrei zugelassen, besteht auch in Zeiten einer Pandemie ein erhebliches Risiko für die **Anfechtbarkeit der Betriebsratswahl**.

490 Sind die Arbeitnehmer:innen nach der Einleitung einer Betriebsratswahl pandemiebedingt zum Teil oder vollständig im Betrieb nicht erreichbar, so dass keine oder nur eingeschränkte Möglichkeiten bestehen, im Betrieb potentielle Wahlbewerber:innen anzusprechen und Stützunterschriften für einen Wahlvorschlag zu sammeln, muss die Ansprache potentieller Wahlbewerber:innen, das Einholen ihrer Zustimmungserklärungen und das **Sammeln von Stützunterschriften außerhalb des Betriebes** stattfinden. Dabei können sich die Initiator:innen für die Einreichung eines Wahlvorschlages zunutze machen, dass die Stützunterschriften für einen Wahlvorschlag nicht auf derselben Urkunde geleistet werden müssen, sondern dass dies auf mehreren inhaltlich übereinstimmenden Exemplaren eines Wahlvorschlags geschehen kann, wenn diese erkennbar als einheitlicher Wahlvorschlag beim Wahlvorstand eingereicht werden (vgl. dazu Rn. 226).[397] Dies macht es möglich, dass die Initiator:innen für einen Wahlvorschlag diesen per E-Mail, Fax oder Post an unterschriftswillige Arbeitnehmer:innen übermitteln, diese das ihnen übermittelte Exemplar des Wahlvorschlages eigenhändig unterzeichnen und an die Initiator:innen im Original per Post zurücksenden, ihnen persönlich übergeben oder von ihnen abholen lassen.[398]

491 Die **Wahlvorschläge der im Betrieb vertretenen Gewerkschaften** (vgl. Rn. 231) müssen lediglich von **zwei Beauftragten der Gewerkschaft unterzeichnet** sein, so dass die ordnungsgemäße Einreichung derartiger Wahlvorschläge auch unter den Bedingungen einer Pandemie in der Regel ohne weiteres realisierbar ist.

396 BAG 20.10.2021 – 7 ABR 36/20; 20.1.10 – 7 ABR 39/08 (zur Wahl der Schwerbehindertenvertretung); LAG Düsseldorf 18.10.2007 – 11 TaBV 68/07; Fitting, § 14 Rn. 52.

397 LAG Hessen 25.4.2018 – 16 TaBVGa 83/18.

398 Carlson/Kummert, a.a.O., Rn. 36.

8. Bekanntmachung der Vorschlagslisten und Zuteilung der Ordnungsnummern

Werden im normalen Wahlverfahren mehrere Vorschlagslisten eingereicht, hat der Wahlvorstand diesen durch das Los **Ordnungsnummern zuzuteilen** (»Liste 1«, »Liste 2« usw., vgl. § 10 Abs. 1 Satz 1 WO und Rn. 253). Zu der Sitzung des Wahlvorstandes, in der diese Zuteilung erfolgt, sind die **Listenvertreter:innen rechtzeitig einzuladen** (§ 10 Abs. 1 Satz 2 WO). Aufgrund der Regelgröße des Wahlvorstandes von drei Mitgliedern, aber auch bei deren Erweiterung in einem erforderlichen Umfang (zu der Möglichkeit der Vergrößerung der Anzahl der Mitglieder des Wahlvorstandes vgl. Rn. 65ff.), wird es in der ganz überwiegenden Anzahl der Fälle auch unter den Bedingungen einer Pandemie möglich sein, das Losverfahren in Anwesenheit der Listenvertreter:innen unter Einhaltung der erforderlichen Infektionsschutzmaßnahmen (vgl. dazu Rn. 478) als **Präsenzsitzung** durchzuführen (vgl. dazu auch Rn. 482f.). Gem. § 10 Abs. 2 WO sind die gültigen Vorschlagslisten anschließend, spätestens eine Woche vor Beginn der Stimmabgabe, **in gleicher Weise bekannt zu machen wie das Wahlausschreiben** (vgl. 253; zu der Möglichkeit der Bekanntmachungen des Wahlvorstandes unter den Bedingungen einer Pandemie vgl. Rn. 486f.). 492

9. Persönliche Stimmabgabe oder Briefwahl

Wenn es in der Zeit einer Pandemie während einer Betriebsratswahl und insbesondere am Wahltag bzw. an den Wahltagen **Zugangsbeschränkungen zum Betrieb** bis hin zu einer **Schließung des Betriebs** gibt oder die gesamte Belegschaft oder ein mehr oder weniger großer Anteil der Belegschaft vom Betrieb abwesend ist (z. B. wegen **Kurzarbeit Null** oder ständiger Arbeit im **Homeoffice**), stellt sich die Frage, ob und unter welchen Umständen der Wahlvorstand als Alternative zur persönlichen Stimmabgabe für die vom Betrieb abwesenden Arbeitnehmer:innen die **Briefwahl** beschließen kann. 493

Gem. § 24 Abs. 2 Nr. 1 WO hat der Wahlvorstand den wahlberechtigten Arbeitnehmern, **die wegen der Eigenart ihres Beschäftigungsverhältnisses zum Zeitpunkt der Wahl voraussichtlich nicht im Betrieb anwesend sein werden**, von Amts wegen die Briefwahlunterlagen zu über- 494 senden,[399] um ihnen die **Briefwahl zu ermöglichen**, ohne dass dies von den Arbeitnehmer:innen verlangt wird (vgl. dazu Rn. 268f.). Befinden sich Arbeitnehmer:innen am Wahltag oder den Wahltagen voraussichtlich in **Kurzarbeit Null** oder in **ständiger Arbeit im Homeoffice**, sind sie wegen der Eigenart ihres Beschäftigungsverhältnisses am Wahltag voraussichtlich nicht im Betrieb anwesend, so dass der Wahlvorstand diesen Arbeitnehmer:innen die **Unterlagen zur Briefwahl von Amts wegen zuzuleiten** hat.[400]

495 Hat die pandemiebedingte **Schließung des Betriebs**, **Kurzarbeit Null** oder **ständige Arbeit im Homeoffice** zur Folge, dass **alle Arbeitnehmer:innen** des Betriebs am Wahltag oder an den Wahltagen nicht im Betrieb anwesend sein werden, hat der Wahlvorstand **allen Arbeitnehmer:innen die Unterlagen zur Briefwahl von Amts wegen zuzuleiten.**[401]

496 Ob dies auch zulässig ist, wenn bei einer pandemiebedingten **Teilschließung des Betriebs** oder der Einführung von Kurzarbeit Null oder Arbeit im Homeoffice **nicht alle, sondern lediglich der ganz überwiegende Teil der Belegschaft** am Wahltag oder den Wahltagen voraussichtlich nicht im Betrieb anwesend sein wird, ist rechtlich nicht geklärt. Im Fall von Betriebsratswahlen in Unternehmen der Leiharbeit wurde die ausschließliche Durchführung der Stimmabgabe durch Briefwahl bei der voraussichtlichen **Abwesenheit von 90 Prozent der Arbeitnehmer:innen** für zulässig erachtet.[402] Dies muss nach hier vertretener Auffassung bei einer pandemiebedingten Abwesenheit vom Betrieb von nahezu der gesamten Belegschaft ebenfalls gelten. In diesem Fall erfolgt die pandemiebedingte Abwesenheit der Arbeitnehmer:innen aus Gründen des individuellen Infektionsschutzes und der Eindämmung der Pandemie, so dass das Absehen von der Möglichkeit der persönliche Stimmabgabe auch für die im Betrieb anwesenden Arbeitnehmer:innen unter dem Gesichtspunkt des Infektionsschutzes gerechtfertigt ist.[403] Damit kann auch dem Problem Rechnung getragen werden, dass die nicht absehbare Entwicklung des aktuellen Infektionsgeschehens die personelle Besetzung eines Wahllokals durch Mitglieder des Wahlvorstandes wegen der Infektionsgefahr unzumutbar machen kann und/oder das Aufsuchen des Wahllokals durch wahlberechtigte Arbeitnehmer:innen gemieden wird. In

---

399 BAG 26.2.1992 – 7 ABR 37/91.

400 Carlson/Kummert, a. a. O., Rn. 42.

401 Carlson/Kummert, a.a.O, Rn. 40; Däubler, a. a. O., Rn. 52b; DKW-Wedde/Däubler/Homburg, a. a. O., Rn. 60.

402 LAG Hamburg 8.7.2015 – 6 TaBV 1/15; LAG Hessen 17.04.2008 – 9 TaBV 163/07.

403 So im Ergebnis auch Carlson/Kummert, a. a. O., Rn. 40.

der Ausnahmesituation einer Pandemie ist das Festhalten an einer engen Auslegung der Zulässigkeit der Briefwahl nicht gerechtfertigt, weil dies zu einer Beschneidung der Wahlmöglichkeit und damit zum Verlust des Wahlrechts überhaupt führen kann, während eine weite Auslegung lediglich eine Ausübungsmodalität des Wahlrechts betrifft. Die Möglichkeit der Teilnahme an der Wahl überhaupt muss im Verhältnis zum Vorrang der persönlichen Stimmabgabe jedenfalls in der Ausnahmesituation einer Pandemie als das schützenswertere Rechtsgut angesehen werden.[404]

Lässt es das aktuelle Infektionsgeschehen zu und kann ein **ausreichendes Hygiene- und Infektionsschutzkonzept** für das **Wahllokal** realisiert werden (insbesondere bezogen auf die Raumgröße im Verhältnis zur Anzahl der Teilnehmer:innen, die Einhaltung des Abstands zwischen den Teilnehmer:innen, das Tragen medizinischer Masken, die Lüftung, ggf. auch auf die Nutzung der Möglichkeit der Durchführung von Infektionstests), empfiehlt es sich, auch bei der Durchführung der Betriebsratswahl für alle Arbeitnehmer:innen als Briefwahl (vgl. Rn. 946), **für die im Betrieb anwesenden Arbeitnehmer:innen die persönliche Stimmabgabe zu ermöglichen**. Auch die Arbeitnehmer:innen, denen Briefwahlunterlagen übersandt wurden, sind berechtigt, am Wahltag im Betrieb ihre Stimme persönlich abzugeben. 497

Wenn die Betriebsratswahl für alle Arbeitnehmer:innen als Briefwahl durchgeführt wird, ist erforderlich, bereits im Wahlausschreiben den **Ort, das Datum und die Uhrzeit der Öffnung der Freiumschläge mit den Wahlumschlägen** und der anschließenden **öffentlichen Stimmauszählung** bekannt zu geben (vgl. §§ 26 Abs. 1, 13 WO und Rn. 296, 300 ff.). Das **Wahlausschreiben** muss den Arbeitnehmer:innen, denen die Briefwahlunterlagen zugeschickt werden, **im zeitlichen Zusammenhang mit der Bekanntmachung des Wahlausscheibens** übersandt werden (vgl. Rn. 269). 498

10. Öffentliche Stimmauszählung

Die Stimmauszählung hat **öffentlich** zu erfolgen (§ 13 WO, vgl. Rn. 300 ff.). Neben den zwingend anwesenden **Mitgliedern des gesamten Wahlvorstandes** müssen **interessierte Arbeitnehmer:innen des Betriebs** und die Vertreter:innen der im Betrieb vertretenen Gewerkschaften die Möglichkeit haben, bei der Auszählung der Stimmen anwesend zu sein. Ein Ver- 499

404 Vgl. BAG 20.2.91 – 7 ABR 85/89 (zu § 19 Abs. 2 3. WOMitbestG).

stoß gegen das Gebot der Öffentlichkeit der Stimmauszählung rechtfertigt in der Regel die **Anfechtung der Betriebsratswahl.**

500 Auch in Zeiten einer Pandemie sollte daher durch die Realisierung eines ausreichenden Hygiene- und Infektionsschutzkonzepts (insbesondere bezogen auf die Raumgröße im Verhältnis zur Anzahl der Teilnehmer:innen, die Einhaltung des Abstands zwischen den Teilnehmer:innen, das Tragen medizinischer Masken, die Lüftung, ggf. auch die Nutzung der Möglichkeit der Durchführung von Infektionstests bei den Teilnehmer:innen) die Öffentlichkeit der Stimmauszählung gesichert werden. Lässt sich die Auszählung der Stimmen wegen der räumlichen Gegebenheiten im Betrieb oder einer Schließung des Betriebs in diesem nicht durchführen, kann die Auszählung bei Kostentragung durch den Arbeitgeber in einem geeigneten Raum außerhalb des Betriebs durchgeführt werden.

501 Ergeben sich aus den jeweils geltenden **einschlägigen Infektionsschutzvorschriften** Beschränkungen für die Anzahl der Teilnehmer:innen und führt dies dazu, dass nicht alle interessierten Arbeitnehmer:innen bei der Auszählung anwesend sein können, empfiehlt es sich, zu gewährleisten, dass zumindest die Listenvertreter:innen bei der Auszählung anwesend sein können. Außerdem sollten der Grund für die Beschränkung der Anzahl der Teilnehmer:innen, die Anzahl der Arbeitnehmer:innen, denen die Teilnahme verwehrt werden musste, ggf. auch deren Namen, und die Uhrzeit der jeweiligen Teilnahmeverweigerung protokolliert werden.

502 Sollte das **aktuelle Infektionsgeschehen** und die **jeweils geltenden einschlägigen Infektionsschutzvorschriften** die öffentliche Auszählung der Stimmen im Einzelfall unter keinen Umständen zulassen, empfiehlt es sich, zu prüfen, ob die technischen Voraussetzungen zur Verfügung stehen bzw. geschaffen werden können, die vom **Wahlvorstand** in einer **nicht öffentlichen Präsenzsitzung** vorzunehmende Auszählung der Stimmen **mittels audio-visueller Technik für interessierte Arbeitnehmer:innen** zugänglich zu machen.

11. Verschiebung des Wahltags/Abbruch der Wahl und Neueinleitung später

503 Lässt sich bereits zum Zeitpunkt der **Vorbereitungen für die Einleitung einer Betriebsratswahl** absehen, dass aufgrund der aktuellen und absehbar weiteren Entwicklung der Pandemie die **ordnungsgemäße Durchführung der Betriebsratswahl mit erheblichen Risiken** verbunden sein

wird, muss abgewogen werden, ob es sinnvoll ist, die Betriebsratswahl unter allen Umständen durchzuführen (z. B. weil die erstmalige Wahl eines Betriebsrats dringend erforderlich ist oder wegen des Bevorstehens einer betriebsratslosen Zeit) oder ob es zielführender ist, die Betriebsratswahl zu einem späteren Zeitpunkt einzuleiten (vgl. dazu auch Rn. 472ff.).

Stellt sich **nach der Einleitung einer Betriebsratswahl** heraus, dass auf- 504
grund des aktuellen Infektionsgeschehens und/oder kurzfristig in Kraft getretener Infektionsschutzvorschriften die Betriebsratswahl nicht ordnungsgemäß durchgeführt werden kann, stellt sich die Frage, ob der **Wahlvorstand** die bereits eingeleitete **Betriebsratswahl unterbrechen und den Wahltag verschieben** oder die **Betriebsratswahl abbrechen** und zu einem späteren Zeitpunkt **neu einleiten** kann. Da der **Wahlvorstand verpflichtet** ist, die Betriebsratswahl **unverzüglich** einzuleiten, durchzuführen und das Wahlergebnis festzustellen (vgl. § 18 Abs. 1 Satz 1 BetrVG), ist eine Unterbrechung der Betriebsratswahl und Verschiebung des Wahltages oder der Abbruch der Betriebsratswahl durch den Wahlvorstand **nur aus zwingenden Gründen** zulässig, etwa bei **Unmöglichkeit ihrer Durchführung** wegen einschlägiger Infektionsvorschriften oder wenn die weitere Durchführung der Betriebsratswahl aller Voraussicht nach zu deren **Nichtigkeit** führen würde. Kommt der Wahlvorstand seiner Verpflichtung zur Durchführung der Betriebsratswahl nicht nach, kann er auf Antrag des Betriebsrat, von drei wahlberechtigten Arbeitnehmer:innen oder einer im Betrieb vertretenen Gewerkschaft durch das ArbG ersetzt werden (vgl. § 18 Abs. 1 Satz 2 BetrVG).

Ist die Fortsetzung der Durchführung einer eingeleiteten Betriebsrats- 505
wahl nicht ordnungsgemäß möglich bzw. droht bei deren unveränderter Fortsetzung die Nichtigkeit der Betriebsratswahl, ist eine **Unterbrechung der Wahl** und **Verschiebung des Wahltags auf einen späteren Zeitpunkt zulässig**. Trifft der Wahlvorstand eine entsprechende Entscheidung, muss er dies in gleicher Weise wie bei seinen bisherigen Bekanntmachungen **allen wahlberechtigten Arbeitnehmer:innen unverzüglich zur Kenntnis geben** und das bis zu diesem Zeitpunkt bekannt gemachte Wahlausschreiben für ungültig erklären. Sobald für den Wahlvorstand erkennbar ist, zu welchem Zeitpunkt ein neuer Wahltag festgelegt werden kann, hat er **unverzüglich ein neues Wahlausschreiben** zu erlassen und bekannt zu machen (vgl. dazu Rn. 486f.).

Ein **Abbruch der Betriebsratswahl** und ihre **spätere Neueinleitung** 506
durch den Wahlvorstand ist nicht zulässig und unabhängig davon in der Regel auch nicht zu empfehlen, da der Abbruch der Betriebsratswahl dazu führt, dass das **Amt des Wahlvorstandes erlischt** und der Wahlvorstand

zu einem späteren Zeitpunkt neu bestellt oder gewählt werden muss.[405] Dies kann insbesondere bei erstmaligen Betriebsratswahlen in kleineren Betrieben dazu führen, dass die Wahl eines Betriebsrats für einen längeren Zeitpunkt unterbleibt bzw. nach Wegfall der Hindernisse für eine ordnungsgemäße Betriebsratswahl nicht erneut in Angriff genommen wird.

405 Entsprechendes gilt, wenn die Betriebsratswahl mangels gültiger Vorschlagslisten nach Ablauf der Nachfrist nicht stattfindet (§ 9 Abs. 2 WO), vgl. DKW-Homburg § 9 WO Rn. 6.

XIV. Anhang

1. Kurzübersicht zum Wahlablauf – Normales Wahlverfahren 507

Nach dem Betriebsverfassungsgesetz (BetrVG) und der Wahlordnung (WO) sind für den Ablauf der Betriebsratswahlen grundsätzlich folgende Fristen zu beachten:

A. Vor der Wahl

1. **Spätestens** zehn Wochen vor Ablauf der Amtszeit des alten Betriebsrats ist ein Wahlvorstand einzusetzen (§ 16 Abs. 1 BetrVG). Der Wahlvorstand hat die Wahl einzuleiten, durchzuführen und das Wahlergebnis festzustellen (§ 18 Abs. 1 BetrVG).
2. Der Wahlvorstand hat eine Liste der Wahlberechtigten (Wählerliste), getrennt nach den Geschlechtern (m/w/d), aufzustellen (§ 2 Abs. 1 WO). Dort sind die nicht passiv Wahlberechtigen gesondert auszuweisen. Er hat festzustellen, welches Geschlecht in der Minderheit ist und wie viele Betriebsratssitze dem Minderheitengeschlecht mindestens zustehen (§ 5 WO).
3. **Spätestens** sechs Wochen vor dem ersten Tag der Stimmabgabe hat der Wahlvorstand das Wahlausschreiben zu erlassen (§ 3 Abs. 1 WO). Damit ist die Wahl eingeleitet.
4. Nur innerhalb von zwei Wochen nach Erlass des Wahlausschreibens können Einsprüche gegen die Wählerliste eingelegt und Vorschlagslisten eingereicht werden (§ 4 Abs. 1, § 6 Abs. 1 WO). Die Vorschlagsliste muss der Wahlvorstand unverzüglich prüfen und die Ungültigkeit oder Beanstandungen unverzüglich schriftlich unter Angabe der Gründe dem Listenvertreter mitteilen (§ 7 Abs. 2 WO).
5. **Spätestens** eine Woche vor dem Wahltag hat die Bekanntmachung der gültigen Vorschlagslisten in gleicher Weise wie das Wahlausschreiben zu erfolgen (§ 10 Abs. 2 WO).

6. Über Einsprüche gegen die Wählerliste muss der Wahlvorstand unverzüglich entscheiden. Seine Entscheidung muss dem/der Arbeitnehmer:in, der/die den Einspruch eingelegt hat, **spätestens** am Tag vor der Wahl schriftlich zugehen (§ 4 Abs. 2 WO).

B. Nach der Wahl

7. Unverzüglich nach Abschluss der Wahl nimmt der Wahlvorstand öffentlich die Auszählung der Stimmen vor und gibt das (vorläufige) Wahlergebnis bekannt (§ 13 WO). Es ist eine Wahlniederschrift anzufertigen (§ 16 WO).
8. Der Wahlvorstand muss die gewählten Arbeitnehmer:innen unverzüglich verständigen (§ 17 WO).
9. Der Wahlvorstand hat die Namen der gewählten Arbeitnehmer:innen bekannt zu machen, sobald sie endgültig feststehen (§ 18 WO).
10. Vor Ablauf einer Woche nach dem Wahltag hat der Wahlvorstand den neu gewählten Betriebsrat zur konstituierenden Sitzung einzuberufen (§ 29 Abs. 1 BetrVG). Die Wahlunterlagen sind dem neu gewählten Betriebsrat zu übergeben, der sie mindestens bis zur Beendigung seiner Amtszeit aufzubewahren hat (§ 19 WO).

508 2. Kurzübersicht zum Wahlablauf – Vereinfachtes Wahlverfahren – einstufig

Nach dem Betriebsverfassungsgesetz (BetrVG) und der Wahlordnung (WO) sind für den Ablauf der Betriebsratswahlen grundsätzlich folgende Fristen zu beachten:

A. Vor der Wahl

1. **Spätestens** vier Wochen vor Ablauf der Amtszeit des alten Betriebsrats ist ein Wahlvorstand einzusetzen (§§ 16 Abs. 1, 17a BetrVG). Der Wahlvorstand hat die Wahl einzuleiten, durchzuführen und das Wahlergebnis festzustellen (§ 18 Abs. 1 BetrVG).
2. Der Wahlvorstand hat eine Liste der Wahlberechtigten (Wählerliste), getrennt nach den Geschlechtern (m/w/d), aufzustellen (§ 2 Abs. 1 WO). Dort sind die nicht passiv Wahlberechtigten gesondert auszuweisen Sofern der Betriebsrat aus mehr als einer Person besteht,

hat er festzustellen, welches Geschlecht in der Minderheit ist und wie viele Betriebsratssitze dem Minderheitengeschlecht mindestens zustehen (§ 5 WO).

3. **Unverzüglich** nach der Aufstellung der Wählerliste hat der Wahlvorstand das Wahlausschreiben zu erlassen (§ 36 Abs. 2 WO). Damit ist die Wahl eingeleitet.
4. Nur innerhalb von drei Tagen nach Erlass des Wahlausschreibens können Einsprüche gegen die Wählerliste eingelegt werden (§§ 30 Abs. 2; 36 WO).
5. Bis spätestens eine Woche vor der Wahlversammlung zur Wahl des Betriebsrats können Wahlvorschläge gemacht werden (§ 14a Abs. 3 Satz 2 BetrVG).
   Der Wahlvorstand muss die Wahlvorschläge unverzüglich prüfen und die Ungültigkeit oder Beanstandungen der Wahlvorschläge unverzüglich schriftlich unter Angabe der Gründe dem Listenvertreter mitteilen (§ 7 Abs. 2 WO). **Dies muss spätestens eine Woche vor der Wahlversammlung zur Wahl des Betriebsrats erledigt sein (§ 36 Abs. 5 WO).**
6. **Nach Ablauf der gesetzlichen Mindestfrist für die Einreichung der Wahlvorschläge (eine Woche vor der Wahlversammlung)** hat die Bekanntmachung der gültigen Wahlvorschläge in gleicher Weise wie das Wahlausschreiben zu erfolgen (§§ 31 Abs. 2; 36 Abs. 5 WO).
7. Über Einsprüche gegen die Wählerliste muss der Wahlvorstand unverzüglich entscheiden. Seine Entscheidung muss dem/der Arbeitnehmer:in, der/die den Einspruch eingelegt hat, **spätestens** am Tage vor der Wahl schriftlich zugehen (§ 4 Abs. 2 WO).

B. Nach der Wahl

8. Unverzüglich nach Abschluss der Wahl nimmt der Wahlvorstand öffentlich die Auszählung der Stimmen vor und gibt das (vorläufige) Wahlergebnis bekannt (§§ 36 Abs. 4; 34; 13 WO). Es ist eine Wahlniederschrift anzufertigen (§§ 16; 36 Abs. 4; 34; 23 Abs. 1 WO).
   Im Fall der nachträglichen schriftlichen Stimmabgabe (§§ 35, 36 Abs. 4 WO) versiegelt der Wahlvorstand die Wahlurne. Nach Ablauf der Frist für den Eingang der Briefwahlstimmen erfolgt die öffentliche Auszählung der Stimmen.
9. Der Wahlvorstand muss die gewählten Arbeitnehmer:innen unverzüglich verständigen (§§ 17; 34; 23 Abs. 1; 36 Abs. 4 WO).

10. Der Wahlvorstand hat die Namen der gewählten Arbeitnehmer:innen bekannt zu machen, sobald sie endgültig feststehen (§§ 18; 36 Abs. 4; 34; 23 Abs. 1 WO).
11. Vor Ablauf einer Woche nach dem Wahltag hat der Wahlvorstand den neu gewählten Betriebsrat zur konstituierenden Sitzung einzuberufen (§ 29 Abs. 1 BetrVG). Die Wahlunterlagen sind dem neu gewählten Betriebsrat zu übergeben, der sie mindestens bis zur Beendigung seiner Amtszeit aufzubewahren hat (§ 19 WO).

509 3. Kurzübersicht zum Wahlablauf – Vereinfachtes Wahlverfahren – zweistufig

Nach dem Betriebsverfassungsgesetz (BetrVG) und der Wahlordnung (WO) sind für den Ablauf der Betriebsratswahlen grundsätzlich folgende Fristen zu beachten:

A. Vor der Wahl des Wahlvorstands

1. Mindestens drei wahlberechtigte Arbeitnehmer:innen oder eine im Betrieb vertretene Gewerkschaft laden zur Wahlversammlung zur Wahl des Wahlvorstands ein. Die Einladung muss mindestens sieben Tage vor der Wahlversammlung zur Wahl des Wahlvorstands erfolgen (§ 28 WO).
2. Wahlvorschläge können nur bis zum Schluss der Wahlversammlung zur Wahl des Wahlvorstands gemacht werden. Vor der Wahlversammlung müssen sie schriftlich erfolgen; auf der Versammlung können sie auch mündlich gemacht werden (§ 14a Abs. 2 BetrVG).
3. Die Einladenden informieren den Arbeitgeber von der Wahlversammlung und fordern ihn auf, die Unterlagen für den Wahlvorstand vorzubereiten (§ 28 Abs. 2 WO) und sie ihnen in einem versiegelten Umschlag auszuhändigen.

B. Wahl des Wahlvorstands

4. Die Einladenden führen die Wahl des Wahlvorstands aus und übergeben den versiegelten Umschlag.
5. Der Wahlvorstand hat in der Wahlversammlung eine Liste der Wahlberechtigten (Wählerliste), getrennt nach den Geschlechtern (m/w/d),

aufzustellen (§§ 30 Abs. 1; 2 Abs. 1 WO). Dort sind die nicht passiv Wahlberechtigen gesondert auszuweisen Er hat festzustellen, welches Geschlecht in der Minderheit ist und wie viele Betriebsratssitze dem Minderheitengeschlecht mindestens zustehen (§ 5 WO).

6. Anschließend erlässt der Wahlvorstand in der Wahlversammlung das Wahlausschreiben (§ 31 WO) und macht es unmittelbar nach der Wahlversammlung im Betrieb bekannt. Damit ist die Wahl eingeleitet.
7. Nur innerhalb von drei Tagen nach Erlass des Wahlausschreibens können Einsprüche gegen die Wählerliste eingelegt werden (§§ 30 Abs. 2, 4 Abs. 2, 3 WO).
8. In der Wahlversammlung hat der Wahlvorstand die Wahlvorschläge zu prüfen. Mängel der Wahlvorschläge können nur in der Wahlversammlung beseitigt werden (§ 33 Abs. 2, 3 WO).
9. Unmittelbar nach Abschluss der Wahlversammlung macht der Wahlvorstand die gültigen Wahlvorschläge im Betrieb bekannt (§ 33 Abs. 4 WO).

C. Zwischen erster und zweiter Wahlversammlung

10. Der Wahlvorstand hat über die Berechtigung von Einsprüchen gegen die Wählerliste zu entscheiden. Seine Entscheidung muss dem/der Arbeitnehmer:in, der/die den Einspruch eingelegt hat, **spätestens** am Tage vor der Wahlversammlung zur Wahl des Betriebsrats zugehen (§§ 30 Abs. 2; 4 Abs. 2 WO).

D. Wahlversammlung zur Wahl des Betriebsrats

11. Unverzüglich nach Abschluss der Wahl nimmt der Wahlvorstand öffentlich die Auszählung der Stimmen vor und gibt das (vorläufige) Wahlergebnis bekannt (§ 34 Abs. 3 WO).
    Im Fall der nachträglichen schriftlichen Stimmabgabe (§§ 35, 34 Abs. 2 WO) versiegelt der Wahlvorstand die Wahlurne. Nach Ablauf der Frist für den Eingang der Briefwahlstimmen erfolgt die öffentliche Auszählung der in der Wahlversammlung abgegebenen und der Briefwahlstimmen.
    Es ist eine Wahlniederschrift anzufertigen (§§ 34 Abs. 3; 23 Abs. 1; 16 WO).

E. Nach der Wahl

12. Der Wahlvorstand muss die gewählten Arbeitnehmer:innen unverzüglich verständigen (§§ 34 Abs. 3; 23 Abs. 1; 17 WO).
13. Der Wahlvorstand hat die Namen der gewählten Arbeitnehmer:innen bekannt zu machen, sobald sie endgültig feststehen (§§ 34 Abs. 3; 23 Abs. 1; 18 WO).
14. Vor Ablauf einer Woche nach dem Wahltag hat der Wahlvorstand den neu gewählten Betriebsrat zur konstituierenden Sitzung einzuberufen (§ 29 Abs. 1 BetrVG). Die Wahlunterlagen sind dem neu gewählten Betriebsrat zu übergeben, der sie mindestens bis zur Beendigung seiner Amtszeit aufzubewahren hat (§ 19 WO).

510 4. Checkliste und Ablaufplan zur Durchführung der Wahlversammlung zur Wahl des Wahlvorstandes – zweistufiges vereinfachtes Wahlverfahren

1. Eröffnung und vorläufige Leitung der Wahlversammlung durch einladende Arbeitnehmer:innen oder Beauftragte der einladenden Gewerkschaft
   - **Teilnahmeberechtigt** sind alle im Betrieb beschäftigten Arbeitnehmer:innen

   und
   - Beauftragte der im Betrieb vertretenen Gewerkschaft. Arbeitgeber und leitende Angestellte haben kein Teilnahmerecht.
   - **Abstimmungsberechtigt** sind alle teilnahmeberechtigten Arbeitnehmer:innen.
   - **Beschlussfähigkeit** hängt nicht von Mindestteilnehmerzahl ab.
   - **Beschlussfassung** mit Mehrheit der abgegebenen Stimmen (Ausnahme bei Wahl des Wahlvorstands: Mehrheit der anwesenden Arbeitnehmer:innen).
   - Bereitstellung von PC und Drucker, gegebenenfalls von Kopierer und sonstigem Büromaterial für die Einleitung und Vorbereitung der Betriebsratswahl.
2. **Darlegung des Zwecks und des geplanten Verlaufs der Wahlversammlung** durch die Einladenden.

3. **Vorschlag zur Person des Versammlungsleiters und Abstimmung der Wahlversammlung**, Übernahme der Versammlungsleitung durch den gewählten Versammlungsleiter, **Bestimmung eines Protokollführers** durch den Versammlungsleiter.
4. **Wahl des Wahlvorstands**
   - Der Wahlvorstand besteht aus **drei wahlberechtigten Arbeitnehmern**, Wahl von **Ersatzmitgliedern** ist zulässig, Berücksichtigung von **Männern und Frauen** bei der personellen Zusammensetzung.
   - Sammlung von **Vorschlägen** für die personelle Zusammensetzung des **Wahlvorstands.**
   - **Feststellung und Protokollierung der Zahl der anwesenden abstimmungsberechtigten Arbeitnehmer:innen** vor Eintritt in die Wahl des Wahlvorstands (abstimmungsberechtigt sind alle teilnahmeberechtigten Arbeitnehmer:innen, der Wahlvorstand wird mit der Mehrheit der anwesenden Arbeitnehmer:innen gewählt).
   - Offene **Abstimmung durch Handaufheben** ist zulässig.
   - **Wahl** kann im **Block oder einzeln** erfolgen (bei mehr als drei Kandidat:innen immer einzeln).
   - Jede/r Kandidat:in muss mit der Mehrheit der anwesenden Arbeitnehmer:innen gewählt werden. Bei Nichterreichen sind weitere Wahlgänge erforderlich. Bei Stimmengleichheit entscheidet das Los.
5. Wahl des **Vorsitzenden des Wahlvorstands**
   - Vorschlag für die Person des Vorsitzenden des Wahlvorstands.
   - Wahl des Vorsitzenden des Wahlvorstands mit der Mehrheit der anwesenden Arbeitnehmer:innen.
6. **Protokollierung der Wahl des Wahlvorstands und der Abstimmungsergebnisse.**
7. Übergang der **Versammlungsleitung** auf den **Vorsitzenden des Wahlvorstands**, Bestimmung eines **Protokollführers**, Erläuterung des weiteren Ablaufs der Wahlversammlung und der Betriebsratswahl durch den Vorsitzenden des Wahlvorstands (Aufstellung der Wählerliste, Erlass des Wahlausschreibens, Einreichung und Prüfung von Wahlvorschlägen, Wahl des Betriebsrats auf einer zweiten Wahlversammlung).
8. **Übergabe des versiegelten Umschlags** mit den für die Aufstellung der Wählerliste erforderlichen Unterlagen durch die Einladenden an den Wahlvorstand.
9. **Aufstellung der Wählerliste** durch den Wahlvorstand (bei fehlenden Unterlagen Rückfragen beim Arbeitgeber, gegebenenfalls Unterbrechung und Vertagung der Wahlversammlung).

10. **Verlesen der Wählerliste**, gegebenenfalls Auslegung eines Abdrucks, Frage nach Einsprüchen gegen die Richtigkeit der Wählerliste und Hinweis auf Frist für Einsprüche.
11. **Beschlussfassung des Wahlvorstands** über den Inhalt des **Wahlausschreibens.**
12. **Erlass des Wahlausschreibens (Verlesen** des Wahlausschreibens, gegebenenfalls Auslegen einer Kopie).
13. Aufforderung zur **Einreichung von Wahlvorschlägen** bis zum Abschluss der Wahlversammlung (in der Wahlversammlung mündlich möglich, bei außerhalb der Wahlversammlung erstellten Wahlvorschlägen ist Schriftform erforderlich).
14. Entgegennahme und **Prüfung der eingereichten Wahlvorschläge durch den Wahlvorstand.** Protokollierung mündlicher Wahlvorschläge und der erforderlichen (mündlichen) Zustimmungs- und Unterstützungserklärungen. Klärung eventueller Mehrfachunterstützungen und Beseitigung heilbarer Mängel (mündlich möglich, aber **genaue Protokollierung wichtig**).
15. **Aushändigung von Abdrucken des Protokolls** der Wahlversammlung an die Vertreter:innen der Wahlvorschläge.
16. Abschließende **Hinweise** auf Fristen für Einsprüche gegen die Richtigkeit der Wählerliste und Anträge auf nachträgliche schriftliche Stimmabgabe und auf den Termin der zweiten Wahlversammlung. Schließung der **Wahlversammlung**.

511 5. Wahlvorschriften aus dem Betriebsverfassungsgesetz

Neugefasst durch Bekanntmachung vom 25.9.2001 (BGBl. I, S. 2518), zuletzt geändert durch Art. 1 G vom 14.6.2021 (BGBl. I, S. 1762) mit Wirkung vom 18.6.2021

Inhaltsübersicht

§ 1 Errichtung von Betriebsräten 233
§ 3 Abweichende Regelungen 233
§ 4 Betriebsteile, Kleinstbetriebe 235
§ 5 Arbeitnehmer 235

§ 7 Wahlberechtigung . . . 236
§ 8 Wählbarkeit . . . 237
§ 9 Zahl der Betriebsratsmitglieder . . . 237
§ 11 Ermäßigte Zahl der Betriebsratsmitglieder . . . 238
§ 13 Zeitpunkt der Betriebsratswahlen . . . 238
§ 14 Wahlvorschriften . . . 239
§ 14a Vereinfachtes Wahlverfahren für Kleinbetriebe . . . 239
§ 15 Zusammensetzung nach Beschäftigungsarten und Geschlechtern . . . 240
§ 16 Bestellung des Wahlvorstands . . . 240
§ 17 Bestellung des Wahlvorstands in Betrieben ohne Betriebsrat . . . 241
§ 17a Bestellung des Wahlvorstands im vereinfachten Wahlverfahren . . . 241
§ 18 Vorbereitung und Durchführung der Wahl . . . 242
§ 18a Zuordnung der leitenden Angestellten bei Wahlen . . . 242
§ 19 Wahlanfechtung . . . 243
§ 20 Wahlschutz und Wahlkosten . . . 243
§ 21 Amtszeit . . . 244
§ 22 Weiterführung der Geschäfte des Betriebsrats . . . 244
§ 24 Erlöschen der Mitgliedschaft . . . 244
§ 25 Ersatzmitglieder . . . 244
§ 29 Einberufung der Sitzungen . . . 245

§ 1 Errichtung von Betriebsräten

(1) In Betrieben mit in der Regel mindestens fünf ständigen wahlberechtigten Arbeitnehmern, von denen drei wählbar sind, werden Betriebsräte gewählt. Dies gilt auch für gemeinsame Betriebe mehrerer Unternehmen.

(2) Ein gemeinsamer Betrieb mehrerer Unternehmen wird vermutet, wenn

1. zur Verfolgung arbeitstechnischer Zwecke die Betriebsmittel sowie die Arbeitnehmer von den Unternehmen gemeinsam eingesetzt werden oder
2. die Spaltung eines Unternehmens zur Folge hat, dass von einem Betrieb ein oder mehrere Betriebsteile einem an der Spaltung beteiligten anderen Unternehmen zugeordnet werden, ohne dass sich dabei die Organisation des betroffenen Betriebs wesentlich ändert.

§ 3 Abweichende Regelungen

(1) Durch Tarifvertrag können bestimmt werden:

1. für Unternehmen mit mehreren Betrieben

a) die Bildung eines unternehmenseinheitlichen Betriebsrats oder
b) die Zusammenfassung von Betrieben,

wenn dies die Bildung von Betriebsräten erleichtert oder einer sachgerechten Wahrnehmung der Interessen der Arbeitnehmer dient;

2. für Unternehmen und Konzerne, soweit sie nach produkt- oder projektbezogenen Geschäftsbereichen (Sparten) organisiert sind und die Leitung der Sparte auch Entscheidungen in beteiligungspflichtigen Angelegenheiten trifft, die Bildung von Betriebsräten in den Sparten (Spartenbetriebsräte), wenn dies der sachgerechten Wahrnehmung der Aufgaben des Betriebsrats dient;
3. andere Arbeitnehmervertretungsstrukturen, soweit dies insbesondere aufgrund der Betriebs-, Unternehmens- oder Konzernorganisation oder aufgrund anderer Formen der Zusammenarbeit von Unternehmen einer wirksamen und zweckmäßigen Interessenvertretung der Arbeitnehmer dient;
4. zusätzliche betriebsverfassungsrechtliche Gremien (Arbeitsgemeinschaften), die der unternehmensübergreifenden Zusammenarbeit von Arbeitnehmervertretungen dienen;
5. zusätzliche betriebsverfassungsrechtliche Vertretungen der Arbeitnehmer, die die Zusammenarbeit zwischen Betriebsrat und Arbeitnehmer erleichtern.

(2) Besteht in den Fällen des Absatzes 1 Nr. 1, 2, 4, oder 5 keine tarifliche Regelung und gilt auch kein anderer Tarifvertrag, kann die Regelung durch Betriebsvereinbarung getroffen werden.

(3) Besteht im Falle des Absatzes 1 Nr. 1 Buchstabe a) keine tarifliche Regelung und besteht in dem Unternehmen kein Betriebsrat, können die Arbeitnehmer mit Stimmenmehrheit die Wahl eines unternehmenseinheitlichen Betriebsrats beschließen. Die Abstimmung kann von mindestens drei wahlberechtigten Arbeitnehmern des Unternehmens oder einer im Unternehmen vertretenen Gewerkschaft veranlasst werden.

(4) Sofern der Tarifvertrag oder die Betriebsvereinbarung nichts anderes bestimmt, sind Regelungen nach Abs. 1 Nr. 1 bis 3 erstmals bei der nächsten regelmäßigen Betriebsratswahl anzuwenden, es sei denn, es besteht kein Betriebsrat oder es ist aus anderen Gründen eine Neuwahl des Betriebsrats erforderlich. Sieht der Tarifvertrag oder die Betriebsvereinbarung einen anderen Wahlzeitpunkt vor, endet die Amtszeit bestehender Betriebsräte, die durch die Regelungen nach Abs. 1 Nr. 1 bis 3 entfallen, mit Bekanntgabe des Wahlergebnisses.

(5) Die aufgrund eines Tarifvertrages oder einer Betriebsvereinbarung nach Abs. 1 Nr. 1 bis 3 gebildeten betriebsverfassungsrechtlichen Organisationseinheiten gelten als Betriebe im Sinne dieses Gesetzes. Auf die in

ihnen gebildeten Arbeitnehmervertretungen finden die Vorschriften über die Rechte und Pflichten des Betriebsrats und die Rechtsstellung seiner Mitglieder Anwendung.

§ 4 Betriebsteile, Kleinstbetriebe

(1) Betriebsteile gelten als selbstständige Betriebe, wenn sie die Voraussetzungen des § 1 Abs. 1 Satz 1 erfüllen und
1. räumlich weit vom Hauptbetrieb entfernt oder
2. durch Aufgabenbereich und Organisation eigenständig sind.

Die Arbeitnehmer eines Betriebsteils, in dem kein eigener Betriebsrat besteht, können mit Stimmenmehrheit formlos beschließen, an der Wahl des Betriebsrats im Hauptbetrieb teilzunehmen; § 3 Abs. 3 Satz 2 gilt entsprechend. Die Abstimmung kann auch vom Betriebsrat des Hauptbetriebs veranlasst werden. Der Beschluss ist dem Betriebsrat des Hauptbetriebs spätestens zehn Wochen vor Ablauf seiner Amtszeit mitzuteilen. Für den Widerruf des Beschlusses gelten die Sätze 2 bis 4 entsprechend.
(2) Betriebe, die die Voraussetzungen des § 1 Abs. 1 Satz 1 nicht erfüllen, sind dem Hauptbetrieb zuzuordnen.

§ 5 Arbeitnehmer

(1) Arbeitnehmer (Arbeitnehmer und Arbeitnehmerinnen) im Sinne dieses Gesetzes sind Arbeiter und Angestellte einschließlich der zu ihrer Berufsausbildung Beschäftigten, unabhängig davon, ob sie im Betrieb, im Außendienst oder mit Telearbeit beschäftigt werden. Als Arbeitnehmer gelten auch die in Heimarbeit Beschäftigten, die in der Hauptsache für den Betrieb arbeiten. Als Arbeitnehmer gelten ferner Beamte (Beamtinnen und Beamte), Soldaten (Soldatinnen und Soldaten) sowie Arbeitnehmer des öffentlichen Dienstes einschließlich der zu ihrer Berufsausbildung Beschäftigten, die in Betrieben privatrechtlich organisierter Unternehmen tätig sind.
(2) Als Arbeitnehmer im Sinne dieses Gesetzes gelten nicht
1. in Betrieben einer juristischen Person die Mitglieder des Organs, das zur gesetzlichen Vertretung der juristischen Person berufen ist;
2. die Gesellschafter einer offenen Handelsgesellschaft oder die Mitglieder einer anderen Personengesamtheit, soweit sie durch Gesetz, Satzung oder Gesellschaftsvertrag zur Vertretung der Personengesamtheit oder zur Geschäftsführung berufen sind, in deren Betrieben;
3. Personen, deren Beschäftigung nicht in erster Linie ihrem Erwerb dient, sondern vorwiegend durch Beweggründe karitativer oder religiöser Art bestimmt ist;

4. Personen, deren Beschäftigung nicht in erster Linie ihrem Erwerb dient und die vorwiegend zu ihrer Heilung, Wiedereingewöhnung, sittlichen Besserung oder Erziehung beschäftigt werden;
5. der Ehegatte, der Lebenspartner, Verwandte und Verschwägerte ersten Grades, die in häuslicher Gemeinschaft mit dem Arbeitgeber leben.

(3) Dieses Gesetz findet, soweit in ihm nicht ausdrücklich etwas anderes bestimmt ist, keine Anwendung auf leitende Angestellte. Leitender Angestellter ist, wer nach Arbeitsvertrag und Stellung im Unternehmen oder im Betrieb

1. zur selbständigen Einstellung und Entlassung von im Betrieb oder in der Betriebsabteilung beschäftigten Arbeitnehmer berechtigt ist oder
2. Generalvollmacht oder Prokura hat und die Prokura auch im Verhältnis zum Arbeitgeber nicht unbedeutend ist oder
3. regelmäßig sonstige Aufgaben wahrnimmt, die für den Bestand und die Entwicklung des Unternehmens oder eines Betriebs von Bedeutung sind und deren Erfüllung besondere Erfahrungen und Kenntnisse voraussetzt, wenn er dabei entweder die Entscheidungen im Wesentlichen frei von Weisungen trifft oder sie maßgeblich beeinflusst; dies kann auch bei Vorgaben insbesondere aufgrund von Rechtsvorschriften, Plänen oder Richtlinien sowie bei Zusammenarbeit mit anderen leitenden Angestellten gegeben sein.

Für die in Absatz 1 Satz 3 genannten Beamten und Soldaten gelten die Sätze 1 und 2 entsprechend.

(4) Leitender Angestellter nach Absatz 3 Nr. 3 ist im Zweifel, wer

1. aus Anlass der letzten Wahl des Betriebsrats, des Sprecherausschusses oder von Aufsichtsratsmitgliedern der Arbeitnehmer oder durch rechtskräftige gerichtliche Entscheidung den leitenden Angestellten zugeordnet worden ist oder
2. einer Leitungsebene angehört, auf der in dem Unternehmen überwiegend leitende Angestellte vertreten sind, oder
3. ein regelmäßiges Jahresarbeitsentgelt erhält, das für leitende Angestellte in dem Unternehmen üblich ist, oder,
4. falls auch bei der Anwendung der Nummer 3 noch Zweifel bleiben, ein regelmäßiges Jahresarbeitsentgelt erhält, das das Dreifache der Bezugsgröße nach § 18 des Vierten Buches Sozialgesetzbuch überschreitet.

§ 7 Wahlberechtigung

Wahlberechtigt sind alle Arbeitnehmer des Betriebs, die das 16. Lebensjahr vollendet haben. Werden Arbeitnehmer eines anderen Arbeitgebers zur Arbeitsleistung überlassen, so sind diese wahlberechtigt, wenn sie länger als drei Monate im Betrieb eingesetzt werden.

§ 8 Wählbarkeit

(1) Wählbar sind alle Wahlberechtigten, die das 18. Lebensjahr vollendet haben und sechs Monate dem Betrieb angehören oder als in Heimarbeit Beschäftigte in der Hauptsache für den Betrieb gearbeitet haben. Auf diese sechsmonatige Betriebszugehörigkeit werden Zeiten angerechnet, in denen der Arbeitnehmer unmittelbar vorher einem anderen Betrieb desselben Unternehmens oder Konzerns (§ 18 Abs. 1 des Aktiengesetzes) angehört hat. Nicht wählbar ist, wer infolge strafgerichtlicher Verurteilung die Fähigkeit, Rechte aus öffentlichen Wahlen zu erlangen, nicht besitzt.
(2) Besteht der Betrieb weniger als sechs Monate, so sind abweichend von der Vorschrift in Abs. 1 über die sechsmonatige Betriebszugehörigkeit diejenigen Arbeitnehmer wählbar, die bei der Einleitung der Betriebsratswahl im Betrieb beschäftigt sind und die übrigen Voraussetzungen für die Wählbarkeit erfüllen.

§ 9 Zahl der Betriebsratsmitglieder

Der Betriebsrat besteht in Betrieben mit in der Regel

5 bis	20	wahlberechtigten Arbeitnehmer aus einer Person,
21 bis	50	wahlberechtigten Arbeitnehmer aus 3 Mitgliedern,
51		wahlberechtigten bis 100 Arbeitnehmer aus 5 Mitgliedern,
101 bis	200	Arbeitnehmer aus 7 Mitgliedern,
201 bis	400	Arbeitnehmer aus 9 Mitgliedern,
401 bis	700	Arbeitnehmer aus 11 Mitgliedern,
701 bis	1000	Arbeitnehmer aus 13 Mitgliedern,
1001 bis	1500	Arbeitnehmer aus 15 Mitgliedern,
1501 bis	2000	Arbeitnehmer aus 17 Mitgliedern,
2001 bis	2500	Arbeitnehmer aus 19 Mitgliedern,
2501 bis	3000	Arbeitnehmer aus 21 Mitgliedern,
3001 bis	3500	Arbeitnehmer aus 23 Mitgliedern,
3501 bis	4000	Arbeitnehmer aus 25 Mitgliedern,
4001 bis	4500	Arbeitnehmer aus 27 Mitgliedern,
4501 bis	5000	Arbeitnehmer aus 29 Mitgliedern,
5001 bis	6000	Arbeitnehmer aus 31 Mitgliedern,
6001 bis	7000	Arbeitnehmer aus 33 Mitgliedern,
7001 bis	9000	Arbeitnehmer aus 35 Mitgliedern.

In Betrieben mit mehr als 9000 Arbeitnehmer erhöht sich die Zahl der Mitglieder des Betriebsrats für je angefangene weitere 3000 Arbeitnehmer um 2 Mitglieder.

§ 10 Vertretung der Minderheitsgruppen
(aufgehoben)

§ 11 Ermäßigte Zahl der Betriebsratsmitglieder
Hat ein Betrieb nicht die ausreichende Zahl von wählbaren Arbeitnehmer, so ist die Zahl der Betriebsratsmitglieder der nächstniedrigeren Betriebsgröße zugrunde zu legen.

§ 12 Abweichende Verteilung der Betriebsratssitze
(aufgehoben)

§ 13 Zeitpunkt der Betriebsratswahlen
(1) Die regelmäßigen Betriebsratswahlen finden alle vier Jahre in der Zeit vom 1. März bis 31. Mai statt. Sie sind zeitgleich mit den regelmäßigen Wahlen nach § 5 Abs. 1 des Sprecherausschussgesetzes einzuleiten.
(2) Außerhalb dieser Zeit ist der Betriebsrat zu wählen, wenn
1. mit Ablauf von 24 Monaten, vom Tage der Wahl an gerechnet, die Zahl der regelmäßig beschäftigten Arbeitnehmer um die Hälfte, mindestens aber um fünfzig, gestiegen oder gesunken ist,
2. die Gesamtzahl der Betriebsratsmitglieder nach Eintreten sämtlicher Ersatzmitglieder unter die vorgeschriebene Zahl der Betriebsratsmitglieder gesunken ist,
3. der Betriebsrat mit der Mehrheit seiner Mitglieder seinen Rücktritt beschlossen hat,
4. die Betriebsratswahl mit Erfolg angefochten worden ist,
5. der Betriebsrat durch eine gerichtliche Entscheidung aufgelöst ist oder
6. im Betrieb ein Betriebsrat nicht besteht.

(3) Hat außerhalb des für die regelmäßigen Betriebsratswahlen festgelegten Zeitraums eine Betriebsratswahl stattgefunden, so ist der Betriebsrat in dem auf die Wahl folgenden nächsten Zeitraum der regelmäßigen Betriebsratswahlen neu zu wählen. Hat die Amtszeit des Betriebsrats zu Beginn des für die regelmäßigen Betriebsratswahlen festgelegten Zeitraums noch nicht ein Jahr betragen, so ist der Betriebsrat in dem übernächsten Zeitraum der regelmäßigen Betriebsratswahlen neu zu wählen.

§ 14 Wahlvorschriften

(1) Der Betriebsrat wird in geheimer und unmittelbarer Wahl gewählt.

(2) Die Wahl erfolgt nach den Grundsätzen der Verhältniswahl. Sie erfolgt nach den Grundsätzen der Mehrheitswahl, wenn nur ein Wahlvorschlag eingereicht wird oder wenn der Betriebsrat im vereinfachten Wahlverfahren nach § 14a zu wählen ist.

(3) Zur Wahl des Betriebsrats können die wahlberechtigten Arbeitnehmer und die im Betrieb vertretenen Gewerkschaften Wahlvorschläge machen.

(4) In Betrieben mit in der Regel bis zu 20 wahlberechtigten Arbeitnehmern bedarf es keiner Unterzeichnung von Wahlvorschlägen. Wahlvorschläge sind in Betrieben mit in der Regel 21 bis 100 wahlberechtigten Arbeitnehmer von mindestens zwei wahlberechtigten Arbeitnehmer und in Betrieben mit in der Regel mehr als 100 wahlberechtigten Arbeitnehmer von mindestens einem Zwanzigstel der wahlberechtigten Arbeitnehmer zu unterzeichnen. In jedem Fall genügt die Unterzeichnung durch 50 wahlberechtigte Arbeitnehmer.

(5) Jeder Wahlvorschlag einer Gewerkschaft muss von zwei Beauftragten unterzeichnet sein.

§ 14a Vereinfachtes Wahlverfahren für Kleinbetriebe

(1) In Betrieben mit in der Regel fünf bis 100 wahlberechtigten Arbeitnehmer wird der Betriebsrat in einem zweistufigen Verfahren gewählt. Auf einer ersten Wahlversammlung wird der Wahlvorstand nach § 17a Nr. 3 gewählt. Auf einer zweiten Wahlversammlung wird der Betriebsrat in geheimer und unmittelbarer Wahl gewählt. Diese Wahlversammlung findet eine Woche nach der Wahlversammlung zur Wahl des Wahlvorstandes statt.

(2) Wahlvorschläge können bis zum Ende der Wahlversammlung zur Wahl des Wahlvorstandes nach § 17a Nr. 3 gemacht werden; für Wahlvorschläge der Arbeitnehmer gilt § 14 Abs. 4 mit der Maßgabe, dass für Wahlvorschläge, die erst auf dieser Wahlversammlung gemacht werden, keine Schriftform erforderlich ist.

(3) Ist der Wahlvorstand in Betrieben mit in der Regel fünf bis 100 wahlberechtigten Arbeitnehmern nach § 17a Nr. 1 in Verbindung mit § 16 vom Betriebsrat, Gesamtbetriebsrat oder Konzernbetriebsrat oder nach § 17a Nr. 4 vom Arbeitsgericht bestellt, wird der Betriebsrat abweichend von Absatz 1 Sätze 1 und 2 auf nur einer Wahlversammlung in geheimer und unmittelbarer Wahl gewählt. Wahlvorschläge können bis eine Woche vor der Wahlversammlung zur Wahl des Betriebsrats gemacht werden; § 14 Abs. 4 gilt unverändert.

(4) Wahlberechtigten Arbeitnehmer, die an der Wahlversammlung zur Wahl des Betriebsrats nicht teilnehmen können, ist Gelegenheit zur schriftlichen Stimmabgabe zu geben.
(5) In Betrieben mit in der Regel 101 bis 200 wahlberechtigten Arbeitnehmer können der Wahlvorstand und der Arbeitgeber die Anwendung des vereinfachten Wahlverfahrens vereinbaren.

§ 15 Zusammensetzung nach Beschäftigungsarten und Geschlechtern

(1) Der Betriebsrat soll sich möglichst aus Arbeitnehmer der einzelnen Organisationsbereiche und der verschiedenen Beschäftigungsarten der im Betrieb tätigen Arbeitnehmer zusammensetzen.
(2) Das Geschlecht, das in der Belegschaft in der Minderheit ist, muss mindestens entsprechend seinem zahlenmäßigen Verhältnis im Betriebsrat vertreten sein, wenn dieser aus mindestens drei Mitgliedern besteht.

§ 16 Bestellung des Wahlvorstands

(1) Spätestens zehn Wochen vor Ablauf seiner Amtszeit bestellt der Betriebsrat einen aus drei Wahlberechtigten bestehenden Wahlvorstand und einen von ihnen als Vorsitzenden. Der Betriebsrat kann die Zahl der Wahlvorstandsmitglieder erhöhen, wenn dies zur ordnungsgemäßen Durchführung der Wahl erforderlich ist. Der Wahlvorstand muss in jedem Fall aus einer ungeraden Zahl von Mitgliedern bestehen. Für jedes Mitglied des Wahlvorstands kann für den Fall seiner Verhinderung ein Ersatzmitglied bestellt werden. In Betrieben mit weiblichen und männlichen Arbeitnehmer:innen sollen dem Wahlvorstand Frauen und Männer angehören. Jede im Betrieb vertretene Gewerkschaft kann zusätzlich einen dem Betrieb angehörenden Beauftragten als nicht stimmberechtigtes Mitglied in den Wahlvorstand entsenden, sofern ihr nicht ein stimmberechtigtes Wahlvorstandsmitglied angehört.
(2) Besteht acht Wochen vor Ablauf der Amtszeit des Betriebsrats kein Wahlvorstand, so bestellt ihn das Arbeitsgericht auf Antrag von mindestens drei Wahlberechtigten oder einer im Betrieb vertretenen Gewerkschaft; Abs. 1 gilt entsprechend. In dem Antrag können Vorschläge für die Zusammensetzung des Wahlvorstands gemacht werden. Das Arbeitsgericht kann für Betriebe mit in der Regel mehr als zwanzig wahlberechtigten Arbeitnehmer:innen auch Mitglieder einer im Betrieb vertretenen Gewerkschaft, die nicht Arbeitnehmer:innen des Betriebs sind, zu Mitgliedern des Wahlvorstands bestellen, wenn dies zur ordnungsgemäßen Durchführung der Wahl erforderlich ist.

(3) Besteht acht Wochen vor Ablauf der Amtszeit des Betriebsrats kein Wahlvorstand, kann auch der Gesamtbetriebsrat oder, falls ein solcher nicht besteht, der Konzernbetriebsrat den Wahlvorstand bestellen. Absatz 1 gilt entsprechend.

§ 17 Bestellung des Wahlvorstands in Betrieben ohne Betriebsrat

(1) Besteht in einem Betrieb, der die Voraussetzungen des § 1 Abs. 1 Satz 1 erfüllt, kein Betriebsrat, so bestellt der Gesamtbetriebsrat oder, falls ein solcher nicht besteht, der Konzernbetriebsrat einen Wahlvorstand. § 16 Abs. 1 gilt entsprechend.

(2) Besteht weder ein Gesamtbetriebsrat noch ein Konzernbetriebsrat, so wird in einer Betriebsversammlung von der Mehrheit der anwesenden Arbeitnehmer:innen ein Wahlvorstand gewählt; § 16 Abs. 1 gilt entsprechend. Gleiches gilt, wenn der Gesamtbetriebsrat oder Konzernbetriebsrat die Bestellung des Wahlvorstands nach Abs. 1 unterlässt.

(3) Zu dieser Betriebsversammlung können drei wahlberechtigte Arbeitnehmer:innen des Betriebs oder eine im Betrieb vertretene Gewerkschaft einladen und Vorschläge für die Zusammensetzung des Wahlvorstands machen.

(4) Findet trotz Einladung keine Betriebsversammlung statt oder wählt die Betriebsversammlung keinen Wahlvorstand, so bestellt ihn das Arbeitsgericht auf Antrag von mindestens drei wahlberechtigten Arbeitnehmer:innen oder einer im Betrieb vertretenen Gewerkschaft. § 16 Abs. 2 gilt entsprechend.

§ 17a Bestellung des Wahlvorstands im vereinfachten Wahlverfahren

Im Fall des § 14a finden die §§ 16 und 17 mit folgender Maßgabe Anwendung:

1. Die Frist des § 16 Abs. 1 Satz 1 wird auf vier Wochen und die des § 16 Abs. 2 Satz 1, Abs. 3 Satz 1 auf drei Wochen verkürzt.
2. § 16 Abs. 1 Satz 2 und 3 findet keine Anwendung.
3. In den Fällen des § 17 Abs. 2 wird der Wahlvorstand in einer Wahlversammlung von der Mehrheit der anwesenden Arbeitnehmer:innen gewählt. Für die Einladung zu der Wahlversammlung gilt § 17 Abs. 3 entsprechend.
4. § 17 Abs. 4 gilt entsprechend, wenn trotz Einladung keine Wahlversammlung stattfindet oder auf der Wahlversammlung kein Wahlvorstand gewählt wird.

§ 18 Vorbereitung und Durchführung der Wahl

(1) Der Wahlvorstand hat die Wahl unverzüglich einzuleiten, sie durchzuführen und das Wahlergebnis festzustellen. Kommt der Wahlvorstand dieser Verpflichtung nicht nach, so ersetzt ihn das Arbeitsgericht auf Antrag des Betriebsrats von mindestens drei wahlberechtigten Arbeitnehmer:innen oder einer im Betrieb vertretenen Gewerkschaft. § 16 Abs. 2 gilt entsprechend.
(2) Ist zweifelhaft, ob eine betriebsratsfähige Organisationseinheit vorliegt, so können der Arbeitgeber, jeder beteiligte Betriebsrat, jeder beteiligte Wahlvorstand oder eine im Betrieb vertretene Gewerkschaft eine Entscheidung des Arbeitsgerichts beantragen.
(3) Unverzüglich nach Abschluss der Wahl nimmt der Wahlvorstand öffentlich die Auszählung der Stimmen vor, stellt deren Ergebnis in einer Niederschrift fest und gibt es den Arbeitnehmern des Betriebs bekannt. Dem Arbeitgeber und den im Betrieb vertretenen Gewerkschaften ist eine Abschrift der Wahlniederschrift zu übersenden.

§ 18a Zuordnung der leitenden Angestellten bei Wahlen

(1) Sind die Wahlen nach § 13 Abs. 1 und nach § 5 Abs. 1 des Sprecherausschussgesetzes zeitgleich einzuleiten, so haben sich die Wahlvorstände unverzüglich nach Aufstellung der Wählerlisten, spätestens jedoch zwei Wochen vor Einleitung der Wahlen, gegenseitig darüber zu unterrichten, welche Angestellten sie den leitenden Angestellten zugeordnet haben; dies gilt auch, wenn die Wahlen ohne Bestehen einer gesetzlichen Verpflichtung zeitgleich eingeleitet werden. Soweit zwischen den Wahlvorständen kein Einvernehmen über die Zuordnung besteht, haben sie in gemeinsamer Sitzung eine Einigung zu versuchen. Soweit eine Einigung zustande kommt, sind die Angestellten entsprechend ihrer Zuordnung in die jeweilige Wählerliste einzutragen.
(2) Soweit eine Einigung nicht zustande kommt, hat ein/e Vermittler:in spätestens eine Woche vor Einleitung der Wahlen erneut eine Verständigung der Wahlvorstände über die Zuordnung zu versuchen. Der Arbeitgeber hat den/die Vermittler:in auf dessen Verlangen zu unterstützen, insbesondere die erforderlichen Auskünfte zu erteilen und die erforderlichen Unterlagen zur Verfügung zu stellen. Bleibt der Verständigungsversuch erfolglos, so entscheidet der/die Vermittler:in nach Beratung mit dem Arbeitgeber. Abs. 1 Satz 3 gilt entsprechend.
(3) Auf die Person des Vermittlers müssen sich die Wahlvorstände einigen. Zum/Zur Vermittler:in kann nur ein Beschäftigter des Betriebs oder eines anderen Betriebs des Unternehmens oder Konzerns oder der Arbeitgeber bestellt werden. Kommt eine Einigung nicht zustande, so

schlagen die Wahlvorstände je eine Person als Vermittler:in vor; durch Los wird entschieden, wer als Vermittler:in tätig wird.
(4) Wird mit der Wahl nach § 13 Abs. 1 oder 2 nicht zeitgleich eine Wahl nach dem Sprecherausschussgesetz eingeleitet, so hat der Wahlvorstand den Sprecherausschuss entsprechend Abs. 1 Satz 1 erster Halbsatz zu unterrichten. Soweit kein Einvernehmen über die Zuordnung besteht, hat der Sprecherausschuss Mitglieder zu benennen, die anstelle des Wahlvorstands an dem Zuordnungsverfahren teilnehmen. Wird mit der Wahl nach § 5 Abs. 1 oder 2 des Sprecherausschussgesetzes nicht zeitgleich eine Wahl nach diesem Gesetz eingeleitet, so gelten die Sätze 1 und 2 für den Betriebsrat entsprechend.
(5) Durch die Zuordnung wird der Rechtsweg nicht ausgeschlossen. Die Anfechtung der Betriebsratswahl oder der Wahl nach dem Sprecherausschussgesetz ist ausgeschlossen, soweit sie darauf gestützt wird, die Zuordnung sei fehlerhaft erfolgt. Satz 2 gilt nicht, soweit die Zuordnung offensichtlich fehlerhaft ist.

§ 19 Wahlanfechtung

(1) Die Wahl kann beim Arbeitsgericht angefochten werden, wenn gegen wesentliche Vorschriften über das Wahlrecht, die Wählbarkeit oder das Wahlverfahren verstoßen worden ist und eine Berichtigung nicht erfolgt ist, es sei denn, dass durch den Verstoß das Wahlergebnis nicht geändert oder beeinflusst werden konnte.
(2) Zur Anfechtung berechtigt sind mindestens drei Wahlberechtigte, eine im Betrieb vertretene Gewerkschaft oder der Arbeitgeber. Die Wahlanfechtung ist nur binnen einer Frist von zwei Wochen, vom Tage der Bekanntgabe des Wahlergebnisses an gerechnet, zulässig.
(3) Die Anfechtung durch die Wahlberechtigten ist ausgeschlossen, soweit sie darauf gestützt wird, dass die Wählerliste unrichtig ist, wenn nicht zuvor aus demselben Grund ordnungsgemäß Einspruch gegen die Richtigkeit der Wählerliste eingelegt wurde. Dies gilt nicht, wenn die anfechtenden Wahlberechtigten an der Einlegung eines Einspruchs gehindert waren. Die Anfechtung durch den Arbeitgeber ist ausgeschlossen, soweit sie darauf gestützt wird, dass die Wählerliste unrichtig ist und wenn diese Unrichtigkeit auf seinen Angaben beruht.

§ 20 Wahlschutz und Wahlkosten

(1) Niemand darf die Wahl des Betriebsrats behindern. Insbesondere darf kein/e Arbeitnehmer:in in der Ausübung des aktiven und passiven Wahlrechts beschränkt werden.

(2) Niemand darf die Wahl des Betriebsrats durch Zufügung oder Androhung von Nachteilen oder durch Gewährung oder Versprechen von Vorteilen beeinflussen.
(3) Die Kosten der Wahl trägt der Arbeitgeber. Versäumnis von Arbeitszeit, die zur Ausübung des Wahlrechts, zur Betätigung im Wahlvorstand oder zur Tätigkeit als Vermittler (§ 18a) erforderlich ist, berechtigt den Arbeitgeber nicht zur Minderung des Arbeitsentgelts.

§ 21 Amtszeit

Die regelmäßige Amtszeit des Betriebsrats beträgt vier Jahre. Die Amtszeit beginnt mit der Bekanntgabe des Wahlergebnisses oder, wenn zu diesem Zeitpunkt noch ein Betriebsrat besteht, mit Ablauf von dessen Amtszeit. Die Amtszeit endet spätestens am 31. Mai des Jahres, in dem nach § 13 Abs. 1 die regelmäßigen Betriebsratswahlen stattfinden. In dem Fall des § 13 Abs. 3 Satz 2 endet die Amtszeit spätestens am 31. Mai des Jahres, in dem der Betriebsrat neu zu wählen ist. In den Fällen des § 13 Abs. 2 Nr. 1 und 2 endet die Amtszeit mit der Bekanntgabe des Wahlergebnisses des neu gewählten Betriebsrats.

§ 22 Weiterführung der Geschäfte des Betriebsrats

In den Fällen des § 13 Abs. 2 Nr. 1 bis 3 führt der Betriebsrat die Geschäfte weiter, bis der neue Betriebsrat gewählt und das Wahlergebnis bekannt gegeben ist.

§ 24 Erlöschen der Mitgliedschaft

Die Mitgliedschaft im Betriebsrat erlischt durch
1. Ablauf der Amtszeit,
2. Niederlegung des Betriebsratsamtes,
3. Beendigung des Arbeitsverhältnisses,
4. Verlust der Wählbarkeit,
5. Ausschluss aus dem Betriebsrat oder Auflösung des Betriebsrats auf Grund einer gerichtlichen Entscheidung,
6. gerichtliche Entscheidung über die Feststellung der Nichtwählbarkeit nach Ablauf der in § 19 Abs. 2 bezeichneten Frist, es sei denn, der Mangel liegt nicht mehr vor.

§ 25 Ersatzmitglieder

(1) Scheidet ein Mitglied des Betriebsrats aus, so rückt ein Ersatzmitglied nach. Dies gilt entsprechend für die Stellvertretung eines zeitweilig verhinderten Mitglieds des Betriebsrats.

(2) Die Ersatzmitglieder werden unter Berücksichtigung des § 15 Abs. 2 der Reihe nach aus den nichtgewählten Arbeitnehmer:innen derjenigen Vorschlagslisten entnommen, denen die zu ersetzenden Mitglieder angehören. Ist eine Vorschlagsliste erschöpft, so ist das Ersatzmitglied derjenigen Vorschlagsliste zu entnehmen, auf die nach den Grundsätzen der Verhältniswahl der nächste Sitz entfallen würde. Ist das ausgeschiedene oder verhinderte Mitglied nach den Grundsätzen der Mehrheitswahl gewählt, so bestimmt sich die Reihenfolge der Ersatzmitglieder unter Berücksichtigung des § 15 Abs. 2 nach der Höhe der erreichten Stimmenzahlen.

§ 29 Einberufung der Sitzungen

(1) Vor Ablauf einer Woche nach dem Wahltag hat der Wahlvorstand die Mitglieder des Betriebsrats zu der nach § 26 Abs. 1 vorgeschriebenen Wahl einzuberufen. Der Vorsitzende des Wahlvorstands leitet die Sitzung, bis der Betriebsrat aus seiner Mitte eine/n Wahlleiter:in bestellt hat.
(2) Die weiteren Sitzungen beruft der Vorsitzende des Betriebsrats ein. Er setzt die Tagesordnung fest und leitet die Verhandlung. Der Vorsitzende hat die Mitglieder des Betriebsrats zu den Sitzungen rechtzeitig unter Mitteilung der Tagesordnung zu laden. Dies gilt auch für die Schwerbehindertenvertretung sowie für die Jugend- und Auszubildendenvertreter, soweit sie ein Recht auf Teilnahme an der Betriebsratssitzung haben. Kann ein Mitglied des Betriebsrats oder der Jugend- und Auszubildendenvertretung an der Sitzung nicht teilnehmen, so soll es dies unter Angabe der Gründe unverzüglich dem Vorsitzenden mitteilen. Der Vorsitzende hat für ein verhindertes Betriebsratsmitglied oder für einen verhinderten Jugend- und Auszubildendenvertreter das Ersatzmitglied zu laden.
(3) Der Vorsitzende hat eine Sitzung einzuberufen und den Gegenstand, dessen Beratung beantragt ist, auf die Tagesordnung zu setzen, wenn dies ein Viertel der Mitglieder des Betriebsrats oder der Arbeitgeber beantragt.
(4) Der Arbeitgeber nimmt an den Sitzungen, die auf sein Verlangen anberaumt sind, und an den Sitzungen, zu denen er ausdrücklich eingeladen ist, teil. Er kann eine/n Vertreter:in der Vereinigung der Arbeitgeber, der er angehört, hinzuziehen.

512 6. Erste Verordnung zur Durchführung des Betriebsverfassungsgesetzes

(Wahlordnung – WO) vom 11. Dezember 2001 zuletzt geändert durch Verordnung vom 8. Oktober 2021 (BGBl. I 4640)

Inhaltsübersicht §§

Erster Teil Wahl des Betriebsrats (§ 14 des Gesetzes) 1–27
Erster Abschnitt. Allgemeine Vorschriften 1– 5
Zweiter Abschnitt. Wahl von mehr als fünf Betriebsratsmitgliedern (aufgrund von Vorschlagslisten). 6–23
Erster Unterabschnitt. Einreichung und Bekanntmachung von Vorschlagslisten 6–10
Zweiter Unterabschnitt. Wahlverfahren bei mehreren Vorschlagslisten (§ 14 Abs. 2 Satz 1 des Gesetzes) 11–19
Dritter Unterabschnitt. Wahlverfahren bei nur einer Vorschlagsliste (§ 14 Abs. 2 Satz 2 erster Halbsatz des Gesetzes). 20–23
Dritter Abschnitt. Schriftliche Stimmabgabe 24–26
Vierter Abschnitt. Wahlvorschläge der Gewerkschaften 27
Zweiter Teil Wahl des Betriebsrats im vereinfachten Wahlverfahren (§ 14a des Gesetzes). 28–37
Erster Abschnitt. Wahl des Betriebsrats im zweistufigen Verfahren (§ 14a Abs. 1 des Gesetzes). 28–35
Erster Unterabschnitt. Wahl des Wahlvorstands 28–29
Zweiter Unterabschnitt. Wahl des Betriebsrats. 30–35
Zweiter Abschnitt. Wahl des Betriebsrats im einstufigen Verfahren (§ 14a Abs. 3 des Gesetzes). 36
Dritter Abschnitt. Wahl des Betriebsrats in Betrieben mit in der Regel 101 bis 200 Wahlberechtigten (§ 14a Abs. 5 des Gesetzes) 37
Dritter Teil Wahl der Jugend- und Auszubildendenvertretung. . 38–40
Vierter Teil Übergangs- und Schlussvorschriften 41–43

Erster Teil
Wahl des Betriebsrats (§ 14 des Gesetzes)

Erster Abschnitt
Allgemeine Vorschriften

§ 1 Wahlvorstand

(1) Die Leitung der Wahl obliegt dem Wahlvorstand.

(2) Der Wahlvorstand kann sich eine schriftliche Geschäftsordnung geben. Er kann Wahlberechtigte als Wahlhelferinnen und Wahlhelfer zu seiner Unterstützung bei der Durchführung der Stimmabgabe und bei der Stimmenzählung heranziehen.

(3) Die Beschlüsse des Wahlvorstands werden mit einfacher Stimmenmehrheit seiner stimmberechtigten Mitglieder gefasst. Die Sitzungen des Wahlvorstands finden als Präsenzsitzung statt. Über jede Sitzung des Wahlvorstands ist eine Niederschrift aufzunehmen, die mindestens den Wortlaut der gefassten Beschlüsse enthält. Die Niederschrift ist von der oder dem Vorsitzenden und einem weiteren stimmberechtigten Mitglied des Wahlvorstands zu unterzeichnen.

(4) Abweichend von Absatz 3 Satz 2 kann der Wahlvorstand beschließen, dass die Teilnahme an einer nicht öffentlichen Sitzung des Wahlvorstands mittels Video- und Telefonkonferenz erfolgen kann. Dies gilt nicht für Sitzungen des Wahlvorstands

1. im Rahmen einer Wahlversammlung nach § 14a Absatz 1 Satz 2 des Gesetzes,
2. zur Prüfung eingereichter Vorschlagslisten (§ 7 Absatz 2 Satz 2),
3. zur Durchführung eines Losverfahrens nach § 10 Absatz 1.

Es muss sichergestellt sein, dass Dritte vom Inhalt der Sitzung keine Kenntnis nehmen können. Eine Aufzeichnung der Sitzung ist unzulässig. Die mittels Video- und Telefonkonferenz Teilnehmenden bestätigen ihre Teilnahme gegenüber der oder dem Vorsitzenden in Textform. Die Bestätigung ist der Niederschrift nach Absatz 3 beizufügen.

(5) Erfolgt die Sitzung des Wahlvorstands mit der zusätzlichen Möglichkeit der Teilnahme mittels Video- und Telefonkonferenz, gilt auch eine Teilnahme vor Ort als erforderlich.

§ 2 Wählerliste

(1) Der Wahlvorstand hat für jede Betriebsratswahl eine Liste der Wahlberechtigten (Wählerliste), getrennt nach den Geschlechtern, aufzustellen. Die Wahlberechtigten sollen mit Familienname, Vorname und Geburtsdatum in alphabetischer Reihenfolge aufgeführt werden. Die nach

Absatz 3 Satz 2 nicht passiv Wahlberechtigten sind in der Wählerliste auszuweisen.

(2) Der Arbeitgeber hat dem Wahlvorstand alle für die Anfertigung der Wählerliste erforderlichen Auskünfte zu erteilen und die erforderlichen Unterlagen zur Verfügung zu stellen. Er hat den Wahlvorstand insbesondere bei Feststellung der in § 5 Abs. 3 des Gesetzes genannten Personen zu unterstützen.

(3) Das aktive und passive Wahlrecht steht nur Arbeitnehmerinnen und Arbeitnehmern zu, die in die Wählerliste eingetragen sind. Wahlberechtigten Arbeitnehmerinnen und Arbeitnehmern, die nach § 8 des Gesetzes am Wahltag nicht wählbar sind und wahlberechtigten Leiharbeitnehmerinnen und Leiharbeitnehmern (§ 14 Absatz 2 Satz 1 des Arbeitnehmerüberlassungsgesetzes) steht nur das aktive Wahlrecht zu.

(4) Ein Abdruck der Wählerliste und ein Abdruck dieser Verordnung sind vom Tage der Einleitung der Wahl (§ 3 Abs. 1) bis zum Abschluss der Stimmabgabe an geeigneter Stelle im Betrieb zur Einsichtnahme auszulegen. Der Abdruck der Wählerliste soll die Geburtsdaten der Wahlberechtigten nicht enthalten. Ergänzend können der Abdruck der Wählerliste und die Verordnung mittels der im Betrieb vorhandenen Informations- und Kommunikationstechnik bekannt gemacht werden. Die Bekanntmachung ausschließlich in elektronischer Form ist nur zulässig, wenn alle Arbeitnehmerinnen und Arbeitnehmer von der Bekanntmachung Kenntnis erlangen können und Vorkehrungen getroffen werden, dass Änderungen der Bekanntmachung nur vom Wahlvorstand vorgenommen werden können.

(5) Der Wahlvorstand soll dafür sorgen, dass ausländische Arbeitnehmerinnen und Arbeitnehmer, die der deutschen Sprache nicht mächtig sind, vor Einleitung der Betriebsratswahl über Wahlverfahren, Aufstellung der Wähler- und Vorschlagslisten, Wahlvorgang und Stimmabgabe in geeigneter Weise unterrichtet werden.

§ 3 Wahlausschreiben

(1) Spätestens sechs Wochen vor dem ersten Tag der Stimmabgabe erlässt der Wahlvorstand ein Wahlausschreiben, das von der oder dem Vorsitzenden und von mindestens einem weiteren stimmberechtigten Mitglied des Wahlvorstands zu unterschreiben ist. Mit Erlass des Wahlausschreibens ist die Betriebsratswahl eingeleitet. Der erste Tag der Stimmabgabe soll spätestens eine Woche vor dem Tag liegen, an dem die Amtszeit des Betriebsrats abläuft.

(2) Das Wahlausschreiben muss folgende Angaben enthalten:

1. das Datum seines Erlasses;

2. die Bestimmung des Orts, an dem die Wählerliste und diese Verordnung ausliegen, sowie im Fall der Bekanntmachung in elektronischer Form (§ 2 Abs. 4 Satz 3 und 4) wo und wie von der Wählerliste und der Verordnung Kenntnis genommen werden kann;
3. dass nur Arbeitnehmerinnen und Arbeitnehmer wählen oder gewählt werden können, die in die Wählerliste eingetragen sind, und dass Einsprüche gegen die Wählerliste (§ 4) nur vor Ablauf von zwei Wochen seit dem Erlass des Wahlausschreibens schriftlich beim Wahlvorstand eingelegt werden können, verbunden mit dem Hinweis auf die Anfechtungsausschlussgründe nach § 19 Absatz 3 des Gesetzes; der letzte Tag der Frist und im Fall des § 41 Absatz 2 zusätzlich die Uhrzeit sind anzugeben;
4. den Anteil der Geschlechter und den Hinweis, dass das Geschlecht in der Minderheit im Betriebsrat mindestens entsprechend seinem zahlenmäßigen Verhältnis vertreten sein muss, wenn der Betriebsrat aus mindestens drei Mitgliedern besteht (§ 15 Abs. 2 des Gesetzes);
5. die Zahl der zu wählenden Betriebsratsmitglieder (§ 9 des Gesetzes) sowie die auf das Geschlecht in der Minderheit entfallenden Mindestsitze im Betriebsrat (§ 15 Abs. 2 des Gesetzes);
6. die Mindestzahl von Wahlberechtigten, von denen ein Wahlvorschlag unterzeichnet sein muss (§ 14 Abs. 4 des Gesetzes);
7. dass der Wahlvorschlag einer im Betrieb vertretenen Gewerkschaft von zwei Beauftragten unterzeichnet sein muss (§ 14 Abs. 5 des Gesetzes);
8. dass Wahlvorschläge vor Ablauf von zwei Wochen seit dem Erlass des Wahlausschreibens beim Wahlvorstand in Form von Vorschlagslisten einzureichen sind, wenn mehr als fünf Betriebsratsmitglieder zu wählen sind; der letzte Tag der Frist und im Fall des § 41 Absatz 2 zusätzlich die Uhrzeit sind anzugeben;
9. dass die Stimmabgabe an die Wahlvorschläge gebunden ist und dass nur solche Wahlvorschläge berücksichtigt werden dürfen, die fristgerecht (Nr. 8) eingereicht sind;
10. die Bestimmung des Orts, an dem die Wahlvorschläge bis zum Abschluss der Stimmabgabe aushängen;
11. Ort, Tag und Zeit der Stimmabgabe sowie die Betriebsteile und Kleinstbetriebe, für die schriftliche Stimmabgabe (§ 24 Abs. 3) beschlossen ist;
12. den Ort, an dem Einsprüche, Wahlvorschläge und sonstige Erklärungen gegenüber dem Wahlvorstand abzugeben sind (Betriebsadresse des Wahlvorstands);
13. Ort, Tag und Zeit der öffentlichen Stimmauszählung.

(3) Sofern es nach Größe, Eigenart oder Zusammensetzung der Arbeitnehmerschaft des Betriebs zweckmäßig ist, soll der Wahlvorstand im Wahlausschreiben darauf hinweisen, dass bei der Aufstellung von Wahlvorschlägen die einzelnen Organisationsbereiche und die verschiedenen Beschäftigungsarten berücksichtigt werden sollen.
(4) Ein Abdruck des Wahlausschreibens ist vom Tage seines Erlasses bis zum letzten Tage der Stimmabgabe an einer oder mehreren geeigneten, den Wahlberechtigten zugänglichen Stellen vom Wahlvorstand auszuhängen und in gut lesbarem Zustand zu erhalten. Ergänzend kann das Wahlausschreiben mittels der im Betrieb vorhandenen Informations- und Kommunikationstechnik bekannt gemacht werden. § 2 Abs. 4 Satz 4 gilt entsprechend. Ergänzend hat der Wahlvorstand das Wahlausschreiben den Personen nach § 24 Absatz 2 postalisch oder elektronisch zu übermitteln; der Arbeitgeber hat dem Wahlvorstand die dazu erforderlichen Informationen zur Verfügung zu stellen.

§ 4 Einspruch gegen die Wählerliste

(1) Einsprüche gegen die Richtigkeit der Wählerliste können mit Wirksamkeit für die Betriebsratswahl nur vor Ablauf von zwei Wochen seit Erlass des Wahlausschreibens beim Wahlvorstand schriftlich eingelegt werden.
(2) Über Einsprüche nach Absatz 1 hat der Wahlvorstand unverzüglich zu entscheiden. Der Einspruch ist ausgeschlossen, soweit er darauf gestützt wird, dass die Zuordnung nach § 18a des Gesetzes fehlerhaft erfolgt sei. Satz 2 gilt nicht, soweit die nach § 18a Abs. 1 oder 4 Satz 1 und 2 des Gesetzes am Zuordnungsverfahren Beteiligten die Zuordnung übereinstimmend für offensichtlich fehlerhaft halten. Wird der Einspruch für begründet erachtet, so ist die Wählerliste zu berichtigen. Die Entscheidung des Wahlvorstands ist der Arbeitnehmerin oder dem Arbeitnehmer, die oder der den Einspruch eingelegt hat, unverzüglich schriftlich mitzuteilen; die Entscheidung muss der Arbeitnehmerin oder dem Arbeitnehmer spätestens am Tage vor dem Beginn der Stimmabgabe zugehen.
(3) Nach Ablauf der Einspruchsfrist soll der Wahlvorstand die Wählerliste nochmals auf ihre Vollständigkeit hin überprüfen. Im Übrigen kann nach Ablauf der Einspruchsfrist die Wählerliste nur bei Schreibfehlern, offenbaren Unrichtigkeiten, in Erledigung rechtzeitig eingelegter Einsprüche oder bei Eintritt von Wahlberechtigten in den Betrieb oder bei Ausscheiden aus dem Betrieb bis zum Abschluss der Stimmabgabe berichtigt oder ergänzt werden.

§ 5 Bestimmung der Mindestsitze für das Geschlecht in der Minderheit

(1) Der Wahlvorstand stellt fest, welches Geschlecht von seinem zahlenmäßigen Verhältnis im Betrieb in der Minderheit ist. Sodann errechnet der Wahlvorstand den Mindestanteil der Betriebsratssitze für das Geschlecht in der Minderheit (§ 15 Abs. 2 des Gesetzes) nach den Grundsätzen der Verhältniswahl. Zu diesem Zweck werden die Zahlen der am Tage des Erlasses des Wahlausschreibens im Betrieb beschäftigten Frauen und Männer in einer Reihe nebeneinander gestellt und beide durch 1, 2, 3, 4 usw. geteilt. Die ermittelten Teilzahlen sind nacheinander reihenweise unter den Zahlen der ersten Reihe aufzuführen, bis höhere Teilzahlen für die Zuweisung der zu verteilenden Sitze nicht mehr in Betracht kommen.
(2) Unter den so gefundenen Teilzahlen werden so viele Höchstzahlen ausgesondert und der Größe nach geordnet, wie Betriebsratsmitglieder zu wählen sind. Das Geschlecht in der Minderheit erhält so viele Mitgliedersitze zugeteilt, wie Höchstzahlen auf es entfallen. Wenn die niedrigste in Betracht kommende Höchstzahl auf beide Geschlechter zugleich entfällt, so entscheidet das Los darüber, welchem Geschlecht dieser Sitz zufällt.

Zweiter Abschnitt
Wahl von mehr als fünf Betriebsratsmitgliedern (aufgrund von Vorschlagslisten)

Erster Unterabschnitt
Einreichung und Bekanntmachung von Vorschlagslisten

§ 6 Vorschlagslisten

(1) Sind mehr als fünf Betriebsratsmitglieder zu wählen, so erfolgt die Wahl aufgrund von Vorschlagslisten, sofern nicht die Anwendung des vereinfachten Wahlverfahrens vereinbart worden ist (§ 14a Absatz 5 des Gesetzes). Die Vorschlagslisten sind von den Wahlberechtigten vor Ablauf von zwei Wochen seit Erlass des Wahlausschreibens beim Wahlvorstand einzureichen.
(2) Jede Vorschlagsliste soll mindestens doppelt so viele Bewerberinnen oder Bewerber aufweisen, wie Betriebsratsmitglieder zu wählen sind.
(3) In jeder Vorschlagsliste sind die einzelnen Bewerberinnen oder Bewerber in erkennbarer Reihenfolge unter fortlaufender Nummer und unter Angabe von Familienname, Vorname, Geburtsdatum und Art der Beschäftigung im Betrieb aufzuführen. Die schriftliche Zustimmung der

Bewerberinnen oder der Bewerber zur Aufnahme in die Liste ist beizufügen.
(4) Wenn kein anderer Unterzeichner der Vorschlagsliste ausdrücklich als Listenvertreter bezeichnet ist, wird die oder der an erster Stelle Unterzeichnete als Listenvertreterin oder Listenvertreter angesehen. Diese Person ist berechtigt und verpflichtet, dem Wahlvorstand die zur Beseitigung von Beanstandungen erforderlichen Erklärungen abzugeben sowie Erklärungen und Entscheidungen des Wahlvorstands entgegenzunehmen.
(5) Die Unterschrift eines Wahlberechtigten zählt nur auf einer Vorschlagsliste. Hat ein Wahlberechtigter mehrere Vorschlagslisten unterzeichnet, so hat er auf Aufforderung des Wahlvorstands binnen einer ihm gesetzten angemessenen Frist, spätestens jedoch vor Ablauf von drei Arbeitstagen, zu erklären, welche Unterschrift er aufrechterhält. Unterbleibt die fristgerechte Erklärung, so wird sein Name auf der zuerst eingereichten Vorschlagsliste gezählt und auf den übrigen Listen gestrichen; sind mehrere Vorschlagslisten, die von demselben Wahlberechtigten unterschrieben sind, gleichzeitig eingereicht worden, so entscheidet das Los darüber, auf welcher Vorschlagsliste die Unterschrift gilt.
(6) Eine Verbindung von Vorschlagslisten ist unzulässig.
(7) Eine Bewerberin oder ein Bewerber kann nur auf einer Vorschlagsliste vorgeschlagen werden. Ist der Name dieser Person mit ihrer schriftlichen Zustimmung auf mehreren Vorschlagslisten aufgeführt, so hat sie auf Aufforderung des Wahlvorstands vor Ablauf von drei Arbeitstagen zu erklären, welche Bewerbung sie aufrechterhält. Unterbleibt die fristgerechte Erklärung, so ist die Bewerberin oder der Bewerber auf sämtlichen Listen zu streichen.

§ 7 Prüfung der Vorschlagslisten

(1) Der Wahlvorstand hat bei Überbringen der Vorschlagsliste oder, falls die Vorschlagsliste auf eine andere Weise eingereicht wird, der Listenvertreterin oder dem Listenvertreter den Zeitpunkt der Einreichung schriftlich zu bestätigen.
(2) Der Wahlvorstand hat die eingereichten Vorschlagslisten, wenn die Liste nicht mit einem Kennwort versehen ist, mit Familienname und Vorname der beiden in der Liste an erster Stelle Benannten zu bezeichnen. Er hat die Vorschlagsliste unverzüglich, möglichst binnen einer Frist von zwei Arbeitstagen nach ihrem Eingang, zu prüfen und bei Ungültigkeit oder Beanstandung einer Liste die Listenvertreterin oder den Listenvertreter unverzüglich schriftlich unter Angabe der Gründe zu unterrichten.

§ 8 Ungültige Vorschlagslisten

(1) Ungültig sind Vorschlagslisten,

1. die nicht fristgerecht eingereicht worden sind,
2. auf denen die Bewerberinnen oder Bewerber nicht in erkennbarer Reihenfolge aufgeführt sind,
3. die bei der Einreichung nicht die erforderliche Zahl von Unterschriften (§ 14 Absatz 4 Satz 2 und 3 des Gesetzes) aufweisen. Die Rücknahme von Unterschriften auf einer eingereichten Vorschlagsliste beeinträchtigt deren Gültigkeit nicht; § 6 Abs. 5 bleibt unberührt.

(2) Ungültig sind auch Vorschlagslisten,

1. auf denen die Bewerberinnen oder Bewerber nicht in der in § 6 Abs. 3 bestimmten Weise bezeichnet sind,
2. wenn die schriftliche Zustimmung der Bewerberinnen oder der Bewerber zur Aufnahme in die Vorschlagsliste nicht vorliegt,
3. wenn die Vorschlagsliste infolge von Streichung gemäß § 6 Abs. 5 nicht mehr die erforderliche Zahl von Unterschriften aufweist,

falls diese Mängel trotz Beanstandung nicht binnen einer Frist von drei Arbeitstagen beseitigt werden.

§ 9 Nachfrist für Vorschlagslisten

(1) Ist nach Ablauf der in § 6 Abs. 1 genannten Frist keine gültige Vorschlagsliste eingereicht, so hat dies der Wahlvorstand sofort in der gleichen Weise bekannt zu machen wie das Wahlausschreiben und eine Nachfrist von einer Woche für die Einreichung von Vorschlagslisten zu setzen. In der Bekanntmachung ist darauf hinzuweisen, dass die Wahl nur stattfinden kann, wenn innerhalb der Nachfrist mindestens eine gültige Vorschlagsliste eingereicht wird.

(2) Wird trotz Bekanntmachung nach Absatz 1 eine gültige Vorschlagsliste nicht eingereicht, so hat der Wahlvorstand sofort bekannt zu machen, dass die Wahl nicht stattfindet.

§ 10 Bekanntmachung der Vorschlagslisten

(1) Nach Ablauf der in § 6 Abs. 1, § 8 Abs. 2 und § 9 Abs. 1 genannten Fristen ermittelt der Wahlvorstand durch das Los die Reihenfolge der Ordnungsnummern, die den eingereichten Vorschlagslisten zugeteilt werden (Liste 1 usw.). Die Listenvertreterin oder der Listenvertreter sind zu der Losentscheidung rechtzeitig einzuladen.

(2) Spätestens eine Woche vor Beginn der Stimmabgabe hat der Wahlvorstand die als gültig anerkannten Vorschlagslisten bis zum Abschluss der Stimmabgabe in gleicher Weise bekannt zu machen wie das Wahlausschreiben (§ 3 Absatz 4 Satz 1 bis 3).

Zweiter Unterabschnitt
Wahlverfahren bei mehreren Vorschlagslisten
(§ 14 Abs. 2 Satz 1 des Gesetzes)

§ 11 Stimmabgabe

(1) Die Wählerin oder der Wähler kann ihre oder seine Stimme nur für eine der als gültig anerkannten Vorschlagslisten abgeben. Die Stimmabgabe erfolgt durch Abgabe von Stimmzetteln.
(2) Auf den Stimmzetteln sind die Vorschlagslisten nach der Reihenfolge der Ordnungsnummern sowie unter Angabe der beiden an erster Stelle benannten Bewerberinnen oder Bewerber mit Familienname, Vorname und Art der Beschäftigung im Betrieb untereinander aufzuführen; bei Listen, die mit Kennworten versehen sind, ist auch das Kennwort anzugeben. Die Stimmzettel für die Betriebsratswahl müssen sämtlich die gleiche Größe, Farbe, Beschaffenheit und Beschriftung haben.
(3) Die Wählerin oder der Wähler kennzeichnet die von ihr oder ihm gewählte Vorschlagsliste durch Ankreuzen an der im Stimmzettel hierfür vorgesehenen Stelle und faltet ihn in der Weise, dass ihre oder seine Stimme nicht erkennbar ist.
(4) Stimmzettel, die mit einem besonderen Merkmal versehen sind oder aus denen sich der Wille der Wählerin oder des Wählers nicht unzweifelhaft ergibt oder die andere Angaben als die in Absatz 1 genannten Vorschlagslisten, einen Zusatz oder sonstige Änderungen enthalten, sind ungültig.

§ 12 Wahlvorgang

(1) Der Wahlvorstand hat geeignete Vorkehrungen für die unbeobachtete Bezeichnung der Stimmzettel im Wahlraum zu treffen und für die Bereitstellung einer Wahlurne oder mehrerer Wahlurnen zu sorgen. Die Wahlurne muss vom Wahlvorstand verschlossen und so eingerichtet sein, dass die eingeworfenen Stimmzettel nicht herausgenommen werden können, ohne dass die Urne geöffnet wird.
(2) Während der Wahl müssen immer mindestens zwei stimmberechtigte Mitglieder des Wahlvorstands im Wahlraum anwesend sein; sind Wahlhelferinnen oder Wahlhelfer bestellt (§ 1 Abs. 2), so genügt die Anwesenheit eines stimmberechtigten Mitglieds des Wahlvorstands und einer Wahlhelferin oder eines Wahlhelfers.
(3) Die Wählerin oder der Wähler gibt ihren oder seinen Namen an und wirft den gefalteten Stimmzettel in die Wahlurne ein, nachdem die Stimmabgabe in der Wählerliste vermerkt worden ist.

(4) Wer infolge seiner Behinderung bei der Stimmabgabe beeinträchtigt ist, kann eine Person seines Vertrauens bestimmen, die ihm bei der Stimmabgabe behilflich sein soll, und teilt dies dem Wahlvorstand mit. Wahlbewerberinnen oder Wahlbewerber, Mitglieder des Wahlvorstands sowie Wahlhelferinnen und Wahlhelfer dürfen nicht zur Hilfeleistung herangezogen werden. Die Hilfeleistung beschränkt sich auf die Erfüllung der Wünsche der Wählerin oder des Wählers zur Stimmabgabe; die Person des Vertrauens darf gemeinsam mit der Wählerin oder dem Wähler die Wahlzelle aufsuchen. Sie ist zur Geheimhaltung der Kenntnisse verpflichtet, die sie bei der Hilfeleistung zur Stimmabgabe erlangt hat. Die Sätze 1 bis 4 gelten entsprechend für des Lesens unkundige Wählerinnen und Wähler.
(5) Nach Abschluss der Stimmabgabe ist die Wahlurne zu versiegeln, wenn die Stimmenzählung nicht unmittelbar nach Beendigung der Wahl durchgeführt wird. Gleiches gilt, wenn die Stimmabgabe unterbrochen wird, insbesondere wenn sie an mehreren Tagen erfolgt.

§ 13 Öffentliche Stimmauszählung

Unverzüglich nach Abschluss der Wahl nimmt der Wahlvorstand öffentlich die Auszählung der Stimmen vor und gibt das aufgrund der Auszählung sich ergebende Wahlergebnis bekannt. Sofern eine schriftliche Stimmabgabe erfolgt ist, führt der Wahlvorstand vor Beginn der Stimmauszählung das Verfahren nach § 26 durch.

§ 14 Verfahren bei der Stimmauszählung

(1) Nach Öffnung der Wahlurne entnimmt der Wahlvorstand die Stimmzettel und zählt die auf jede Vorschlagsliste entfallenden Stimmen zusammen. Dabei ist die Gültigkeit der Stimmzettel zu prüfen.
(2) Befindet sich in der Wahlurne ein Wahlumschlag mit mehreren gekennzeichneten Stimmzetteln (§ 26 Absatz 1 Satz 3, § 35 Absatz 4 Satz 3), so werden sie, wenn sie vollständig übereinstimmen, nur einfach gezählt, andernfalls als ungültig angesehen.

§ 15 Verteilung der Betriebsratssitze auf die Vorschlagslisten

(1) Die Betriebsratssitze werden auf die Vorschlagslisten verteilt. Dazu werden die den einzelnen Vorschlagslisten zugefallenen Stimmenzahlen in einer Reihe nebeneinander gestellt und sämtlich durch 1, 2, 3, 4 usw. geteilt. Die ermittelten Teilzahlen sind nacheinander reihenweise unter den Zahlen der ersten Reihe aufzuführen, bis höhere Teilzahlen für die Zuweisung der zu verteilenden Sitze nicht mehr in Betracht kommen.

(2) Unter den so gefundenen Teilzahlen werden so viele Höchstzahlen ausgesondert und der Größe nach geordnet, wie Betriebsratsmitglieder zu wählen sind. Jede Vorschlagsliste erhält so viele Mitgliedersitze zugeteilt, wie Höchstzahlen auf sie entfallen. Entfällt die niedrigste in Betracht kommende Höchstzahl auf mehrere Vorschlagslisten zugleich, so entscheidet das Los darüber, welcher Vorschlagsliste dieser Sitz zufällt.
(3) Wenn eine Vorschlagsliste weniger Bewerberinnen oder Bewerber enthält, als Höchstzahlen auf sie entfallen, so gehen die überschüssigen Mitgliedersitze auf die folgenden Höchstzahlen der anderen Vorschlagslisten über.
(4) Die Reihenfolge der Bewerberinnen oder Bewerber innerhalb der einzelnen Vorschlagslisten bestimmt sich nach der Reihenfolge ihrer Benennung.
(5) Befindet sich unter den auf die Vorschlagslisten entfallenden Höchstzahlen nicht die erforderliche Mindestzahl von Angehörigen des Geschlechts in der Minderheit nach § 15 Abs. 2 des Gesetzes, so gilt Folgendes:

1. An die Stelle der auf der Vorschlagsliste mit der niedrigsten Höchstzahl benannten Person, die nicht dem Geschlecht in der Minderheit angehört, tritt die in derselben Vorschlagsliste in der Reihenfolge nach ihr benannte, nicht berücksichtigte Person des Geschlechts in der Minderheit.
2. Enthält diese Vorschlagsliste keine Person des Geschlechts in der Minderheit, so geht dieser Sitz auf die Vorschlagsliste mit der folgenden, noch nicht berücksichtigten Höchstzahl und mit Angehörigen des Geschlechts in der Minderheit über. Entfällt die folgende Höchstzahl auf mehrere Vorschlagslisten zugleich, so entscheidet das Los darüber, welcher Vorschlagsliste dieser Sitz zufällt.
3. Das Verfahren nach den Nummern 1 und 2 ist so lange fortzusetzen, bis der Mindestanteil der Sitze des Geschlechts in der Minderheit nach § 15 Abs. 2 des Gesetzes erreicht ist.
4. Bei der Verteilung der Sitze des Geschlechts in der Minderheit sind auf den einzelnen Vorschlagslisten nur die Angehörigen dieses Geschlechts in der Reihenfolge ihrer Benennung zu berücksichtigen.
5. Verfügt keine andere Vorschlagsliste über Angehörige des Geschlechts in der Minderheit, verbleibt der Sitz bei der Vorschlagsliste, die zuletzt ihren Sitz zu Gunsten des Geschlechts in der Minderheit nach Nummer 1 hätte abgeben müssen.

§ 16 Wahlniederschrift

(1) Nachdem ermittelt ist, welche Arbeitnehmerinnen und Arbeitnehmer als Betriebsratsmitglieder gewählt sind, hat der Wahlvorstand in einer Niederschrift festzustellen:

1. die Gesamtzahl der abgegebenen Stimmen und die Zahl der abgegebenen gültigen Stimmen;
2. die jeder Liste zugefallenen Stimmenzahlen;
3. die berechneten Höchstzahlen;
4. die Verteilung der berechneten Höchstzahlen auf die Listen;
5. die Zahl der ungültigen Stimmen;
6. die Namen der in den Betriebsrat gewählten Bewerberinnen und Bewerber;
7. gegebenenfalls besondere während der Betriebsratswahl eingetretene Zwischenfälle oder sonstige Ereignisse.

(2) Die Niederschrift ist von der oder dem Vorsitzenden und von mindestens einem weiteren stimmberechtigten Mitglied des Wahlvorstands zu unterschreiben.

§ 17 Benachrichtigung der Gewählten

(1) Der Wahlvorstand hat die als Betriebsratsmitglieder gewählten Arbeitnehmerinnen und Arbeitnehmer unverzüglich schriftlich von ihrer Wahl zu benachrichtigen. Erklärt die gewählte Person nicht binnen drei Arbeitstagen nach Zugang der Benachrichtigung dem Wahlvorstand, dass sie die Wahl ablehne, so gilt die Wahl als angenommen.

(2) Lehnt eine gewählte Person die Wahl ab, so tritt an ihre Stelle die in derselben Vorschlagsliste in der Reihenfolge nach ihr benannte, nicht gewählte Person. Gehört die gewählte Person dem Geschlecht in der Minderheit an, so tritt an ihre Stelle die in derselben Vorschlagsliste in der Reihenfolge nach ihr benannte, nicht gewählte Person desselben Geschlechts, wenn ansonsten das Geschlecht in der Minderheit nicht die ihm nach § 15 Abs. 2 des Gesetzes zustehenden Mindestsitze erhält. § 15 Abs. 5 Nr. 2 bis 5 gilt entsprechend.

§ 18 Bekanntmachung der Gewählten

Sobald die Namen der Betriebsratsmitglieder endgültig feststehen, hat der Wahlvorstand sie durch zweiwöchigen Aushang in gleicher Weise bekannt zu machen wie das Wahlausschreiben (§ 3 Absatz 4 Satz 1 bis 3). Je eine Abschrift der Wahlniederschrift (§ 16) ist dem Arbeitgeber und den im Betrieb vertretenen Gewerkschaften unverzüglich zu übersenden.

§ 19 Aufbewahrung der Wahlakten

Der Betriebsrat hat die Wahlakten mindestens bis zur Beendigung seiner Amtszeit aufzubewahren.

Dritter Unterabschnitt
Wahlverfahren bei nur einer Vorschlagsliste
(§ 14 Abs. 2 Satz 2 erster Halbsatz des Gesetzes)

§ 20 Stimmabgabe

(1) Ist nur eine gültige Vorschlagsliste eingereicht, so kann die Wählerin oder der Wähler ihre oder seine Stimme nur für solche Bewerberinnen oder Bewerber abgeben, die in der Vorschlagsliste aufgeführt sind.
(2) Auf den Stimmzetteln sind die Bewerberinnen oder Bewerber unter Angabe von Familienname, Vorname und Art der Beschäftigung im Betrieb in der Reihenfolge aufzuführen, in der sie auf der Vorschlagsliste benannt sind.
(3) Die Wählerin oder der Wähler kennzeichnet die von ihr oder ihm gewählten Bewerberinnen oder Bewerber durch Ankreuzen an der hierfür im Stimmzettel vorgesehenen Stelle und faltet ihn in der Weise, dass ihre oder seine Stimmt nicht erkennbar ist; es dürfen nicht mehr Bewerberinnen oder Bewerber angekreuzt werden, als Betriebsratsmitglieder zu wählen sind. § 11 Abs. 1 Satz 2, Abs. 2 Satz 2, Abs. 4, §§ 12 und 13 gelten entsprechend.

§ 21 Stimmauszählung

Nach Öffnung der Wahlurne entnimmt der Wahlvorstand die Stimmzettel und zählt die auf jede Bewerberin und jeden Bewerber entfallenden Stimmen zusammen; § 14 Abs. 1 Satz 2 und Abs. 2 gilt entsprechend.

§ 22 Ermittlung der Gewählten

(1) Zunächst werden die dem Geschlecht in der Minderheit zustehenden Mindestsitze (§ 15 Abs. 2 des Gesetzes) verteilt. Dazu werden die dem Geschlecht in der Minderheit zustehenden Mindestsitze mit Angehörigen dieses Geschlechts in der Reihenfolge der jeweils höchsten auf sie entfallenden Stimmenzahlen besetzt.
(2) Nach der Verteilung der Mindestsitze des Geschlechts in der Minderheit nach Absatz 1 erfolgt die Verteilung der weiteren Sitze. Die weiteren Sitze werden mit Bewerberinnen und Bewerbern, unabhängig von ihrem Geschlecht, in der Reihenfolge der jeweils höchsten auf sie entfallenden Stimmenzahlen besetzt.

(3) Haben in den Fällen des Absatzes 1 oder 2 für den zuletzt zu vergebenden Betriebsratssitz mehrere Bewerberinnen oder Bewerber die gleiche Stimmenzahl erhalten, so entscheidet das Los darüber, wer gewählt ist.
(4) Haben sich weniger Angehörige des Geschlechts in der Minderheit zur Wahl gestellt oder sind weniger Angehörige dieses Geschlechts gewählt worden als ihm nach § 15 Abs. 2 des Gesetzes Mindestsitze zustehen, so sind die insoweit überschüssigen Mitgliedersitze des Geschlechts in der Minderheit bei der Sitzverteilung nach Absatz 2 Satz 2 zu berücksichtigen.

§ 23 Wahlniederschrift, Bekanntmachung

(1) Nachdem ermittelt ist, welche Arbeitnehmerinnen und Arbeitnehmer als Betriebsratsmitglieder gewählt sind, hat der Wahlvorstand eine Niederschrift anzufertigen, in der außer den Angaben nach § 16 Abs. 1 Nr. 1, 5 bis 7 die jeder Bewerberin und jedem Bewerber zugefallenen Stimmenzahlen festzustellen sind. § 16 Abs. 2, § 17 Abs. 1, §§ 18 und 19 gelten entsprechend.
(2) Lehnt eine gewählte Person die Wahl ab, so tritt an ihre Stelle die nicht gewählte Person mit der nächsthöchsten Stimmenzahl. Gehört die gewählte Person dem Geschlecht in der Minderheit an, so tritt an ihre Stelle die nicht gewählte Person dieses Geschlechts mit der nächsthöchsten Stimmenzahl, wenn ansonsten das Geschlecht in der Minderheit nicht die ihm nach § 15 Abs. 2 des Gesetzes zustehenden Mindestsitze erhalten würde. Gibt es keine weiteren Angehörigen dieses Geschlechts, auf die Stimmen entfallen sind, geht dieser Sitz auf die nicht gewählte Person des anderen Geschlechts mit der nächsthöchsten Stimmenzahl über.

Dritter Abschnitt
Schriftliche Stimmabgabe

§ 24 Voraussetzungen

(1) Wahlberechtigten, die im Zeitpunkt der Wahl wegen Abwesenheit vom Betrieb verhindert sind, ihre Stimme persönlich abzugeben, hat der Wahlvorstand auf ihr Verlangen

1. das Wahlausschreiben,
2. die Vorschlagslisten,
3. den Stimmzettel und den Wahlumschlag,
4. eine vorgedruckte von der Wählerin oder dem Wähler abzugebende Erklärung, in der gegenüber dem Wahlvorstand zu versichern ist, dass der Stimmzettel persönlich gekennzeichnet worden ist, sowie

5. einen größeren Freiumschlag, der die Anschrift des Wahlvorstands und als Absender den Namen und die Anschrift der oder des Wahlberechtigten sowie den Vermerk »Schriftliche Stimmabgabe« trägt,

auszuhändigen oder zu übersenden. Die Wahlumschläge müssen sämtlich die gleiche Größe, Farbe, Beschaffenheit und Beschriftung haben. Der Wahlvorstand soll der Wählerin oder dem Wähler ferner ein Merkblatt über die Art und Weise der schriftlichen Stimmabgabe (§ 25) aushändigen oder übersenden. Der Wahlvorstand hat die Aushändigung oder die Übersendung der Unterlagen in der Wählerliste zu vermerken.

(2) Wahlberechtigte, von denen dem Wahlvorstand bekannt ist, dass sie

1. im Zeitpunkt der Wahl nach der Eigenart ihres Beschäftigungsverhältnisses (insbesondere im Außendienst oder mit Telearbeit Beschäftigte und in Heimarbeit Beschäftigte) oder
2. vom Erlass des Wahlausschreibens bis zum Zeitpunkt der Wahl aus anderen Gründen (insbesondere bei Ruhen des Arbeitsverhältnisses oder Arbeitsunfähigkeit)

voraussichtlich nicht im Betrieb anwesend sein werden, erhalten die in Absatz 1 bezeichneten Unterlagen, ohne dass es eines Verlangens der Wahlberechtigten bedarf. Der Arbeitgeber hat dem Wahlvorstand die dazu erforderlichen Informationen zur Verfügung zu stellen.

(3) Für Betriebsteile und Kleinstbetriebe, die räumlich weit vom Hauptbetrieb entfernt sind, kann der Wahlvorstand die schriftliche Stimmabgabe beschließen. Absatz 2 gilt entsprechend.

§ 25 Stimmabgabe

Die Stimmabgabe erfolgt in der Weise, dass die Wählerin oder der Wähler

1. den Stimmzettel unbeobachtet persönlich kennzeichnet und so faltet und in dem Wahlumschlag verschließt, dass die Stimmabgabe erst nach Auseinanderfallen des Stimmzettels erkennbar ist,
2. die vorgedruckte Erklärung unter Angabe des Orts und des Datums unterschreibt und
3. den Wahlumschlag und die unterschriebene vorgedruckte Erklärung in dem Freiumschlag verschließt und diesen so rechtzeitig an den Wahlvorstand absendet oder übergibt, dass er vor Abschluss der Stimmabgabe vorliegt.

Die Wählerin oder der Wähler kann unter den Voraussetzungen des § 12 Abs. 4 die in den Nummern 1 bis 3 bezeichneten Tätigkeiten durch eine Person des Vertrauens verrichten lassen.

§ 26 Verfahren bei der Stimmabgabe

(1) Zu Beginn der öffentlichen Sitzung zur Stimmauszählung nach § 13 öffnet der Wahlvorstand die bis zum Ende der Stimmabgabe (§ 3 Absatz 2 Nummer 11) eingegangenen Freiumschläge und entnimmt ihnen die Wahlumschläge sowie die vorgedruckten Erklärungen. Ist die schriftliche Stimmabgabe ordnungsgemäß erfolgt (§ 25), so vermerkt der Wahlvorstand die Stimmabgabe in der Wählerliste, öffnet die Wahlumschläge und legt die Stimmzettel in die Wahlurne. Befinden sich in einem Wahlumschlag mehrere gekennzeichnete Stimmzettel, werden sie in dem Wahlumschlag in die Wahlurne gelegt.

(2) Verspätet eingehende Briefumschläge hat der Wahlvorstand mit einem Vermerk über den Zeitpunkt des Eingangs ungeöffnet zu den Wahlunterlagen zu nehmen. Die Briefumschläge sind einen Monat nach Bekanntgabe des Wahlergebnisses ungeöffnet zu vernichten, wenn die Wahl nicht angefochten worden ist.

Vierter Abschnitt
Wahlvorschläge der Gewerkschaften

§ 27 Voraussetzungen, Verfahren

(1) Für den Wahlvorschlag einer im Betrieb vertretenen Gewerkschaft (§ 14 Abs. 3 des Gesetzes) gelten die §§ 6 bis 26 entsprechend.

(2) Der Wahlvorschlag einer Gewerkschaft ist ungültig, wenn er nicht von zwei Beauftragten der Gewerkschaft unterzeichnet ist (§ 14 Abs. 5 des Gesetzes).

(3) Die oder der an erster Stelle unterzeichnete Beauftragte gilt als Listenvertreterin oder Listenvertreter. Die Gewerkschaft kann hierfür eine Arbeitnehmerin oder einen Arbeitnehmer des Betriebs, die oder der Mitglied der Gewerkschaft ist, benennen.

Zweiter Teil
Wahl des Betriebsrats im vereinfachten Wahlverfahren (§ 14a des Gesetzes)

Erster Abschnitt
Wahl des Betriebsrats im zweistufigen Verfahren (§ 14a Abs. 1 des Gesetzes)

Erster Unterabschnitt
Wahl des Wahlvorstands

§ 28 Einladung zur Wahlversammlung

(1) Zu der Wahlversammlung, in der der Wahlvorstand nach § 17a Nr. 3 des Gesetzes (§ 14a Abs. 1 des Gesetzes) gewählt wird, können drei Wahlberechtigte des Betriebs oder eine im Betrieb vertretene Gewerkschaft einladen (einladende Stelle) und Vorschläge für die Zusammensetzung des Wahlvorstands machen. Die Einladung muss mindestens sieben Tage vor dem Tag der Wahlversammlung erfolgen. Sie ist durch Aushang an geeigneten Stellen im Betrieb bekannt zu machen. Ergänzend kann die Einladung mittels der im Betrieb vorhandenen Informations- und Kommunikationstechnik bekannt gemacht werden; § 2 Abs. 4 Satz 4 gilt entsprechend. Die Einladung muss folgende Hinweise enthalten:

a) Ort, Tag und Zeit der Wahlversammlung zur Wahl des Wahlvorstands;
b) dass Wahlvorschläge zur Wahl des Betriebsrats bis zum Ende der Wahlversammlung zur Wahl des Wahlvorstands gemacht werden können (§ 14a Abs. 2 des Gesetzes);
c) dass Wahlvorschläge der Arbeitnehmerinnen und Arbeitnehmer zur Wahl des Betriebsrats von mindestens zwei Wahlberechtigten unterzeichnet sein müssen; in Betrieben mit in der Regel bis zu zwanzig Wahlberechtigten bedarf es keiner Unterzeichnung von Wahlvorschlägen;
d) dass Wahlvorschläge zur Wahl des Betriebsrats, die erst in der Wahlversammlung zur Wahl des Wahlvorstands gemacht werden, nicht der Schriftform bedürfen.

(2) Der Arbeitgeber hat unverzüglich nach Aushang der Einladung zur Wahlversammlung nach Absatz 1 der einladenden Stelle alle für die Anfertigung der Wählerliste erforderlichen Unterlagen (§ 2) in einem versiegelten Umschlag auszuhändigen.

§ 29 Wahl des Wahlvorstands

Der Wahlvorstand wird in der Wahlversammlung zur Wahl des Wahlvorstands von der Mehrheit der anwesenden Arbeitnehmerinnen und Arbeitnehmer gewählt (§ 17a Nr. 3 Satz 1 des Gesetzes). Er besteht aus drei Mitgliedern (§ 17a Nr. 2 des Gesetzes). Für die Wahl der oder des Vorsitzenden des Wahlvorstands gilt Satz 1 entsprechend.

Zweiter Unterabschnitt
Wahl des Betriebsrats

§ 30 Wahlvorstand, Wählerliste

(1) Unmittelbar nach seiner Wahl hat der Wahlvorstand in der Wahlversammlung zur Wahl des Wahlvorstands die Wahl des Betriebsrats einzuleiten. § 1 gilt entsprechend. Er hat unverzüglich in der Wahlversammlung eine Liste der Wahlberechtigten (Wählerliste), getrennt nach den Geschlechtern, aufzustellen. Die einladende Stelle hat dem Wahlvorstand den ihr nach § 28 Abs. 2 ausgehändigten versiegelten Umschlag zu übergeben. Die Wahlberechtigten sollen in der Wählerliste mit Familienname, Vorname und Geburtsdatum in alphabetischer Reihenfolge aufgeführt werden. § 2 Abs. 1 Satz 3, Abs. 2 bis 4 gilt entsprechend.
(2) Einsprüche gegen die Richtigkeit der Wählerliste können mit Wirksamkeit für die Betriebsratswahl nur vor Ablauf von drei Tagen seit Erlass des Wahlausschreibens beim Wahlvorstand schriftlich eingelegt werden. § 4 Abs. 2 und 3 gilt entsprechend.

§ 31 Wahlausschreiben

(1) Im Anschluss an die Aufstellung der Wählerliste erlässt der Wahlvorstand in der Wahlversammlung das Wahlausschreiben, das von der oder dem Vorsitzenden und von mindestens einem weiteren stimmberechtigten Mitglied des Wahlvorstands zu unterschreiben ist. Mit Erlass des Wahlausschreibens ist die Betriebsratswahl eingeleitet. Das Wahlausschreiben muss folgende Angaben enthalten:

1. das Datum seines Erlasses;
2. die Bestimmung des Orts, an dem die Wählerliste und diese Verordnung ausliegen sowie im Fall der Bekanntmachung in elektronischer Form (§ 2 Abs. 4 Satz 3 und 4) wo und wie von der Wählerliste und der Verordnung Kenntnis genommen werden kann;
3. dass nur Arbeitnehmerinnen und Arbeitnehmer wählen oder gewählt werden können, die in die Wählerliste eingetragen sind, und dass Einsprüche gegen die Wählerliste (§ 30 Absatz 2 Satz 1) nur vor Ablauf von drei Tagen seit dem Erlass des Wahlausschreibens schriftlich beim

Wahlvorstand eingelegt werden können, verbunden mit einem Hinweis auf die Anfechtungsausschlussgründe nach § 19 Absatz 3 des Gesetzes; der letzte Tag der Frist und im Fall des § 41 Absatz 2 zusätzlich die Uhrzeit sind anzugeben;

4. den Anteil der Geschlechter und den Hinweis, dass das Geschlecht in der Minderheit im Betriebsrat mindestens entsprechend seinem zahlenmäßigen Verhältnis vertreten sein muss, wenn der Betriebsrat aus mindestens drei Mitgliedern besteht (§ 15 Abs. 2 des Gesetzes);
5. die Zahl der zu wählenden Betriebsratsmitglieder (§ 9 des Gesetzes) sowie die auf das Geschlecht in der Minderheit entfallenden Mindestsitze im Betriebsrat (§ 15 Abs. 2 des Gesetzes);
6. die Mindestzahl von Wahlberechtigten, von denen ein Wahlvorschlag unterzeichnet sein muss (§ 14 Abs. 4 des Gesetzes) und den Hinweis, dass Wahlvorschläge, die erst in der Wahlversammlung zur Wahl des Wahlvorstands gemacht werden, nicht der Schriftform bedürfen (§ 14a Abs. 2 zweiter Halbsatz des Gesetzes);
7. dass der Wahlvorschlag einer im Betrieb vertretenen Gewerkschaft von zwei Beauftragten unterzeichnet sein muss (§ 14 Abs. 5 des Gesetzes);
8. dass Wahlvorschläge bis zum Abschluss der Wahlversammlung zur Wahl des Wahlvorstands bei diesem einzureichen sind (§ 14a Abs. 2 erster Halbsatz des Gesetzes);
9. dass die Stimmabgabe an die Wahlvorschläge gebunden ist und dass nur solche Wahlvorschläge berücksichtigt werden dürfen, die fristgerecht (Nr. 8) eingereicht sind;
10. die Bestimmung des Orts, an dem die Wahlvorschläge bis zum Abschluss der Stimmabgabe aushängen;
11. Ort, Tag und Zeit der Wahlversammlung zur Wahl des Betriebsrats (Tag der Stimmabgabe – § 14a Abs. 1 Satz 3 und 4 des Gesetzes);
12. dass Wahlberechtigten, die an der Wahlversammlung zur Wahl des Betriebsrats nicht teilnehmen können, Gelegenheit zur nachträglichen schriftlichen Stimmabgabe gegeben wird (§ 14a Abs. 4 des Gesetzes); das Verlangen auf nachträgliche schriftliche Stimmabgabe muss spätestens drei Tage vor dem Tag der Wahlversammlung zur Wahl des Betriebsrats dem Wahlvorstand mitgeteilt werden;
13. Ort, Tag und Zeit der nachträglichen schriftlichen Stimmabgabe (§ 14a Abs. 4 des Gesetzes) sowie die Betriebsteile und Kleinstbetriebe, für die nachträgliche schriftliche Stimmabgabe entsprechend § 24 Abs. 3 beschlossen ist;

14. den Ort, an dem Einsprüche, Wahlvorschläge und sonstige Erklärungen gegenüber dem Wahlvorstand abzugeben sind (Betriebsadresse des Wahlvorstands);
15. Ort, Tag und Zeit der öffentlichen Stimmauszählung.

(2) Ein Abdruck des Wahlausschreibens ist vom Tage seines Erlasses bis zum letzten Tage der Stimmabgabe an einer oder mehreren geeigneten, den Wahlberechtigten zugänglichen Stellen vom Wahlvorstand auszuhängen und in gut lesbarem Zustand zu erhalten. Ergänzend kann das Wahlausschreiben mittels der im Betrieb vorhandenen Informations- und Kommunikationstechnik bekannt gemacht werden. § 2 Abs. 4 Satz 4 gilt entsprechend.

§ 32 Bestimmung der Mindestsitze für das Geschlecht in der Minderheit

Besteht der zu wählende Betriebsrat aus mindestens drei Mitgliedern, so hat der Wahlvorstand den Mindestanteil der Betriebsratssitze für das Geschlecht in der Minderheit (§ 15 Abs. 2 des Gesetzes) gemäß § 5 zu errechnen.

§ 33 Wahlvorschläge

(1) Die Wahl des Betriebsrats erfolgt aufgrund von Wahlvorschlägen. Die Wahlvorschläge sind von den Wahlberechtigten und den im Betrieb vertretenen Gewerkschaften bis zum Ende der Wahlversammlung zur Wahl des Wahlvorstands bei diesem einzureichen. Wahlvorschläge, die erst in dieser Wahlversammlung gemacht werden, bedürfen nicht der Schriftform (§ 14a Abs. 2 des Gesetzes).

(2) Für Wahlvorschläge gilt § 6 Abs. 2 bis 4 entsprechend. Im Fall des § 14 Absatz 4 Satz 1 des Gesetzes gilt § 6 Absatz 4 entsprechend mit der Maßgabe, dass Person im Sinne des § 6 Absatz 4 Satz 2 die- oder derjenige ist, die oder der den Wahlvorschlag eingereicht hat. § 6 Abs. 5 gilt entsprechend mit der Maßgabe, dass ein Wahlberechtigter, der mehrere Wahlvorschläge unterstützt, auf Aufforderung des Wahlvorstands in der Wahlversammlung erklären muss, welche Unterstützung er aufrechterhält. Für den Wahlvorschlag einer im Betrieb vertretenen Gewerkschaft gilt § 27 entsprechend.

(3) § 7 gilt entsprechend. § 8 gilt entsprechend mit der Maßgabe, dass Mängel der Wahlvorschläge nach § 8 Abs. 2 nur in der Wahlversammlung zur Wahl des Wahlvorstands beseitigt werden können.

(4) Unmittelbar nach Abschluss der Wahlversammlung hat der Wahlvorstand die als gültig anerkannten Wahlvorschläge bis zum Abschluss

der Stimmabgabe in gleicher Weise bekannt zu machen, wie das Wahlausschreiben (§ 31 Abs. 2).
(5) Ist in der Wahlversammlung kein Wahlvorschlag zur Wahl des Betriebsrats gemacht worden, hat der Wahlvorstand bekannt zu machen, dass die Wahl nicht stattfindet. Die Bekanntmachung hat in gleicher Weise wie das Wahlausschreiben (§ 31 Abs. 2) zu erfolgen.

§ 34 Wahlverfahren

(1) Die Wählerin oder der Wähler kann ihre oder seine Stimme nur für solche Bewerberinnen oder Bewerber abgeben, die in einem Wahlvorschlag benannt sind. Auf den Stimmzetteln sind die Bewerberinnen oder Bewerber in alphabetischer Reihenfolge unter Angabe von Familienname, Vorname und Art der Beschäftigung im Betrieb aufzuführen. Die Wählerin oder der Wähler kennzeichnet die von ihm Gewählten durch Ankreuzen an der hierfür im Stimmzettel vorgesehenen Stelle und faltet ihn in der Weise, dass ihre oder seine Stimme nicht erkennbar ist; es dürfen nicht mehr Bewerberinnen oder Bewerber angekreuzt werden, als Betriebsratsmitglieder zu wählen sind. § 11 Abs. 1 Satz 2, Abs. 2 Satz 2, Abs. 4 und § 12 gelten entsprechend.
(2) Im Fall der nachträglichen schriftlichen Stimmabgabe (§ 35) hat der Wahlvorstand am Ende der Wahlversammlung zur Wahl des Betriebsrats die Wahlurne zu versiegeln und aufzubewahren.
(3) Erfolgt keine nachträgliche schriftliche Stimmabgabe, hat der Wahlvorstand unverzüglich nach Abschluss der Wahl die öffentliche Auszählung der Stimmen vorzunehmen und das sich daraus ergebende Wahlergebnis bekannt zu geben. Die §§ 21, 23 Abs. 1 gelten entsprechend.
(4) Ist nur ein Betriebsratsmitglied zu wählen, so ist die Person gewählt, die die meisten Stimmen erhalten hat. Bei Stimmengleichheit entscheidet das Los. Lehnt eine gewählte Person die Wahl ab, so tritt an ihre Stelle die nicht gewählte Person mit der nächsthöchsten Stimmenzahl.
(5) Sind mehrere Betriebsratsmitglieder zu wählen, gelten für die Ermittlung der Gewählten die §§ 22 und 23 Abs. 2 entsprechend.

§ 35 Nachträgliche schriftliche Stimmabgabe

(1) Können Wahlberechtigte an der Wahlversammlung zur Wahl des Betriebsrats nicht teilnehmen, um ihre Stimme persönlich abzugeben, können sie beim Wahlvorstand die nachträgliche schriftliche Stimmabgabe beantragen (§ 14a Abs. 4 des Gesetzes). Das Verlangen auf nachträgliche schriftliche Stimmabgabe muss die oder der Wahlberechtigte dem Wahlvorstand spätestens drei Tage vor dem Tag der Wahlversammlung zur Wahl des Betriebsrats mitgeteilt haben. Die §§ 24, 25 gelten entsprechend.

(2) Wird die nachträgliche schriftliche Stimmabgabe aufgrund eines Antrags nach Absatz 1 Satz 1 erforderlich, hat dies der Wahlvorstand unter Angabe des Orts, des Tags und der Zeit der öffentlichen Stimmauszählung in gleicher Weise bekannt zu machen wie das Wahlausschreiben (§ 31 Abs. 2).

(3) Unmittelbar nach Ablauf der Frist für die schriftliche Stimmabgabe nimmt der Wahlvorstand in öffentlicher Sitzung die Auszählung der Stimmen vor.

(4) Zu Beginn der öffentlichen Sitzung nach Absatz 3 öffnet der Wahlvorstand die bis zu diesem Zeitpunkt eingegangenen Freiumschläge und entnimmt ihnen die Wahlumschläge sowie die vorgedruckten Erklärungen. Ist die nachträgliche schriftliche Stimmabgabe ordnungsgemäß erfolgt (§ 25), so vermerkt der Wahlvorstand die Stimmabgabe in der Wählerliste, öffnet die Wahlumschläge und legt die Stimmzettel in die bis dahin versiegelte Wahlurne. Befinden sich in einem Wahlumschlag mehrere gekennzeichnete Stimmzettel, werden sie in dem Wahlumschlag in die Wahlurne gelegt.

(5) Nachdem alle ordnungsgemäß nachträglich abgegebenen Stimmzettel in die Wahlurne gelegt worden sind, nimmt der Wahlvorstand im Anschluss die Auszählung der Stimmen vor. § 34 Abs. 3 bis 5 gilt entsprechend.

Zweiter Abschnitt
Wahl des Betriebsrats im einstufigen Verfahren
(§ 14a Abs. 3 des Gesetzes)

§ 36 Wahlvorstand, Wahlverfahren

(1) Nach der Bestellung des Wahlvorstands durch den Betriebsrat, Gesamtbetriebsrat, Konzernbetriebsrat oder das Arbeitsgericht (§ 14a Abs. 3, § 17a des Gesetzes) hat der Wahlvorstand die Wahl des Betriebsrats unverzüglich einzuleiten. Die Wahl des Betriebsrats findet auf einer Wahlversammlung statt (§ 14a Abs. 3 des Gesetzes). Die §§ 1, 2 und 30 Abs. 2 gelten entsprechend.

(2) Im Anschluss an die Aufstellung der Wählerliste erlässt der Wahlvorstand das Wahlausschreiben, das von der oder dem Vorsitzenden und von mindestens einem weiteren stimmberechtigten Mitglied des Wahlvorstands zu unterschreiben ist. Mit Erlass des Wahlausschreibens ist die Betriebsratswahl eingeleitet. Besteht im Betrieb ein Betriebsrat, soll der letzte Tag der Stimmabgabe (nachträgliche schriftliche Stimmabgabe) eine Woche vor dem Tag liegen, an dem die Amtszeit des Betriebsrats abläuft.

(3) Das Wahlausschreiben hat die in § 31 Abs. 1 Satz 3 vorgeschriebenen Angaben zu enthalten, soweit nachfolgend nichts anderes bestimmt ist:

1. Abweichend von Nummer 6 ist ausschließlich die Mindestzahl von Wahlberechtigten anzugeben, von denen ein Wahlvorschlag unterzeichnet sein muss (§ 14 Abs. 4 des Gesetzes).
2. Abweichend von Nummer 8 hat der Wahlvorstand anzugeben, dass die Wahlvorschläge spätestens eine Woche vor dem Tag der Wahlversammlung zur Wahl des Betriebsrats beim Wahlvorstand einzureichen sind (§ 14a Abs. 3 Satz 2 des Gesetzes); der letzte Tag der Frist und im Fall des § 41 Absatz 2 zusätzlich die Uhrzeit sind anzugeben.

Für die Bekanntmachung des Wahlausschreibens gilt § 31 Abs. 2 entsprechend.

(4) Die Vorschriften über die Bestimmung der Mindestsitze nach § 32, das Wahlverfahren nach § 34 und die nachträgliche Stimmabgabe nach § 35 gelten entsprechend.

(5) Für Wahlvorschläge gilt § 33 Abs. 1 entsprechend mit der Maßgabe, dass die Wahlvorschläge von den Wahlberechtigten und den im Betrieb vertretenen Gewerkschaften spätestens eine Woche vor der Wahlversammlung zur Wahl des Betriebsrats beim Wahlvorstand schriftlich einzureichen sind (§ 14a Abs. 3 Satz 2 zweiter Halbsatz des Gesetzes). § 6 Abs. 2 bis 5 und die §§ 7 und 8 gelten entsprechend mit der Maßgabe, dass die in § 6 Abs. 5 und § 8 Abs. 2 genannten Fristen nicht die gesetzliche Mindestfrist zur Einreichung der Wahlvorschläge nach § 14a Abs. 3 Satz 2 erster Halbsatz des Gesetzes überschreiten dürfen. Nach Ablauf der gesetzlichen Mindestfrist zur Einreichung der Wahlvorschläge hat der Wahlvorstand die als gültig anerkannten Wahlvorschläge bis zum Abschluss der Stimmabgabe in gleicher Weise bekannt zu machen wie das Wahlausschreiben (Absatz 3).

(6) Ist kein Wahlvorschlag zur Wahl des Betriebsrats gemacht worden, hat der Wahlvorstand bekannt zu machen, dass die Wahl nicht stattfindet. Die Bekanntmachung hat in gleicher Weise wie das Wahlausschreiben (Absatz 3) zu erfolgen.

Dritter Abschnitt
Wahl des Betriebsrats in Betrieben mit in der Regel 101 bis 200 Wahlberechtigten (§ 14a Abs. 5 des Gesetzes)

§ 37 Wahlverfahren

Haben Arbeitgeber und Wahlvorstand in einem Betrieb mit in der Regel 101 bis 200 Wahlberechtigten die Wahl des Betriebsrats im vereinfachten

Wahlverfahren vereinbart (§ 14a Abs. 5 des Gesetzes), richtet sich das Wahlverfahren nach § 36.

Dritter Teil
Wahl der Jugend- und Auszubildendenvertretung

§ 38 Wahlvorstand, Wahlvorbereitung

Für die Wahl der Jugend- und Auszubildendenvertretung gelten die Vorschriften der §§ 1 bis 5 über den Wahlvorstand, die Wählerliste, das Wahlausschreiben und die Bestimmung der Mindestsitze für das Geschlecht in der Minderheit entsprechend. Dem Wahlvorstand muss mindestens eine nach § 8 des Gesetzes wählbare Person angehören.

§ 39 Durchführung der Wahl

(1) Sind mehr als drei Mitglieder zur Jugend- und Auszubildendenvertretung zu wählen, so erfolgt die Wahl aufgrund von Vorschlagslisten, sofern nicht die Wahl im vereinfachten Wahlverfahren erfolgt (§ 63 Absatz 4 und 5 des Gesetzes). § 6 Abs. 1 Satz 2, Abs. 2 und 4 bis 7, die §§ 7 bis 10 und § 27 gelten entsprechend. § 6 Abs. 3 gilt entsprechend mit der Maßgabe, dass in jeder Vorschlagsliste auch der Ausbildungsberuf der einzelnen Bewerberinnen oder Bewerber aufzuführen ist.
(2) Sind mehrere gültige Vorschlagslisten eingereicht, so kann die Stimme nur für eine Vorschlagsliste abgegeben werden. § 11 Abs. 1 Satz 2, Abs. 3 und 4, die §§ 12 bis 19 gelten entsprechend. § 11 Abs. 2 gilt entsprechend mit der Maßgabe, dass auf den Stimmzetteln auch der Ausbildungsberuf der einzelnen Bewerberinnen oder Bewerber aufzuführen ist.
(3) Ist nur eine gültige Vorschlagsliste eingereicht, so kann die Stimme nur für solche Bewerberinnen oder Bewerber abgegeben werden, die in der Vorschlagsliste aufgeführt sind. § 20 Abs. 3, die §§ 21 bis 23 gelten entsprechend. § 20 Abs. 2 gilt entsprechend mit der Maßgabe, dass auf den Stimmzetteln auch der Ausbildungsberuf der einzelnen Bewerber:innen aufzuführen ist.
(4) Für die schriftliche Stimmabgabe gelten die §§ 24 bis 26 entsprechend.

§ 40 Wahl der Jugend- und Auszubildendenvertretung im vereinfachten Wahlverfahren

(1) In Betrieben mit in der Regel fünf bis 100 der in § 60 Abs. 1 des Gesetzes genannten Arbeitnehmerinnen und Arbeitnehmern wird die Jugend- und Auszubildendenvertretung im vereinfachten Wahlverfahren gewählt (§ 63 Abs. 4 Satz 1 des Gesetzes). Für das Wahlverfahren gilt § 36 entsprechend mit der Maßgabe, dass in den Wahlvorschlägen und auf den

Stimmzetteln auch der Ausbildungsberuf der einzelnen Bewerberinnen oder Bewerber aufzuführen ist. § 38 Satz 2 gilt entsprechend.
(2) Absatz 1 Satz 2 und 3 gilt entsprechend, wenn in einem Betrieb mit in der Regel 101 bis 200 der in § 60 Abs. 1 des Gesetzes genannten Arbeitnehmerinnen und Arbeitnehmern Arbeitgeber und Wahlvorstand die Anwendung des vereinfachten Wahlverfahrens vereinbart haben (§ 63 Abs. 5 des Gesetzes).

Vierter Teil
Übergangs- und Schlussvorschriften

§ 41 Berechnung der Fristen

(1) Für die Berechnung der in dieser Verordnung festgelegten Fristen finden die §§ 186 bis 193 des Bürgerlichen Gesetzbuchs entsprechende Anwendung.
(2) Mit der Bestimmung des letzten Tages der Frist nach Absatz 1 kann der Wahlvorstand eine Uhrzeit festlegen, bis zu der ihm Erklärungen nach § 4 Absatz 1, § 6 Absatz 1 und Absatz 7 Satz 2, § 8 Absatz 2, § 9 Absatz 1 Satz 1, § 30 Absatz 2 Satz 1 sowie § 36 Absatz 5 Satz 1 und 2 zugehen müssen. Diese Uhrzeit darf nicht vor dem Ende der Arbeitszeit der Mehrheit der Wählerinnen und Wähler an diesem Tag liegen.

§ 42 Bereich der Seeschifffahrt

Die Regelung der Wahlen für die Bordvertretung und den Seebetriebsrat (§§ 115 und 116 des Gesetzes) bleibt einer besonderen Rechtsverordnung vorbehalten.

§ 43 Inkrafttreten

(1) Diese Verordnung tritt am Tage nach der Verkündung in Kraft.
(2) *(weggefallen)*

7. Vorschriften des Sonderkündigungsschutzes für Mitglieder des Wahlvorstandes, Wahlbewerber:innen und Wahlinitiator:innen

Kündigungsschutzgesetz (KSchG)
In der Fassung der Bekanntmachung vom 25. August 1969 (BGBl. I S. 1317)
Zuletzt geändert durch Art. 2 BetriebsrätemodernisierungsG vom 14.6.2021 (BGBl. I S. 1762)

§ 15 Unzulässigkeit der Kündigung

(...)

(3) Die Kündigung eines Mitglieds eines Wahlvorstands ist vom Zeitpunkt seiner Bestellung an, die Kündigung eines Wahlbewerbers vom Zeitpunkt der Aufstellung des Wahlvorschlags an, jeweils bis zur Bekanntgabe des Wahlergebnisses unzulässig, es sei denn, daß Tatsachen vorliegen, die den Arbeitgeber zur Kündigung aus wichtigem Grund ohne Einhaltung einer Kündigungsfrist berechtigen, und daß die nach § 103 des Betriebsverfassungsgesetzes oder nach dem Personalvertretungsrecht erforderliche Zustimmung vorliegt oder durch eine gerichtliche Entscheidung ersetzt ist. Innerhalb von sechs Monaten nach Bekanntgabe des Wahlergebnisses ist die Kündigung unzulässig, es sei denn, daß Tatsachen vorliegen, die den Arbeitgeber zur Kündigung aus wichtigem Grund ohne Einhaltung einer Kündigungsfrist berechtigen; dies gilt nicht für Mitglieder des Wahlvorstands, wenn dieser durch gerichtliche Entscheidung durch einen anderen Wahlvorstand ersetzt worden ist.

(3a) Die Kündigung eines Arbeitnehmers, der zu einer Betriebs-, Wahl- oder Bordversammlung nach § 17 Abs. 3, § 17a Nr. 3 Satz 2, § 115 Abs. 2 Nr. 8 Satz 1 des Betriebsverfassungsgesetzes einlädt oder die Bestellung eines Wahlvorstands nach § 16 Abs. 2 Satz 1, § 17 Abs. 4, § 17a Nr. 4, § 63 Abs. 3, § 115 Abs. 2 Nr. 8 Satz 2 oder § 116 Abs. 2 Nr. 7 Satz 5 des Betriebsverfassungsgesetzes beantragt, ist vom Zeitpunkt der Einladung oder Antragstellung an bis zur Bekanntgabe des Wahlergebnisses unzulässig, es sei denn, dass Tatsachen vorliegen, die den Arbeitgeber zur Kündigung aus wichtigem Grund ohne Einhaltung einer Kündigungsfrist berechtigen; der Kündigungsschutz gilt für die ersten sechs in der Einladung oder die ersten drei in der Antragstellung aufgeführten Arbeitnehmer. Wird ein Betriebsrat, eine Jugend- und Auszubildendenvertretung, eine Bordvertretung oder ein Seebetriebsrat nicht gewählt, besteht der

Kündigungsschutz nach Satz 1 vom Zeitpunkt der Einladung oder Antragstellung an drei Monate.
(3b) Die Kündigung eines Arbeitnehmers, der Vorbereitungshandlungen zur Errichtung eines Betriebsrats oder einer Bordvertretung unternimmt und eine öffentlich beglaubigte Erklärung mit dem Inhalt abgegeben hat, dass er die Absicht hat, einen Betriebsrat oder eine Bordvertretung zu errichten, ist unzulässig, soweit sie aus Gründen erfolgt, die in der Person oder in dem Verhalten des Arbeitnehmers liegen, es sei denn, dass Tatsachen vorliegen, die den Arbeitgeber zur Kündigung aus wichtigem Grund ohne Einhaltung einer Kündigungsfrist berechtigen. Der Kündigungsschutz gilt von der Abgabe der Erklärung nach Satz 1 bis zum Zeitpunkt der Einladung zu einer Betriebs-, Wahl- oder Bordversammlung nach § 17 Absatz 3, § 17a Nummer 3 Satz 2, § 115 Absatz 2 Nummer 8 Satz 1 des Betriebsverfassungsgesetzes, längstens jedoch für drei Monate.
(4) Wird der Betrieb stillgelegt, so ist die Kündigung der in den Absätzen 1 bis 3a genannten Personen frühestens zum Zeitpunkt der Stillegung zulässig, es sei denn, daß ihre Kündigung zu einem früheren Zeitpunkt durch zwingende betriebliche Erfordernisse bedingt ist.
(5) Wird eine der in den Absätzen 1 bis 3a genannten Personen in einer Betriebsabteilung beschäftigt, die stillgelegt wird, so ist sie in eine andere Betriebsabteilung zu übernehmen. Ist dies aus betrieblichen Gründen nicht möglich, so findet auf ihre Kündigung die Vorschrift des Absatzes 4 über die Kündigung bei Stillegung des Betriebs sinngemäß Anwendung.

8. Auftragsdatenverarbeitung[406]

Vorbemerkung zum Auftragsverarbeitungsvertrag (AVV)

Das Software-Paket »Betriebsratswahl 2026« ist für die Online-Nutzung in der Cloud vorgesehen. Dazu muss mit dem Bund-Verlag ein AVV abgeschlossen werden. (Dies erfolgt online, vor Aufrufen der Software, durch einfache Bestätigung des AVV-Textes per »Klick«).
Verantwortlicher im Sinne des Datenschutzrechts ist der Arbeitgeber.

406 Dieser und der folgende Abschnitt sind nur von Bedeutung für die Nutzer der Software aus dem Produkt »Betriebsratswahl 2026 – Normales und vereinfachtes Wahlverfahren, Software mit Wahlunterlagen und Handlungsanleitung«.

Auftragsbearbeitungsvertrag

für die Online-Nutzung der von der Bund-Verlag GmbH unter *https://br-wahl2026.bund-verlag.de/* bereitgestellten Software »Betriebsratswahl 2026« im vorgesehenen Nutzungszeitraum 1.8.2025 bis 31.5.2029.

Standardvertragsklauseln

ABSCHNITT I

Klausel 1
Zweck und Anwendungsbereich

a) Mit diesen Standardvertragsklauseln (im Folgenden »Klauseln«) soll die Einhaltung von Artikel 28 Absätze 3 und 4 der Verordnung (EU) 2016/679 des Europäischen Parlaments und des Rates vom 27. April 2016 zum Schutz natürlicher Personen bei der Verarbeitung personenbezogener Daten, zum freien Datenverkehr und zur Aufhebung der Richtlinie 95/46/EG (Datenschutz-Grundverordnung)] sichergestellt werden.
b) Die in Anhang I aufgeführten Verantwortlichen und Auftragsverarbeiter haben diesen Klauseln zugestimmt, um die Einhaltung von Artikel 28 Absätze 3 und 4 der Verordnung (EU) 2016/679 zu gewährleisten.
c) Diese Klauseln gelten für die Verarbeitung personenbezogener Daten gemäß Anhang II.
d) Die Anhänge I bis IV sind Bestandteil der Klauseln.
e) Diese Klauseln gelten unbeschadet der Verpflichtungen, denen der Verantwortliche gemäß der Verordnung (EU) 2016/679 unterliegt.
f) Diese Klauseln stellen für sich allein genommen nicht sicher, dass die Verpflichtungen im Zusammenhang mit internationalen Datenübermittlungen gemäß Kapitel V der Verordnung (EU) 2016/679 erfüllt werden.

Klausel 2
Unabänderbarkeit der Klauseln

a) Die Parteien verpflichten sich, die Klauseln nicht zu ändern, es sei denn, zur Ergänzung oder Aktualisierung der in den Anhängen angegebenen Informationen.
b) Dies hindert die Parteien nicht daran die in diesen Klauseln festgelegten Standardvertragsklauseln in einen umfangreicheren Vertrag auf-

zunehmen und weitere Klauseln oder zusätzliche Garantien hinzuzufügen, sofern diese weder unmittelbar noch mittelbar im Widerspruch zu den Klauseln stehen oder die Grundrechte oder Grundfreiheiten der betroffenen Personen beschneiden.

Klausel 3
Auslegung

a) Werden in diesen Klauseln die in der Verordnung (EU) 2016/679 definierten Begriffe verwendet, so haben diese Begriffe dieselbe Bedeutung wie in der betreffenden Verordnung.
b) Diese Klauseln sind im Lichte der Bestimmungen der Verordnung (EU) 2016/679 auszulegen.
c) Diese Klauseln dürfen nicht in einer Weise ausgelegt werden, die den in der Verordnung (EU) 2016/679 vorgesehenen Rechten und Pflichten zuwiderläuft oder die Grundrechte oder Grundfreiheiten der betroffenen Personen beschneidet.

Klausel 4
Vorrang

Im Falle eines Widerspruchs zwischen diesen Klauseln und den Bestimmungen damit zusammenhängender Vereinbarungen, die zwischen den Parteien bestehen oder später eingegangen oder geschlossen werden, haben diese Klauseln Vorrang.

Klausel 5 – fakultativ
Kopplungsklausel

a) Eine Einrichtung, die nicht Partei dieser Klauseln ist, kann diesen Klauseln mit Zustimmung aller Parteien jederzeit als Verantwortlicher oder als Auftragsverarbeiter beitreten, indem sie die Anhänge ausfüllt und Anhang I unterzeichnet.
b) Nach Ausfüllen und Unterzeichnen der unter Buchstabe a genannten Anhänge wird die beitretende Einrichtung als Partei dieser Klauseln behandelt und hat die Rechte und Pflichten eines Verantwortlichen oder eines Auftragsverarbeiters entsprechend ihrer Bezeichnung in Anhang I.
c) Für die beitretende Einrichtung gelten für den Zeitraum vor ihrem Beitritt als Partei keine aus diesen Klauseln resultierenden Rechte oder Pflichten.

ABSCHNITT II

PFLICHTEN DER PARTEIEN

Klausel 6
Beschreibung der Verarbeitung

Die Einzelheiten der Verarbeitungsvorgänge, insbesondere die Kategorien personenbezogener Daten und die Zwecke, für die die personenbezogenen Daten im Auftrag des Verantwortlichen verarbeitet werden, sind in Anhang II aufgeführt.

Klausel 7
Pflichten der Parteien

7.1 Weisungen

a) Der/Die Auftragsverarbeiter:in verarbeitet personenbezogene Daten nur auf dokumentierte Weisung des Verantwortlichen, es sei denn, er ist nach Unionsrecht oder nach dem Recht eines Mitgliedstaats, dem er unterliegt, zur Verarbeitung verpflichtet. In einem solchen Fall teilt der/die Auftragsverarbeiter:in dem Verantwortlichen diese rechtlichen Anforderungen vor der Verarbeitung mit, sofern das betreffende Recht dies nicht wegen eines wichtigen öffentlichen Interesses verbietet. Der Verantwortliche kann während der gesamten Dauer der Verarbeitung personenbezogener Daten weitere Weisungen erteilen. Diese Weisungen sind stets zu dokumentieren.
b) Der/Die Auftragsverarbeiter:in informiert den Verantwortlichen unverzüglich, wenn er der Auffassung ist, dass vom Verantwortlichen erteilte Weisungen gegen die Verordnung (EU) 2016/679 oder geltende Datenschutzbestimmungen der Union oder der Mitgliedstaaten verstoßen.

7.2 Zweckbindung

Der/Die Auftragsverarbeiter:in verarbeitet die personenbezogenen Daten nur für den/die in Anhang II genannten spezifischen Zweck(e), sofern er keine weiteren Weisungen des Verantwortlichen erhält.

7.3 Dauer der Verarbeitung personenbezogener Daten

Die Daten werden von dem/der Auftragsverarbeiter:in nur für die in Anhang II angegebene Dauer verarbeitet.

7.4 Sicherheit der Verarbeitung

a) Der/Die Auftragsverarbeiter:in ergreift mindestens die in Anhang III aufgeführten technischen und organisatorischen Maßnahmen, um die Sicherheit der personenbezogenen Daten zu gewährleisten. Dies umfasst den Schutz der Daten vor einer Verletzung der Sicherheit, die, ob unbeabsichtigt oder unrechtmäßig, zur Vernichtung, zum Verlust, zur Veränderung oder zur unbefugten Offenlegung von beziehungsweise zum unbefugten Zugang zu den Daten führt (im Folgenden »Verletzung des Schutzes personenbezogener Daten«). Bei der Beurteilung des angemessenen Schutzniveaus tragen die Parteien dem Stand der Technik, den Implementierungskosten, der Art, dem Umfang, den Umständen und den Zwecken der Verarbeitung sowie den für die betroffenen Personen verbundenen Risiken gebührend Rechnung.
b) Der Auftragsverarbeiter gewährt seinem Personal nur insoweit Zugang zu den personenbezogenen Daten, die Gegenstand der Verarbeitung sind, als dies für die Durchführung, Verwaltung und Überwachung des Vertrags unbedingt erforderlich ist. Der/Die Auftragsverarbeiter:in gewährleistet, dass sich die zur Verarbeitung der erhaltenen personenbezogenen Daten befugten Personen zur Vertraulichkeit verpflichtet haben oder einer angemessenen gesetzlichen Verschwiegenheitspflicht unterliegen.

7.5 Sensible Daten

Falls die Verarbeitung personenbezogene Daten betrifft, aus denen die rassische oder ethnische Herkunft, politische Meinungen, religiöse oder weltanschauliche Überzeugungen oder die Gewerkschaftszugehörigkeit hervorgehen, oder die genetische Daten oder biometrische Daten zum Zweck der eindeutigen Identifizierung einer natürlichen Person, Daten über die Gesundheit, das Sexualleben oder die sexuelle Ausrichtung einer Person oder Daten über strafrechtliche Verurteilungen und Straftaten enthalten (im Folgenden »sensible Daten«), wendet der Auftragsverarbeiter spezielle Beschränkungen und/oder zusätzlichen Garantien an.

7.6 Dokumentation und Einhaltung der Klauseln

a) Die Parteien müssen die Einhaltung dieser Klauseln nachweisen können.

b) Der/Die Auftragsverarbeiter:in bearbeitet Anfragen des Verantwortlichen bezüglich der Verarbeitung von Daten gemäß diesen Klauseln umgehend und in angemessener Weise.
c) Der/Die Auftragsverarbeiter:in stellt dem Verantwortlichen alle Informationen zur Verfügung, die für den Nachweis der Einhaltung der in diesen Klauseln festgelegten und unmittelbar aus der Verordnung (EU) 2016/679 hervorgehenden Pflichten erforderlich sind. Auf Verlangen des Verantwortlichen gestattet der/die Auftragsverarbeiter:in ebenfalls die Prüfung der unter diese Klauseln fallenden Verarbeitungstätigkeiten in angemessenen Abständen oder bei Anzeichen für eine Nichteinhaltung und trägt zu einer solchen Prüfung bei. Bei der Entscheidung über eine Überprüfung oder Prüfung kann der Verantwortliche einschlägige Zertifizierungen des Auftragsverarbeiters berücksichtigen.
d) Der Verantwortliche kann die Prüfung selbst durchführen oder einen unabhängigen Prüfer beauftragen. Die Prüfungen können auch Inspektionen in den Räumlichkeiten oder physischen Einrichtungen des Auftragsverarbeiters umfassen und werden gegebenenfalls mit angemessener Vorankündigung durchgeführt.
e) Die Parteien stellen der/den zuständigen Aufsichtsbehörde(n) die in dieser Klausel genannten Informationen, einschließlich der Ergebnisse von Prüfungen, auf Anfrage zur Verfügung.

7.7 Einsatz von Unterauftragsverarbeitern

a) ALLGEMEINE SCHRIFTLICHE GENEHMIGUNG: Der/Die Auftragsverarbeiter:in besitzt die allgemeine Genehmigung des Verantwortlichen für die Beauftragung von Unterauftragsverarbeitern, die in einer vereinbarten Liste aufgeführt sind. Der/Die Auftragsverarbeiter:in unterrichtet den Verantwortlichen mindestens [eine Woche] im Voraus ausdrücklich in schriftlicher Form über alle beabsichtigten Änderungen dieser Liste durch Hinzufügen oder Ersetzen von Unterauftragsverarbeitern und räumt dem Verantwortlichen damit ausreichend Zeit ein, um vor der Beauftragung des/der betreffenden Unterauftragsverarbeiter/s Einwände gegen diese Änderungen erheben zu können. Der/Die Auftragsverarbeiter:in stellt dem Verantwortlichen die erforderlichen Informationen zur Verfügung, damit dieser sein Widerspruchsrecht ausüben kann.
b) Beauftragt der/die Auftragsverarbeiter:in einen Unterauftragsverarbeiter mit der Durchführung bestimmter Verarbeitungstätigkeiten (im Auftrag des Verantwortlichen), so muss diese Beauftragung im

Wege eines Vertrags erfolgen, der dem Unterauftragsverarbeiter im Wesentlichen dieselben Datenschutzpflichten auferlegt wie diejenigen, die für den Auftragsverarbeiter:in gemäß diesen Klauseln gelten. Der/Die Auftragsverarbeiter:in stellt sicher, dass der Unterauftragsverarbeiter die Pflichten erfüllt, denen der/die Auftragsverarbeiter:in entsprechend diesen Klauseln und gemäß der Verordnung (EU) 2016/679 unterliegt.

c) Der/Die Auftragsverarbeiter:in stellt dem Verantwortlichen auf dessen Verlangen eine Kopie einer solchen Untervergabevereinbarung und etwaiger späterer Änderungen zur Verfügung. Soweit es zum Schutz von Geschäftsgeheimnissen oder anderen vertraulichen Informationen, einschließlich personenbezogener Daten notwendig ist, kann der Auftragsverarbeiter den Wortlaut der Vereinbarung vor der Weitergabe einer Kopie unkenntlich machen.
d) Der/Die Auftragsverarbeiter:in haftet gegenüber dem Verantwortlichen in vollem Umfang dafür, dass der Unterauftragsverarbeiter seinen Pflichten gemäß dem mit dem/der Auftragsverarbeiter:in geschlossenen Vertrag nachkommt. Der/Die Auftragsverarbeiter:in benachrichtigt den Verantwortlichen, wenn der Unterauftragsverarbeiter seine vertraglichen Pflichten nicht erfüllt.
e) Der/Die Auftragsverarbeiter:in vereinbart mit dem Unterauftragsverarbeiter eine Drittbegünstigtenklausel, wonach der Verantwortliche – im Falle, dass der/die Auftragsverarbeiter:in faktisch oder rechtlich nicht mehr besteht oder zahlungsunfähig ist – das Recht hat, den Untervergabevertrag zu kündigen und den Unterauftragsverarbeiter anzuweisen, die personenbezogenen Daten zu löschen oder zurückzugeben.

7.8 Internationale Datenübermittlungen

a) Jede Übermittlung von Daten durch den/die Auftragsverarbeiter:in an ein Drittland oder eine internationale Organisation erfolgt ausschließlich auf der Grundlage dokumentierter Weisungen des Verantwortlichen oder zur Einhaltung einer speziellen Bestimmung nach dem Unionsrecht oder dem Recht eines Mitgliedstaats, dem der/die Auftragsverarbeiter:in unterliegt, und muss mit Kapitel V der Verordnung (EU) 2016/679 im Einklang stehen.
b) Der Verantwortliche erklärt sich damit einverstanden, dass in Fällen, in denen der/die Auftragsverarbeiter:in einen Unterauftragsverarbeiter gemäß Klausel 7.7 für die Durchführung bestimmter Verarbeitungstätigkeiten (im Auftrag des Verantwortlichen) in An-

spruch nimmt und diese Verarbeitungstätigkeiten eine Übermittlung personenbezogener Daten im Sinne von Kapitel V der Verordnung (EU) 2016/679 beinhalten, der/die Auftragsverarbeiter:in und der Unterauftragsverarbeiter die Einhaltung von Kapitel V der Verordnung (EU) 2016/679 sicherstellen können, indem sie Standardvertragsklauseln verwenden, die von der Kommission gemäß Artikel 46 Absatz 2 der Verordnung (EU) 2016/679 erlassen wurden, sofern die Voraussetzungen für die Anwendung dieser Standardvertragsklauseln erfüllt sind.

Klausel 8
Unterstützung des Verantwortlichen

a) Der/Die Auftragsverarbeiter:in unterrichtet den Verantwortlichen unverzüglich über jeden Antrag, den er von der betroffenen Person erhalten hat. Er beantwortet den Antrag nicht selbst, es sei denn, er wurde vom Verantwortlichen dazu ermächtigt.
b) Unter Berücksichtigung der Art der Verarbeitung unterstützt der/die Auftragsverarbeiter:in den Verantwortlichen bei der Erfüllung von dessen Pflicht, Anträge betroffener Personen auf Ausübung ihrer Rechte zu beantworten. Bei der Erfüllung seiner Pflichten gemäß den Buchstaben a und b befolgt der/die Auftragsverarbeiter:in die Weisungen des Verantwortlichen.
c) Abgesehen von der Pflicht des Auftragsverarbeiters, den Verantwortlichen gemäß Klausel 8 Buchstabe b zu unterstützen, unterstützt der/die Auftragsverarbeiter:in unter Berücksichtigung der Art der Datenverarbeitung und der ihm zur Verfügung stehenden Informationen den Verantwortlichen zudem bei der Einhaltung der folgenden Pflichten:
    1) Pflicht zur Durchführung einer Abschätzung der Folgen der vorgesehenen Verarbeitungsvorgänge für den Schutz personenbezogener Daten (im Folgenden »Datenschutz-Folgenabschätzung«), wenn eine Form der Verarbeitung voraussichtlich ein hohes Risiko für die Rechte und Freiheiten natürlicher Personen zur Folge hat;
    2) Pflicht zur Konsultation der zuständigen Aufsichtsbehörde(n) vor der Verarbeitung, wenn aus einer Datenschutz-Folgenabschätzung hervorgeht, dass die Verarbeitung ein hohes Risiko zur Folge hätte, sofern der Verantwortliche keine Maßnahmen zur Eindämmung des Risikos trifft;

3) Pflicht zur Gewährleistung, dass die personenbezogenen Daten sachlich richtig und auf dem neuesten Stand sind, indem der/die Auftragsverarbeiter:in den Verantwortlichen unverzüglich unterrichtet, wenn er feststellt, dass die von ihm verarbeiteten personenbezogenen Daten unrichtig oder veraltet sind;
4) Verpflichtungen gemäß Artikel 32 der Verordnung (EU) 2016/679].

d) Die Parteien legen in Anhang III die geeigneten technischen und organisatorischen Maßnahmen zur Unterstützung des Verantwortlichen durch den/der Auftragsverarbeiter:in bei der Anwendung dieser Klausel sowie den Anwendungsbereich und den Umfang der erforderlichen Unterstützung fest.

Klausel 9
Meldung von Verletzungen des Schutzes personenbezogener Daten

Im Falle einer Verletzung des Schutzes personenbezogener Daten arbeitet der/die Auftragsverarbeiter:in mit dem Verantwortlichen zusammen und unterstützt ihn entsprechend, damit der Verantwortliche seinen Verpflichtungen gemäß den Artikeln 33 und 34 der Verordnung (EU) 2016/679 nachkommen kann, wobei der/die Auftragsverarbeiter:in die Art der Verarbeitung und die ihm zur Verfügung stehenden Informationen berücksichtigt.

9.1 Verletzung des Schutzes der vom Verantwortlichen verarbeiteten Daten

Im Falle einer Verletzung des Schutzes personenbezogener Daten im Zusammenhang mit den vom Verantwortlichen verarbeiteten Daten unterstützt der/die Auftragsverarbeiter:in den Verantwortlichen wie folgt:

a) bei der unverzüglichen Meldung der Verletzung des Schutzes personenbezogener Daten an die zuständige(n) Aufsichtsbehörde(n), nachdem dem Verantwortlichen die Verletzung bekannt wurde, sofern relevant (es sei denn, die Verletzung des Schutzes personenbezogener Daten führt voraussichtlich nicht zu einem Risiko für die persönlichen Rechte und Freiheiten natürlicher Personen);
b) bei der Einholung der folgenden Informationen, die gemäß Artikel 33 Absatz 3 der Verordnung (EU) 2016/679 o in der Meldung des Verantwortlichen anzugeben sind, wobei diese Informationen mindestens Folgendes umfassen müssen:

1) die Art der personenbezogenen Daten, soweit möglich, mit Angabe der Kategorien und der ungefähren Zahl der betroffenen Personen sowie der Kategorien und der ungefähren Zahl der betroffenen personenbezogenen Datensätze;
2) die wahrscheinlichen Folgen der Verletzung des Schutzes personenbezogener Daten;
3) die vom Verantwortlichen ergriffenen oder vorgeschlagenen Maßnahmen zur Behebung der Verletzung des Schutzes personenbezogener Daten und gegebenenfalls Maßnahmen zur Abmilderung ihrer möglichen nachteiligen Auswirkungen.

Wenn und soweit nicht alle diese Informationen zur gleichen Zeit bereitgestellt werden können, enthält die ursprüngliche Meldung die zu jenem Zeitpunkt verfügbaren Informationen, und weitere Informationen werden, sobald sie verfügbar sind, anschließend ohne unangemessene Verzögerung bereitgestellt;

c) bei der Einhaltung der Pflicht gemäß Artikel 34 der Verordnung (EU) 2016/679, die betroffene Person unverzüglich von der Verletzung des Schutzes personenbezogener Daten zu benachrichtigen, wenn diese Verletzung voraussichtlich ein hohes Risiko für die Rechte und Freiheiten natürlicher Personen zur Folge hat.

9.2 Verletzung des Schutzes der vom Auftragsverarbeiter verarbeiteten Daten

Im Falle einer Verletzung des Schutzes personenbezogener Daten im Zusammenhang mit den vom Auftragsverarbeiter verarbeiteten Daten meldet der Auftragsverarbeiter diese dem Verantwortlichen unverzüglich, nachdem ihm die Verletzung bekannt wurde. Diese Meldung muss zumindest folgende Informationen enthalten:

a) eine Beschreibung der Art der Verletzung (möglichst unter Angabe der Kategorien und der ungefähren Zahl der betroffenen Personen und der ungefähren Zahl der betroffenen Datensätze);
b) Kontaktdaten einer Anlaufstelle, bei der weitere Informationen über die Verletzung des Schutzes personenbezogener Daten eingeholt werden können;
c) die voraussichtlichen Folgen und die ergriffenen oder vorgeschlagenen Maßnahmen zur Behebung der Verletzung des Schutzes personenbezogener Daten, einschließlich Maßnahmen zur Abmilderung ihrer möglichen nachteiligen Auswirkungen.

Wenn und soweit nicht alle diese Informationen zur gleichen Zeit bereitgestellt werden können, enthält die ursprüngliche Meldung die zu jenem

Zeitpunkt verfügbaren Informationen, und weitere Informationen werden, sobald sie verfügbar sind, anschließend ohne unangemessene Verzögerung bereitgestellt.
Die Parteien legen in Anhang III alle sonstigen Angaben fest, die der Auftragsverarbeiter zur Verfügung zu stellen hat, um den Verantwortlichen bei der Erfüllung von dessen Pflichten gemäß Artikel 33 und 34 der Verordnung (EU) 2016/679 zu unterstützen.

ABSCHNITT III

SCHLUSSBESTIMMUNGEN

Klausel 10
Verstöße gegen die Klauseln und Beendigung des Vertrags

a) Falls der Auftragsverarbeiter seinen Pflichten gemäß diesen Klauseln nicht nachkommt, kann der Verantwortliche – unbeschadet der Bestimmungen der Verordnung (EU) 2016/679 – den/die Auftragsverarbeiter:in anweisen, die Verarbeitung personenbezogener Daten auszusetzen, bis er diese Klauseln einhält oder der Vertrag beendet ist. Der/Die Auftragsverarbeiter:in unterrichtet den Verantwortlichen unverzüglich, wenn er aus welchen Gründen auch immer nicht in der Lage ist, diese Klauseln einzuhalten.
b) Der Verantwortliche ist berechtigt, den Vertrag zu kündigen, soweit er die Verarbeitung personenbezogener Daten gemäß diesen Klauseln betrifft, wenn
   1) der Verantwortliche die Verarbeitung personenbezogener Daten durch den Auftragsverarbeiter gemäß Buchstabe a ausgesetzt hat und die Einhaltung dieser Klauseln nicht innerhalb einer angemessenen Frist, in jedem Fall aber innerhalb eines Monats nach der Aussetzung, wiederhergestellt wurde;
   2) der Auftragsverarbeiter in erheblichem Umfang oder fortdauernd gegen diese Klauseln verstößt oder seine Verpflichtungen gemäß der Verordnung (EU) 2016/679 nicht erfüllt;
   3) der Auftragsverarbeiter einer bindenden Entscheidung eines zuständigen Gerichts oder der zuständigen Aufsichtsbehörde(n), die seine Pflichten gemäß diesen Klauseln, der Verordnung (EU) 2016/679 zum Gegenstand hat, nicht nachkommt.
c) Der Auftragsverarbeiter ist berechtigt, den Vertrag zu kündigen, soweit er die Verarbeitung personenbezogener Daten gemäß diesen Klauseln betrifft, wenn der Verantwortliche auf der Erfüllung seiner Anweisungen besteht, nachdem er vom Auftragsverarbeiter darüber

in Kenntnis gesetzt wurde, dass seine Anweisungen gegen geltende rechtliche Anforderungen gemäß Klausel 7.1 Buchstabe b verstoßen.

d) Nach Beendigung des Vertrags löscht der/die Auftragsverarbeiter:in nach Wahl des Verantwortlichen alle im Auftrag des Verantwortlichen verarbeiteten personenbezogenen Daten und bescheinigt dem Verantwortlichen, dass dies erfolgt ist, oder er gibt alle personenbezogenen Daten an den Verantwortlichen zurück und löscht bestehende Kopien, sofern nicht nach dem Unionsrecht oder dem Recht der Mitgliedstaaten eine Verpflichtung zur Speicherung der personenbezogenen Daten besteht. Bis zur Löschung oder Rückgabe der Daten gewährleistet der/die Auftragsverarbeiter:in weiterhin die Einhaltung dieser Klauseln.[407]

9. Die Verantwortung von Wahlvorstand und Arbeitgeber bei Beschaffung und Einsatz der Wahlsoftware aus dem Bund-Verlag

01. Wahlvorstände arbeiten ehrenamtlich. Die Kosten für Ihre Tätigkeit übernimmt der Arbeitgeber. Der Wahlvorstand entscheidet nach eigenem Ermessen, welche Arbeitsmittel er benötigt und welche Software er für die Durchführung der Wahl verwenden möchte.
02. Hat der Wahlvorstand sich »nach pflichtgemäßem Ermessen« für die Software-Lösung aus dem Bund-Verlag entschieden, so muss ihm der Arbeitgeber genau diese auch zur Verfügung stellen. Der Arbeitgeber kann den Wahlvorstand auch bevollmächtigen, die gewünschte Software in seinem Namen zu beschaffen.
04. Werden bei der Wahlsoftware »personenbezogene Daten« verarbeitet, so führt das **nicht** zu einer datenschutzrechtlichen Verantwortlichkeit des Wahlvorstands. Die Verantwortung bleibt immer beim Arbeitgeber.
05. Wahlvorstände werden somit in Fragen des Datenschutzes immer nur als Sachwalter des Arbeitgebers tätig.
06. Ausgehend von dieser Feststellung obliegt es dem Arbeitgeber als datenschutzrechtlich Verantwortlichen i. S. v. Art. 4 Nr. 7 DSGVO, notwendige Verträge zur Auftragsverarbeitung gemäß Art. 28 Abs. 3

407 Die Anlagen zu diesem Vertrag finden Sie unter *https://shop.bund-verlag.de/br-wahl-datenschutz.*

DSGVO abzuschließen. Denn Wahlvorstände sind hierzu aus datenschutzrechtlicher Sicht nicht befugt – wie es Betriebsräte auch nicht sind.

07. Der Arbeitgeber kann den Wahlvorstand ermächtigen, in seinem Namen für ihn tätig zu werden oder die vertragliche Zustimmung des Arbeitgebers zur Auftragsdatenverarbeitung durch Setzen eines entsprechenden Häkchens bei der Einwahl in die Wahlsoftware des Bund-Verlags selbst vorzunehmen.
08. Hat der Arbeitgeber allerdings explizit der Anschaffung einer Wahlsoftware widersprochen, und bestellt der Wahlvorstand diese Software gegen den Willen des Arbeitgebers, so ist der Kaufvertrag im Außenverhältnis (gegenüber dem Bund-Verlag) dennoch wirksam.
09. Für den Fall des Widerspruchs durch den Arbeitgeber besteht dessen datenschutzrechtliche Verantwortlichkeit gemäß Art. 4 Nr. 7 DSGVO nicht fort. Der Wahlvorstand haftet dann für etwaige datenschutzrechtliche Verstöße bei der Verarbeitung personenbezogener Daten. Die Erstattung der Kosten für den Kauf der Wahlsoftware kann vor dem Arbeitsgericht geltend gemacht werden.
10. Dienstleister der Datenverarbeitung ist der Bund-Verlag. Alle Daten werden auf Servern des Bund-Verlags (Standort Deutschland) verarbeitet und dem Wahlvorstand von hieraus zur Verfügung gestellt.

Stichwortverzeichnis

Die Zahlen beziehen sich auf die Randnummern im Text.

Abbruch Betriebsratswahl 61
Änderung Wahlausschreiben 207, 212, 217ff., 383
Akten 324
- Wahlakten 324, 417, 429
Aktives Wahlrecht 101, 117, 128, 130, 138, 145, 148, 203, 383, 470
Altersteilzeit 125, 181
Amtszeit des neu gewählten Betriebsrats 328ff.
Anfechtung der Betriebsratswahl 103, 217, 470
Anwesenheit 253, 287, 379, 401
Arbeitnehmer:innen im Wahlraum 277
Arbeitgeber auf Wahlversammlung 357
- Leitende Angestellte auf Wahlversammlung 414
Arbeitnehmer:innen 1f., 19, 25, 39, 58ff., 72, 111, 114, 123, 470
- 1-Euro-Job 135
- Altersteilzeit 125, 181
- Aushilfsarbeitnehmer:innen 182
- ausländische 103, 128
- Auszubildende 130ff.
- befristet Beschäftigte 134
- blinde 107ff.
- Elternzeit 125, 136, 145, 181, 267
- freie Mitarbeiter:innen 137, 147
- gekündigte 138
- Heimarbeiter:innen 112, 139, 266, 269
- keine Arbeitnehmer:innen 149ff.
- kranke 145, 267
- Leiharbeitnehmer:innen 109, 120, 124, 140, 174ff.
- Praktikant:innen 143
- ruhendes Arbeitsverhältnis 145
- sehbehinderte 107ff.
- Teilzeitbeschäftigte 146
- Telearbeitnehmer:innen 147
- Wahlberechtigte 117, 266ff.
- Werkvertrag 148
Aufbewahrung von Wahlunterlagen 327
- Akten 324
Aufstellung der Wählerliste 196, 382ff.
Aushang Wahlausschreiben 164, 197, 205ff.
Aushilfen 182

Ausländische Arbeitnehmer:innen 128
- Unterrichtung der 103ff.
Außendienstmitarbeiter 129
Auszählung der Stimmen 300ff.
Auszubildende 130ff.
- Begriff 130
- Wahlberechtigung 130f.

Beauftragte der Gewerkschaften 70, 231, 345, 360
Behinderung der Betriebsratswahl 358, 383, 450f.
Bekanntmachung Wahlausschreiben 109ff.
- Informations- und Kommunikationstechnik 158
Berichtigung
- Wahlausschreiben 217ff.
- Wählerliste 280ff.
Bestellung Wahlvorstand 44ff., 50ff.
- durch Arbeitsgericht 50
- durch Betriebsversammlung 59ff.
- durch Gesamtbetriebsrat, Konzernbetriebsrat 50ff.
Betrieb 2ff.
Betriebsbegriff 2ff.
Betriebsrat 1ff., 13, 31ff., 185
- Amtszeit 22, 45, 50, 101f.
- Berücksichtigung der Geschlechter 71, 187, 189
- Größe 170
- Konstituierung 325
- Mindestanteil des Minderheitengeschlechts 316
Betriebsratsmitglieder 170
- Bekanntmachung der gewählten 323
- Benachrichtigung der gewählten 322
Betriebsratswahl 142ff., 446ff.
- Anfechtung 217
- gesetzlicher Schutz 446ff.
- Kosten der 460
- wahlvorbereitende Maßnahmen 86, 261ff., 344
Betriebsteil 18
Betriebsversammlung 59
- Ort 59b
- Wahl Wahlvorstand 61
Briefwahl 266f., 291, 419
- Öffnung Wahlumschläge 296

Datenschutz und Wahlvorstand 85ff., 324
Divers, Geschlecht 188
Doppelunterzeichnungen 242
Drittes Geschlecht 188
DRK-Gesetz 57

Einstufiges Verfahren 37ff., 49, 51, 53, 216, 221, 335, 337, 364, 377, 385, 430ff., 442
Einstweilige Verfügung 110
Elektronische Bekanntmachungen des Wahlvorstands 162, 196, 206, 208, 210
- E-Mail, Intranet 206
Elektronische Wahl 232, 261
Elternzeit 136
Ersatzmitglied Wahlvorstand 369
Erste Wahlversammlung 340, 353, 377, 407, 411
- Aufgaben Wahlvorstand 378ff.
- Aufstellung Wählerliste 86, 103ff., 159, 162, 216, 340, 356, 382ff., 392, 433
- Durchführung der 353, 377, 407

- Einladung zur 345ff., 353, 355
- Einladungsfrist 59, 350f., 384
- Erlass Wahlausschreiben 90, 105, 171, 196ff., 340, 387, 392ff., 412
- Fristberechnung 214ff., 221
- Pflichten des Arbeitgebers 354ff.
- Wahl des Wahlvorstands 56, 59, 61, 340, 345, 369ff.
- Wahlvorschläge 41, 79, 94, 111, 201, 217, 219, 221ff., 232, 236, 242ff., 251ff.

Feststellung des Wahlergebnisses 73, 307ff.
Freie Mitarbeiter 137, 147
Fristen 87ff.
Fristenberechnung 45, 88, 92f., 99, 202, 206, 245, 411
- Amtszeit Betriebsrat 22, 44ff., 52f., 101, 328ff., 437
- Einladung zur ersten Wahlversammlung 59, 345ff., 350f.
- Einreichung Wahlvorschläge 94f., 202, 222, 224, 437, 442
- Einsprüche Richtigkeit Wählerliste 81, 254ff., 389, 391, 407, 433
- Erklärung bei Unterzeichnung mehrerer Wahlvorschläge 443
- nachträgliche schriftliche Stimmabgabe 266, 392, 416, 419ff.
- Zeitpunkt zweite Wahlversammlung 410, 422

Gekündigte Arbeitnehmer:innen 138
Gemeinschaftsunternehmen 12
Gesamtbetriebsrat
- Bestellen, Wahlvorstand 50ff.

Geschlecht, divers 188
Gewerkschaft 24, 59, 63, 69f.
- Antrag auf Bestellung des Wahlvorstands 52
- Beauftragte 70, 345, 360
- eigene Wahlvorschläge 231
- Einladung zur Betriebsversammlung 59
- Einladung zur Wahl eines Wahlvorstands 64, 345ff.
- Entsendungsrecht in den Wahlvorstand 69f.
- im Betrieb vertretene Gewerkschaft 231, 344

Gleichberechtigung 71
- Vertretung der Geschlechter im Betriebsrat 187
- Vertretung der Geschlechter im Wahlvorstand 71

Größe des Betriebsrats 170ff.

Heimarbeiter 139
Höchstzahlensystem 188
- nach d'Hondt 188, 192, 310

Kennwort 226, 231
Kleinstbetrieb 18
Konstituierende Sitzung des neuen Betriebsrats 325
Korrektur Wahlausschreiben 220
Kosten der Betriebsratswahl 83, 460ff.
Kündigungsschutz 64aff., 84f., 344, 451ff.
- besonderer – für die Mitglieder des Wahlvorstands 84f., 344, 451ff., 453, 455
- besonderer – für die Wahlbewerber:innen 344, 451, 454

- besonderer – für einladende Arbeitnehmer:innen 344, 451, 458
- besonderer – für Wahlinitiator:innen 451, 458a

Kurzarbeit 139a, 269, 474, 476, 485, 487, 493ff.

Leiharbeitnehmer 109, 124, 140, 174ff.

Leitende Angestellte 60, 152ff., 164
- Sprecherausschuss für 86, 160
- Zuordnungsverfahren 86, 164ff.

Listenvertreter 226, 245ff.

Listenwahl 262, 305, 315ff.

Losentscheid 253

Mehrheitswahl 41, 185, 233, 307ff., 398

Minderheitengeschlecht 86, 187ff., 196, 309, 311

Mindestsitze 189, 219, 311ff.
- Berechnung der Anzahl 311
- Geschlecht divers 188
- Mindestsitze und Mehrheitswahl 313
- Mindestsitze und Verhältniswahl 315
- Wahlergebnis 307ff.

Nachfrist 105, 219, 251
- Einreichung von Wahlvorschlägen 251ff.

Nachwirkender Kündigungsschutz 457

Nichtigkeit 374
- der Betriebsratswahl 8, 87
- einstweilige Verfügung 110, 358, 383

Niederschrift 80, 319ff., 417, 429
- Wahlvorstandssitzungen 80, 319ff.

Öffentlichkeit der Stimmauszählung 301

Ordensschwester 151

Ort der Wahlversammlung zur Wahl 362

Pandemie 472ff.
- Durchführung Betriebsratswahl und Pandemie 472ff.

Personenwahl 233, 263, 307ff., 398

Plattformökonomie 5a

Praktikanten 143

Protokoll 194, 372, 376
- Wahlvorstandsitzungen 324, 372

Rot-Kreuz-Schwestern 57

Schichtbetrieb 94

Schriftform 102a

Schriftliche Stimmabgabe 266, 419

Schulung 83, 468f.
- für Wahlvorstandsmitglieder 83, 468f.

Schutz der Betriebsratswahl 446ff.

Signatur, qualifizierte elektronische 102a

Sitzzuweisung 187, 219, 311
- Minderheitengeschlecht 187ff., 311ff.

Sprachkenntnisse ausl. Arbeitnehmer:innen 86, 103

Stimmabgabe 41, 204, 214
- persönliche 283ff.
- schriftliche 204, 266ff.

Stimmauszählung 284, 290, 300f., 306, 391, 416
Stimmzettel 261ff.
- Gültigkeit der 286ff., 304f.
Streichung auf Wahlvorschlag 239, 248
- Stützunterschriften 239, 242, 244
Stützunterschriften 199, 217, 226, 232, 248

Telefonkonferenz des Wahlvorstands 78ff., 81, 379, 477, 482f.

Unternehmen 7
- Begriff 7
Urlaub 15, 267

Verbreitung Einladung Wahlversammlung 145d
Vereinfachtes Wahlverfahren 38ff., 41, 51, 59, 67, 81, 216, 252, 255, 275, 398, 235, 332ff., 431
- Aufgaben des Wahlvorstands 73ff., 86, 378
- Aufstellung der Wählerliste 86, 103, 108ff., 159, 216, 340, 382ff.
- Einladung zur ersten Wahlversammlung 345, 353
- Einreichung und Prüfung von Wahlvorschlägen 340, 368, 398ff.
- einstufiges 36, 38, 40, 49, 337, 430, 441
- Erlass des Wahlausschreibens 196ff.
- erste Wahlversammlung 340, 377
- Informations- und Mitwirkungspflichten des Arbeitgebers 354ff.
- nachträgliche schriftliche Stimmabgabe 266, 392, 419ff.
- Wahl des Betriebsrats 339, 341, 410, 430
- Wahl des Wahlvorstands 55, 59, 64, 216, 340, 345, 369
- zweistufiges 36, 40f., 216, 243, 337, 339
- zweite Wahlversammlung 325, 339, 341, 410
Verhältniswahl 41, 240, 261, 315
Verkleinerung Betriebsrat 170ff.
Videokonferenz des Wahlvorstands 480
Vorschlagslisten 103, 185, 202, 272
- ungültige 245
Vorsitzender des Wahlvorstands 65

Wahl 33, 36, 41, 56ff., 66, 74, 84, 200, 283, 339, 345, 369, 410, 430
- Vorbereitung 41, 77, 86ff.
Wahlanfechtung 103, 217
Wahlausschreiben 79, 86, 105, 158, 199, 290
- Aushängen 197, 205ff.
- Berichtigung 217ff.
- Erlass und Fristbeginn 196ff., 214ff., 341, 392
- Inhalt 217, 395, 435
- Übersendung an Arbeitnehmer:innen 270
Wählbarkeit 131, 146, 343, 454
Wahlbehinderung 448, 453

Wahlberechtigte 1, 105, 107, 117, 200, 218, 229, 267 f., 272, 276, 352, 415
Wahlbewerber 72, 120, 227, 308
- Angaben im Wahlvorschlag 234
- besonderer Kündigungsschutz 452
Wahlergebnis 307ff.
- Bekanntgabe 46, 84, 299
Wählerliste 108, 158, 196
- Auslegen 282
- Berichtigung 280
- Einspruch 254
Wahlgeheimnis 265, 289
Wahlhelfer 85, 284, 303
Wahlkabine 265
Wahlkosten 83, 460 ff.
Wahllokal 41, 67, 200, 288, 302
- Anwesenheit des Arbeitgebers 377
- mobiles 200
Wahlniederschrift 319ff.
Wahlraum 277, 283, 285
Wahlrecht 117
- aktives 117, 130, 162
- passives 117, 127, 131, 162
Wahlschutz 84, 446 f.
Wahlumschlag 272, 286 ff., 427
Wahlunterlagen 268, 286
- schriftliche Stimmabgabe 274, 277
Wahlurne 200, 278 f., 285, 295, 426
- Versiegelung 200, 300, 415
Wahlverfahren 41ff., 136 ff., 332 ff.
- Leitung und Überwachung 378
Wahlversammlung 40, 59, 339 ff.
Wahlvorbereitende Maßnahmen, technische 86
Wahlvorschläge 221, 231, 240 ff.
- Anzahl von Stützunterschriften 217
- Bekanntmachung der E-Mail 253
- eigene Vorschläge der Gewerkschaften 231
- Form und Inhalt 224
- Nachfrist 251
Wahlvorstand 44ff., 55 ff., 65 ff., 73 ff., 86 ff.
- Aufgaben vor Einleitung der Wahl 9, 164
- Berücksichtigung der Geschlechter 71, 187, 189
- besonderer Kündigungsschutz für Mitglieder 452
- Bestellung 44ff., 50 ff.
- Geschäftsführung 462
- Kosten 461
- Zahl der Mitglieder 46, 65 f.
- Zusammensetzung 71, 345, 373, 384, 510
Wahlvorstandsmitglieder 58, 66 ff., 72, 76, 81, 84, 257, 285, 467
- besonderer Kündigungsschutz 451
- Bestellung des Vorsitzenden 65
- Ersatzmitglied 228
- Kosten 83, 461 ff.
- nicht stimmberechtigte 69f., 369
- Schulung 83, 468 f.
Werkvertrag 148

Zweistufiges Verfahren 40f., 59, 62, 79, 216, 243, 339 ff., 392, 510
Zweite Wahlversammlung 341, 410, 412, 415
- Fristberechnung 411 ff., 422
- Zeitpunkt 410

Kompetenz verbindet

Bettina Frowein

Betriebsratswahlen

Basiswissen für Wahlvorstände und Betriebsräte –
Vorbereitung und Durchführung der Wahlen –
Gesetzliche Regelungen
2025. 177 Seiten, kartoniert
€ 34,-
ISBN 978-3-7663-7523-0

Was genau macht ein Wahlvorstand? Wer darf wählen und gewählt werden? Warum ist die Wählerliste das Herzstück der Wahl – und was passiert bei einem Einspruch? Wann ist Briefwahl möglich, wann sogar zwingend?

Betriebsratswahlen sind komplex, aber sie müssen nicht kompliziert sein! Dieser Ratgeber beantwortet über 200 praxisnahe Fragen verständlich, rechtssicher und auf den Punkt. Kompakt, klar und ohne Juristendeutsch führt das Buch in Frage und Antwort durch alle Phasen der Wahl, von der ersten Sitzung des Wahlvorstands bis zum Wahlergebnis.

Aus dem Inhalt:
- Bestellung, Aufgaben und Regelungen des Wahlvorstandes
- Wahlberechtigung und Wählbarkeit
- Auswahl des richtigen Wahlverfahrens
- Wählerliste und Wahlausschreiben
- Stimmabgabe und -auszählung
- Briefwahl
- Anfechtung der Wahl
- Fristen

Bund-Verlag